◆本书得到浙江大学高峰学科建设计划暨农林经济管理国家重点（培育）学科建设项目的资助

国家特色专业浙江大学农林经济管理专业本科系列教材

农产品供应链与物流管理

Agri-food Supply Chain and Logistics Management

周洁红　许　莹　编著

ZHEJIANG UNIVERSITY PRESS
浙江大学出版社

总　序

改革开放 30 多年来,我国的改革和发展取得了举世瞩目的成就,经济水平总体上已进入"以工哺农、以城带乡"的发展新阶段,进入加快改造传统农业、走中国特色农业现代化道路的关键时刻,进入着力破除城乡二元结构、形成城乡经济社会发展一体化新格局的重要时期。我国农业和农村改革与发展的新阶段和新特点对我国高等学校农林经济管理专业的人才培养提出了新要求,原有的专业培养目标、培养方案、课程设置和教材内容已经不很适应经济社会发展的需要,需要进行改革和创新。

农林经济管理专业是浙江大学历史最悠久的特色专业之一。早在 1927年国立第三中山大学(浙江大学前身)就设立了"农村社会学系",1936 年更名为"农业经济学系"后开始招收研究生。1981 年,经国务院学位委员会批准,获得了硕士学位授予权;1990 年获得博士学位授予权;1991 年获准设立博士后工作站,同年招收了全国首位农业经济管理博士后。本专业经过长期发展已经形成了从本科到硕士和博士的完整教学体系,积累了比较丰富的人才培养经验。2007 年,浙江大学农林经济管理专业被列为教育部首批特色建设专业。根据教育部的特色专业建设要求和社会发展的新需求,我们依托浙江大学学科齐全的优势,对农林经济管理专业的培养目标和培养方案进行了改造,同时把教材建设作为专业建设的重点。

作为教学改革和创新的成果,教材既是教学内容和教学方法改革的重要体现,也是培养创新人才的重要保证。为此,我们以浙江大学农业经济管理系的教师为主体,组织了一批活跃在教学与科研第一线的学者,依据改革开放30 多年来的"中国经验",吸取国外和国内学术界的最新研究成果,推出了"国家特色专业浙江大学农林经济管理专业本科系列教材"。该系列教材涵盖专业的主要核心课程,重在培养学生的创新精神和能力,力求在观点、体系上有

1

所创新,既与国际接轨,又具中国特色,突出理论性、前沿性和实践性等特色。

"国家特色专业浙江大学农林经济管理专业本科系列教材"的编写,可以说是一项比较宏大的工程。教材的编写者都尽了最大的努力,但好的教材仍然需要在教学实践中不断完善,因此,希望广大同仁和读者对我们的教材提出批评和指正。

感谢教育部特色专业建设计划和浙江大学国家"985"二期和三期工程对本系列教材出版的大力支持,感谢浙江大学出版社的编辑对本系列教材出版所做的卓有成效的工作。

黄祖辉

2010 年 5 月

序

时间过得真快,距《农产品物流管理》出版已经六年多了。这些年来,尽管我们十分高兴地听到老师和同学们对这本书知识体系的理论性、前沿性等的赞誉,但也深深感知到,随着信息技术的迅猛发展,互联网对农产品物流营运管理带来深远影响,需要我们加入有关农产品电子商务物流的相关内容,也需要我们更加突出教材的实践性,使教材更能为食品与农产品物流管理的从业人员和农业经济与管理等相关专业的学生学习。另外,随着互联网和信息技术的发展,"互联网+教育"也成为必然的发展趋势之一,在这样的情况下,作为知识载体的教材,也必然要发生相应的变化。为此,在本次教材的改版过程中,除坚持教材的基础性、通用性、前沿性和教学指导特色外,主要在以下几方面做了重点修订。

第一,调整了教材内容。以网站平台为主要载体的农村淘宝村等农村电子商务的兴起,不仅推动我国农业的生产和销售,更是新农村建设的催化剂。为了让学生了解新的农村电子商务模式的概念、发展背景及其制约因素,了解诸如农村淘宝村等农村电子商务对农产品流通与农业生产效率提升及"三农"问题的影响,这一版本教材增加了"农村电子商务中的双向物流"章节,从而增强了教材内容的完整性和前沿性。为了更好地突出农产品物流管理走向农产品供应链管理的趋势,将原教材"导论"中有关农产品供应链管理的内容丰富后单独列为一章。另外,根据物流管理各部门之间的关系和重要程度,在这一版中将原来的第二章和第三章进行合并,并去掉了农产品物流成本管理章节。

第二,补充了新的案例和阅读指导。在本次修订过程中,删除了部分与当前社会经济环境已不相适应的内容,删除了可以通过文献资料或视频更好地呈现内容的文字,同时更新了每章的统计数据,修改了部分案例和复习思考题,使其与现实能够更紧密结合。

第三,通过与手机 APP(应用软件)的联动拓展了教材的表现形式,增加了一些多媒体内容。移动互联网大大改变了人们的阅读习惯,而纸质教材容量有限,为此,我们以二维码作为移动终端入口,将每章的教学 PPT 和相关视频等融入其中,为本教材的使用者提供了多样化的学习资源。

这一版教材的修订,从 2015 年启动,教材结构调整与数据、内容的更新,花费了团队成员的大量心血,除了感谢浙江大学出版社的编辑对本教材出版所做的卓有成效的工作外,这里还要特别感谢黄好、陈潇和高霈,特别是研究生黄好,为本书整理了顺丰优选案例,编写了第二章和第六章的部分内容。

最后,还要感谢读者,没有你们,我们的一切工作都毫无意义。

目　　录

第一章 导 论

重点提示

本章要求重点掌握物流、农产品物流和供应链等基本概念,理解农产品物流与供应链的关系;了解农产品物流的主要类型、当前我国农产品物流的特点及发达国家农产品物流的趋势;系统领会农产品物流管理的目的和优化我国农产品物流运作的方向。

教学课件

第一节 农产品与物流

一、农产品及农产食品

(一)农产品及农产食品的概念

农产品是指来源于农业的初级产品,即在农业活动中获得的植物、动物、微生物及其产品。农产品作为农业生产中出产的产品,与工业品相对应,它的范围非常广泛,既包括植物类、畜牧类和渔业类等食用类农产品,又包括干草、香精油、动物皮毛等非食用类农产品。

食品,是人类食用的物品,由于原料来自农产品,通常我们也称为农产食品,一般包括天然食品和加工食品。其中天然食品是指在大自然中生长、未经加工制作、可供人类食用的农产品,如水果、蔬菜、谷物等;加工食品则是指经过一定的工艺加工后生产出来的供人们食用或者饮用的制成品,如大米、小麦粉、果汁饮料等。

我国是农产食品生产和消费的大国,2015 年,我国主要农产品人均占有量达607.7 千克。随着国际贸易的不断深入,农产品成为我国出口创汇的重要来源,2015 年,我国主要食品及主要供食用的活动物出口创汇达 581.54 亿美元。

(二)农产品市场的特点

1. 大部分农产品是人们的生活必需品

农产品中的大部分是人们的必需品,且是一次性消费产品,市场需求弹性小。据统计,2015 年,全国居民人均主要食品消费结构中粮食占 38%,食用油占 3%,

肉禽蛋奶占 16%,蔬菜占 27%,水果占 11%,水产品占 3%。随着生活水平的提高,除粮食以外的其他非主食产品消费比例在逐年增长。

2. 农产食品关系到人们的健康

农产食品关系到人们的健康,卫生要求高,进出口受到不同严格标准的限制,流通时不仅要考虑农产食品的质量安全,还要考虑环境的污染问题,绿色物流的意义更加巨大。

3. 农产品对物流的依赖性大

农产品生产的地域性、季节性与消费的普遍性、全年性之间的矛盾要靠农产品物流来解决,同时农产品属于生命周期短的产品,保质保鲜困难,运输储存需要专门的低温保存设施。因此农产品销售的时效性强,在一日之内农产品的价格变化也较大。农产品的特性决定了市场对农产品物流的依赖程度较高。

4. 农产品贸易规模大

农产品贸易规模大,历年成交批量大,国际运输量也大,很多农产品已形成国际集散市场,进行巨额期货交易。随着世界各国经济发展和人均收入的增加,世界农产品贸易,特别是农产食品贸易随营养结构变化。主粮的需求量趋于减少,动物性高蛋白产品和水果的需求量趋于增加。同时,原料性食品向加工食品发展,因为食品加工属劳动密集型产业,产品附加值高,适应远洋运输和扩大国际市场的需要。

二、农产品物流的概念

(一)对物流的认识

根据中华人民共和国国家标准《物流术语》,物流的定义是物品从供应地向接受地的实体流动过程。根据实际需要,将运输、仓储、装卸、搬运、包装、流通加工、配送、信息处理等基本功能实施有机的结合。所以,人们把物流看成是"物"和"流"的有机结合。

美国是物流认识和实践的发源地,1901 年,约翰·F.格鲁维尔在《农产品流通产业委员会报告》中第一次论述了影响农产品配送成本的各因素,揭开了认识物流的序幕。美国物流管理协会的最新定义指出,物流是供应链流程的一部分,它通过有效率和有效力的计划,对商品的储存、流动进行控制并提供相应服务和相关信息,以满足从原产地到消费地的过程中消费者的需要。1956 年,日本从美国引入物流概念,当时的物流被理解为"在连接生产和消费间对物资履行保管、运输、装卸、包装、加工等功能,以及作为控制这类功能后援的信息功能,它在物资销售中起到了桥梁作用"。

我国引入物流的概念是在 20 世纪 80 年代初,此时的物流已被称为 logistics,而不是最早的 physical distribution(PD)的概念了。logistics 的原意为"后勤",这是二战期间军队在运输弹药和粮食等给养时使用的一个名词,它是为维护战争需要的后勤保障系统。把 logistics 用于物资的流通中,物流已不再单纯考虑从生产者到消费者的货物配送问题,而需要考虑供应商到生产者对原材料的采购以及生产者本身在成品制造过程中的运输、保管和信息等各个方面。因此,可以将物流定义为:以满足消费者需求为目标,把产品的加工、包装、储藏、配送、装卸、信息处理等环节进行一体化综合,使产品安全、便捷、高效地从生产环节进入消费环节。

尽管国内外有各种有关物流的定义,但是对其基本实质的认识应该是一致的,即物流是指通过不同的经济活动(如计划、控制与实施),对资源从原产地到最终消费者的有关选址、移动和存储业务活动的一个优化过程。

(二)农产品物流的内涵

长期以来,人们视农产品物流为农产品流通中的运输、储存和装卸,这种认识具有片面性。目前,物流正从传统物流向现代物流过渡。根据物流概念的发展,结合农业的特点,农产品物流是指物流为满足用户需求、实现农产品价值而进行的农产品物质实体及相关信息从生产者到消费者的物理性运动。具体地说,它包括农产品生产、收购、运输、储存、装卸、包装、配送、流通加工、分销、信息活动等一系列环节,并且在这一过程中实现了农产品价值增值以及特定组织的利润目标。刘东英认为,当物流单纯以功能性活动为特征从属于流通活动的时候,物流必然被涵盖于对总体流通的研究之中。[①] 从这一层面来说,农产品物流属于农产品流通的范畴。

农产品物流不同于农业物流。一般认为农业物流是指从农业生产资料的采购、农业生产的组织到农产品加工、储运、分销等,实现从生产地到消费地、生产者到消费者过程中所形成的物质流动;农产品物流是指为满足用户需求,实现农产品价值而进行的农产品物质实体及相关信息从生产者到消费者的物理性经济活动。从这种概念上来看,农产品物流也是农业物流的重要组成部分。但是随着农产品物流内涵的扩充,有观点指出现代农产品物流是指从农产品生产的经营、组织到农产品加工、储运、分销等一系列活动的综合体,是从生产地到消费地、生产者到消费者过程中所形成的物质流,是运用现代化的物流管理、物流技术、物流设备对农产品生产、加工、储运、分销等从供应地至需求地的农产品全寿命周期的组织、控制与管理。根据这种观点,现今农产品物流同农业物流已经没有本质上的区别。

---

① 刘东英.我国生鲜蔬菜物流体系研究——制度、组织与交易效率[D].杭州:浙江大学,2006.

三、农产品物流的特点

(一)农产品物流量大

广义上的农业不但包括种植业,而且包含林业、畜牧业、副业、渔业等。如今,不管是粮食、经济作物还是畜牧产品和水产品,都大量转化为商品,商品率很高,它们不仅直接满足人民生活需要,而且还向食品工业、轻纺工业、化工工业提供原料。因此,农产品物流的需求量大,范围广,要求农产品进行空间范围的合理布局和规划。农产品生产受自然条件制约大,各地因气候、土壤、降水等情况的不同,在农产品种植上适宜不同的品种。如果某一地区不顾自然条件,盲目种植,其产量和质量均比适宜地区差得多。这样的农产品会因为销售困难而难以进入流通渠道,可能较长时间地储存于仓库,对农产品物流的通畅形成障碍。

(二)农产品物流运作具有相对独立性

农产品自身的生化特性和特殊性决定了它的基础设施、存储条件、运输工具、技术手段等方面具有相对独立的特性。在农产品储运过程中,为使农产品的使用价值得到保证,需采取低温、防潮、烘干、防虫害等一系列技术措施。这并非交通部门和其他部门单独能做到的,它要求有配套的硬件设施,包括专门设立的仓库、输送设备、专用码头、专用运输工具、装卸设备等。而且,农产品物流中的发、收以及中转环节都需要进行严格的质量控制,以确保农产品品质、质量达到规定要求。这是其他许多商品所不具备的。

(三)农产品物流具有分散性

农业生产的异质性,决定了农产品,特别是鲜活农产品,供应主体数量多、规模小。纵观从生产到消费所经历的各个环节,每一个生产者就会发现,以他们个人的生产量与市场衔接,根本无法达到规模经济,且交易成本高。显然,相对于工业品物流,由众多的分散的无差异的农户组成物流主体的一部分是农产品物流,特别是鲜活农产品物流的一个特性。这种特性决定了农产品运输和装卸比多数工业品要复杂得多,常常需要两个以上的储存点和两次以上的装卸工作,单位产品运输的社会劳动消耗大。只有科学规划农产品物流流向,才能有效地避免对流、倒流、迂回等不合理运输现象。

(四)农产品物流过程具有生产性

农产品的鲜活易腐性是由农业生产过程性质决定的。农业生产是人们利用生物的功能,通过人们的劳动去强化或控制生物生命的过程。植物性产品的生长需要阳光、水、土壤、肥力等自然因素的作用,动物性产品的培养需要经过繁殖、饲养、防疫等过程。植物性产品收获后,动物性产品处理后,仍然是一种生物状态,即细胞组织,而且都含有一定的水分。进入流通领域以后,农产品还需要进行加工处理,才能进入消费领域。如储存在粮库里的粮食,为了控制它的水分含量,需要定期进行烘干,进入消费领域前还需要加工。由商业部门收购上来的棉花,还必须根据棉花纤维长度进行分类、整理。猪、牛、羊等牲畜收购上来后要进行屠宰。有的活猪、活鸡、活鱼还要经过流通中介组织的喂养。有些新鲜蔬菜,如西红柿和小白菜,在采摘后还很鲜嫩,经过流通组织的运输储存到销售这样一个过程后,会变黄变老,甚至出现部分腐烂,有的损耗达 30%～50%。因此,农产品物流过程包括贮存、运输、加工、交易等多个环节,农产品经过加工整理后,能大大提高自身的附加值。随着居民收入水平的提高,农产品物流中的加工环节地位日益显得重要。

(五)农产品物流具有非均衡性

农业生产是以自然再生产为基础的经济再生产过程,自然条件的差异决定了农产品的生产具有明显的地域性。一个品种只能在某个区域或某几个区域生产,并且农产品尤其是植物性产品,受自然条件的影响大,农业生产者不能在一个年度内均匀地分布生产能力,只能随着自然条件的变化在某一个特定时期内集中生产某一个品种,因而同一种农产品的市场供给具有明显的区域性、季节性和集中性的特点。成熟季节则在产区集中大量上市,而其他季节又供应不足,这就与社会对农产品的需求具有地域的广泛性、时间上的均衡性产生了矛盾,于是农产品物流组织就要在旺季时组织市场营销,同时进行必要的农产品储备,通过适时吞吐,烫平淡旺季之间的供求波动和价格波动,实现农产品的供求平衡。

(六)农产品物流具有风险性

大多数农产品的消费都表现为人们生理需求的满足,因此农产品流通的需求规模与人口数量的相关性很强。在人口总量增长趋缓的情况下,人们生理需求的相对稳定性使得农产品市场需求量也具有相对平稳的特点,有些农产品如粮食随着居民收入增长,其需求量反而还会有所减少。农产品的生产虽然受到土地等自然资源的约束,但农业生产要素之间具有可替代性,技术进步可以克服自然资源短缺的局限性,因而农产品的供给弹性较大。据测算,即使是科技水平不高的发展中国家,农产品价格变动的供应弹性也在 0.3～0.9 百分点。在农产品市场价格波动的条件下,农产品需求的变化幅度较小,而供给的变化幅度较大。价格上升,则造成农产品生产过量和市场滞销;价格下降,则造成农产品生产不足和市场供应紧张。过大的经营风险会降低经营者的未来预期,往往会使经营者更多地采取短期的机会主义行为,不利于形成有序的市场竞争格局,从而影响社会经济生活的稳定。因此,农产品物流首先要承担的责任是保持物流的持续有效,充分发挥农产品物流组织的流通先导性作用,以保证农产品供求平衡,保证农产品商品价值的实现。

四、农产品物流的分类

农产品物流分类的专业性是很强的,从生物特性和物流特性以及物流的需求、在社会再生产过程中的地位与作用等不同角度等,农产品物流活动可以划分为不同的类型。

(一)根据农产品物流的具体对象分类

按照具体对象的不同,农产品物流可以分为粮食作物物流、经济作物物流、鲜活食品物流、林产品物流和其他农产品物流。

1.粮食作物物流

粮食是人类赖以生存的主要物质资源,主要用作主食,包括人的口粮、牲畜饲料和其他工业用粮。具体有水稻、小麦、玉米、谷子、高粱、大麦、荞麦、大豆、油菜籽、向日葵、芝麻、花生等。粮食作物物流流量大,搞好粮食物流,对促进国民经济健康稳定发展,实现全面建成小康社会目标具有重要意义。

2.经济作物物流

经济作物除满足人们食用需求外,还是工业尤其是纺织工业和食品工业的原料,商品率大大高于粮食作物,物流需求大。具体包括:纺织原料,如棉、麻、丝、毛等;轻工业原料,如糖、烟、茶、可可等。经济作物物流依经济作物品种进行细分。

3.鲜活食品物流

鲜活食品主要包括鲜食的猪牛羊肉、禽、蛋、水产品、蔬菜、水果等。它分为果蔬产品物流、畜产品物流和水产品物流。畜产品物流可进一步分为肉类、蛋类、奶类产品物流等;而水产品物流分为淡水水产品物流和海洋水产品物流。一般而言,淡水水产品比较分散,要求灵活性较强的短物流,而海洋水产品因常常需要加工,对物流的技术要求高。鲜活食品在储运过程中损失率比较高,对物流技术和装备水平要求也比较高,100%需要冷链。而我国鲜活食品物流仍以常温和自然物流为主,只有25%的农产品公路运输达到冷藏水平。有关数据表明这类食品在物流作业过程中损失率有时高达30%~35%,即有约1/3的鲜活食品在物流作业中被消耗掉。

4.林产品物流

林产品是重要的工业原料,营林和竹木采伐对物流需求大,主要体现在林产品的运输、装卸和搬运物流上。

5.其他农产品物流

不能归入上述几类的农产品物流,统称为其他农产品物流。

(二)根据农产品物流在供应链中的作用分类

按照在供应链中作用的不同,农产品物流可以分为农产品生产物流、农产品销售物流、农产品废弃物物流。

1.农产品生产物流

农产品生产物流是指从农作物耕作、田间管理到农作物收获的整个过程中,由于配置、操作和回收各种劳动要素所形成的物流。生产物流是生产农产品的农户或农场所特有的,它需要与生产过程同步。

农产品生产物流按照生产环节可以分为三种形式:一是产前物流,包括耕种、养殖物流及相关的信息物流,即为耕种、养殖配置生产要素的物流,如农业拖拉机等农业机械设备及生产工具的调配和运作,种子、化肥、地膜等的下种和布施;二是产中物流,主要指培育农作物生长的田间物流管理活动和养殖畜禽、鱼类等的管理活动,包括育苗、插秧、锄田、除莠、整枝、杀虫、追肥、浇水等作业所形成的物流;三是产后物流,即为了收获农作物形成的物流,其中包括农作物收割、回运、脱粒、晾晒、筛选、处理、包装、入库作业或动物捕捞和处理等作业所形成的物流。

农产品生产物流的合理化对生产成本有很大的影响。保持农产品生产的稳定性,才可以保证农产品的顺畅流转,缩短农产品的生产周期,减少生产成本,避免由于生产物流不畅而导致的农业生产减产甚至停顿。

2.农产品销售物流

农产品销售物流是指为了实现农产品的保值增值,在农产品流通过程中,农产品生产企业、流通企业出售农产品时,伴随销售和加工活动将农产品所有权转移给客户而引发的一系列物流活动。它包括为了销售农产品而实行的收购、保鲜、运输、检验、储存、装卸,以及为了满足用户需要而实施的包装、配送、各类加工、分销等活动。

在这个环节中,物流活动参与者较多,按照在销售物流的上下游中有无中介主体参与,农产品销售物流可以分为两种形式:①无中介主体参与的"单段二元式"物流;②有中介主体参与的"双段三元式"甚至"多段众元式"物流。

3.农产品废弃物物流

在农产品生产、销售和消费过程中,必然产生大量废弃物、无用物,对它们主要从两方面进行处理。一是将其中有价值的部分加以分拣、加工,使其成为有用的物资重新进入生产和消费领域,以实现资源的再利用,这叫回收或者再生,例如废纸和其他可回收包装物。二是对已丧失再利用价值的废弃物,从环境保护的目的出发,将其送到指定地点堆放焚烧、掩埋或采取特殊处理方法,这叫废弃。农产品物流中,必然要排放各种排放物(或称废料),现代科学技术和生产工艺可以从初始排放物中回收可再生利用的部分——再生资源。在排放物处理过程中发生的运输、搬运装卸、加工等物流活动便构成了农产品回收与废弃物物流。

建立农产品生产、流通、消费的循环往复系统即废弃物的回收利用系统,实现资源的再利用,这是现代物流管理的焦点——绿色物流的内容。

(三)根据农产品物流储运条件的不同分类

按照储运条件不同,农产品物流可以分为常温链物流、冷藏链物流、保鲜链物流。

1.常温链物流

常温链物流是指在通常的自然条件下对农产品进行的储存、运输、装卸搬运以及流通加工处理,创造农产品物流过程中的时间价值、空间价值以及流通加工价值。大多数非鲜活类农产品不需要特殊条件就可以完成物流过程,如各种粮食作物、经济作物、活的牲畜等。

2.冷藏链物流

冷藏链物流是指在低温下完成农产品的储存、运输、保管、销售等活动,它是以制冷技术和设备为基本手段最大限度地保持易腐农产品原有品质的物流活动。很多农产品从性质上要求从田头到餐桌的全过程中,要连续不断地保持适宜温度、湿度等条件,因为降低温度可以抑制农产食品中微生物的繁殖,减弱农产品自身生理活动强度,有效延长易腐农产品的储藏期,保证储运质量。

3.保鲜链物流

保鲜链物流是指综合运用各种适宜的保鲜方法和手段,使鲜活易腐农产食品在生产、加工、储运和销售的各环节中,最大限度地保持其鲜活特性和品质的系统。谢如鹤认为,要实现保鲜链除了应具有实现冷藏链的所有条件外还要具有3M条件,即保鲜工具与手段(means)、保鲜方法(methods)和管理措施(management)。[①]

(四)根据农产品物流主体方的目的不同分类

根据提供农产品物流服务的主体不同,将农产品物流分为第一方物流、第二方物流、第三方物流、第四方物流、第五方物流。

1.第一方物流

第一方物流(1PL)指农产品卖方即农产品生产者或者供应方组织的物流活动。这些组织的主要业务是生产和供应商品,但为了其自身生产和销售的需要也会进行物流网络及设备的投资、经营与管理。供应方或者厂商一般都需要投资配

---

① 谢如鹤.铁路冷藏运输技术经济问题的研究[D].北京:北方交通大学,2006.

备一些仓库、运输车辆等物流基础设施。卖方为了保证生产正常进行而建设的物流设施是生产物流设施，为了产品的销售而在销售网络中配备的物流设施是销售物流设施。总的来说，第一方物流是农产品生产企业或流通企业自己来进行物流的运作，不依靠社会化的物流服务，它实质上是供方物流，是由供应方到其各个用户的物流。

近几年，经济高速发展对行业分工提出了更高的要求，第一方物流的弊端开始凸显：生产经营活动越来越复杂，"大而全、小而全"的客观现实使得农产品生产经营者不能把全部精力集中到生产经营活动中。与此同时，行业分工开始了巨大的变革。无论服务领域还是生产型企业，逐渐出现了一系列新的现象，一是服务领域的细分；二是企业内部职能的细分与专注。这使得农产品物流也逐渐从农产品生产经营企业中被剥离出来，使农产品经营者集中精力于生产和管理，而且避免了投资的风险和存货的风险。

2. 第二方物流

第二方物流(2PL)实际上是农产品需求方物流，或者说是购进物流，如用户去农产品生产地购买并自己运回产品。其原理与农产品第一方物流的原理相同，唯一不同的只是概念。

3. 第三方物流

第三方物流(3PL 或 TPL)是指通过与农产品供应方(第一方)或需求方(第二方)的合作来提供其专业化的物流服务，它不拥有农产品，不参与农产品的买卖，而是为农产品购买者提供以合同为约束、以结盟为基础的、系列化、个性化、信息化的物流代理服务。最常见的 3PL 服务包括设计物流系统、EDI(电子数据交换)能力、报表管理、货物集运、选择承运人与货代人、海关代理、信息管理、仓储、咨询、运费支付、运费谈判等。

4. 第四方物流

第四方物流(4PL)是 1998 年美国埃森哲咨询公司率先提出的，这种物流专门为第一方、第二方和第三方提供物流规划、咨询、物流信息系统、供应链管理等服务。第四方并不实际承担具体的物流运作活动。

一般情况下政府为促进地区物流产业发展领头搭建第四方物流平台，提供共享及发布信息服务，是供需双方及第三方物流的领导力量。它不是物流的利益方，而是通过拥有的信息技术、整合能力以及其他资源提供一套完整的供应链解决方案，以此获取一定的利润。它帮助农产品生产经营企业降低成本和有效整合资源，并且依靠优秀的农产品第三方物流供应商、技术供应商、管理咨询机构以及其他增值服务商，为客户提供独特的和广泛的供应链解决方案。

5. 第五方物流

关于第五方物流(5PL)的提法目前还不多,还没能形成完整而系统的认识。有人认为它是从事物流人才培训的一方,也有人认为它应该是专门为其余四方提供信息支持的一方。

第二节　农产品物流管理与供应链的关系

一、部分相关概念的比较

(一)农产品流通与农产品物流

一般认为,流通是以货币为媒介的商品交换行为,是运动着的具有交换价值的物质在流动中寻找通道并得以实现的过程。自从中国引入物流概念开始,许多专家学者都曾对其进行解释,但由于观察事物的角度不一样,人们对物流概念所做的解释也不尽相同。然而不管人们怎样解释和表述物流概念,有一点认识却是共同的,那就是:物流是物质资料的实体性流转。换言之,他们把物流看成是"物"和"流"的有机结合。因此可以认为流通是人类社会物质运动和流动变化的总和,是人类社会经济发展中的客观过程,而物流是这一过程的一种表现形式,这一观点也可以解释农产品流通和物流的关系。尽管农产品物流终究不同于工业物流和商业物流,具有自己的独特性,如农产品的大众生产、大众消费的特点及产品较低的差别化程度,使得物流链上各组织主体间相互选择的余地很大,易造成物流链的动荡,但无论研究的侧重点是否不同,在农产品流通领域,如果要根据现代物流理论强调物流系统的整合和优化,首先必须将农产品物流的概念独立出来,将基于物流功能性活动而产生的各种社会关系总和统一在这一概念下加以研究,探寻通过现代物流的理论研究与实践提高农产品流通效率的途径。

(二)农产品流通渠道、分销通路、供应链

1. 农产品流通渠道

农产品流通渠道是指农产品及其所有权等从生产者转移到消费者的移动路线。通常流通渠道是指一系列各种不同的流通组织。我国农产品流通渠道变革应朝着渠道战略"双重化"、渠道结构"扁平化、多元化"、渠道关系"联盟化、一体化"、渠道职能"专业化"、渠道主体"组织化、规模化"、渠道运作"信息化"、渠道终端"连锁化、超市化"、交易方式"现代化"、渠道环境"规范化、有序化"的方向发展。

2. 农产品分销通路

分销通路是商品从生产者向消费者转移的活动与过程,因此,商品流通渠道

和分销通路没有本质上的差别,只是所属学科和分析问题的角度上的差异。

在世界贸易组织的《服务贸易总协定》中,没有使用流通和商业等词语,而广泛地使用了"分销"一词。有学者认为,分销与流通有密切的联系,二者都表示商品从生产者向消费者转移的活动与过程,但是角度不同,分销是微观企业角度的问题,而流通是宏观社会角度的问题,在管理学中是分销问题,在经济学中是流通问题,从个体的角度看是分销问题,从整体的角度看则是流通问题。

3.农产品供应链

供应链是比较新的概念,是随着现代物流概念的引入而进入人们研究视野的。供应链的概念最早是由 Martha、Cooper 等人于 1982 年提出的,源于对物流管理的研究。到现在为止,供应链的统一定义并没有形成,不同学者从不同角度给出了不同的定义。有的学者认为,供应链是指在生产及流通过程中,为将货物和服务提供给最终消费者,联结上游和下游企业而形成的组织网络,它是一种关联企业的顺序组合,它借助渠道关系把产品和服务导向市场,为了反映买方市场条件下,供应链是由客户的需求推动而非供应商推动的特点,供应链也常常称为需求链(demand chain),又因为在供应链中,产品形态变化的过程是其价值不断增加和服务增值的过程,所以其也被称为价值链(value chain)。

农产品供应链的概念正如供应链的概念一样至今没有统一,结合农产品特征和研究边界,笔者赞同冷志杰主编的《农产品供应链管理》一书中的定义,即农产品供应链是由农业生产资料供应商、农产品种植者、养殖者、加工者、物流服务经销商、消费者各个环节构成的组织形式或网络结构。

二、农产品物流管理与供应链

(一)农产品物流管理和供应链管理的关系

狭义的物流管理指的是实体配送的部分,就是如何将产品以最有效率的方式送到消费者的手中。广义而言物流管理则与供应链管理是类似的概念,供应链管理是传统物流管理的延伸,即跨组织一体化的物流管理。一般而言,物流管理与供应链管理的关系代表一连串的演进过程。大卫·弗雷德里克·罗斯(D. F. Ross)认为,过去三十年来,物流已经从单纯的作业功能演变成主要制造与配销公司的基本策略要素。他也进一步将物流管理到供应链管理的发展分成以下四个阶段。[①]

第一阶段(1960 年以前):此阶段为仓储与运输阶段(主要是对下游的实体配送),物流功能包含于其他企业流程中。管理着重于作业绩效。

---

① David F. Ross. Competing through supply chain management[M]. London: Springer, 1998.

第二阶段（1970—1980 年）：全面成本管理阶段，企业内部功能集中化。管理着重于作业最佳化，并强调成本与顾客服务。

第三阶段（1980—1990 年）：整合物流管理阶段，将相关的物流功能（如物料管理、采购、生产计划）整合。管理着重于战术性以及策略性物流规划。

第四阶段（1990—1998 年）：供应链管理阶段，主要根据供应商、制造商、物流商和顾客，发展伙伴关系或虚拟组织，构建成为联盟关系。管理着重整体远景及目标。

从这一演变过程可以看出，供应链管理是由物流管理发展而来的，但是供应链管理已经超出了传统物流管理的范围，成为一种跨企业边界的一体化的物流管理。供应链管理与物流管理的关系可以从以下三个方面来理解。

1.供应链管理是物流运作管理的扩展

供应链管理要求企业从只关注物流活动转到关注优化所有的企业职能，包括需求管理、市场营销、财务和物流等，并将这些活动紧密地集成起来，实现产品设计、制造及顾客服务、成本管理以及增值服务等方面的重大突破。鉴于成本控制成功非常重要，物流绩效将逐渐根据整个企业的准时制生产方式（just in time，简称 JIT）和快速反应目标来确定。这种内部的定位要求高层管理将企业的战略计划和组织结构的关注点放在物流职能上。

2.供应链管理是物流一体化管理的延伸

供应链管理将公司外部的竞争优势机会包含在内，关注外部企业的业务职能，通过重塑它们与代理商、顾客和第三方联盟之间的关系来实现生产效率的提高和竞争空间的扩大。通过信息技术和通信技术的应用将整个供应链连接在一起，企业将视自己和其贸易伙伴为一个扩展企业，这成为一种创造市场价值的全新方法。

3.供应链管理是物流管理的新战略

供应链管理在运作方面仍然关注传统的物流运作任务，比如加速供应链存货的流动，与贸易伙伴一起优化内部职能并且提供一种在整个供应链中持续降低成本以提高生产效率的机制。然而供应链管理的关键要素和真正力量还是体现在它的战略方面，供应链管理通过扩展企业的外部定位和网络能力，使供应链中的各企业建立起一个共同市场和竞争视野，构造出一个变革性渠道联盟以寻找在产品和服务方面的重大突破。通过管理复杂的渠道关系，使企业能主导市场方向，产生有关的新业务，探索关键性的新机会。

通过以上讨论可以看到，供应链管理与物流管理、战略管理、营销管理、业务流程重组等有着十分密切的内在联系。供应链管理的产生是很多管理和方法相互渗透、相互融合的结果。可以在许多管理学科中找到供应链管理的雏形，它位于物流管理、业务流程重组、战略管理及营销管理等学科发展的交汇点上。但供应链管理绝不是这些管理学内容的简单叠加。

因此,可以这样理解:农产品供应链是物流、信息流、资金流三者的统一,是现代农产品物流管理理论发展的一个高级阶段,是现代科技和信息网络经济发展起来之后的一种全新的现代化管理理念。由于农产品物流对象沿着整个供应链的链条流动,那么农产品物流管理很自然地成为供应链管理体系的重要组成部分。另外,农产品物流主要关注组织内部的功能整合,而供应链仅关注组织内部的一体化是不够的,还需强调组织外部的一体化。农产品供应链管理涉及从原材料到农产品交付给最终用户的整个物流增值过程,农产品物流涉及农业生产经营企业之间的价值流过程,是经营者之间的衔接管理活动。总体来说,物流的管理过程和供应链的管理过程难以截然分开。

(二)农产品物流管理在供应链中的地位

英国著名供应链专家马丁·克里斯多夫认为,21世纪的竞争不是企业和企业之间的竞争,而是供应链和供应链之间的竞争。供应链管理无疑将成为企业的核心竞争力,而其是否有效,从当前的实践看,很大程度取决于采购、运输、仓储、配送等物流作业环节的管理和运作状况,物流管理是供应链管理发挥整体效益的前提和基础。

农产品供应链也是围绕一个核心企业对农产品从生产到消费过程中的各个环节所涉及的物流、资金流、信息流进行整合,将生产商、分销商、批发商和零售商等各方连接成一个具有整体功能的网络。其中农产品物流也是农产品供应链的重要组成部分。同样,供应链管理下的物流表现出极大的集成化优势,可以设计出专业化的灵活多变的物流网络,建立合理的物流路径和节点,从而全面提高物流的运作效率(农产品供应链管理的相关知识详见第二章)。

第三节　物流对我国农产品经营的影响

一、物流在农产品经营中的地位和角色

从宏观上来讲,中国是一个农业大国,农产品物流在国民经济发展中举足轻重,农产品物流涉及整个国民经济的运行效率与运行质量,涉及农业的现代化,涉及农民的根本利益。从当前中国的实际情况来看,农产品物流处于十分落后的状况,农产品不能做到货畅其流,不能做到加工增值,使农民利益受到损害;农产品物流技术落后,物流过程损耗大,加大了成本,同样使农民利益受到损害。因此,必须

重视农产品物流。同时，在中国，离开了农产品物流，就不可能有真正的物流业。

从消费的角度看，人们的农产品消费观念已经从传统的单一性、烦琐性转向现代的多样性和快捷性，对农产品物流业提出了更高的要求，即必须给顾客提供质量更好、柔性更大、选择更多、价值更高和价格更低的服务，改变传统的作业模式是农产品物流企业面临的主要课题。

从农产品的特性角度看，农产品生产的地域性、季节性与消费的普遍性、全年性之间的矛盾要靠农产品物流来解决，同时农产品属于生命周期短的产品，保质保鲜困难，运输储存需要专门的低温保存设施。

基于上述背景，大力发展农产品物流对于降低农产品流通成本、提高农产品价值、实现农产品生产和消费的有效对接具有不容忽视的作用，具体表现如下。

(一)有利于创造农产品价值

农产品物流本身就是一个能够创造时间价值和场所价值的过程，具体分析如下。

1.创造时间价值

农产品从生产到消费的转移过程总是有个时间差，由于改变这一时间差而创造的价值，我们称为"时间价值"。它主要可以通过整合农产品从生产到销售之间的各个环节（如运输、储存、装卸搬运、包装、配送等），大大缩短农产品在流通中的时滞，进而缩短时间创造价值；也可以通过系统、科学的方法（如集中储存、分散供给或者将农产品加工转化为其他产品形式，从而更方便地储存）改变、弥补、延长生产者和消费者在供给和需求上的时间差，创造时间价值。

2.创造场所价值

农产品生产受地理环境和气候条件影响呈现出明显的区域性特征，而对其消费却呈现出普遍性特征，如农村生产的粮食、蔬菜在城市消费，南方生产的荔枝和香蕉在北方消费等，如此错综复杂的供给与需求的空间差都要依靠农产品物流来弥合，并从中获取收益。

(二)有利于实现农产品加工增值

农产品不同于工业品的一个显著特征在于其加工潜力大。一般来说，刚刚脱离农业生产领域的初级农产品，由于形态各异、大小不一，市场价格较低，而经过一定的简单加工如挑选、整理、清洗、分段、包装等，送入超市或者连锁店，价格就会上升 2~10 倍。而若再进行深加工改变其原有形态，如将蔬菜、水果加工成蔬菜汁、水果汁，价值将会提高几十倍。农产品物流正是抓住了农产品的这一特性，紧紧围绕流通加工环节，以农产品加工企业为龙头，以满足消费者要求为目标，进而实现了整个农产品的增值过程。

(三)有利于农业实现规模经营,提高农业生产的整体效益

现代农产品物流的发展要求农产品种植实现专业化和区域化,以此促使农业实现规模经营,增加农产品供应总量,这样既便于组织货源及第三方物流或流通经纪人的介入和发育,也有利于采选、分拣、包装、加工等农产品流通业的发展。

(四)有利于扩大劳务输出和创造新的就业机会

传统销售方式束缚了大量农村强壮劳动力,影响了农村劳务输出。大力发展农产品物流,可以解放大量低效的农业销售劳动力,节约农产品流通成本,使更多的农业劳动力参与劳务输出。同时农产品物流的发展还可以创造出大量的就业岗位和就业机会,农产品的采选、分拣、包装、加工会从传统农业中分离出来,与此相关的农村二、三产业便可得到迅速发展,从而吸纳大量的农村剩余劳动力就业。

(五)有利于提升农产品相关企业的核心竞争力

发展农产品物流,尤其是第三方物流,对于一些农产品相关企业,尤其是中小型农产品加工企业来说,可以集中精力发展自身的核心竞争力,将自身非核心的物流业务外包于农产品物流部门运营。而农产品物流部门根据自身具备的专业设备和专业知识,结合企业情况,加快农产品从原材料购入到产成品销售的周转速度,不但可以大大降低企业的库存数量,还可以加快资金的周转速度,从而增加企业全年利润,提高农产品相关企业竞争力。

二、我国农产品物流的发展状况

(一)我国农产品物流发展现状

近些年来,随着中共中央、国务院对"三农"问题的日益重视,现代农产品物流的发展开始受到更多关注。2003 年 1 月 8 日,中央农村工作会议在北京闭幕,会议的一项重要内容就是加强农业流通体系的建设,农产品物流变得更加令人瞩目。2004 年和 2005 年的中央一号文件都明确提出"进一步加强产地和销地批发市场建设,注重发挥期货市场的引导作用,鼓励发展现代物流、连锁经营、电子商务等新型业务和流通方式"。2008 年和 2009 年的中央一号文件均提出要加快农村流通体系的建设,大力在农村地区构建农产品批发市场,提升我国农产品的流通业态。2011 年国务院办公厅发布的《关于加强鲜活农产品流通体系建设的意见》指出,"创新鲜活农产品流通模式,提高流通组织化程度,完善流通链条和市场布局,进一步减少流通环节,降低流通成本"。2012 年商务部发布的《关于加快推进鲜活农产品流通创新指导意见》指出,"加快推进鲜活农产品流通创新,减少流通环节,降低流通成本,提高流通效率"。2015 年商务部办公厅印发《"互联网＋流通"行动计划》,提出"加快互联网与流通产业的深度融合,推动流通产业转型升

级,提高流通效率,努力打造新的经济增长点,培育新产业,释放消费潜力"。2016年中央一号文件结合电商发展的新情况,在推进农村电商发展的建议中提出完善全国农产品流通骨干网络,加快构建公益性农产品市场体系,加强农产品产地预冷等冷链物流基础设施网络建设,完善鲜活农产品直供直销体系,推进"互联网+"现代农业行动。国家出台的这些流通政策,大大推动了我国农产品物流的可持续发展。

1. 农产品市场体系不断完善

人口大国对于农产品的需求,是农产品物流发展的强劲推力。目前我国用于生活消费的农产品主要以鲜食鲜销形式为主,在分散的产销地之间要满足消费在不同时空上的需求,使得农产品物流,特别是鲜活农产品物流面临数量和质量上的巨大挑战,同时也带来了巨大的商机。当前我国已经初步形成了以批发市场为中心,以集贸市场和零售市场为基础的农产品市场体系。其中,农副产品批发市场因其上联生产环节,下联其他流通主体,已成为我国农产品物流和质量安全信息流集中与分配的节点,成为最经济地实现农产品质量安全信息的收集和传播的主要点。据国家统计局网站上相关数据显示,截至2015年年底,我国共有农林牧产品批发企业5072家,农林牧产品批发业务的从业人员超过22万人,资产总额达7051.05亿元,主营业务收入达8032.08亿元,主营业务利润达533.92亿元。据《第二次全国经济普查主要数据公报(第三号)》显示,70%的农产品通过批发市场进入零售环节,批发市场已成为我国农产品流通的重要载体。2008年和2009年的中央一号文件均提出要加快农村流通体系的建设,大力在农村地区构建农产品批发市场,提升我国农产品的流通业态。现代农产品物流中心也得到了快速发展。近年来,全国各地陆续建起一批规模较大、体系较为完整的农产品物流中心,如深圳市政府与香港博富集团合作筹建的深港农产品物流中心、长春粮食集团与德隆集团共建的东北亚农产品物流中心、上海全国农产品物流中心、北京绿色安全农产品物流中心、寿光蔬菜批发市场等。这些物流中心设施齐备、体系健全,成为国内农产品物流发展的典范,也为现代农产品物流的研究提供了有益的实证参考。总体来说,我国市场体系建设离现代化物流建设还有一定的距离,如批发市场有待进一步提升,应改变现在的"商物合一,现金交易"的初级物流状态,现代农产品超市在城市还未成为主要销售渠道。

2. 物流运作主体呈现多元化

改革开放以来,我国农产品的经营体制、市场化程度发生了巨大的变化。在这种形势下,连接农产品生产者和消费者的营销渠道以及包含于其中的商流、物流,各方面的参与者及其功能都发生了变化。除原有的国有和集体性质的农产品物流企业,还涌现出大批个体运输户、经纪人、多种形式的经济联合组织等,产生了专门从事农业生产资料和农产品储运及流通加工的第三方物流企业,第三方物流运作模式得到了快速发展。但总体来看,农产品的第三方物流只是在起步阶段,其管理水平、信息系统建设和数据共享、网络建设、物流企业的战略联盟以及专业化服务等方面还面临着诸多问题。因此,现有市场主体呈现"小规模,大群体"的格局。

3.物流基础设施和装备得到了有效改善

近几年来,政府在交通运输设施、信息基础设施建设等方面投入了大量的人力、物力、财力,使得我国现代交通运输初具规模,国家公用通信网的规模容量、技术层次、服务水平都发生了质的飞跃,这些为发展农产品物流准备了必要的条件。现代物流技术设备是现代物流发展水平的标志,目前,我国在不断改造农产品运输、储存、装卸搬运、包装等专用设施的基础上,已能独立设计制造出供农产品储存的自动化仓库、搬运机器人等高技术水平的物流设施,且许多现代通信技术,如电子数据交换、全球定位系统等也已在农产品物流中得到应用。

4.物流标准化工作启动

农产品物流标准化建设是农产品物流建设的重要内容,是有效降低物流费用,提高物流系统经济和社会效益的基础,也是中国加入世界贸易组织(WTO),提升中国农产品的竞争力的要求。随着农产品物流基础市场的发育,我国的物流标准化工作启动,并取得了一系列成绩。第一,制定了一系列物流或与物流有关的标准;第二,建立了与物流有关的标准化组织、机构;第三,积极参与国际物流标准化工作,并积极采用国际物流标准;第四,积极开展物流标准化的研究工作。由于我国农产品物流标准化工作刚刚起步,农产品仓储、装卸和运输等作业环节的标准配套以及农产品信息标准化、国内物流标准与国际标准接轨、农产品质量标准等方面还有待加强。

(二)当前我国农产品物流存在的问题

1.对农产品物流的重视程度不够

"重生产、轻流通"观念依然存在。在国外,农业生产环节投入比例是30%,产后比例高达70%,而我国农产品产后商品化处理仅占1%,保险储藏比例仅为20%,加工比例不足10%。[①]另外,农产品供应链中存在产销的行政壁垒。虽然目前一些地方开辟了农副产品运销的绿色通道,但地方保护主义现象仍然在不同地区不同程度地存在着,农副产品跨地区外销障碍重重,增加了流通成本,加大了大宗农产品物流环节的经营风险,造成了大量的积压和损失。

---

① 孙莹,何维达.我国农产品物流问题及对策研究[J].改革与战略,2007(9):70-71.

2.物流主体发育不良

从事农产品物流的主体有五种形态:一是国有和集体性质的流通企业,二是农业公司,三是专门为农业公司、农业合作社、农民协会服务的第三方物流企业,四是为农产品物流服务的专业公司,包括专业运输公司、专业包装公司等,五是经纪人队伍。原国有和集体性质的流通企业普遍背负着历史遗留的各类包袱,从执行调拨计划转向市场竞争有一个艰难的适应过程,缺乏竞争优势,不能建立适应市场经济要求的产权明晰、责任明确、政企分开、管理科学的现代企业制度,其中已有相当一部分企业从农产品物流行业中退出。而农村又普遍缺乏具有独立产权的代表农民利益的经济组织,分散、规模小的生产经营方式限制了农产品的交易,农民呈无组织分散状态进入市场,缺乏市场竞争力和自我保护能力。虽然农业行业协会在现阶段发展较为盛行,但因组织不健全,功能不完备,还起不到行业规范和自律作用。第三方物流企业在我国正处于起步阶段,运作管理不规范,营销能力尚未得到充分体现。此外,多数农产品物流企业规模小,网络不健全,市场覆盖面狭窄,带动作用较小。而从农业生产中分工出来的专业农民运销队伍,因自身素质低,缺乏必要的物流知识和收集加工信息的能力,抗御风险能力差。因而,整体上我国农产品物流领域运作主体的竞争能力还相当薄弱。

3.物流技术水平低

(1)存储条件差。由于农产品的时间和空间性差异,大部分农产品从生产领域到达消费领域的过程中需要经过多次储存,以调节产需和供求平衡。而当前我国农业仓储设施建设滞后,仓储条件和机械设备水平低,分布不合理,通用仓库多,专用仓库不足,特种仓库(如低温库、冷藏库、立体仓库等)严重短缺。据统计,我国现有的粮食仓容只能满足粮食储量的65%～70%,导致简易仓库储藏和混藏、农民分散储藏,甚至露天堆放问题相当突出,不仅造成霉变概率大,陈化速度加快以及鼠患、虫害现象严重,储粮损失达8%～10%,而且农产品统一管理和调度难度加大。

(2)装卸搬运的机械化水平低。如叉车、托盘、货梯、升降平台、巷道堆垛起重机等装卸设备数量相当有限,大多数靠人工操作。农产品储运装卸设施设备水平低,导致鲜活农产品储运成本在总成本中高达60%以上,大大降低了农产品的市场竞争力。同样由于装运、接卸设施不配套,粮食的"四散"(散储、散卸、散装、散运)作业无法大范围开展;车站、码头的装卸环节机械化、自动化程度比较低,必要的散装计重设备缺乏,使"四散"流通作业还具有相当的难度。

运输、储藏、保管、装卸搬运、包装技术水平低,致使我国农产品物流过程中损耗巨大。有关研究数据表明,发达国家的果蔬损失率控制在5%以下。美国蔬菜水果物流则更为典型,产品一直处于采摘后需要的低温状态并形成一条冷藏链:

田间采摘后预冷→冷库→冷藏车运输→批发站冷库→超市冷柜→消费者冰箱,水果蔬菜在物流环节的损耗率仅有 $1\%\sim2\%$ 。而我国在果蔬生产中,80% 的生鲜产品是常温保存、流通、初加工。据统计,常温流通果蔬损失率为 $20\%\sim30\%$ 。果蔬采后的腐烂损耗几乎可以满足两亿人的基本营养需求。另外,我国粮油损失率约为 15% ,蛋损失率为 15% ,肉干损失率约为 3% ,加上食品的等级间隔、运输及加工损耗,每年造成的经济损失约达上千亿元。目前我国农产品物流一般仍以常温物流或自然物流形式为主,冷链物流还未真正建立,但国家已经着手规划提升物流质量。商务部、国家发展改革委、供销总社编制的《商贸物流发展专项规划》(2011 年),提出到 2015 年,我国的果蔬、肉类、水产品冷链运输率分别提高到 20% 、30% 、36% 。2016 年,我国果蔬、肉类、水产品的冷链流通率分别达到 22% 、34% 和 41% ,冷藏运输率分别达到 35% 、57% 、69% 。

4. 交通运力不足

(1)交通运输线路短且少,总运力不足。目前我国一些地方的交通还不发达,有些偏远的农村甚至没有公路,几乎处在与世隔绝的状态,交通运输线路短且少,农用专用线配备欠缺,总运力不足,农村机动力运输量约占总运输量的 20% ,这样的运力结构明显不能适应农业运输的需要。

(2)农业运输专用技术装备落后。农产品多为鲜活易腐货物,货运量大,对运输设备要求高,需要大量的专用运输工具。但目前农产品专用工具缺乏,农产品运输技术也相对落后,现代化的集装箱、散装运输发展不快,高效专用运输车辆少,农产品运输主要靠中型卡车,能耗大、容量不足,并且大多卡车是敞篷的,缺乏对农产品的有效保护,致使一部分易腐货物积压于产地,腐烂变质,损失严重。

5. 加工处理水平低

农产品在流通过程中大多需要进行整理、分级、分类、烘干、散热、消毒、防腐包装等处理,而我国这些方面的作业能力因设备陈旧、装备水平落后、加工处理能力缺乏而明显不足。以烘干为例,国家每年收购的高水分原粮,利用干燥设备仅能处理 1/4,大部分原粮依靠人工晾晒,耗费大量的人工费用。由于缺乏农产品的深加工能力,农产品多以初级产品形式进入流通或终端消费,不少农产品的附加值收益流出体外,影响农业行业积累和农民收入增长,极易挫伤农业生产者等农业工作者的积极性。

6. 信息化手段不能适应需要

信息是农业物流的神经系统,从产前、产中到产后的储存、运输、加工及销售,每一个环节的物流信息应做及时处理,方能应对市场变化。现阶段,大多数农产品物流企业获取信息主要依靠电话和人员外出搜集,广大农民获取信息主要还是通过中介组织或电视广播,但通过这些渠道获得的信息量有限,质量亦难保证。

总结起来,目前我国农产品物流信息化方面的问题具体表现在以下三方面。

(1)信息网络不健全。物流信息网络缺乏,现有的信息网络不健全。目前大部分农业生产地区未曾建起农产品信息网络系统,虽然有些地区已经有了农业信息网、交通运输网,但农资信息网和农产品加工、仓储网还处于起步阶段。

(2)网络覆盖面不够大。已有的网络只延伸到了市县一级,与乡镇和大中型企业联网的比较少见。目前甚至还有相当部分的农村地区尚未实现"三通",市场信息闭塞,缺乏先进信息设备和完备的农业信息网络,致使市场信息不能实现双向流通,情报功能未能充分发挥。各网络之间缺少整合平台,相互之间互不沟通,难以形成整体合力。

(3)市场信息服务缺乏。农产品市场上几乎还没有一个经过统一规划设计的信息系统,仅有提供少部分功能的类似于财务管理软件或库存管理软件的信息载体。一些农产品批发市场仍然采用传统的广播、板报等方式发布少量品种、价格信息,甚至有的农产品市场根本没有信息服务,不可能为农产品生产、流通和加工提供全面、持续的信息。信息化服务体系建设明显滞后。

三、发达国家农产品物流的发展趋势

目前,现代农产品物流主要由交通运输业、仓储业、货代业、配送业、物流咨询业等组成。随着经济全球化的持续发展、科学技术水平的不断提高以及专业化分工的进一步深化,在美国以及欧洲一些发达国家开始了一场对农产品物流各种功能、要素进行整合的"物流革命",呈现出一般物流的电子商务流、绿色物流、物流规模经济、第三方物流、物流国际化及物流标准化的趋势。农产品物流发展趋势重点表现在以下几个方面。

(一)物流主体呈现组织化、规模化

物流产业的特殊性之一是其固有的规模效益和网络效益。因此,发达国家十分注重物流企业集团化、连锁化、集约化、协同化的发展战略。在发达国家,农产品物流的主体主要是企业化经营的农场、农产品批发与零售企业以及农户联合起来的协同组织,而非个人,且农工商一体化经营的程度越来越高。发达国家农产品物流企业主要是通过建设物流园区、物流企业兼并与合并等方法来实现物流企业的集约化、协同化发展的。

(二)物流渠道日益缩短

信息技术、互联网等的普及,使电子商务广泛运用于农产品物流管理,加上便利的交通运输加快了农产品的物流速度,发达国家的农产品物流渠道日益缩短,实现了农产品配送、运输等准时和精确化。美国78.5%的鲜活农产品物流链为"生产地→配送中心→超市与连锁店→消费者"。经由批发市场的农产品相对数

量在不断下降。而在日本、韩国这些亚洲国家和我国台湾地区,农产品尤其是鲜活农产品,经由批发市场的流通率仍然很高,但批发市场现代化程度不高。

(三)专业物流共同配送

农产品配送是根据农产品加工企业或其他用户的需要,按其订单要求的品种、品牌或品质比例进行搭配,送达加工车间的下料坑或其他所要到达的地方,实现"门到门"服务。目前,在美国、日本和欧洲等经济发达国家和地区,专业的物流服务已经形成规模,其中最主要的特点就是共同配送。

(四)农产品市场信息化

目前信息技术的应用与信息咨询服务对于农产品物流越来越重要。发达国家无论从国家层面还是企业层面,都非常重视利用计算机网络将生产、流通、消费各个环节连接起来,重视信息的分析,搞好市场信息咨询服务,加快市场信息的传递和电子商务的实施,切实为农户和企业提供前瞻性、引导性的市场信息。

(五)期货交易应用广泛

在当今世界农产品贸易中,期货交易应用广泛,85%的世界农产品价格是由期货价格决定的。在现货交易市场中,发达国家的农产品交易,凡需要经过批发环节的大都以拍卖方式实现,如荷兰通过拍卖的方式每年出口到世界各地的鲜花和温室蔬菜竟达数十亿欧元。当然这一切与发达国家重视物流标准有关。

(六)倡导绿色物流

20世纪中期后,就在世界生产力突飞猛进的同时,地球环境也不断恶化。于是发达国家开始提倡保护地球环境、保护自然资源的"绿色革命",这一革命迅速扩展到生产、流通和消费领域。当代物流营运作为商品贸易的重要环节,同样也存在着高效节能等可持续发展问题,于是绿色物流便被提了出来,对于农产品尤其是作为食品的农产品来说,绿色物流的意义更加巨大,因为这不仅关系到环境保护的问题,更重要的是农产品关系到人类的身心健康。

四、优化我国农产品物流运作的方向

(一)基础设施

基础设施建设,是发展农产品物流业的基本要求。

1.政府筹措资金,努力推动交通网络的建设

加快农村公路网建设,实现乡乡通公路、村村通公路,实现铁路运输、公路运输、海运、空运的相互联网,建立立体的交通网络。

2.发展农产品产业化经营,创新物流主体组织

第一,创新农户组织,改变初始物流水平。培育农民合作组织是当今解决农

产品生产和流通问题的一个主要思路,在相关文献中有大量的研究,趋于一致地认为由农户合作组织代替农户自己参与市场交易可以大大降低交易成本,包括降低信息搜寻费用、交易签约费用、交易履约费用。具体到蔬菜物流领域,这一功能仍然是十分突出的。第二,创新中间商组织,发展第三方物流。目前,蔬菜物流形式主要是传统自营物流,以小规模、零星为特征,存在严重的车辆迂回往复现象,配送成本高、效率低,配送的可靠性也得不到保证。而从理论上讲,第三方物流将会彻底解决这方面的难题,在物流效率上取得无可比拟的优势。

3.搞好农产品批发市场的建设,合理发展物流园区

搞好农产品批发市场的建设,合理发展物流园区,建立高水平的农产品物流中心是现阶段提高我国农产品物流管理水平的一个突破口。

(二)管理水平

1.设立统管农产品物流的主管部门

目前,农产品物流的各相关功能环节仍然由铁路、交通、民航、发改委等不同政府部门分别把管,这种条块分割的管理体制形成了自上而下的纵向隶属的管理格局,严重影响着在全省范围内对现有的物流资源进行统筹规划,妨碍着物流的社会化进程,制约着电子商务的进一步推广。所以,应该深化改革,调整机构,设立统管农产品物流的主管部门,消除多头管理、政出多门的弊端,提高流通效率和行政管理效率。

2.加强农产品物流人才的教育和培训

我国物流业的落后与物流专业人才的缺乏有很大的关系。目前,我国设置物流专业的高校相对于巨大的物流需求来说仍严重不足,相关培训也比较少。对于物流企业来说,拥有一批具有先进物流理念、掌握先进物流技术的员工队伍,才能在竞争中立于不败之地。为解决物流人才严重不足的问题,我国应该加大物流教育力度,加快培养物流人才。一方面,具备条件的高等院校要努力申请开设物流管理、物流工程及其相关专业,不具备条件的高校也可以在经济类专业中加设物流相关课程,培养应用型物流专业人才。另一方面,各高校可与行业协会采取联合开办短期培训班的方法来提高从业人员素质。

3.搞好现代农产品物流业标准化体系建设

首先大力推进农产品物流业设施和装备标准化建设,包括各类运输装备、物流器具、包装、信息接口等。在此基础上,加紧对农产品物流业基本用语、计量标准、技术标准、数据传输标准、作业和服务标准等进行研究,尽快形成统一的农产品物流业国家和行业标准,加快与国际接轨。

(三)技术水平

1.加强农产品物流技术的开发与研究

在整个农产品物流链上,技术的创新是物流业发展的重要支撑和动力。农产品采摘、保鲜、分选、包装、运输、存储等环节的技术是农产品物流现代化的重要保障,加大这些技术的研发力度所产生的效益绝不亚于生产环节技术研发所产生的效益。

2.积极运用多种现代营销手段

首先要在革新传统销售方式的基础上,大胆探索和应用现代销售手段。鼓励龙头企业或销售公司设立销售网点,发展代理商,建立直销市场,大力发展农产品连锁经营、配送等形式,积极运用拍卖、代理等现代交易方式,加快发展电子商务,推进网上交易。

(四)宏观环境

目前发展农产品物流业的突出问题还是观念和体制问题,要实现农产品物流的现代化,首先就要改变过去人们对农产品物流不重视的态度。其次要改变过去"重生产、轻流通"的思想,进行制度创新,并通过一系列的产业政策引导人、财、物等基本要素向农产品物流业倾斜。最后,加强政策支持,营造良好的外部条件。如:政府应制定有关第三方物流服务业行业准入的企业基础设施基本条件要求,对专门的物流公司提供优惠的建设政策和资金支持;完善法律法规,严惩商业欺诈行为,促进农产品供应链成员建立诚信体系,从而有利于建立战略伙伴关系;协调和仲裁农产品供应链中各利益主体的矛盾与冲突,保护各方的合法权益;制定能促进强强联合、资产重组和规模经营的法律法规和政策体系。

复习思考题

1.物流、农产品(农产食品)物流的基本概念是什么?

2.农产品物流与农产品供应链的关系是怎样的?

3.我国农产品物流的特点是什么?

4.我国农产品物流的主要类型有哪些?

5.简述发展农产品物流与解决我国"三农"问题的关联性。

6.当前影响我国现代农产品物流形成的主要障碍是什么?

7.结合我国实际及发达国家的经验,请谈谈如何优化我国农产品物流运作的方向。

参考文献

[1] 中华人民共和国国家统计局.中国统计年鉴 2016[M].北京:中国统计出版

社,2016.

[2] 商务部对外贸易司.中国进出口月度统计报告:农产品(2010年1月)[EB/OL].
[2017-11-01]. http://images. mofcom. gov. cn/wms/table/2010_01. pdf.

[3] 商务部. 2008年流通领域食品安全调查报告[EB/OL]. (2009-04-22).
http://news. foodqs. cn/gnspzs01/2009422114430306. htm.

[4] 陶君成,初叶萍.中美农产品物流的分类比较[J].经济社会体制比较,2010
(1):187-190.

[5] 张倩.浅议农产品物流[J].农村经济,2003(9):48-50.

[6] 张京卫.中国现代农产品物流:战略构想与政策建议[J].陕西农业科学,2007
(3):50-53.

[7] 谢如鹤.铁路冷藏运输技术经济问题的研究[D].北京:北方交通大学,2006.

[8] 丁丽芳.我国农村物流发展的问题与对策[N].光明日报,2014-05-10(007).

[9] 赵晓飞,李崇光.农产品流通渠道变革:演进规律、动力机制与发展趋势[J].
管理世界,2012(3):81-95.

[10] Cooper M C, Lambert D M, Pagh J D. Supply chain management: more
than a new name for logistics[J]. International Journal of Logistics of
Management, 1997, 8(1):56-63.

[11] 方晓,张蕾丽.流通渠道的设计方法[J].物流技术,1994(2).

【阅读与思考】

中美农产品物流的比较

粮食作物物流的比较

中国粮食作物占农作物总播种面积的76.8%,粮食总产量及稻谷、小麦、谷子、甘薯的产量均居世界前列。2014年全国粮食产量达6.07亿吨。相关调查显示,中国的粮食物流企业正以高于国外同行10%以上的流通成本在同一市场上竞争。国内粮食从产区运到销区的流通费用,占粮食销售价格的30%～35%。2014年全国有1.65亿吨粮食跨省运输,原粮跨省散运比例约25%,以包粮运输为主。过高的流通费用以及小农生产等因素综合作用,形成了目前中国粮食平均价格高于国际市场价格的局面,有些农产品的价格甚至高于农业发达国家的到岸价格。中国粮食运输大多采用包装运输,主要靠人力管理经营,因而劳动强度大、费用高、效率低。而且,在运输过程中信息化程度低,存在着信息不畅、价格失真、流通环节多、交易成本高等问题。由于流通过程太长,粮食在物流过程中损失巨大。据统计,粮食产后损失占粮食总产量的12%～15%。专家认为,效率低下的农产品物流,正成为中国农业产业化进程和农产品流通产业发展中的巨大障碍。中国粮食库存水平远高于后备储备占总需求6%的国际标准。据统计,我国农户存粮约占全国粮食年总产量一半左右,由于储存条件差、设施简陋等,农户储粮损失比例约8%。加上粮食仓储装卸运输抛洒遗漏、过度和粗放加工,每年造成的粮食损失超过3500万吨。储备的陈化粮和品质较差的粮食所占比重较大,与人们对品质、品种的需求不相适应。粮食加工是粮食流通过程中的重要增值环节,是处在农业生产下游、工业生产上游的重要产业。目前中国粮食深加工及粮食食品工业总体发展水平还不高,如国外玉米的精加工和深加工开发品种极多,利用率高达99%,而中国仅为83%。

美国粮食年产3.9亿～4.1亿吨,人均占有1.6～1.7吨。全国占产量一半的粮食出口到世界各地,库存粮食也约占世界粮食总库存的30%。粮食的收、储、运、销、检测等流通环节也都实现了高度现代化。美国的粮食储备是通过商业信贷公司的运营进行的,粮食流通的主要形式为粮食初级市场、终端(中心)市场、零售市场和期货市场。粮食的加工比例很高,例如,2005年,食品及深加工用粮增加到7328万吨,占当年总产量的26.5%(王莉蓉等,2007)。美国粮食生产的集约化形成了相对固定的玉米、小麦和大豆生产带、消费带,以及向世界市场出口的主要通道,而且每年的流量、流向相对稳定。这为粮食物流设施的有效利用和物流运营管理提供了有利的条件。美国全国港口库存年周转率平均达37次,粮食的物流成本只占粮食交易总成本的18%左右(王莉蓉等,2007)。美国粮食运输体系十分发达,公路、铁路、水路等各种运输方式衔接顺畅。从收纳、中转、储存、运输到销售终端,美国都具有完善的筒仓接收发放系统和配套的专用汽车、火车和船舶运输工具,以及由第三方物流企业提供的专业化的粮食物流服务。在所有的运输方式中,粮食运输以水路和铁路运输为主。通过运输体系将粮食运至面粉厂、食品加工厂和饲料加工厂,还可通过位于北美五大湖、大西洋海岸、墨西哥湾和太平洋海岸的大型出口粮港运至世界各地。

水果与蔬菜物流的比较

中国自1990年发展水果产地贮藏至今,水果贮量约占水果总产量的20%。近年贮藏保鲜技术得到普遍推广,初步形成了南北、东西大流通和"季产年销"的市场格局。水果在价格、品质、鲜度、品种等方面尚需标准,就采用低温物流而言,国内仅限于高端水果品种,而发达国家一般80%左右的水果都采用低温物流。水果物流成本仍然较高,大多数的水果超市没有长期固定的水果供应商,诸如运输、包装、装卸等物流作业环节更是随机寻找合作伙伴。水果采购成本的控制取决于谈判能力而不是物流效率。水果包装水平也需要提升。以水果产销量较大的海南省为例，2003年，包装成本约为2.9亿元，占水果瓜菜产值的4.8%，而比较发达的农业国则达15%。水果加工虽然发展很快，但加工率还是偏低。如苹果的加工率只有15%，而国际上平均为25%，德国甚至达到75%。水果经采后储藏加工，国外增值比例为1:3.8，中国为1:1.8。中国蔬菜产量、出口量已居世界第一。蔬菜采后保鲜储藏比例不足20%，大多用帆布顶卡车运输，没有冷链保证。蔬菜加工比例不到10%，加工手段有罐藏、速冻、干制等。超市净菜虽发展较快，但未加工蔬菜上市仍占大多数。蔬菜流通一般经生产者、产地市场、运销批发商、销地市场、批发商、零售商到消费者，由于环节多、保鲜差，必然导致效率低、消耗大，加上设卡收费等问题，蔬菜物流成本难以降低。特别值得一提的是，在现有的蔬菜物流体系中，众多小农户参与物流仍是一个主要特点，并成为制约现代物流发展的一个重要因素。而在小农户融入物流体系的努力中，交易成本大，技术与装备落后，使得物流过程成为一个耗损过程。

美国水果专业化生产以区域化布局为基础，每一树种甚至品种，均安排在最适宜区集中栽植。因此，带动了一系列配套设施的发展，对果业进行现代化工业式管理。水果物流中冷藏技术被普遍采用。无论是水果的生产者、加工者、批发商、零售商还是配送中心，都建有配套的冷藏库。冷链良性发展源于规模经营，生产优势与其良好的物流模式给水果产后运输、储藏带来了很大的利润。美国政府对果品质量管理，特别是对果品气调贮藏质量有严格要求。果品严格按成熟度适时分期采收，保证所有果品完全成熟，但不过熟。果品在出库包装时，符合标准才会在每个果品箱加上果库号码和"气调"标记。检验过的果品必须在两周之内送到市场销售，否则必须再次接受同样的检验。在美国，以公司为核心组成股份制果品包装加工企业，统一向批发市场运销，果农按果品数量入股分红，把公司和农户共同利益连接为一体。美国有37个州从事商品蔬菜生产，主要集中在中南、西南、东南的亚热带地区和北方地区，其产量约占总量的90%（孔凡真，2005）。其专业化蔬菜农场从整地播种到收获以及采后处理，都实现了机械化，部分作业还实现了自动化。为了保证质量和降低损耗，美国蔬菜采后处理的一般程序为：采收和田间包装→预冷（有冰冷、水冷、气冷等）→清选与杀菌→打蜡或薄膜包装→分级包装。所有蔬菜包装材料上均印有蔬菜名称、等级、净重及农家姓名、地址、电话等，以保证信誉。蔬菜物流始终处于符合采后生理需求的低温条件，形成一条冷链，即田间采后预冷→冷库、冷藏车运输→批发站冷库→自选商场冷柜→消费者冰箱。由于处理及时、得当，美国蔬菜在加工运输环节中的损耗率仅为1%~2%。

肉类农产品物流的比较

肉类农产品是包括家畜、家禽、水产品在内的可食用生物体的总称。不同的肉类具有不同的商品与物流特征,是人类食品生产、流通、消费的重要组成部分。

中国畜禽肉类生产处于一种传统手工和半机械化状态,农村的自宰自食及非工业化屠宰加工仍占相当大比重。据统计,在2500个较大屠宰点中,只有15个现代化程度较高。中国肉类总产量虽居世界首位,但肉类食品从农村到餐桌仍处于分割管理的松散状态,不少地区仍存在私屠滥宰、注水肉的现象。肉类深加工制品的比例仅占肉类总产量的10%以下,发达国家一般都达到50%左右,有些国家甚至高达70%以上。肉类食品销售在全国大部分地区以集贸市场为主,在中小城市集贸市场占50%~60%,在县城集贸市场占90%左右。而发达国家由超市销售的肉类占65%,由连锁店销售的占25%。因此,未来中国肉类物流将发生较大变化,"集中分割—成品包装—冷链配送"将成为主要模式。中国水产品分为养殖水产品与捕捞水产品。养殖水产品的流通渠道可划分为产地出货阶段、消费地批发市场阶段、零售阶段。捕捞水产品除部分在海外直接销售外,上岸后就直接运往超市实施冷链管理。多数水产品受运输方式的制约,形成产地与销地脱节。比如,广东淡水鱼除了空运就很难进入北方市场。因此,冷链发展必将带来冰鲜淡水鱼市场繁荣。除了冷链,水产工业品物流发展空间也很大。从总体上看,水产品加工增值能力仍然较低。据联合国粮农组织(FAO)统计,世界水产品的75%左右是经过加工后销售的,而中国目前的加工比例仅占总产量的30%左右,其中占水产品总产量50%多的淡水产品加工的比例还不足5%。

美国畜禽肉类产品的生产高度集中,是资金和技术密集的产业,6%的生产商生产90%的产品。供料、给水、孵化、挤奶、调温、通风、清洁及产品的装运和初加工等全部实现了电气化。企业严格检验检疫,用全程冷链控制微生物污染。在农业部派出官员的监督下,企业管理者严格执行危害分析与关键控制点(hazard analysis and critical control point,简称HACCP)体系。高保障性薄膜包装使以前不适合包装的金枪鱼、三文鱼、鸡和其他成品肉也得以保存。托盘包装使盒装肉和成品肉制看起来更新鲜。肉品业常被认为是美国所有食品业中管理最严格的一个产业。至少有九个联邦机构监督该产业,以确保所提供给消费者的肉品的卫生和安全。美国农业部食品和安全检验服务局对批发肉类产品的生产建立了一套完整的检验系统,以确保供人类食用的肉品的卫生。畜禽产品安全卫生被全程监管,有一整套畜禽产品市场管理规章和食品安全卫生叫停程序,以保护消费者的合法权益。美国80%

的水产品依赖进口,虾类、鲑鱼及罗非鱼是最受美国人欢迎的三种水产品。美国的总捕鱼量中,有 37% 的新鲜鱼或冷冻鱼在市场上出售,18% 制成罐头,1% 晒干,剩下 44% 作副产品和鱼饵。一条设备齐全的加工船,船上有切片机、冷冻机或制罐机。鱼片一般在海上冷冻成大块,每块重达 100 磅,上岸后,再重新加工成小块。有的加工船上还有干燥设备和把鱼磨成鱼粉的设备。美国水产品的加工方式多种多样,包括干制、熏制、盐制、腌制等。鱼的经济价值并不只在于它可以作为食品,还在于其可以做成工业产品。美国根据产品的不同质量程度对水产品进行分级,分级依据色泽、大小、质地、风味、工艺、质量和密度等。美国水产品是自愿接受检查的,经检验过的产品,在厂里包装时可打上标记,以便消费者辨认。产品标签上的标记表明联邦商业部的检验员检查过并分了级,证明产品达到所有检验条例的标准,并且是根据美国政府的等级标准或批准的规格生产的。

(参考文献略)

[资料出处:陶君成,初叶萍.中美农产品物流的分类比较[J].经济社会体制比较,2010(1):187-190]

思考:1. 影响农产品物流效率的主要因素是什么?政府在农产品物流发展中应承担什么角色?

    2. 分析中美主要农产品物流的差距与原因。

第二章　农产品供应链管理

重点提示

本章要求掌握农产品供应链管理的概念、意义及其产生的理论依据和现实背景,农产品供应链的特点,农产品供应链的结构类型;需要重点掌握当前我国农产品供应链整合的模式及影响整合的因素。

第一节　农产品供应链管理的基本理论

一、农产品供应链及供应链管理产生的动因

(一)农产品供应链及其管理

供应链译自英文的"supply chain"(SC),这个概念是 20 世纪 80 年代初提出的,但其真正发展却是在 20 世纪 90 年代后期。有人考虑到供应链包括供给和需求两个方面,将其意译为"供需链"。但从当前的发展趋势看,国内的大多数学者都倾向于"供应链"的说法。

农产品供应链有其独特性。相对于工业品供应链,农产品供应链主要涉及对动植物等具有生命体征的原材料的生产、加工制造及分销至最终消费者的过程。因为受涉及对象的易腐性、生产周期长、受生物季节气候等因素的影响,所以农产品供应链比其他产业的供应链更加复杂。目前农产品供应链的名称可以说是五花八门,如农产品供应链、涉农供应链、农业供应链、农业综合企业等。但实际上这些都是根据农产品的特征和研究的内涵与边界而定的,在本书中对它们不加区分。

至于农产品供应链和供应链管理的区别,实质上可以类比供应链与供应链管理的关系。综观国内学者对供应链及其管理的定义,大多数学者都将供应链定义为"供应链是由相互间提供原材料、零部件、产品服务的厂家、供应商、分销商、顾客组成的链状结构、通道或网络;供应链管理则是对供应链中的信息流、物流和资金流进行设计、规划和控制的过程"。也就是说,将供应链定义为实体组成的网络,而将供应链管理定义为运作管理或将其看成一种渠道管理、物流管理的延伸。因此,农产品供应链管理是指以农产品加工企业为核心,以信息流通网络为依托,应用系统的方法来管理从农产品的生产一直到加工成成品并顺利转移到消费者手中的过程,使得从农资生产商、农户、加工企业、批发商、零售商直到最终用户的信息流、物流、资金流等在整个供应链上畅通无阻地流动,达到供、产、运、加、销有机衔接,使农产品产前、产中、产后与市场之间联结成最佳的系统优化运转状态,最终实现供应链上各个主体共赢。农产品供应链管理的出发点是高度关注客户的实际需求,强调集成化管理,实质是使农产品供应链节点上的各相关企业充分发挥各自的核心能力,优势互补,从而有效地实现最终客户价值。它强调战略管理,不是从链条上的每个成员追求自身利益最大化出发去实现资源的最优配置,而是从追求整个供应链管理的最优化来实现链条上所有成员成本最小化和利益最大化。

(二)供应链管理的核心思想

供应链管理作为一种全新的管理思想,强调节点企业间的战略合作伙伴关系,通过集成化管理,在实现供应链整体利益帕累托最优的基础上,实现节点企业间的"双赢"或"多赢"。可见供应链管理着重强调了三个核心思想。

1.合作思想

合作是供应链管理成功的最基本要求和条件。整条供应链竞争力的大小直接取决于供应链各节点企业间的合作程度。供应链管理中的合作是一种全方位、深层次的合作,它不仅包括"利益共享、风险分担",而且还包括"信息共享、信用互守、团结互助",不仅要求在计划、生产、质量、成本等方面的信息沟通和在成本、质量改进上的互助,还要求在产品开发中的相互交流,双方在资金上的互相支援以及双方在人员上的互相交流等;不仅在操作层的物资、信息、资金、人员等方面有合作交流,还在战术层与战略层决策方面相互进行长期的合作交流,制订共同的战略目标与战略计划,同步进行战略管理。

2.集成思想

供应链管理不仅仅是节点企业技术方法等资源简单的连接,它把供应链中所有节点企业看作一个整体,对供应链进行整体优化,降低供应链的总成本。它涵盖从供应商到最终用户的采购、制造、分销、零售等职能领域过程。集成思想无论在横向层面还是纵向层面较传统企业管理理念都有着较大的扩展和延伸。在横向层面上,不仅包括企业内部供应链的集成,还包括企业外部供应链的集成。在纵向层面上,它不仅要求实现同步化、集成化的生产计划与控制和后勤保障与服务协作等业务职能,还要求实现企业间的信息共享、产品联合开发、技术支持、资源优化配置、企业合作与委托等。

3. 双赢(win-win)思想

在 20 世纪 80 年代,供应链中各节点企业通常都注重企业内部的资源管理,它们的经营策略是一种零和博弈竞争的策略,即总利润一定,一方利润的增加则以另一方利润的减少为前提,因此各企业通常都想方设法以减少对方的利润来提高自己的利润。进入 20 世纪 90 年代,企业发现通过合作能提高供应链的整体利润,因此将原来敌对的经营策略改变为合作竞争策略,并强调通过企业间的合作实现整条供应链的利益最优,在此基础上合作双方或多方都能从合作中营利。因此双赢思想是合作与集成得以实现的保障,是供应链各节点企业制定决策的最基本指导思想。

(三)农产品供应链管理产生的动因

对农产品供应链管理的研究始于 20 世纪 90 年代初。农产品供过于求,市场竞争激烈,农产品贸易自由化,顾客对农产品的需求变化加快,要求提高,特别是对食品质量安全要求日益严格。在这种背景下,农产品种植者和相关企业如何组织生产、经营和增强竞争能力,需要由农产品种植者到消费者组成的供应链来协调解决。这成为农产品供应链管理的发展动力。在国际上,农产品供应链管理一般被用来在最低成本的环境下改进农产品质量。

现在,农产品供应链管理带来的益处已经得到学术界、政府和农业企业管理者的普遍认同。农产品经营者要想赢得利润就必须进入或建立有效的供应链,这是将农产品生产与市场连接的一条有效途径。在中国,1999 年起开始了农产品供应链及其管理的研究,解决"三农"问题已经成为经济和社会发展中重要的工作,且初步研究表明,农产品供应链管理研究有助于"三农"问题的解决。

二、农产品供应链管理的意义

(一)供应链管理是完善利益机制的利器

我国农业产业化实践中形成了一些较好的企农利益分配方式,并主要以合同形式确定下来,诸如"保护价收购""利润分成"以及"合作生产"。但这些分配方式却面临着日益增多的挑战:农资价格上涨及供应障碍,农产品及其加工制品的价格波动,企业或农户的投机和败德行为,国外竞争者的全面冲击等。这些因素的变动都可能造成企农利益分配方式及合同执行上的不稳定。而引入供应链管理的利益观及分配模式有助于更加充分地发挥这些分配方式的积极作用,使其更能适应动态的环境和不确定性。与传统企业管理模式比较,供应链管理超越了机构、企业间的界限,把有关各方都联系起来,形成"利益同盟军",遵循个体利益服从集体利益的原则,即供应链中所有参与者的首要目标是整个供应链的总成本最小,效益最高,共同使最终消费者满意,以提高整个供应链的竞争能力。只有在满足上述目标的前提下，参与者才可以去追求自身利益的最大化。同时，供应链管理提倡供应链所有参与者的地位平等，虽然通常也存在一个核心企业，但它更多的是帮助其他节点企业，它们之间的关系是合作与互助，而非支配与被支配。在供应链管理中，所有参与者共同建设和维护这个供应链的成长和发展。因此所有参与者都积极主动地参与到供应链的建设管理中。

因此，农产品供应链管理可以使信息等资源在供应链上各方之间得到充分共享，同时又使整个供应链的库存水平降为最低，甚至实现"零库存"管理，整合并最优化供应链的整体物流，实现产、加、销物流过程完全一体化。

(二)供应链管理是物流管理的利器

英国著名物流学家马丁·克里斯托弗(Martin Christopher)认为，供应链管理实际上是物流管理的延伸，因而导入供应链的过程也是一个推进物流管理的过程。目前物流管理仍是我国国民经济运行中的一个薄弱环节，而农业物流管理更是这弱项中的弱项，严重影响了农业的发展和消费者价值的实现。因此，改善农业物流管理已成为国民经济健康稳定发展的要求。但是作为具体农产品供应链上的龙头企业，其强化物流管理的一个重要前提就是能够辩证地分析与理解农产品供应链的生产能力、可控物流资源与其物流环境的关系。农业原料一般具有内在本质生物性、供应季节性、性状不稳定及易腐败等特性，其影响可不同程度地持续至最终用户；从各级用户的角度看，对其则有食用(饲用)或营养、卫生、安全、感官等要求。这些特点决定了农产品加工体系对物流技术因素和物流管理能力的高度依赖。农产品供应链的核心(龙头)企业通过实施基于整个农产品供应链的一体化物流管理，将整个流程中涉及的包装、运输、贮存、装卸搬运、流通加工、物流信息、配送等诸要素视为相互联系、相互制约的有机整体——物流系统来加以管理，这不仅有利于充分挖掘"第三利润源泉"，而且有利于整个农产品供应链形成快速反应机制。

(三)供应链管理是赢得竞争优势的利器

随着农产品买方市场的形成以及我国加入WTO后农业对外开放进程的加快，农产品地区市场、国内市场、国际市场间交互影响与作用日益深化和复杂。在国际市场的激烈竞争中，我国农产品加工行业的生存与发展壮大取决于其整体素质和综合实力。国内外经验充分揭示，当今农产品加工业及其关联产业的竞争，更多的已不单纯是某个生产组织、运营环节、具体产品的"单一实体"的竞争，而是表现为整个产业链条、整个运作体系的全面性、整体性竞争，而供应链管理则提供了这一竞争态势下有效的竞争武器。供应链管理思想的核心是通过业务外包利用外部资源和服务来减少整个农产品供应链的运行成本及产品成本，从而增强农产品供应链的竞争力。虽然当前我国逐步形成了合同制或者纵向一体化的农业产业化经营模式,其相对于传统市场交易型农业是一个巨大进步。这种经营模式的实施有助于在农产品加工产业链局部(即一体化范围内)降低交易成本,提高效率,但从供应链管理角度看这是远远不够的。为了获取整个产业链的绩效和竞争力提升,龙头(核心)企业必须超越其"一体化"边界,将管理视野上溯至农资供应商甚至更远,下拓至批发商、零销商直至最终用户。

农产品供应链中的物流客体(农业原料及其制品)绝大多数属 3F(food 食品、food 饲料、fabric 纤维)范畴。21 世纪以来,其种类和品牌日益增多,流通渠道日益复杂,消费者对价格、品质、服务日益敏感,购买习惯更加捉摸不定。消费者行为模式的演变给整个生产及流通领域带来前所未有的压力,能否准确把握消费者需求并快速响应已成为企业生存与否的关键。而基于供应链管理的快速反应(QR)、有效消费者反应(ECR)等策略则提供了达成这一要求的有效手段。20 世纪 80 年代中期在美国提出的快速反应(QR)策略,是一种供应链对顾客需求的变化做出迅速响应的管理策略。其基本要素包括:贯穿整条链的有效的信息通信结构,短的产品开发与制造周期,有效的市场预测和补给,快速的订货和供货系统等。有效消费者反应(ECR)策略是 QR 和 EDI 的变体,这一策略使批发商、供应商及杂货店主紧密联系在一起,共同把产品送到消费者面前。ECR 系统最早由美国食品营销协会(FMD)提出,并陆续运用于食品、服装等行业,成效显著。ECR 策略的导入有助于农产品供应链中各主体摆脱"零和"博弈局面,优化分销渠道,通过准确把握消费者的需求并迅速响应,获取竞争优势和增值利益。

从本质上看,农产品加工业中导入供应链管理更大程度上意味着贯穿于整条链的持续创新与变革。一方面将推动农产品供应链中的所有成员在共赢基础上的信息共享机制的建立,这对于解决整个渠道成员分段式信息管理模式下农产品历年"买难"和"卖难"及物流低效问题具有重要意义。另一方面推动基于农产品供应链的组织流程再造(BPR)。导入供应链管理并非渠道成员合作关系的外延式简单相加,更非一般性地倡导农工商一体化模式。龙头企业等节点成员在组织结构和管理模式设计上面向过程而非职能,从而使农产品供应链反应方式上以市场驱动为主导,进而为构建核心优势奠定基础。

总之,有必要采用国际上先进的供应链管理理论对我国农产品加工行业进行重新塑造,以确保农产品加工制品的有效供给,提高人民生活质量,保证产品安全,降低生产成本,促进产品生产的规范化、标准化,从而最终增强我国农产品加工业的整体竞争力。

第二节　农产品供应链的结构分析

一、农产品供应链的特点

农业不同于工业及服务业,在生产过程中对自然力、自然条件及作物个体生命的依赖性比较明显,农产品本身往往具有鲜活性,农产品生产的区域性、季节性、分散性等特点十分突出,同时,生鲜农产品又是人们的生活必需品,消费弹性小,具有消费普遍性和分散性的特点。农产品的诸多特性,导致了农产品供应链特别是物流不同于工业供应链和物流。农产品供应链存在以下几个特点。

(一)供应链参与者众多,系统复杂

在产前、产中、加工、运输、销售和最终到消费者的各个环节上都有众多参与者。仅农户作为一种供应商,其数量已极其巨大,相比之下,汽车、电脑业等的零配件供应商较有限。并且这数量巨大的供应商及其供应物分布在广阔空间中,增加了战略伙伴关系管理的难度,致使物流工作复杂而烦琐。

(二)物流资产专用性高

由于农产品鲜活易腐,在流通中必须采取一定措施,才能保证农产品合乎质量要求进入消费领域。例如,农产品在流通环节需要进行分类、加工、整理等工作;农产品储运过程中部分品种需要特定的容器和设备,如奶产品的物流需要专用的设备。这说明农产品流通比工业品流通更具生产性,并且具有更强的资产专用性。此外,受季节、气候等自然条件的限制,农产品的生产周期比工业品相对要长得多。因此在农业生产方面的投资具有更长的回收期,厂商进入和离开的阻力较大。

(三)供应链具有不确定性

将供应链管理应用于农业产业链有三个不确定性因素,即供应者、生产者和客户,其是决定库存投资大小、服务优劣的基本因素。来自这三方面的不确定性将影响供应链管理的建模工作及有效运用。

农业生产及农民是第一种不确定源。农业生产具有地域广阔、季节性和周期性强的特点,与制造企业经营相比可控性低,常常面临自然风险、政策风险、市场风险的多重打击,波动极其频繁。此外,农民总体素质较低,契约意识较淡漠(很大程度上与农民利益被无端侵害有关,受伤害的农民在多次博弈中增强了机会主义和败德动机),从而使得产业链环节极不稳定。

产业链上的企业大多植根于农村,受资金、人才及环境多方面制约,管理水平

较低,运营极不稳定,使农产品供应链具有易断性。

农业产业链下的产品大多为食品、服装等日用消费品。随着买方市场加剧及大众生活水平提高,消费者对这类产品花色、品种、包装、质量、保健等方面的特点更加敏感,要求也愈来愈高。此外这类产业进入门槛相对较低,从而加剧了市场与需求状况的不稳定性。

(四)供应链各环节的市场力量不均衡

在发达国家如美国,农户往往就是农场主或叫农业企业家,独立运作的农业企业,在供应链上没有任何特殊性,几乎不存在受欺负、被剥削的问题。而我国是一个以小农户家庭经营为基础,人均资源占有量偏低的农业大国,农村劳动力严重过剩,大多数农产品是由分散的农户生产的,相对于其他市场主体,分散农户的市场力量非常薄弱。在小生产与大市场环境下,我国传统的农产品流通模式一直存在交易环节多、交易不确定性大、交易双方信息不对称、交易成本高等诸多问题。

(五)供应链对物流的要求较高

农产品供应链的物流约束性表现在两个互相关联的方面,一方面农产品物流能力(包括物流管理和物流基础设施等方面)制约和影响农产品供应链的范围和绩效;另一方面宏观物流环境、国家物流政策、农产品行业规范及标准化等对农产品加工物流形成外部约束和限制。物流约束性的重要根源在于农产品供应链物流客体的特殊性。农业原料及其制品一般具有内在本质生物性、供应季节性、性状不稳定及易腐败等特性,从消费者的角度看,对其则有食用(饲用)、营养、安全、卫生、感官等要求,从而决定了农产品供应链对物流管理能力和物流技术因素的高度依赖。农产品物流的复杂性主要源于农业生产的分散性和农产品制品消费的普遍性。农产品供应链中农产品加工物流过程可描述为:农业投入物以工厂为起点运达农村,直至各农户(这一过程物流路径呈强发散性);经过农业生产、收获等环节后,农产品由少聚多,由支线向干线汇聚到加工厂(呈强收敛性),然后再向中间商扩散(呈中度发散性),最后分销给消费者(呈强发散性)。这一特点决定了农产品供应链中一体化物流控制上的高难度、管理上的复杂性、物流硬件投资上的巨大,其影响不仅表现于粮食、棉花等大宗农产品流通方面,更突出地表现在生鲜农产品上,其对物流配送的要求更高。因此,要提高农产品物流的水平,必须实行专业化的物流管理,减少农产品供应链环节,这说明农产品存在技术上的供应链整合要求。

二、农产品供应链的结构类型

供应链的结构分类是建立在科学研究基础上的,并随着供应链管理研究的深入及农产品和食品生产物流系统的不断发展而发生变化。尽管供应链理论已经有了很大发展,但是作为供应链的一个分支的农产品供应链,对其结构的研究不多,参考有关供应链结构方面的参考文献,农产品供应链的结构分类也有很多标准,可以从供应链的复杂度、供应链节点企业集中程度、供应链的可靠度和优化目标等方面对供应链结构进行分类。本书参照戈兰(Golan E)、波色利(Boselie D)等人的观点,即根据农产品物流的发展阶段,认为典型的农产品供应链结构可划分为以下几种类型。

(一)哑铃形农产品供应链

这种类型的农产品供应链严格来说是一种准供应链(见图 2-1)。它的特点是供应链较短,位于两端的交易主体很多,而中间环节少且交易主体也较少,呈现为哑铃形。在发展中国家,特别是靠近城镇地区的蔬菜供应,由于上游蔬菜生产者生产条件差,经营规模小,蔬菜消费者离市场较近,一般都采用这种类型的供应链。

图 2-1 哑铃形农产品供应链

(二)T 形农产品供应链

这种类型的农产品供应链一般是用于农产品的生产地和消费地相距较远,消费需求差异较大的情况。由于农产品易腐烂,农产品生产者不可能直接销售自己的产品,需要通过必要的中间商提供服务,如第三方物流、农产品深加工商和批发商等提供的相应服务。这种类型的农产品供应链,往往上游聚集了较多的农产品生产者,而中下游中间商和销售商较少且集中,供应链的形状呈现为 T 形(见图2-2)。这种类型的农产品供应链在我国农业产业化不发达的地区较为普遍。T形农产品供应链由于中间环节缺位和低水平的物流运作,易出现上游农户盲目生产而下游农产品销售困难的现象。

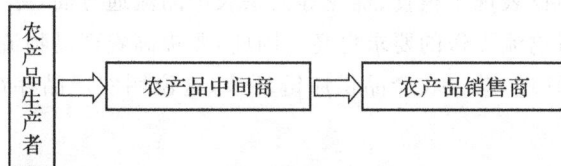

图 2-2 T 形农产品供应链

(三)对称型农产品供应链

随着农产品新兴业态,如生鲜超市的出现,农产品传统销售形式逐渐被超市所取代,且这种趋势越来越明显,同时由于技术水平的提高,农产品生产也趋向于由少数种植商集约经营。随着上游产品供应商数目的锐减和大型连锁超市的不断扩张,这种农产品供应链的上游供应商与下游连锁超市的数目呈现对称增长之态势(见图 2-3)。在发达国家及其他国家物流发展较为成熟的大城市里,这种农产品供应链经常表现为集中采购、统一配送和尽可能减少不增值的物流环节,以实现节约成本的精益物流(lean logistics)战略。

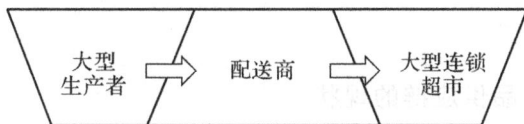

图 2-3　对称型农产品供应链

(四)混合型农产品供应链

随着市场对农产品消费需求的多样化,农产品加工的比重也在逐步提高。大型超市为了适应消费需求的显著变化,将原先由独立企业从事的专业化生产的增值环节进行"内部化",专门建立大型加工配送中心,对农产品进行清洗、分类、深度加工、包装和配送等,同时通过大型加工中心实施 HACCP、生产质量安全规范(good manufacturing practice,简称 GMP)和卫生安全认证来保证农产品的质量安全。这个环节是前述三个农产品供应链中没有的,这是大型超市和连锁食品店对市场需求做出快速反应的结果。随着上游供应商实力和优势的增加,加工中心部分功能,如清洗、分类和深度加工等又向供应商回流,使得加工中心的重点放在处理不断扩大的农产品数量和种类业务上。因此,这种农产品供应链是一种综合的、多品种、大批量和多频次的混合型供应链体系(见图 2-4)。这种农产品供应链更关注消费者的满意度,通过加工中心来对市场需求做出快速反应,并实时对农产品进行"定制"和深度加工,以实现不同于精益物流的敏捷物流(agile logistics)。

近年来,随着互联网的发展和物流技术的进步,越来越多的消费者开始尝试在网络平台上采购农产品,生鲜电商的供应链结构同混合型结构较为相似。成熟的生鲜电商往往寻求同大型的农产品基地合作以获得优质、稳定的货源,随着自身的发展还可能直接自建或者收购生产基地,自产自销。它们倾向于提供高附加值的产品,如礼盒包装或者经过初加工的农产品。它们的货源来自全国乃至世界各地,得益于物流、保鲜技术的进步和农产品配送中心的建立,它们的服务辐射范围也不断扩大。不过,生鲜电商主要通过配送或者自提点服务而非超市或门店等

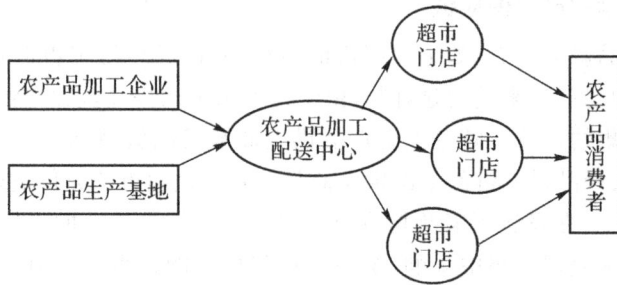

图 2-4　混合型农产品供应链

将产品传递给消费者。

三、我国农产品供应链的现状

(一)农产品供应链管理薄弱

我国现阶段农产品供应链管理的薄弱主要体现在物流体系的不完善以及各主体间尚未建立起有效的合作机制。由于物流是供应链的重要组成部分,物流对象沿着整个供应链的链条流动,因此物流的管理过程和供应链的管理过程难以截然分开。随着农产品物流的发展,农产品供应链的重要性日渐显露,供应链管理水平直接影响着农产品物流的成本。而现阶段,我国建立的较为完整的农产品供应链还不多见,农产品加工企业和一些新成立的农业合作经济组织本身实力薄弱,很难成为农产品供应链的核心主体。当前大部分农产品的流通和交易活动都由农产品批发市场和乡村集贸市场承担,从理论上讲,这些批发市场和集贸市场基本算是农产品供应链的核心主体。然而多数农产品批发市场和集贸市场还处于较为原始的状态,在市场经济日益发展的今天,虽然有一部分早已改制,但仍在相当程度上保持着本色,大量的农产品自原材料供应到生产再到销售,整个链条还基本被分割为两段:一是"生产—流通"环节,即从农户到批发市场或集贸市场;二是"流通—消费"环节,即从批发市场或集贸市场到消费者。在两个环节的结合处,由于各个交易主体只注重和追求个人利益,诱发了诸多问题,特别是农产品质量安全方面的问题,这些问题尚未解决,使得农产品供应链现在只是一条断裂的链。

(二)农产品供应链节点主体发育不完善

1.农产品批发市场发育不完善,难以与国际接轨

当前,我国农产品物流的主要载体还是农产品批发市场。中国统计年鉴(2016)显示,截至 2015 年年底,我国共有农林牧产品批发企业 5072 家,资产总额达 7051.05 亿元,主营业务收入达 8032.08 亿元,主营业务利润达 533.92 亿元。但

大部分农产品批发市场还十分原始,物流系统极为落后,具体表现在以下三个方面。

首先,基础设施落后。农产品大多数属于生鲜易腐产品,需要先进的储藏设施保鲜,需要低温运输设备进行快速运输。目前国内保鲜水平较低,尚停留在常温保存或冰块保鲜的初级阶段,而国外则有先进的冷藏设备可以保证−30℃的储藏条件。随着生活质量的逐步改善,消费者对食品安全的关注程度越来越高,但国内批发市场尚缺乏先进的检测设施来满足消费者的需要。

其次,交易方式落后。我国农产品的交易主要是对手交易,即通过将农产品全部摆放在摊位上,由货主和客户互相讨价还价进行交易,导致批发市场价格波动大,不利于农产品的供需平衡。这种交易方式的采用与我国现有的国情密不可分:由于保鲜和冷藏设施跟不上,不得不进行现货交易,收获后很少采用预处理措施,而且绝大多数市场无库存能力,使得上市农产品必须在最短的时间内全部售空;农产品没有实现标准化,无法进行公开、公正、公平的拍卖交易;批发市场本身不成规模,没有建立市场准入制度,缺乏必要的政策扶持。

再次,信息化程度低,电子商务还未被应用。目前,批发市场本身没有专门的信息发布平台,只有个别做得较好的摊位业主拥有库存管理、财务管理等软件,整体信息化程度较低。另外,现今企业十分流行的电子商务在我国农产品物流中基本上没有体现出它的价值。法制环境和诚信体制的匮乏是制约电子商务发展的一个重要因素。

2. 主要零售终端农贸市场无法保证消费者安全

现阶段,我国农产品的零售终端主要有农贸市场、连锁超市和餐饮业,其中农贸市场成为居民日常消费的主要场所。但是农贸市场本身规模小,经营不规范,产品质量难以保证,信息化程度偏低,无法为上级供应商(主要是各批发市场)提供准确的销售信息反馈,也不能为供应链下游的消费者提供安全保证。因此,人们目前往往更倾向于在售后服务等各方面有保障的连锁超市中消费。

3. 农产品生产者未能完全介入农产品供应链

当前,农产品生产者是农产品物流的起点,虽然部分地区已经实行了订单农业或建立起生产基地,将农户完全纳入公司管理,但仍然有较多农户与供应链运作主体保持独立。农户一般处于弱势地位,其与农产品加工或流通企业以及第三方物流公司之间往往会产生一定的利益冲突,成为风险的承担者。

(三)农产品供应链节点之间的衔接存在问题

1. 农产品物流仍然处于无序状态

由于受传统的"重生产、轻流通"思想影响,缺乏商品意识,缺乏市场营销概念,不重视向外发布信息,不重视商品包装和品牌开发,我国农产品优势地区优势产业不突出,无法实现农产品的有序流动。

2.农产品交易成本高,消费群体小,不利于合作伙伴联盟

农产品具有鲜活易腐性及生产上的区域性、季节性和分散性等特点,同时农产品是人们生活的必需品,具有消费群体小的特点,造成农产品交易成本偏高,容易导致农产品交易过程中的投机行为,不利于稳定的供应链合作伙伴联盟的形成。

(四)农产品流通过程中相关信息本身及信息交换存在问题

农产品供应链中的各主体要建立协同关系,取得合作带来的效益离不开信息的交换和沟通。信息流通不畅会阻碍供应链各主体之间建立互信关系,从而对协同关系的建立产生负面影响。现阶段,我国农产品市场几乎没有一个经过统一规划设计的信息系统,各企业之间信息化程度差距较大,发展很不平衡,供应链上企业之间也缺乏统一的信息平台进行信息交流。要解决不断发生的农产品质量安全问题也需要通过构建和完善可追溯的信息系统。而正是因为缺乏有效的信息流通和监管体系,农产品流通过程中相关信息本身存在滞后、失真问题。

第三节　农产品供应链整合

一、农产品供应链整合的概念与层次

(一)农产品供应链整合的概念

农产品供应链是由不同利益主体构成的合作型系统,农产品供应链成员在追求自身利润最大化的同时,往往会与其他成员的目标或系统整体目标产生冲突,例如,农户在利益驱动下违背加工企业的希望,不履行或不完全履行与企业签订的合约;加工企业为提高生产数量,增加分销中心的库存压力,增加库存成本。从这一层意义上来说农产品供应链是典型的需要协调、整合的系统。农产品供应链整合的目的就是协调和控制农产品供应链成员的物流、信息流、资金流,降低成本,提高利润和服务水平,使整个供应链获得的利益大于各成员单位单独获得的利益之和。供应链是基于"竞争—合作—协调"机制的,整合是供应链稳定运行的基础。

基于以上分析,我们可以对农产品供应链整合做出如下定义:农产品供应链整合就是基于农产品供应链成员之间物流、资金流和信息流等要素设计适当的协调激励机制,通过控制系统中的序参数,有效地控制系统的整体,使之从无序转为有序,达到协同状态,从而在供应链成员之间建立战略性合作伙伴关系,合理分配

利润,共同分担风险,提高信息共享程度,减少库存,降低总成本,最终实现系统的整体效益大于各部分子系统的效益之和。

(二)农产品供应链整合的类型

农产品供应链整合可分为以下几种类型。

1. 宏观角度上,成员之间的整合

主要指农户、加工企业和销售商之间的相互协调,包括各成员之间的物流、资金流和信息流整合。根据成员在农产品供应链中所处的地位和所起的作用,成员之间的整合还可以分为:

(1)垂直整合。是指贯穿于整个产品生命过程的相关组织(上下游成员)之间的协调,也就是说从农业生产资料的采购到农产品的生产、销售至最终顾客的过程中相关农户、加工企业、销售商之间的整合。

(2)水平整合。是指农产品供应链中处于同一地位的各个成员之间的整合,如各个分销商之间的协调整合。当加工企业的库存不能满足分销商的需求时,不同的分销商之间可以进行库存的协调。农户、加工企业和销售商之间的有效协调整合能够减少库存,降低成本,提高整个农产品供应链的管理水平和运作效率,从而提高农产品供应链整体绩效。

2. 微观角度上,加工企业内的整合

加工企业内的整合是指加工企业内部各部门之间各项活动的整合,包括产品开发、农产品采购、生产、库存、销售各部门之间的协调整合。它又分为:

(1)功能间整合。指加工企业内不同功能部门之间的协调整合。例如,库存和生产部门或者生产和销售部门之间的协调。

(2)功能内协调。指在加工企业的一个功能部门内部的各项活动和过程的整合。例如,生产部门内部的生产计划和生产调度之间的整合。

二、农产品供应链整合的模式

从农产品供应链的特点可以看出,农产品供应链的整合既存在动因,也存在障碍。根据我国农产品市场和农产品流通渠道的特点,进行供应链组织模式的创新,是农产品供应链整合的主要内容。我国农产品供应链整合的主要模式可以分为以下四种。

(一)以加工企业为中心的供应链整合模式

在农产品供应链系统中,生产者是最薄弱的一环,由于农户分散经营,组织化程度低,在供应链中处于不对称的弱势地位,因而可以建立以加工企业为中心的一体化供应链系统。图 2-5 表示简化了的以加工企业为中心的供应链整合模式,在该模式下,加工企业具有较强的市场力量,以加工企业为中心能够保证活动的稳定性,在资金技术和生产资料等方面由企业为农户提供支持。同时企业在加工原料的供应上获得了保证。农户组织起来后,可以通过规模经营提高生产效率,降低生产成本。供应链整合的过程是通过加工企业内部整合和信息化水平的提高,带动上下游环节进行相应的协调与整合,最终形成统一的供应链管理平台。供应链管理平台包括电子信息系统、网络等硬件,也包括企业间的利益联结机制与统一的战略目标管理机制及供应链绩效评估机制。在加工企业与农户的关系上,一般可以通过契约来规定双方权利和义务,加工企业以较少的投入拥有稳定的原料供应基地,这比建立新生产基地的成本要小得多,体现了供应链整合的实质,同时也降低了内部交易成本,减少了农户的市场风险。农户通过合作社进行组织,然后与加工企业签订收购合同,既规避了市场价格起伏的风险,也保证了与企业平等交易的地位。在台湾的农产品运销实践中,也有以合作社为中心的模式,加工企业是由农民合作组织创办和发展的,这也不失为一种供应链整合的思路,但其实质仍然是以加工企业为中心,所不同的是企业与合作社的所有权关系,这对于供应链管理而言并不重要。目前我国大陆也有通过农民入股的形式进行的供应链组织创新。在该模式下,加工企业的素质高低成为供应链能否成功的关键。在供应链整合中,供应链管理的主要任务交给了加工企业,有可能使加工企业的管理成本提高,风险增加。加工企业由过去只通过洽谈和签订单两个环节就能在市场上直接购买加工原料变成了既要管理生产(产品标准要求),又要进行技术研究和推广,解决农产品收购和仓储等复杂问题。这种物流职能的内部化,如果不能有效地进行科学管理,很容易造成规模不经济。由此可见,信息技术和管理思想的引入是供应链整合的关键因素之一,加工企业必须根据供应链管理理论,进行业务流程重组,通过信息化建设逐步提高管理效率,降低管理成本。另外,加工企业应注重核心业务的开发,可以在图 2-5 基本模式的基础上进一步拓展,通过将非核心业务外包的形式降低物流成本。

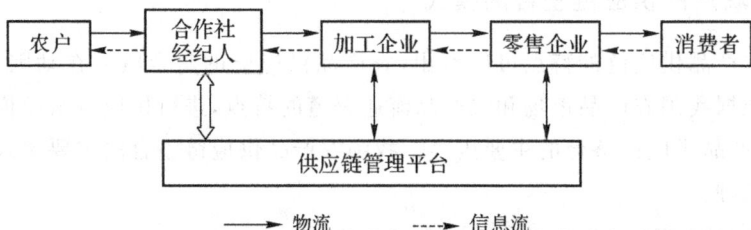

图 2-5　以加工企业为中心的农产品供应链整合模式

（二）以物流企业为中心的供应链整合模式

鉴于农产品种类的不同、生产加工和消费的目的不同以及以往农产品流通的惯性，对于有些农产品特别是大宗农产品可以着重建立以物流配送为中心的供应链整合体系，通过建立农产品物流中心完成供应链系统整合。此外，对于生鲜农产品可以通过构建加工物流一体化的物流中心实现农产品的快速高效配送，减少流通环节，提高农产品的新鲜度与质量。这种由物流中心主导的一体化农产品供应链系统一般是以商业流通企业为主的一体化物流系统。其系统模式如图 2-6 所示。该模式以物流中心为核心，联结供应链上下游环节。由于物流中心一般具有较大的规模与物流能力，一般可以同时为多个上游环节及下游环节提供物流服务。物流中心可由原来的批发市场发展而来，通过对批发市场的改造，采用先进的电子信息技术辅助农产品交易，配备完善的物流体系和信息平台，使得物流中心成为联结生产、加工、零售的核心环节。另一种比较现实的解决方案就是连锁企业如大型超市的配送中心向上游延伸和发展，形成生鲜农产品加工配送中心。目前有相当一部分有实力的连锁企业已经开始组建自己的生鲜配送中心，如江苏的苏果超市集团。两种类型的物流中心是分别从供应链上游（批发市场）向下整合和从供应链上游（连锁超市）向上整合形成的，前者位于供应链上游，往往应用于农产品大宗商品跨地区调配，实现农产品作为供应链生产原料的配置，后者的目的是面向连锁超市，实现生鲜农产品的快速调配，满足最终消费者的需求。

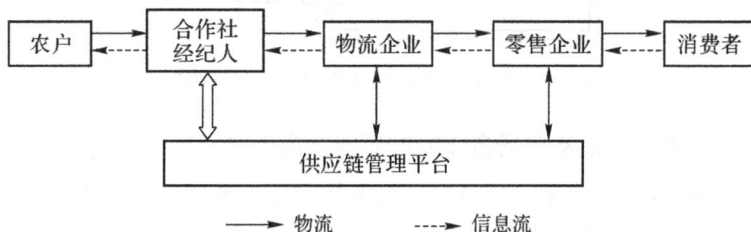

图 2-6　以物流企业为中心的农产品供应链整合模式

供应链整合与管理依赖于现代的信息技术与管理思想。在供应链整合中，供应链管理平台起到了关键的支持作用，是供应链整合的技术基础。从目前来看，商业连锁企业一般具有较高的信息化程度（如连锁超市已经基本上完成了商品的标准化管理，建立了完善的销售点信息（point of sale，简称 POS）系统，有些企业已经引入了物流管理信息平台），同时具有较高的社会化属性，以这些企业为核心完成综合性、社会化的农产品供应链的整合将是必然趋势。

（三）以超市为中心的供应链整合模式

从发达国家和部分发展中国家农产品零售发展趋势看，随着经济和现代物流技术的发展,超市以建立大规模配送中心或与合作者联盟等方式,通过在农产品采购和连锁销售方面实现规模经济来获取竞争优势,从而不同程度地逐渐取代农贸市场和个体商贩等传统零售路径,并在农产品零售业中逐步占有垄断地位。以果品为例,调查发现,北京城区被调查消费者中有40％以上是经常光顾超市购买果品的。同时,北京产果品中约有8％也是通过超市零售给消费者的。可见,超市已成为参与北京果品供应链整合运作的核心节点之一。不同超市分处于不同发展阶段,其在供应链管理方式与能力、果品经营规模及其对合作伙伴的选择条件等方面各不相同:一些中小超市的果品经营及采购规模相对较小,进货途径灵活。知名度相对高的大型连锁超市,出于提升品牌信誉度和集聚人气等考虑,且由于其具有集中采购与配送量较大、市场覆盖面较广等优势,多与具有稳定基地或货源的各类实力公司或合作社等建立相对稳定的合作关系,其果品配送业务多由参与联营的商家自己完成或利用专业配送公司完成。有的超市也通过自建配送中心、亲自组织货源来完成采购、加工及配送的任务(见图 2-7)。

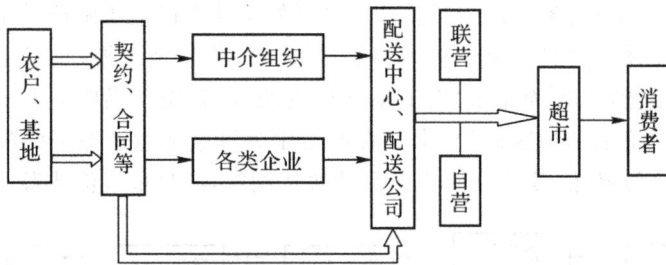

图 2-7 以超市为中心的农产品供应链整合模式

(四)核心企业与批发市场合作的供应链整合模式

确切地说,这一模式是供应链中除超市及合作社外的其他核心企业与批发市场合作的整合模式。该模式下核心主体企业(不包括超市及合作社)利用批发市场提供的产品与信息集散、价格形成与发现、供求调节和市场服务等重要功能和交易平台,通过一级批发市场分别与超市、社区市场、便民连锁店等零售端的批量采购者或次级批发商连接(见图 2-8)。以果品为例,该模式中的核心企业,一般利用批发市场提供的交易场地(或摊位)、信息平台、仓储或运输等服务设施,来达到宣传企业、联系新合作伙伴、维护已有合作关系或进行现货及时批发交易等目的。目前,北京京郊大型果品批发市场的这类核心企业也包括实力相对较强的果品贩运商或经纪人。与批发市场合作的核心企业,其经营范围多以京郊产量较大且适宜批发经营的果品为主,同时为保障其利润来源也经营部分外埠果品。其目标市场呈现多样性特征:与超市端连接时主要满足有中高档及个性化需求的果品消费群体;与社区市场或便民连锁店等零售端连接时主要考虑的是大众化需求。该模式有利于发挥核心企业在资金、市场信息和管理等方面的优势,带领果农摆脱"单对多"和"分散无序"的竞争状态而参与到供应链管理中。在核心企业与果农合作方面,该模式的主要特点是:①企业与果农间的合作基础是一组短期契约,这种契约存在着果农与企业随时解除契约的可能性,由此增加了二者的合同实施成本,并影响到该模式的稳定性和履约风险。②果农相当于供应链起点端的准产业工人。二者的合作实质相当于果品远期销售交易合同:果农按合同约定独立拥有与支配生产资料、生产工具及劳动力,与企业间存在着明晰独立的产权关系。较小的产权公域使该模式下产生的公共租金耗费很低。③该模式中的劳资关系属于资本支配劳动型。虽然产权明晰下的企业与果农都是独立的利益主体,但在市场决策、利益分配等方面,果农在信息把握、资本拥有量及市场营销与谈判等方面的能力有限,与企业博弈时处于弱势地位,企业则具有剩余收益索取权和更多的利润支配权。可见,这是一种企业与果农间合作性较弱而利益竞争性相对较强的模式,其利益分担机制基本未形成或无效,果农收益的稳定性较差。因此,这是适应市场竞争需要而向成长阶段发展的供应链运作过渡模式。随着市场环境和供应链主体实力的变化及其运作条件的演变,该模式会向高级阶段逐步迈进。

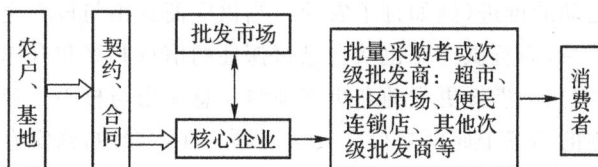

图 2-8　核心企业与批发市场合作的农产品供应链整合模式

三、影响农产品供应链整合的主要障碍

众所周知,农产品供应链是一种很好的增强节点成员竞争优势的方式,然而并不是每条农产品供应链都能具备这样的优势。实现这样的目标,需要有个前提,那就是这条供应链是协调的,这条供应链上的所有成员都能服务于整体的战略目标。然而,事与愿违,多数的供应链都会或早或迟出现不协调的现象,究其原因,可以归结为以下几个方面。

(一)信息不对称

一般来讲,人们在研究农产品供应链整合时有一个前提,即假定信息在组织之间能够高度且便利地共享。实际上,信息的高度共享是很难如愿实现的。造成这种情况的绝大部分原因并不是所拥有的信息技术没有达到这种能力,而是信息技术以外的因素。节点成员间信息不对称的第一个原因在于,农产品供应链成员的获利和生存对信息不对称的依赖。现实中,节点成员在经营决策时往往都希望并设法尽可能地多获得信息，以减少信息不完备对决策效果的影响。同时，为了使自己在竞争中处于主动地位，又都想方设法地使对方掌握尽可能少的信息。这种动机就导致本来属于公开的信息未公开，于是，节点成员在信息分享给其他成员的过程中很难真正做到积极主动，相反地，往往是抑制信息共享的意愿占据着主导地位。实践和理论研究都表明，在农产品供应链关系中只要有一个成员有意保留信息，不将或少将该分享的信息提供给其他成员，那么就很可能导致整个农产品供应链的信任危机及相互关系的损坏。节点成员间信息不对称的第二个原因在于，并不是所有参与信息共享的成员都能获得等同的利益。在农产品供应链关系中，核心企业（农产品加工企业）在与其他企业建立组织间信息系统的时候处于主动地位，是发起者。有时它们甚至用停止业务关系相胁，迫使其他成员采用成员间信息系统。尽管从长期来看，所有的参与者均能获得好处，但在开始时，发起者获得的利益一般较大。所以在相当长的一段时间，参与成员在信息共享上缺乏真正的主动性，特别是在供应商（农户等）数量较大、彼此之间竞争激烈而且供应商与农产品加工企业的关系不稳固的情况下，供应商很难会做到主动地将自己的信息与核心企业共享。当然，随着农产品供需成员间趋向长期稳定的伙伴关系的供应链重塑运动的推进（例如订单农业），当供应商真正与核心企业建立了稳定而长久的合作关系，而且供应商也从自己试探性的信息共享和合作行为中获得了期望的利益时，它们会慢慢更主动和更多地将信息拿出与核心企业分享。节点成员间信息不对称的第三个原因是信息安全问题。在实践中，确实有一些成员由于对方在信息安全方面做得不好而蒙受了损失，因而对信息共享产生了畏惧心理，这是造成信息共享障碍的又一个因素。

（二）利益诱因失调

经济利益是人们从事一切经济活动的动力，经济利益决定了经济主体的具体经济行为，对经济利益的追求始终是人类一切经济活动的中心。农产品供应链中各方参与联盟也是受利益驱动。为了追逐更高的利润，联盟中的各方通过某种契约或合作关系走到一起。因此，利益是供应链形成的动因。如果供应链的每个节点成员都归属不同的所有者，每个节点成员又都努力使自身利益最大化，则不同节点成员的目标有可能发生冲突，这时也就意味着每个成员只考虑自身边际利润而不考虑整个系统的边际利润，造成整条农产品供应链的不协调进而导致系统整体利润下降。农产品供应链赢得竞争优势的关键在于各个能力互补成员的有效合作、协调一致，要求成员在共同利益目标下相互信任、信息共享，以达到共赢。但是每个成员毕竟是独立的个体，有着各自的利益需求。个体追求自身效用最大化是农产品供应链产生的原因，也是导致农产品供应链断裂的根源。由于个体难以拥有全部优势资源，所以必然要求助于其他个体，通过与其他成员合作形成联盟,以减少成本,降低风险,实现个体自身效用最大化。而正是对自身效用最大化的追求,使个体容易产生机会主义动机,即通过占有或剥夺农产品供应链中其他个体的合理利益来增加自身的效用,结果往往无法实现帕累托最优。如果节点成员对农产品供应链的投入没有得到应有的回报,那么合作的积极性必然会受到打击,一旦有其他的机会,很可能就会另做选择,从而导致合作崩溃。由此可见,公平合理的利益分配机制是农产品供应链持久存在的重要基础之一,是维持农产品供应链联盟存在和稳定发展、赢得竞争优势的关键。

(三)信任危机

信任在农产品供应链整合中起到的主要是软约束的作用,如果供应链节点成员间缺乏这种黏合剂,也会对供应链的协调造成障碍。在非信任行为发生后,首先合作对方会感觉被利用、被欺骗,这就造成了合作对方的心理损失。这种心理损失反映到行为中,就是制裁与报复。于是,引起进一步的不信任与伤害行为,严重地影响成员间的合作关系。这不仅影响以这种合作关系为基础的农产品供应链当前的正常运作,同时,使得农产品供应链成员在今后的合作中增加激励成本和监督成本,进而影响农产品供应链成员间下一轮的信任与合作,最终影响整个农产品供应链的竞争能力。

(四)组织行为和文化冲突

组织行为和文化冲突的发生往往是因为农产品供应链构成方式及不同阶段之间的沟通方式存在差异。由于农产品供应链整合管理是跨部门跨组织的活动,就必然会因为人际或群际间相互作用的行为而导致人际、群际乃至组织间的冲突,尤其是当农产品供应链各阶段组织文化明显不同的时候。值得注意的是,一条农产品供应链的成功运作往往会给所有成员带来一些变化,不管是农户还是企业,对这种变化起初都会有一些不太适应,这时候组织文化就会对这种不适应性的调整起到很大的作用,所以如何培养组织文化,消除由此带来的供应链协调障碍也是一个不容忽视的问题。

四、实施农产品供应链整合的政策建议

(一)完善供应链各成员间的利益分配机制

完善供应链各成员间的利益分配机制是有效协调农产品供应链的核心问题,这需要充分考虑供应链内部各个参与主体的切身利益。因此,使各主体在各个经营环节实现利益平衡,是促进农产品供应链顺利运行的关键。比如,供应链核心成员在一定程度上应保障其他参与者能够获得比较稳定的合理收益,这样既保证了加工企业有稳定的原料来源,又促进了供应链的稳定协调,使各供应链成员都关心供应链的整体发展,不会轻易因为其他因素而影响供应链整合的顺利实施。

(二)促进供应链组织创新

学习国外先进经验,支持龙头企业到城市开办农产品超市,加强农产品批发市场建设,加快农产品物流体系建设,逐步把营销网络延伸到城市。各主要节点地区积极制定农产品产地和销地批发市场建设规划,加强农产品物流的基础设施建设和改造。由于现阶段我国大多数的农业企业实力有限,因此农产品供应链上的各组成成员必须通过功能整合,协调运行,才能实现供应链整体效益最优。政府需要创造良好环境,在税收、土地使用和融资方面给予龙头企业优惠政策,提供优质服务,大力扶持龙头企业快速发展。另外,可参考发达国家的经验,发挥各种形式的农产品行业协会的协调功能,提高农产品供应链的组织化程度,建立能够代表其整体利益的农产品行业协会,从农产品供应链的起点消除市场无序竞争。通过建立农产品行业协会来构建信息平台,协调各环节信息与利益,保障信息畅通、利益均衡。

(三)减少人为影响,打破地方障碍

我国部分地区从保护本地经济利益的角度出发,尽量限制外地农产品进入本地市场,人为割裂了农产品的跨区流通,不利于供应链的整合协调,无法实现供应链整合最优化。为了确保我国农产品顺畅流通,特别是在当前的经济形势下,国家和地方政府应该重视完善市场法规,根除地方保护主义,为供应链的快速有效发展创造健康的环境。

(四)建立高效的农产品信息交流平台

信息网络不够健全是造成我国农产品供应链各节点组织联系不够畅通、协调困难的重要原因。在这方面可以学习发达国家的一些比较成熟的做法,比如利用农业信息咨询公司这类咨询机构向农产品生产商、中间商和消费者提供各类信息服务,发挥信息在农产品流通中的指挥和向导作用。更重要的是政府要在信息服务方面发挥主导作用。

第四节　农产品供应链的设计

农产品供应链属于典型的功能性产品供应链,其设计应主要着眼于各环节综合成本最小化,通过采购、生产、配送的平稳运作来降低成本。所以,农产品供应链设计可以采用基于产品的供应链策略,即设计出与农产品特性、需求相一致的供应链。本节将就农产品供应链设计的基本步骤进行介绍。

一、分析农产品市场竞争环境

分析农产品市场竞争环境的目的在于发现针对哪些农产品市场开发供应链才有效,为此,必须知道现在的农产品需求是什么,农产品的种类和特征是什么。分析农产品市场特征时要向供应商、用户和竞争者进行调查,以确认用户的需求和因供应商、用户、竞争者产生的压力。这一步骤的输出是每一产品按重要性排列的市场特征描述,同时对于农产品市场的不确定性要有分析和评价。

二、分析农产品经营企业的现状

主要分析农产品经营企业供需管理的现状,如果农产品经营企业已经有产品供应链管理策略,则分析其现状。这一步骤的目的不在于评价农产品供应链设计策略的重要性和适应性,而是着重于研究农产品供应链开发的方向,分析、总结农产品生产经营企业存在的问题及影响农产品供应链设计的阻力等因素。

三、提出农产品供应链设计的目标和模型

主要目标在于获得高用户服务水平和低库存投资、低单位成本两个目标之间的平衡(这两个目标往往有冲突),同时还应包括以下目标:进入新的农产品市场,开发新的农产品;开发新的营销渠道;改善售后服务水平;提高用户满意程度;降低农产品物流成本;通过降低库存提供工作效率。

四、分析和评价农产品供应链设计的技术可能性

这不仅仅是提出某种策略或改善技术的推荐清单,而是要在可行性分析的基础上,结合本企业的实际情况为开发农产品供应链提供技术选择建议和支持。这也是一个决定过程,如果认为方案可行,就可进行后续的设计;如果认为方案不可行,就要重新进行分析和评价。

五、解决关键问题

在农产品供应链设计中,要解决的关键问题一般包括供应链的成员、原料的来源、生产方式设计、分销任务和能力设计、相关信息管理系统设计及农产品物流管理系统设计等。

复习思考题
1. 农产品供应链与供应链管理的关系是什么?
2. 农产品供应链管理的核心思想是什么?
3. 简述我国农产品供应链的特点。

4. 目前我国农产品供应链低效的主要原因是什么?

5. 试述我国农产品供应链整合的主要模式及其适用条件。

6. 针对某类农产品,给出有效实现其供应链整合的建议。

7. 简述农产品供应链设计的主要步骤。

参考文献

[1] 张敏. 基于核心企业的农产品供应链分析[J]. 物流技术,2004(5):91-94.

[2] 黄祖辉,张静,陈志钢. 中国梨果产业价值链分析[J]. 中国农村经济,2008(7):63-72.

[3] Chopra S,Meindl P. 供应链管理[M]. 北京:清华大学出版社,2001:363-365.

[4] 杨金海,刘纯阳,向林峰. 农产品供应链失调与政府调控[J]. 农村经济与科技,2007(1):77-78.

[5] 杨金海. 农产品供应链协调机制问题研究[D]. 长沙:湖南大学,2007.

[6] 赵敏. 农产品物流[M]. 北京:中国物资出版社,2007.

[7] 刘瑞涵,周云. 北京产果品供应链整合运作模式探讨[J]. 中国农学通报,2010,26(5):29-35.

[8] 刘永悦,姜法竹. 大宗农产品供应链协调问题分析[J]. 物流技术,2009(12):75-76.

[9] 张晟义,龚海涛. 涉农供应链的特点[J]. 经济论坛,2003(11):30-31.

[10] 中华人民共和国国家统计局. 中国统计年鉴 2016[M]. 北京:中国统计出版社,2016.

[11] 刘助忠,龚荷英. "互联网＋"时代农产品供应链演化新趋势——基于"云"的农产品供应链运作新模式[J]. 中国流通经济,2015(9):91-97.

[12] 张倩. 网络信息技术在农产品供应链管理中的应用[J]. 物流科技,2008(8):18-19.

[13] Golan E,Krissoff B, Kuchler F, et al. Traceability in the U. S. food supply: economic theory and industry study[R]. Agricultural Economics Reports,2004.

[14] Golan E,Krissoff B, Kuchler F. Traceability for food marketing & food safety: what's the next step? [J]. Agricultural Outlook,2002(288):21-25.

[15] Boselie D. Business case description: tops supply chain project, Thailand[R]. Amsterdam: Working Paper of Agrichain Competence Center, KLICT Agri-Supply Chain Development Program,2002.

【阅读与思考1】

河北、浙江梨果产业供应链分析

河北省是中国最大的梨果生产省份,2006年梨果产量占全国梨果总产量的27.8%,也是中国最大的梨果出口省份。辛集市是河北省最大的梨果生产地区石家庄地区的一个县级市,其种植梨果的历史可以追溯到千年以前。辛集市梨果种植面积达16000公顷,主栽品种为"黄冠"和"鸭梨"。辛集市有8家规模不等的出口企业,每年向韩国、日本、东南亚国家及欧美国家出口亚洲梨共计2万吨左右。

与河北省不同,浙江省种植的梨果以早熟品种"翠冠"为主。浙江省是经济较为发达的沿海省份,是重要的梨果消费大省之一;更为重要的是,浙江省农民合作社的发展走在全国前列。桐庐县是浙江省杭州市所辖的一个县,2006年,该县梨果产量为13544吨,居浙江省县级梨果产量的第三位,桐庐县钟山乡是著名的蜜梨生产基地。通过对河北辛集和浙江桐庐的调查,本文了解到当前梨果的供应链现状、供应链的类型及参与主体、价值流向、增值活动、成本收益等情况。

如表1所示,河北省大多数梨果是通过"农户—果品站—外地批发商—外地零售市场"这一渠道销往全国各地的,其销售量占辛集市两个样本村梨果销售量的70%以上。果品站是河北省梨果价值链中一个异常活跃的角色,超过九成的梨果通过果品站流向下一个环节。梨果汁加工企业和梨浓缩汁加工企业消化的梨果所占比例较小。

表1 河北省梨果价值链类型及销售量比例

价值链编号	价值链类型	销量比例/%
1	农户—果品站—外地批发商—外地零售市场	70.22
2	农户—果品站—本地批发商—小型水果店(出口商、超市)	20.75
3	农户—本地批发商—加工商—消费者	9.03

资料来源:根据课题组对市场主体调查和农户预调查数据整理

浙江省的梨果价值链与河北省截然不同。由表2可见,在河北省梨果价值链中起关键作用的果品站在浙江省梨果价值链中并没有出现,取而代之的是近年来发展迅速的农民合作社。随着农民合作社逐步发展壮大,"农户—农民合作社—批发商(集团购买者、水果超市)"这一渠道成为桐庐县最为重要的梨果销售渠道。但是,到目前为止,该县梨果的销售半径仍然较短,以在杭州及周边地区销售为主,小部分梨果由桐庐县以外的批发商销售到温州等地,极小部分梨果销往了上海、福建、广东等邻近省份。以民营企业为代表的集团购买者是农民合作社及个体农户的重要客源。

表2　浙江省梨果价值链类型及销售量比例

价值链编号	价值链类型	销量比例/%
1	农户—农民合作社—下游客户	38.25
2	农户—外地批发商—传统零售商	32.45
3	农户—集团购买者	18.74
4	农户—小贩	10.56

资料来源:根据课题组对市场主体调查和农户预调查数据整理

总体上,由于技术和制度双重差异,浙江省梨果供应链的长度要短于河北省。浙江省梨果主栽品种为早熟砂梨"翠冠",翠冠梨的特点为上市时间早但不耐储运。由于产量远远少于河北省,浙江省的梨果以供应本省为主,梨果的销售半径较短。

梨果供应链第一阶段:梨果生产

(1)浙江省农户的生产规模明显大于河北省农户,三个组别浙江省农户生产规模均为河北省农户的2~3倍。若以梨园面积占土地总面积来衡量农户梨果生产的专业化程度,河北省农户的专业化程度低于50%,而浙江省农户则高于85%。

(2)河北省和浙江省的梨果亩均生产成本都呈现出随着生产规模的扩大先升后降的规律。大规模种植最节省成本,小规模种植相对中等规模种植更节约成本。

(3)河北省农户种植梨果的单位平均成本约为浙江省农户的1.6倍。对小规模组和中等规模组来讲,河北省农户除土地租金和包装成本外,其他成本项目均高于浙江省农户。对于较大规模组来讲,河北省只有雇佣工人的工资低于浙江省。

(4)就农户生产成本的构成而言,不同规模组农户生产梨果最大的两部分支出均为肥料成本和包装成本。就生产梨果的包装成本而言,河北省农户的包装成本主要为套袋用的纸袋的成本,而浙江省农户的包装成本主要是为了提高梨果销售价格而进行包装的成本。

(5)肥料费用、农药费用、包装成本和雇工支出是河北省和浙江省小农户梨果生产最主要的四项支出。与河北省农户从个体商户采购农业生产资料不同,浙江省农民合作社通过向农户提供相对低价的生产资料来控制梨果质量安全。

梨果供应链第二阶段:梨果销售

1. 河北省梨果供应链:小型经纪人主导

(1)鲜销梨果供应链分析。河北省是传统的梨果种植地区,鲜销梨果有两种销售途径:一是"农户—果品站—外地批发商—外地零售市场",二是"农户—果品站—本地批发商—小型零售商(出口商或大型综合超市)"。超过九成的梨果经由果品站流向本省及外省市场。就增值比例而言,零售环节加价最多,批发环节次之,生产环节最少。以"农户—果品站—外地批发商—外地零售市场"供应链为例,从梨果生产环节到批发环节的加价仅占供应链总增值的 20%,批发环节到零售环节相应比例约为 25%,零售环节到最终消费者相应比例超过 50%。就成本构成而言,单位重量梨果的流通成本高于生产成本。批发环节和零售环节的成本高达每千克 1.16~1.23 元,农户生产每千克梨果的成本为 0.97 元。绝大部分梨果仍然是途经传统的小型水果店到达消费者,小型水果店遍布社区,为消费者购买水果提供便利,其梨果价格也能与大型综合超市相抗衡,甚至略低于大型综合超市,因此在竞争中占有优势。由于大部分大型综合超市是从批发市场采购梨果的,采购成本难以控制,加之超市高昂的运营成本,大型综合超市在鸭梨等大宗水果经营方面并不具备竞争优势。就利润分配而言,单位重量梨果利润最大的是零售环节,批发环节次之。大型综合超市从单位重量梨果中的盈利程度不及小型水果店,只能以量取胜。表面看来,农户似乎也"获益良多",然而,每千克 0.4 元的"利润"并未扣除农户自有劳动投入的成本,也没有摊销梨园初期投资。如若考虑到农户付出的大量自有劳动,大部分农户将亏损。

(2)加工梨果供应链分析。加工企业所消化的梨果所占的市场份额很小,但由于加工企业所加工的是等外梨,加工企业的出现对于农户收入的提高起到了积极的作用。在五年以前,农户没有途径出售等外梨,大量不符合鲜销要求的梨果只能腐烂在梨园。尽管等外梨的收购价格不高,每千克 0.2 元的收购价格低于梨果的平均生产成本,但对年收入不高的梨果种植农户来讲也是一笔可观的净收入。加工企业也因生产梨汁、梨浓缩汁等高附加值产品而获利。然而,加工企业所能消化的梨果毕竟有限,单靠加工企业的发展梨果种植农户并不能提高收入。从长远来看,改良技术、提高优质果比例才是提高梨果种植农户收入的主要途径。

2. 浙江省梨果供应链:多元化市场

与河北省以小型经纪人和批发商为主导的流通方式不同,浙江省梨果价值链的市场主体更为多元化。除传统的批发商外,合作社、集团购买者、专业水果超市在浙江省梨果价值链中发挥着重要的作用。

(1)合作社主导的供应链分析。农民合作社取代了在河北省梨果供应链中发挥重要功能的果品站。合作社的客户包括集团购买者、专业水果超市和外地批发商。就增值比例而言，越长的供应链，中间环节增值比例越高。浙江省民营经济发达，以民营企业为主的集团客户成为合作社的重要客源。合作社通过将梨果包装成礼品装后销售给集团购买者，极大地增加了梨果的价值。就成本构成而言，经由外地批发商销售的供应链中，零售环节新增成本最多，批发环节次之。就利润分配而言，每销售1千克梨果，合作社从集团购买者处获利程度略高于专业水果超市，显著高于从外地批发商处的获利程度。合作社还可以通过二次分红，实现合作社收益的再分配。

(2)集团购买供应链分析。农户销售梨果给集团购买者的平均价格低于合作社销售给集团购买者的平均价格，但对个体农户来讲，直接销售给集团购买者的平均价格要高于合作社的收购价格，农户直接销售梨果给集团购买者所获得的利润也高于通过合作社销售所获得的利润。为调动社员的积极性和扩大合作社梨果的销路，合作社允许社员以成本价从合作社回购经过包装的梨果再由个人销售给客户。

(3)传统供应链分析。较为成熟的合作社及购买力旺盛的集团购买者是浙江省梨果价值链的两大特点。与此同时，传统的梨果供应链也存在于浙江市场。钟山地处浙江山区，道路交通设施的改善为外地批发商前往当地收购梨果以及乡村旅游的发展提供了便利。农户销售给外地批发商的梨果均未经包装，为达不到合作社最低收购标准的次级梨果或由于合作社销售能力有限而无法消化的部分。因此，外地批发商和小商贩仍然是小农户梨果的重要买主，但农户通过这两条供应链获利极少，大部分利润被中间环节占有(见表3和表4)。

表3　农户—小商贩—消费者增值结构

编　号	增值结构	农　户	小商贩
a	购买价格(生产成本)/(元/千克)	1.02	1.11
b	平均售价/(元/千克)	1.11	2.50
c	增值/(元/千克)	0.09	1.39
d	新增成本/(元/千克)	0.00	1.11
e	利润/(元/千克)	0.09	0.28
f	增值比例/%	6.00	94.00

资料来源:根据课题组对市场主体调查和农户预调查数据整理

表4 农户—外地批发商—外地零售市场—消费者增值结构

编 号	增值结构	农 户	外地批发商	小型水果店
a	购买价格(生产成本)/(元/千克)	1.05	1.38	2.50
b	平均售价/(元/千克)	1.38	2.50	3.30
c	增值/(元/千克)	0.33	1.12	0.80
d	新增成本/(元/千克)	0.00	0.57	0.42
e	利润/(元/千克)	0.33	0.55	0.38
f	增值比例/%	33.55	40.89	25.56

资料来源:根据课题组对市场主体调查和农户预调查数据整理

结论与政策建议

第一,处于梨果产业价值链源头的小农户从增值中获益不多。在不考虑梨园初期投资和农户自有劳动力投入的情况下,农户生产的梨果通过批发环节其盈利水平业已极低,若考虑到梨果种植农户巨大的家庭劳动力投入,大部分小农户将处于生产成本较高、收益较低甚至亏损的尴尬境地。

第二,价值链中间环节经营者占有大部分增值。在两个样本地区,零售环节均为成本较高、利润较多、增值比例较高的环节。大型综合超市对小农户收入增长的促进作用在本文讨论的传统价值链中并未现,相反,大型综合超市的梨果采购成本和经营成本偏高,梨果销售价格难以降低,以致大型综合超市在梨果经营中获利较少。专业经营水果的超市在发达地区发展迅速,并在水果零售市场中体现出较大的竞争优势。

第三,农民合作社在帮助小农户获得增值收益方面发挥了积极作用。浙江省农民合作社在帮助小农户控制梨果质量,节约生产成本,提高梨果价值,增加农户收益等方面起了积极作用。

第四,在考虑到农户自有劳动力投入的前提下,大规模经营农户的总净收入和自有劳动力亩均报酬都显著高于中小规模经营农户的相应指标。因此,在土地制度、劳动力转移等配套条件允许的情况下,应鼓励有条件的农户进行大规模种植。在配套条件不具备的情况下,应通过农民合作社等组织形式提高农民的组织化程度,以优质精品梨果适应日益变化的市场需求。

[资料出处:黄祖辉,张静,陈志钢.中国梨果产业价值链分析[J].中国农村经济,2008(7):63-72]

思考：根据我国梨果供应链的发展现状，应用供应链管理思想，如何构建我国
梨果供应链的组织模式？

【阅读与思考2】

厦门福慧达果蔬物流模式

福慧达集团成立于1998年，是专业从事农产品供应链管理的企业。福慧达以服务三农，建立全球化高效的农产品营销网络为己任。公司经过十年的耕耘，现已发展成集种植、采摘、收购、分选、包装、冷藏、配送、出口、进口、批发等为一体的多元化的企业。公司拥有完善的全球果蔬营销网络和农业商品流通产业链中最核心的资源，成功地搭设了福慧达物流中心平台，并建立了物流中心与国内外进出口商、农业合作社、种植者、包装厂对接的经营模式，组织种植，为客户提供包括加工、包装、仓储、海运、陆运、冷冻、冷藏、运输，以及定仓、代理拖车、代理商检、进出口报关、代理进出口国际结算等业务。福慧达结合现有农产品的全球化的营销及物流网络，为各类合作者提供各种增值服务。

目前，随着《中华人民共和国农产品质量安全法》和《中华人民共和国食品安全法》的颁布，食品安全日益受重视。然而，法律实施过程中的诸多问题使得"两法"无法从根本上为食品安全保驾护航。物流作为食品供应链的重要环节，如何保障物流环节的食品安全，更是成为举国关注的焦点。在这方面，福慧达开展了以下活动。

构建共赢的发展模式

福慧达果蔬供应链有限公司，是国内首家也是唯一一家提供果蔬供应链管理服务的企业。公司成立伊始，便将"建立全球化高效农产品营销网络，做中国最优秀的果蔬通路商"作为自己的目标，以服务"三农"、建立全球化高效的果蔬通路网络为己任，致力于中国各种果蔬的品质提升、市场营销、品牌经营和供应链全过程管理服务。

国内传统的果蔬市场流通模式是批发商先找到农户采购，使果蔬经过小型包装厂的简单加工包装，运送到城市批发市场，然后再联系超市进行配送。水果从农户到消费者手中，要经过层层的流通链。无形中，不仅增加了流通周期和环节，还提高了损耗率。加上果蔬具有保鲜期，不仅导致运输成本的大大增加，更致使食品安全得不到有力保障。除此之外，农户有时会因为找不到市场，而丧失种植激情，无奈之下放弃种植。

福慧达正是敏锐地看到了这一现状，一直致力于全球范围内的果蔬供应

链管理服务,通过摸索实践,创造出了一条"公司＋合作社＋农户＋基地"的农业产业化模式,在产区建立"一社一品"的果蔬种植基地,提供从田间到餐桌的"一站式"服务,在"小农户"与"大市场"之间搭起桥梁。其为农产品种植到国内外的客户终端提供一条龙服务,按订单进行产品深加工,大大节约了流通成本。

福慧达果蔬供应链有四大特色:第一,参与农户种植;第二,市场建在农户家门口;第三,保障食品安全,全程冷链运输和仓储;第四,树立品牌。福慧达积极引导及推动农业化及品牌建设,把规模小、种植分散的果蔬种植基地进一步整合,组织并协助合作社及果农进行出境果园注册登记,指导果农进行组织化、规模化、科学化封闭式统一种植管理,使得传统粗放、散乱的果蔬生产提升为新型高效规范的生产体系。其在农民专业合作社的生产、加工、销售中起到桥梁和纽带作用,推动农业产业化,促进农村社会化服务建设,为新农村建设,推进当地城乡一体化建设提供直接有效的服务。

福慧达还投入大量资金建设冷藏仓库,目前福慧达(海西)进口食品物流中心冷藏仓库可容纳 80 个 40 英尺(约合 12 米)冷冻集装箱(2000 吨)货物,福慧达(桂林)绿色果蔬物流中心物流仓储区拥有 2000 吨气调保鲜库 1 处,1000 吨冷藏库 1 处。

搭建起果蔬产供销一体化的冷链物流平台,真正意义上实现了公司、合作社、农户多方合作共赢。福慧达产业模式真正使果蔬行业出现大规模、超地域的合作与联盟,突破行业发展瓶颈,并得到国家发改委调研组的充分肯定,其对保障农户收益、农产品增收和社会稳定起到了积极的推动作用。

高效的配送中心

福慧达果蔬配送中心于 2005 年由福慧达集团投资建设,中心占地约 33335 平方米。一期已经建成并投入使用的 2000 吨果蔬保鲜冷藏库,据称是福建省第一套现代化生鲜果蔬保鲜冷链。这座果蔬物流配送中心同时拥有一座 6000 平方米的办公综合大楼。它可以将我国台湾地区以及世界各地的果蔬食品配送到海西经济区各重要城市,同时也可以帮助厦门以及周边地区的农户直接与超市等销售终端对接,减少农产品的流通环节,降低损耗,减少成本。目前中心的果蔬吞吐量为每年 2 万吨,未来可以发展到每年 10 万吨以上。福慧达坚持品质管理源于原产地,自有及合作的生产基地近 3000公顷。

目前,福慧达在广西桂林、湖南石门、厦门同安等地建立了三个物流配送基地,形成了一套成熟的商业模式。公司通过对供应链各环节进行计划、协调、控制和优化,采用商流、物流、资金流、信息流合一的创新经营模式,帮助农户、零售企业专注于提高核心竞争力、削减管理及运输成本。

福慧达目前已在全球 30 多个国家和地区建立了销售终端,2006 年至 2008 年,福慧达的水果出口量连续三年位居全国前三名,水果出口达到 100 多个品项,其中柑橘的销售量占据全国市场 7% 的份额,稳居全国第一。2008 年,福慧达的销售额达到 3.6 亿元,销售量与净利润每年以 30% 以上的速度增长,其中,仅永春芦柑一年的采购金额就在 1 亿元以上。

福慧达将建立果蔬品牌与第三方专业果蔬冷链物流相结合,在并购一些企业的同时,专注市场需求,急市场之所急,想市场之所想,根据市场需求,不断拓展服务内容。不仅服务于自己控股的子公司,将其物流剥离,全权代理,还服务于外围品牌,提供专业化物流管理运输仓储。在整合市场需求的同时,聚焦自身核心竞争力,以品牌为依托,提升专业化服务质量。福慧达集团董事长郑晓玲还说,2010 年,福慧达计划在海南、新疆、西安、山东建立四个果蔬物流配送中心,未来还将计划在全国建设 20 多个种植和物流配送中心,将创新和谐共赢的"公司+合作社+农户+基地"一站式果蔬供应链管理商业模式向全国推广,专心致力于搭建"小农户"和"大市场"之间的桥梁,"慧通天下,做中国最优秀的果蔬通路商"。

一流的企业团队

福慧达还拥有一流的企业团队。"服务、敬业、合作、创新"是他们的企业精神;"品质至上、健康、快乐、温馨"是他们的理念与追求;"高、严、细、实"是他们的管理方法。在团队建设方面,首先树立团队共同的理念和价值观,以供应链专业化管理为共同发展目标。只有团队建设得到了所有员工的理解和认同,才能凝聚大家的力量,为企业发展提供原动力。其次,认为每一个员工都是合作伙伴。突破传统的雇用与被雇用的关系,本着合适的就是最好的原则,帮助员工找到自己的工作定位,在实现员工自身价值的同时,最大限度地人尽其才。最后,在不断完善工作机制和薪酬待遇条件的同时,广纳人才。不同方向地吸纳人才进行储备,让每一个员工都能在快乐的工作中拥有饱满的工作激情,最终达到真诚相待、共创和谐团队的发展目标。

福慧达在发展上一直在不断弥补自身不足之处,积极真诚地满足每一位客户的诉求与需要,实现共赢发展。福慧达位于农业与物流两个发展版块,可以享受到国家农业和物流发展两方面的政策扶持,更为其实现今后的战略发展目标奠定了坚实的基础。目前,福慧达正加快"冲刺"创业板的步伐,预计今年(2010 年)第三季度在创业板上市。

［资料出处：陈广丽，林毅钦.福慧达：公司＋合作社＋农户＋基地的果蔬物流详解［EB/OL］.（2010-05-31）. http://info. 10000link. com/newsdetail. aspx? doc＝2010053190042；厦门福慧达果蔬股份有限公司.企业简介［EB/OL］.［2017-11-01］. http://www. fuhuida. com/about. aspx］

思考：1.从供应链管理的角度，谈谈福慧达公司快速发展的经验。

2.从本案例看，构建以加工企业为核心的供应链整合模式需要哪些条件？

第三章　农产品物流系统

重点提示

本章需要了解了农产品物流系统的基本要素、我国农产品物流系统的特征；重点掌握我国农产品物流系统的目标、我国农产品物流系统建设现状，以及评价农产品物流系统的有效性的指标体系。

教学课件

现代物流是一个复杂而巨大的系统工程，它强调物流的总体性和综合性。与工业物流和商业物流相比，由于农产品具有大众生产大众消费的市场特征，其物流主体间相互选择的余地很大，容易产生较多的交易费用，同时农产品鲜活易腐特性要求物流时间尽量缩短。因此，从宏观的角度建立高效的农产品物流体系至关重要。

第一节　农产品物流系统的基本要素、特征与目标

一、农产品物流系统的基本要素

农产品物流系统是指与农产品物流相关的各个要素相互作用、相互联系构成的有机整体。具体来说，农产品物流系统的要素可以分为一般要素、功能要素、支撑要素和物质基础要素，这些要素通过一定的管理手段联系在一起，其有效的协调可以使农产品物流系统发挥更优的作用。

（一）一般要素

1. 劳动者要素

它是现代物流系统的核心要素、第一要素。提高农产品物流主体劳动者的素质，是建立一个合理的现代农产品物流系统并使其有效运转的根本。

2. 资金要素

交换是以货币为媒介的。实现交换的现代农产品物流过程，实际也是资金运动过程。同时，农产品物流服务本身也需要以货币为媒介。现代农产品物流系统建设是资本投入的一大领域，离开资金这一要素，现代农产品物流不可能实现。

3. 对象要素

对象要素即农产品物流系统的作用对象,它们是各种实物。

(二)功能要素

农产品物流系统的功能要素指的是现代物流系统所具有的基本能力,这些基本能力有效地组合、联结在一起,便成了现代农产品物流的总功能,从而能合理、有效地实现物流系统的总目的。从农产品物流活动的实际工作环节来考察,一般认为现代农产品物流系统的功能要素有采购、包装、装卸搬运、运输、储存保管、流通加工、配送等。

1. 采购功能要素

为做到低成本、高效率地为农产品生产经营企业提供物流服务,采购功能对农产品经营企业越来越重要。采购的功能是:选择企业各部门所需要的适当物流,从适当的来源,以适当的价格、适当的送货方式(包括时间和地点)获取适当数量的原材料。

2. 包装功能要素

包装功能要素包括农产品成品的包装,生产过程中在制品、半成品的包装以及在物流过程中换装、分装、再包装等活动。

3. 装卸搬运功能要素

装卸搬运功能要素包括对农产品输送、保管、包装、流通加工等物流活动进行衔接的活动,以及在保管等活动中为进行农产品检验、养护所进行的装卸活动。伴随装卸活动的小搬运,一般也包括在这一活动中。

4. 运输功能要素

农产品运输是运用设备和工具,实现农产品由其生产地至消费地的空间转移。包括供应及销售物流中的车、船、飞机等运输方式,生产物流中的传送带等运送方式。

5. 储存保管功能要素

储存保管功能要素包括堆存、保管、保养、维护等活动,主要是对农产品数量、质量进行管理控制的活动。其目的是克服农产品生产与消费在时间上的差异。

6. 流通加工功能要素

流通加工功能要素又称流通过程的辅助加工活动,是农产品销售企业等部门物流为弥补生产过程中加工程度的不足,更有效地满足用户或本企业的需求,更好地衔接产需,而进行的诸如分类、切割等加工活动。

农产品的流通加工主要包括冷冻产品、分选农副产品、分装农产品、精制农产食品等。

7.配送功能要素

农产品配送作为一种现代农产品流通方式,是指在经济合理区域内,根据顾客的要求,对农产品进行拣选、加工、包装等作业,并按时送达指定地点的农产品物流活动。农产品配送不是单纯的农产品运输,而是运输与其他活动共同构成的组合体。而且配送所包含的运输,在整个食品运送过程中是处于"二次运输""末端运输"的地位,更直接地面向并靠近用户。

(三)支撑要素

在复杂的社会经济系统中,由于农产品物流的特殊性,现代农产品物流系统的建立需要有许多制度、法律等支撑手段。

1.体制、制度

农产品物流系统的体制、制度决定农产品物流系统的结构及组织、领导、管理方式,国家对其控制、指挥和管理的方式是现代物流系统的重要保障。有了这个支撑条件,现代农产品物流系统才能确立在国民经济中的地位。

2.法律、规章

现代农产品物流系统的运行,都不可避免地涉及企业及人的权益问题,法律、规章一方面限制和规范物流系统的活动,使农产品物流与社会经济系统或其他物流系统协调;另一方面给物流活动以保障,合同的执行、权益的划分、责任的确定都靠法律、规章维系。

3.行政、命令

现代农产品物流系统和一般系统不同之处在于,现代物流系统关系到国家经济命脉、政治安全等,所以,行政、命令等手段也常常是支持现代农产品物流系统正常运转的重要支撑要素。

4.标准化系统

标准化系统是保证农产品物流环节协调运行,保证现代农产品物流系统与其他系统在技术上实现联结的重要支撑条件。

(四)物质基础要素

现代农产品物流系统的建立和运行,需要有大量技术装备手段,这些手段的有机联系对现代物流系统的运行有决定性意义。这些要素对实现农产品物流或其某一方面的功能也是必不可少的。

1.物流设施

它是现代农产品物流系统运行的基础物质条件,包括:物流站、场;物流中心、仓库;物流线路、建筑物、公路、铁路、港口等。

2.物流装备

它是保证现代农产品物流系统运行的条件,包括仓库货架、进出库设备、加工设备、运输设备、装卸机械等。

3.物流工具

它是现代农产品物流系统能够运行的物质条件,包括包装工具、维护保养工具、办公设备等。

4.信息技术及网络工具

它是掌握和传递农产品物流信息的手段。根据所需信息水平不同,它包括通信设备及线路、传真设备、计算机及网络设备等。

近年来,也有学者从产业结构的角度考虑农产品物流系统的要素,将其分为物流平台、物流运作企业和物流结算平台三个部分:物流平台包括物流设施平台、物流信息平台、物流政策平台等几部分,物流平台的实体又可以归纳成线路、节点两部分。从区域规划的角度看,物流节点指区域物流枢纽、区域物流中心等,物流线路指公路、铁路、航空线、航海线等物流通道。物流运作企业是微观物流运作主体,在支撑平台上运作,是使整个物流系统运动起来的主导力量。物流结算平台是指在产地、交换、仓储、运输、装卸、包装等环节中成本支出、资源结算的全过程。

二、我国农产品物流系统的特征

(一)农产品物流系统是一个多目标的系统

农产品物流系统的总目标是实现农产品在空间位置上的高效转移。围绕这个总目标会出现很多目标,例如,物流数量要达到合适的规模,物流时间要最短,物流服务要最好,物流成本要最低等。

(二)农产品物流系统是一个大跨度系统

这主要是指地域跨度大,因为很多农产品的配送往往要跨区域进行。大跨度系统带来的主要问题是管理难度大,对信息的依赖程度高。

(三)农产品物流系统是一个动态系统

一方面,生鲜农产品物流系统往往由多个运作主体构成,系统内的要素及系统的运行经常发生变化,难以长期稳定。另一方面,农产品物流受季节性影响很大,不同的季节对物流系统要求的差异很大,这也决定了物流系统的运行难以稳定。动态性强要求系统必须有足够的灵活性与可改变性。

(四)农产品物流系统的功能要素之间存在效益背离现象

这主要是指物流系统中某一个功能要素的效率的提高并不一定使整个系统

的效率提高,有时甚至会使整个系统的效率降低。例如,物流系统的运输效率提高,但物流信息服务滞后,那么盲目的高效率运输反而会使产品大量积压,造成损失。效益背离现象要求我们必须从系统的角度去看待物流,使物流的各个环节相互协调,达到整体的效率最高。

三、我国农产品物流系统的目标

构建农产品物流系统的目的是"追求以最低的物流成本向客户提供优质的物流服务"。在原则上具体表现为"7R",即适当的质量(right quality)、适当的数量(right quantity)、适当的时间(right time)、适当的地方(right place)、适当的产品(right product)、适当的条件(right condition)和适当的成本(right cost)。我国农产品物流系统的目标,就是要把农产品物流的各个环节(子系统)看成一个系统进行整体设计和管理,以最佳的结构、最好的配合,充分发挥其系统功能、效率,实现整体物流合理化。具体目标如下。

(一)服务目标

现代农产品物流系统是起"桥梁、纽带"作用的农产品流通系统的一部分,它具体地联结着农业生产与再生产、生产与消费,因此要求有很强的服务性。在为客户服务方面要做到无缺货、无货损、无货差等现象,且费用低。在技术方面,近年出现的"准时供货方式""柔性供货方式"等,也是其服务性的表现。

(二)快速、及时目标

及时性不但是服务性的延伸,也是农产品流通对物流提出的要求。快速、及时既是一个传统目标,更是一个现代目标。随着社会化大生产的发展,这一要求更加迫切了。为此采取的诸如直达物流、联合运输等管理和技术,把物流设施建在供给地区附近,合理利用有效的运输工具和合理配送计划等手段,都是快速、及时目标的体现。

(三)节约目标

节约是经济可持续发展的基本要求。我国土地资源日趋紧张,费用也不断上涨,对城市市区面积更加应该有效利用,节约土地资源。应逐步发展立体化设施和物流机械,实现空间的有效利用。

(四)规模化目标

农产品生产领域的规模化生产是早已为社会所承认的。由于农产品物流系统比农产品生产系统的稳定性差,因而难以形成标准的规模化形式。在农产品物流系统中,考虑物流设施集中与分散是否适当,机械化与自动化程度如何合理安排,信息系统的集成化所要求的设备的使用等,都是规模化目标的体现。

(五)库存调节目标

库存调节目标也是服务性的延伸。农产品库存过多则需要更多的保管场所，而且会造成农产品腐烂、变质、过期等和库存资金的积压，进而导致浪费。因此要按照生产与流通的需求变化以及农产品的特性，对农产品库存进行控制。如正确确定农产品的库存方式、库存数量、库存结构、库存分布就是这一目标的体现。

第二节　我国农产品物流系统建设现状

一、农产品物流组织体系建设

在我国现阶段基本上形成了以农产品批发市场为主、以城乡集贸市场为辅的流通组织模式。其外延不断扩大，向上游联系种植、养殖、加工、检疫、运输等环节，向下游联系配送、零售、消费等环节，构成了一个完整产业链。但我国多数农户的生产经营是单户经营的形式，农产品的销售多为分散方式，农产品的大流通、大市场、大公司体系尚未形成。

(一)农产品物流渠道

目前我国农产品物流渠道主要有以下几种方式。

1.农户或基地—运销大户

运销大户建立与批发商稳定的购销业务关系，也有一些运销大户在全国各大城市的农副产品批发市场直接设立窗口。这种农产品物流方式在我国农产品流通中占有较大的比例。

2.农户—客商

这一物流方式也较为普遍，如大型连锁超市、农贸市场的批发商等在农产品收获时直接到农户田头收购。

3.农户或基地—加工企业

这种方式是农产品加工企业将自己基地的初级农产品和从农户手中收购来的农产品经过加工后或直接出口，或出厂销售给内地的批发商，或设立窗口直接零售到消费者手中。

4.农户或基地—农民专业合作社

农民专业合作社将社员和基地上的农产品收购来，或销售给与自己有业务关系的批发商，或将农产品运往自己在外地设立的批发窗口、零售窗口进行批发或零售。

5.农户或基地—农民专业合作社—加工企业—出口

这一物流形式由农民专业合作社作为流通的中介组织发挥作用。它们接受农业加工企业由于出口需要的委托,或发动本社社员,或自办生产基地,种植某种出口加工企业指定的农产品,然后按加工企业要求制定出生产操作规程,生产出符合出口加工企业要求的农产品,提供给加工企业,加工企业按出口要求进行加工,然后外贸出口。

(二)农产品物流主体

一方面,各个供应链环节都有各自不同的主体。生产主体在我国主要是分散经营的小农户,但一些经济发达地区也有一些规模经营的农户联合体;中间代理环节的主体比较多样化,既有各种类型的合作组织(包括政府主导和自发组织的各种专业协会),也有各种不同规模的私营收购代理公司;产地批发商和销地批发商的主体主要是以各种农产品批发市场为核心的购销商群体;目前我国农产品零售商的情况最复杂,包括各种农贸市场、规模不同的超市及综合性的零售店和地摊等。另一方面,从物流整体来看,农产品物流的主体包括自营主体、第三方物流主体。第三方物流虽然将有很大发展,但自营物流仍占主导地位,专业运输公司、专业仓储公司等比较匮乏。此外,现阶段发展较为盛行的农业行业协会组织还不健全,且缺乏必要的物流知识和收集加工信息的能力,起不到行业规范和自律作用,农产品加工企业数量少、规模小,农产品吞吐能力较低。

农产品物流主体繁多且分散,对农产品的采购、运输、加工、仓储、包装、配送远没有形成规范的管理和控制机制,使农产品在生产物流、供应物流、销售物流方面的秩序混乱,造成我国农产品物流组织的专业化、社会化程度低,服务质量满足不了市场需求,致使农产品物流发展面临市场的需求约束。

二、农产品物流技术运用

(一)冷链物流技术

冷链物流是一项系统工程,指冷藏冷冻类农产品在生产、贮藏、运输、销售至消费者前的各个环节始终处于规定的低温环境,以保证食品质量,减少食品损耗。它是以冷冻工艺学为基础、以制冷技术为手段的低温物流过程。冷链物流技术的适用范围主要是:包括蔬菜等在内的初级农产品、包括速冻食品等在内的加工食品以及特殊商品。当前我国农产品冷链物流设施和装备所占的比例较低,常常使鲜活农产品丰收后因不能及时运输和冷藏仓储不健全而腐烂变质,产区农户损失巨大。造成我国农产品损耗的原因有二:第一,农产品冷链环节中采摘后仓储和运输的不及时,冷链流通网络不健全,缺乏完善的冷链体系;第二,农业企业和从业人员对农产品流通环节中的冷冻保鲜理论认识不足以及技术和设备落后。

（二）物流信息技术

物流信息技术主要包括信息标准化技术、信息编码技术、信息标识技术、信息传输技术、信息处理技术、信息跟踪技术等。物流信息化是指利用先进的信息技术整合物流业务流程，使物流运作向着规模化、网络化运作的方向发展。

物流信息技术在农产品物流中的应用可以起到两方面的作用：第一，使市场价格的信息、消费者反馈的信息及时传递到生产者，从而减少生产者之间的盲目生产、过度竞争，减轻生产者承受市场风险的压力并使其从容应对农产品物流中所发生的异常事件；第二，加强物流系统各环节之间的联系，有效的信息共享可以避免各个环节效益背反现象的大量出现，从而促进系统整体效率和竞争力的提高，使物流领域的各参与方受益。物流信息技术多运用于农产品物流信息平台，平台应当包括的功能有：第一，动态反映农产品生产的布局；第二，促使农产品生产、流通信息的有效共享；第三，对农产品物流中的异常事件能迅速做出反应；第四，对各阶段的农产品进行有效追踪。

相比于发达国家，当前我国农产品物流信息化水平很低，一方面物流信息的基础设施和网络建设薄弱，物流信息技术应用水平低，农产品信息无法在农产品物流体系中的各成员间实现有效共享。如大多数批发市场没有专门的信息网络平台，即使建有信息系统，但信息网络仍不健全，缺乏连续的信息。另一方面，物流运作主体应用信息能力低。信息的有限性使运销业主与产地农民获得农产品供求与价格的信息不对称，导致产销地价格差距大，对生产者和消费者都存在着价格欺诈现象，且农产品的安全可追溯问题难以有效解决。

三、农产品物流标准化建设

（一）农产品物流标准体系

农产品物流标准体系是指农产品物流领域的标准按其内在联系形成的科学有机整体，是对农产品物流领域中重复性事物和概念所做的统一的规定，其目标是通过采用标准化的生产、加工、流通方式，实现农产品安全、高效的流通，以促进农产品公平贸易。农产品物流标准是该体系中的核心元素，它是指在农产品流通领域内获得最佳秩序，对物流活动或其结果规定共同的和重复使用的规则、导则或特性的文件，该文件经协商一致并经一个公认机构批准。

农产品物流标准体系的实施范围包括农产品的生产、贸易、流通、消费等各个领域，以及对农产品物流标准本身的研究、管理、运行等。它的实施涉及农产品及其加工制品从供应地向接受地的实体流动过程中的运输、储存、装卸、搬运、包装、流通加工、配送、信息处理等活动，以及物流技术和物流过程中的诸要素管理等标准。农产品物流标准的实施对象主要有三类：一是农产品、物流方面的技术术语、标志、符号、代号;二是农产品物流的环境条件、技术和管理技术的一般要求;三是农产品的运输、储存、装卸、搬运、包装、流通加工、配送、信息处理及技术、信息、服务等的具体要求。

(二)农产品物流标准化的特点

(1)物流的复杂系统,决定了管理上的复杂性;

(2)从局部系统寻找共同的基点,形成物流标准化的核心;

(3)系统的统一性、一致性和系统内部各环节的有机联系是系统能否生存的首要条件;

(4)覆盖面广,可操作性强,修订周期短;

(5)标准的制定和实施以企业为主体,政府的主要职责是协调引导;

(6)物流的国际性更加突出。

(三)我国农产品物流标准化的现状

规范化和标准化是农产品物流现代化的关键和基础,是现代市场流通系统发展的必要条件。从国际范围来看,许多国家为了保护本国农民和消费者利益,都根据自身市场特点建立本国的规范标准,并以此影响国际标准,使自己取得国际贸易的有利地位。目前,我国农产品流通业标准化工作刚刚起步,主要存在以下不足:

(1)交通运输和仓储的设施、设备、器具缺乏统一的标准规范;

(2)物流标识混乱,缺乏标准规范;

(3)流通业电子数据缺乏统一标准,物流信息不对称;

(4)商品条码未能全面普及应用;

(5)相当部分农产品缺乏标准,特别是质量等级标准。

现代农产品物流系统标准化建设应着重于农产品物流的独特性方面,多数物流标准的实施应坚持统筹规划、循序渐进的原则,在把握好发展方向的前提下,可以在某些发展较快的行业、地区甚至企业先期设计、推广和实施。例如,在信息技术标准化方面,目前国际上通行的信息标准化技术是条形码技术、EDI 技术。应率先在发展较快的地区以及新建的超市、产品配送中心推广条形码技术、EDI 技术,然后再逐步向农产品供应链的全过程推广。有一些物流标准必须强制统一实施,例如生鲜农产品的检验检疫标准必须在各地区、各行业强制统一实施。可以在沿海发达地区内强化严格的检验检疫标准,建立农产品身份证制度、责任可追溯制度。

四、农产品物流政策体系建设

农产品物流政策体系就是在政府意志及物流规划下,制定有利于发展现代物流的政策法规。我国现行的物流政策基本上可以分为两大体系、两个层次。所谓两大体系即法律类政策和行政类政策，两个层次是指全国性政策和地方性政策。我国的物流产业正处于发展初期，专门性、综合性的法律、法规较少，指导物流产业发展的法规主要是按行业划分的法律、法规。其中，与农产品物流产业直接有关的法律、法规主要有《中华人民共和国铁路法》(1991)、《中华人民共和国民用航空法》(1996)、《中华人民共和国公路法》(1998)、《中华人民共和国水路运输管理条例》(1987)、《中华人民共和国海关法》(1987)、《中华人民共和国海商法》(1993)。与之相配套，由国务院或各主管部委经国务院批准出台了许多配套法规，如《中华人民共和国道路交通管理条例》(1988)、《中华人民共和国土地管理法》(1998)和《中华人民共和国环境保护法》(1998)等。我国目前没有专门的农产品物流政策体系，从总体上来说我国现有的物流政策，特别是法律类政策还是比较全面的，从而基本上可以维护我国农产品物流领域的经济秩序，但是，从现代高效农产品物流体系建设要求的角度看，我国农产品物流政策体系建设还存在以下问题。

(一)市场经济体制不健全，缺乏国际视野

我国目前施行的农产品物流政策和法律法规，许多内容还是从传统计划经济体制环境下延续下来的，对市场经济原则体现和贯彻得不够充分，缺乏对全球化、国际化背景的考虑。例如，我国开放物流市场，允许外资物流企业进入与国内物流企业展开竞争，但在税收政策方面外资企业却享有超国民待遇；中小民营物流企业在融资信贷、用地标准等方面所遇到的一系列政策问题都还没有得到妥善解决。建立一个专业性强的、有前瞻性的体现社会主义市场经济要求和现代物流特性的政策法规体系势在必行。

(二)物流政策法规缺乏系统性

现代农产品物流是跨部门、跨地区、跨行业的复合型产业，与社会经济生活的许多方面都有不同程度关联。我国农产品物流的发展涉及国家发改委、商务、交通、铁道、民航、邮政、海关、质检、公安、信息等相关政府部门。各部门表面上是齐抓共管，实际上往往从各自利益出发，各行其是，政出多门，造成条块分割严重。我国现行的农产品物流政策法规缺乏统筹规划和整体协调，缺乏现代物流业发展所要求的系统性和专业性，甚至出现职能重叠、政策冲突现象，使执行机关和物流企业无所适从，难以认识和把握物流政策的精髓、规律，难以协调物流各环节和各功能之间的关系，不利于形成产业优势和推动我国现代物流的发展，最终也影响了政策法规的权威性。

(三)物流政策法规可操作性不强

我国传统的物流政策法规在技术上普遍缺乏对物流实践的具体指导和调整

作用,宏观调控能力和微观约束能力不足,直接具有操作性的物流法规层次较低,法律效力不大。目前,我国尚无具有直接可操作的现代农产品物流综合性政策法规,各部委或地方多以"办法""意见""通知"等形式颁布一些促进农产品物流发展的规范性文件,缺乏法律强制效力,只适合作为司法审判的参照性依据,在具体运用中缺乏操作性,不利于调整各物流主体之间的相互关系,不利于对物流主体行为起到引导与制约作用。一些传统的运输类、仓储类法规由于受到部门职能分割影响,无法体现现代物流"一体化、大流通"的特点,在实践中经常无法操作。

(四)存在发展现代物流的"政策真空"

现代物流形成集运输、仓储、装卸搬运、包装、流通加工、配送、物流信息处理等在内的多功能、一体化的综合服务。但是,我国现有的一些农产品物流政策法规无法对物流活动进行有效规范。例如,第三方物流运营商因不同物流环节的业务性质,可以作为代理人、承运人、仓储经营人、批发商等,从而具有不同的法律身份,法律关系种类繁多,甚至性质迥异。这些法律在责任构成、责任形式、责任范围、诉讼时效、诉讼管辖、举证责任等方面均有一定差异,会使第三方物流运营人产生不同的法律风险,承担不同的法律后果。对此,我国目前尚未有相关的政策法规对第三方物流运营商的法律地位加以调整与规范。

此外,现代农产品物流的法定标准、物流市场的准入制度、规范物流企业的经营行为、健全农产品市场管理法规等方面还有待进一步完善。

五、农产品物流人才培养

对于农产品物流而言,产品的特殊性对物流行业的从业人员素质、水平、服务要求很高。人才缺乏是我国农产品物流发展的最大制约因素。现代农产品物流是与信息技术的发展和现代物流技术的创新相伴而行的,迫切需要适应时代发展特别是适应加入WTO后对农产品物流要求的懂经营、会管理的专门人才。而目前这方面人才是最缺的。因此,应针对农产品物流管理交叉性、实践性和成长性的学科特点,从社会与企业的需求出发,明确物流管理人才的培养目标。可以在尽可能多的高等院校中设置物流管理专业,并为工商管理及相关专业的学生开设物流课程。或者全面开展物流在职教育,推广物流的职业资格认证制度,例如仓储工程师、配送工程师等职业资格认证。所有物流从业人员必须接受职业教育,经过考试获得上述工程师资格后,才能从事有关的物流工作。解决农产品物流人才缺乏的问题,只能靠教育制度。

第三节　农产品物流系统评价指标体系

通过建立一套完整的评价指标体系,衡量农产品物流系统实际的运行状况,有助于对农产品物流系统进行合理的规划和有效的控制,有助于准确反映农产品物流系统的合理化状况和评价改善的潜力和效果。

一、农产品物流系统评价指标体系的构建原则

评价指标的选择和量化是建立评价模型的基础,也是决定评价结果优劣的关键,要科学地分析农产品物流系统发展状况,并建立评价体系,其评价指标的选择应遵循以下原则。

(一)目的性原则

设计农产品物流系统评价指标体系的目的在于:根据对农产品物流系统的综合评价,衡量农产品物流发展状况,找出农产品物流发展的瓶颈所在,通过改善不足之处,最终实现农产品物流成本的最小化和物流效益的最大化,从而提高各地区人们的生活质量。

(二)科学性原则

农产品物流系统评价指标应该能够对中国农产品物流水平有一个客观的反映和评价。首先,指标的选取应具有科学的理论根据。其次,农产品物流系统评价指标体系应能准确地反映实际情况,有利于各地区之间的横向比较,发现自身优势和不足之处,挖掘竞争潜力。

(三)系统性原则

对农产品物流系统的评价是一个涵盖多因素、多目标的复杂系统,评价指标体系应力求全面反映农产品物流的综合情况,既能反映系统的内部构成与功能,又能正确评估系统与外部环境的关联;既能反映直接效果,又能反映间接影响,以保证评价的全面性和可靠性。

(四)规范性和针对性原则

农产品物流系统评价指标的设置要有明确的统计口径,并且要借鉴国际经验,便于国际比较;同时,指标应根据其重要性有针对性地选取,保证指标少而精,即简洁、紧要、好懂、管用,不必面面俱到。

(五)定性与定量相结合的原则

在综合评价农产品物流水平时应综合考虑影响农产品物流水平的定量和定

性指标。对定性指标要明确其含义,使其能恰如其分地反映指标的性质。定性和定量指标都要有清晰的概念和确切的计算方法。

(六)实用性原则

所建立的农产品物流系统评价指标体系力求达到层次清晰、指标精练、评价方法简便,使之具有实际应用与推广价值。为此,选取的指标要具有可操作性,指标应含义明确且易于理解,指标量化所需资料应方便收集,能够用现有方法和模型求解。

二、农产品物流系统评价指标体系的构建

农产品物流系统构建的基本目标是提供完善的一体化的流通服务,提供快捷高效的配送服务,以及降低生鲜农产品综合成本。所以,评价农产品物流系统的有效性应该从物流体系的基本目标出发,建立服务质量、物流配送效率、物流成本效益三个方面的指标体系。

(一)农产品物流服务质量指标

农产品物流服务质量是衡量农产品物流系统的重要方面,建立物流服务质量的指标体系对于控制和管理农产品物流系统来说至关重要。物流服务质量指标具体可以分为农产品物流信息化水平和服务质量水平两个指标。

1.农产品物流信息化水平

农产品物流信息化水平是一个综合指标,主要通过农产品信息共享率、农产品信息集中度、农产品信息传递的通畅性、农产品信息传递的准确性、农产品信息传递的及时性、农产品信息利用价值率反映。

2.农产品物流服务质量水平

满足顾客的要求需要一定的成本,并且随着服务达到一定的水平后,再想提高服务水平,物流企业往往要付出更大的代价,所以农产品物流经营企业出于利润最大化的考虑,往往只满足一定订单的要求,由此便产生了服务质量水平指标。农产品服务质量水平指标具体可以包括准时交货率、商品完好率、交货合格率、订单满足率、采购计划完成率、供货计划完成率、交货农产品质量和客户满意度。

(二)农产品物流配送效率指标

配送的发展程度是衡量一个国家或地区物流发展现代化程度的重要指标,是一个国家或地区流通现代化程度的重要表现。评价农产品物流配送活动的指标主要有两类,一类是决定配送效率的物流基础设施,一类是物流效率。

1.物流基础设施

物流基础设施主要包括农村公路网络密度、通公路的村占该地区村总数的比

例、农村机动力运输量占总运输量的比重、该地区高速公路长度占公路总长度的比例、农产品"绿色通道"数量、农产品专用运输工具占总运输工具的比例、物流中心或流通中心网络密度等。

2.物流效率

评价农产品物流效率的指标主要有农产品物流周转速度、往返载货率、各种运输工具的装载率、物流设施利用率、物流中心配送效率。

(三)农产品物流成本效益指标

该指标能够反映出农产品物流的整体效益情况。包括物流效益和物流成本两大指标。

1.物流效益

物流效益反映农产品物流发展的规模和水平,具体可以通过农产品加工增值率、农产品加工产值占农产品产值比、农产品产品库存和农产品物流环节上的损失率来体现。

2.物流成本

物流系统的各项投入,在价值形态上统一变现为物流成本,可以通过农产品市场交易费用及农产品物流成本占整个农产品成本比例、农产品交易成功率来衡量。

复习思考题

1.农产品物流系统由哪些要素构成?

2.我国农产品物流系统的特征是什么?

3.我国农产品物流系统的目标是什么?

4.我国农产品物流标准体系建设存在哪些问题?

5.我国农产品物流标准化的现状如何?

6.我国农产品物流组织体系建设状况如何?

7.如何全面有效评价农产品物流系统的效率?

参考文献

[1] 王斌义.现代物流实务[M].北京:对外经济贸易大学出版社,2003.

[2] 赵庆祯,王文宾,赵培忻.农业物流绩效评价的 ANP 方法[J].农业系统科学与综合研究,2005(3):237-240.

[3] 骆勇平.广东省生鲜农产品物流体系构建项目研究[D].保定:华北电力大学,2009.

[4] 杨艺.日本农业信息化服务的主要特点[J].农业经济导刊,2006(3):46.

[5] 滕玉英.中日两国农产品物流体系比较[D].北京:对外经济贸易大学,2007.

[6] 马涛.论我国物流产业政策与法律制度的完善[J].物流技术,2009(9):4-7.

[7] 林勇,王健.我国现代物流政策体系的缺位与构建[J].商业研究,2016(18):183-187.

[8] 裴炜毅.国外社会物流评价指标的比较研究[J].物流技术,2004(6):59-62.

[9] 曾佑信,刘海燕.食品物流管理[M].北京:化学工业出版社,2007.

[10] 夏春玉.中国物流政策体系:缺失与构建[J].经济研究参考,2004(82):30-37.

【阅读与思考】

日本农产品物流系统发展实践

日本的农产品物流包含在流通中,日本农产品的销售分为"市场流通"和"非市场流通"(或称"市场外流通")两种类型。所谓"市场流通",是指农产品的销售经由批发市场,并且其价格是在批发市场上通过公开竞价而形成的流通方式。"非市场流通"是指农产品的销售不经过批发市场,其价格不是在批发市场形成的流通方式,主要有:在农产品自由市场、农贸集市上的农产品交易;农产品零售店、饭店、超级市场等与农业生产者之间建立的固定的供销关系;大型食品加工企业与农业生产者之间形成的固定供销关系等。由于"市场流通"必须经过批发市场、中间商等许多中间环节,流通费用较大,农产品的价格竞争能力相对较弱。而"市场外流通"由于是供需双方的直接见面,不存在各种中间环节,流通费用一般较低,容易实现农产品的低价格。所以,近年来农产品"市场外流通"的发展势头强劲。但从总体来看,日本的农产品物流主要借助于批发市场完成,"市场外流通"取代"市场流通"而占据主导地位需要一个长期的过程。

日本的农协。无论是"市场流通"还是"非市场流通",日本农协均是最主要的运作主体,单个农户手中的农产品通过各级农协集中起来,由农协统一组织进入市场,且日本农协在各中小城市中还直接参与或组织了农产品批发市场,相当活跃。日本农协是日本农业协同组合(JA)的简称,是根据1947年日本颁布的《农业协同组合法》建立的。日本农民在农产品销售方面采用无条件委托方式,将卖价、卖出日期、发货地点、条件等全部委托给农协,不附加任何条件。日本农协对农产品的销售,在做法上通常是先以基础农协为单位把各农户生产出来的农产品集中起来,经过统一的品质检查和规格分类之后,再由农协统一组织上市。日本农协不仅拥有自己的组织系统优势,还拥有保鲜、加工、包装、运输、信息网络等现代化的技术优势。日本农协直接参与或组织农产品批发市场,同时还建立自己的加工设施,以便于农产品的加工增值。农协对农产品销售的组织和参与显然促进了日本农产品物流的发展。

日本的批发市场。日本的农产品物流主要借助于批发市场完成,日本60%的市场由农协系统组织。第一,日本农产品批发市场有健全的法律法规体系。以法律来规范市场建设和管理,培育出公开、公平、公正的市场环境,是日本农产品批发市场取得成功的保障。早在1921年日本就发布了第一部《中央批发市场法》,将中央批发市场的开设、管理、交易等纳入了法治轨道,并于1923年开设了日本第一家农产品中央批发市场。随着经济的发展和批发市场地位的日益提高,日本又于1971年修订了该法,将《中央批发市场法》改为《批发市场法》,将地方批发市场也纳入了法治轨道,进一步确立了以批发市场流通为主的农产品物流地位。该法此后每隔5年修订一次,各地方政府和有关部门依照该法制定地方性法规和市场运行规则。经过几次修订的《批发市场法》更加严格了交易原则,使交易活动更具公共性、公开性、公正性。第二,日本农产品批发市场有高效运行的竞争机制,对于批发市场的交易参加者有具体的规定和要求,特别是作为交易主体的生产者、批发商、零售商等,都要经过严格的资格审查才能进场交易。为了保证竞争适度,每个批发市场对进场的代理批发商、中间批发商的数量都有严格限制。在日本,通常每个批发市场内的代理商被控制在2~6人。这些人要恪守法规、诚实、有实力、有信誉,才能在市场中站住脚,赢得生产者的信任,从而可以稳定、多渠道、多品种地获得委托销售货源。另外,在价格的形成上主要采用拍卖制,经纪批发商或参加买卖者进行激烈的竞买,出价最高者买取某一物品。激烈的竞争使得少数有实力、经营得法的批发商发展成为批发株式会社,其余的则在激烈的竞争中被淘汰。第三,日本农产品批发市场有严格的农产品市场准入制度。鲜活农产品的供应,直接关系国民生活的质量与食品安全。日本在这方面的主要做法包括:从分级包装入手,建立农产品产地追溯制度;推行农产品质量认证,打造农产品品牌和信誉;通过加强生产过程管理,采取快速检测与化学分析检测相结合的一系列检测手段,确保食品安全;管理部门职责明确、体系健全,质量检测体系建设有财政投入。第四,日本农产品批发市场有现代化的交易方式和手段。通过采用现代化的电子设备进行拍卖交易,迅速、准确地处理货款结算。在日本,买卖双方要把货款结算业务委托给第三者处理。一般来说,买方在3~7天之内要通过银行向批发商付款,批发商在1~4天内通过银行向供货人付款,从而完成结算过程。

日本的农产品物流基础设施。第一,交通。农产品物流在日本得以迅速发展，其中的一个重要原因就是，日本政府因地制宜，大力发展交通基础设施建设。日本在全国范围内开展了包括高速公路网、新干线铁路运输网、沿海港湾设施、航空枢纽港、流通聚集地在内的各种基础设施建设，这就为本国农产品物流奠定了良好的基础。同时，在这种大环境下，日本农村的道路建设也得到了快速的发展。在日本，即使是偏远的山村、人口过稀的农村，政府也一视同仁地为其修建道路。虽然这种措施也导致了道路使用率过低、地方财政入不敷出的状况，遭到了很多人的质疑。但值得肯定的一点是，这样不会使日本的农村因为道路设施不完善而影响自身的发展。第二，通信信息。日本政府非常重视农村信息化建设。历届政府都非常重视农村的通信、广播、电视的发展。目前，日本农林水产省正在制订一项名为"21世纪农林水产领域信息化战略"的计划，计划的基本思路是大力充实农村的信息通信基础设施，如铺设光缆等，以建立发达的通信网络。日本还建立了完善的农业市场信息服务系统。日本的农业市场信息服务主要由两个系统组成，一个是由农产品中央批发市场联合会主办的市场销售信息服务系统。日本现已实现了国内82个农产品中央批发市场和564个地区批发市场的销售数量及海关每天各种农产品的进出口通关量的实时联网发布，农产品生产者和销售商可以简单地从网上查出每天、每月、每年度的各种农产品的精确到千克的销售量。另一个是由日本农协自主统计发布的全国1800个"综合农业组合"组成的各种农产品的生产数量和价格行情预测系统。凭借这两个系统提供的精确的市场信息，每一个农户都对国内市场乃至世界市场什么好销、价格多少及每种农产品的生产数量了如指掌，并可以根据自己的实际能力确定和调整自己的生产品种及产量，使生产处于一种情况明确、高度有序的状态。值得一提的是，日本十分重视民间在提供市场信息方面的作用。日本各地的农产品批发市场均为经营性的特殊法人。政府为批发市场的运行制定了一套严密的法律。根据这些法律，市场有义务及时地将每天的各种农产品的销售及进货数量、价格上网公布。日本还积极发展应用计算机网络系统。日本早在1994年年底就已开发农业网络400多个，计算机在农业生产部门的普及率已达到93%。20世纪90年代初建立了农业技术信息服务全国联机网络，即电信电话公司的时实管理系统（DRESS），其大型电子计算机可收集、处理、贮存和传递来自全国各地的农业技术信息。每个县都设有DRESS分中心，可迅速得到有关信息，并随时交换信息。近两年开发的农业技术信息网络系统，借助公众电话网、专用通信网、无线寻呼网，把大容量处理计算机和大型数据库系统、互联网网络系统、气象信息系统、温室无人管理系统、高效农业生产管理系统、个人计算机用户等联结起来，农协和农户可随时查询、利用入网的各种数据。与此同时，日本政府十分重视农村计算机的普及与应用，日本农户购买电脑可得到一定的补助。其还开办了各种类型的培训班，政府所派的农技指导员除了教农民农业技术以外，还承担了电脑的教学工作，促进了农村电脑的普及。

日本的农村金融。农产品物流体系的发展需要完善的金融体系作支撑。为农户提供金融服务是日本农协的主要业务之一。农协设有信用部，专门负责会员的存款、贷款、票据贴现、债务担保和国内汇兑交易等信用业务。由于农协信用系统存款利率略高于其他银行，再加上完善的服务网络，其不仅吸纳了日本农民的大量闲散资金，农户所需农业资金的绝大部分也依靠农协提供。日本农协的信用贷款以会员的存款为基础，以服务会员为目的，贷款主要用于农民的借贷、农协经营的周转金以及各项发展事业投资，其贷款利率通常低于社会其他银行，一般不需要担保。日本农协还通过建立的农林中央金库，调节不同地区和季节之间信贷资金平衡，为农林水产品加工及相关的生产资料部门提供贷款等。农协的信用事业有效地组织了农户资金，提高了资金利用率，促进了农村金融业的建立与发展，为加快日本农业产业化与现代化进程、促进农村商品和货币流通起到了重要的保证作用。

日本的农村劳动力。在日本农产品物流体系的发展中，农协、批发市场、农村金融、基础设施等发挥了巨大的作用。但是如果没有高素质的人才、高质量的农产品，日本农产品物流体系不会达到现在的水平。随着日本人口老龄化和少子化加剧，日本的农村劳动力已经出现短缺。日本为了弥补农村劳动力不足的现状，大力发展农村集约型经济，积极培育高素质农民。除了基础教育以外，日本政府还特别重视农村职业技术教育。政府和私营企业同时参与，形成了分层次、有重点的农村职业技术教育体系，对农民进行职业技能培训，为农村谋职者提供各种各样的学习机会，使其适应工作环境并获得劳动技能。良好的农业职业技术教育促进了新机械、新技术在农村的普及，对于土地规模经营和土地生产率的提高发挥了积极作用。通过这一系列的措施，日本把部分劳动者从生产中解放出来，从事农产品物流活动。高质量的教育促进了农产品物流的快速发展。

日本的农产品质量。农产品是农产品物流体系中的流通内容，没有农产品即没有了流通物品，那么物流也就无从谈起了。但仅有流通产品还是不够的，只有拥有高质量的流通产品，才能保证物流体系顺畅地进行下去，才能保证物流体系不断发展。而日本农产品的物流体系之所以能够得以迅速地发展，其中最主要的一个原因就是拥有高质量的农产品作为流通产品。日本十分注重农产品质量安全建设，注重农产品生长环境，注重农产品质量安全，注重农产品认证和农产品身份证制度，相关的农产品质量安全管理体系、法律法规体系、安全标准体系、检测检验体系等都十分健全，真正实现了对农产从基地到市场到餐桌的全程质量控制。

[资料出处:滕玉英.中日两国农产品物流体系比较[D].北京:对外经济贸易
大学,2007;骆勇平.广东省生鲜农产品物流体系构建项目研究
[D].保定:华北电力大学,2009;杨艺.浅谈日本农业信息化的发
展及启示[J].现代日本经济,2005(6):60-62]

思考:对照日本农产品物流系统发展,请谈谈我国农产品物流系统发展的经
验教训及完善方向。

第四章　农产品流通组织创新

重点提示

本章要求重点掌握我国农产品流通的主要特点和农产品批发市场在我国农产品流通中的重要地位,理解现阶段各种农产品流通组织存在的基础及运行效果;了解农产品批发市场的发展现状,当前我国农产品批发市场面临的挑战及其发展趋势;系统领会农产品批发市场制度创新的目的和优化发展我国农产品批发市场的对策。

教学课件

第一节　我国农产品流通组织的现状及运行效果分析

20 世纪 80 年代中期开始的农产品流通体制改革,取消了农产品统购统销制度,开放了农产品贸易市场,形成了今日依照市场法则进行流通的农产品供求体系。随着经济发展和整个社会环境的改变,农产品流通体系也应得到不断修正和完善,以适应社会进步的需要。一般来说,农产品流通是指农副产品中的商品部分,通过买卖形式,实现从农业生产领域到消费领域转移的一种经济活动。其流通过程包括收购、调运、储存和销售等环节。

一、农产品流通现状及主要特点

(一)农产品流通现状

通过农产品流通体制改革,我国城乡农产品集市贸易迅速发展,市场规模不断扩大,交易方式和市场功能多样化,不仅包括零售、现货交易,批发和远期交易也逐渐发展,建立了农产品批发市场和专业市场、农产品外贸市场,形成了国有、集体和民营多种经济成分从事农产品经营,无数运销商活跃在城乡市场多渠道经销农产品的格局,统一的农产品流通市场基本实现。

但是由于农户小生产和市场大流通之间的矛盾,农产品卖难问题频繁出现。农产品卖难呈现以下一些特点。

1. 周期性特征明显

"扩种—过剩—卖难—减收"的周期性循环已经成为农产品生产的普遍现象,

79

很多蔬菜、水果品种频频出现"上年价格高,今年肯定卖难"的问题。

2. 区域性特征明显

商务部监测数据显示,109种食品在全国范围内供求平衡,蔬菜、水果等鲜活农产品卖难问题有着很明显的区域性特征,地区性滞销虽然对全国影响不大,但对地区的打击却是致命的。

3. 农民组织化特征明显

当前我国农产品卖难问题主要出现在农民组织化程度低的地区。山西省运城市当地农民组织化程度很低,缺乏生产者协会或农民合作组织对西瓜生产及销售进行指导,最终出现严重卖难问题;而著名的"枇杷之乡"福建省莆田市,2000年以来由市政府牵头成立枇杷协会,对全市枇杷统一采摘、定价、营销,很好地解决了枇杷销售问题。因此,组织化程度对卖难问题影响很大。

4. 品质特征明显

总体来看,当前卖难问题主要出现在品质较差的品种上。山西省运城市的西瓜、重庆市开州区的柑橘、安徽省砀山县的梨,因品种多年不变,严重老化,先后出现卖难问题。而很多地方发展的"名优特"农产品销路好、价格高,为农民带来了很好的经济效益,如江苏省的花木种植注重在多品种、多规格、多层次上发展,产品供不应求。品种的差异和消费者的需求不对接是当前一个突出的矛盾。

5. 批发市场发展特征明显

当前我国农产品卖难问题基本集中出现在缺乏大型农产品批发市场的地区。出现西瓜卖难问题的山西省和陕西省部分地区,出现冬瓜卖难问题的河南省平顶山、漯河等地,出现柑橘卖难问题的重庆市开州区,当地农产品批发市场都规模小、体制落后,类似于集贸市场。而在山东省寿光市,在大型农产品批发市场的支持下,当地蔬菜远销全国各地,根本不存在卖难问题。

6. 深加工特征明显

卖难问题主要出现在深加工能力差的地区。盛产西瓜的山西省和陕西省部分地区、盛产柑橘的重庆市开州区由于没有深加工能力,产品不能有效消化。而黄土高原区域作为我国的苹果主产区,前些年多次遭遇卖难问题,近年来该地区大力发展苹果汁加工业,加工苹果达到总产量的20%以上,有效解决了卖难问题。

(二)农产品流通的主要特点

1. 批发市场在农产品流通中占有重要地位

批发市场是农产品流通最重要的环节。农产品批发市场把多种流通渠道连接在一起形成网络,贯通了城乡与地区之间的关系,便利了农商结合、内外贸衔接。批发市场作为大范围、大批量农产品的集散中心,竞价成交产生的农产品价格能够比较真实地反映农产品的供求关系,为农业生产和农产品购销提供信息和基准价格。

2.集市贸易是消费者获取农产品的主要场所

通过城乡的农贸市场购买消费品是我国城乡居民取得农产品的最主要途径。近年迅速发展的超市、连锁店表明了农产品今后流通的发展方向,但目前集市贸易在中等以下城市才刚刚开始,在大中城市也未成为主要销售渠道。

3.农民个体是农产品流通的主要力量

农产品流通体制改革后,国有和集体商业在农产品流通中的地位不断下降,取而代之的是大批种养大户、个体运输户以及多种形式的经济联合组织,农民个体是其中的主要部分,成为农产品流通的重要力量。

4.商流与物流的统一

农产品流通在批发市场和零售市场以及其他销售方式中,基本是现货交易,即时银货两讫。而在一些产业化组织中,农户与企业间存在产品购销契约,农产品购销关系比较固定,商品交换与货款结算之间存在时间差。

5.农产品的运输和销售以自然形态为主

我国的农产品运输和销售一般是保持其收获时的原有状态,清洗、分级、包装和预加工等处理措施较少采用,即使有也只是为了方便运输、减少损耗进行的粗包装。

二、农产品流通企业的存在形式

(一)原材料供应环节的流通企业

原材料供应环节的流通企业包括供销系统、种子、植保、土肥、饲料和畜牧、农机等部门或企业。2016年年末,全国供销系统组织农民兴办的各类专业合作社169896个,比上年增加22599个,入社农户1483万户。其中,农民合作社联合社6306个。各类专业合作社中,农产品类147866个,农业生产资料类6400个,综合服务类3421个,其他类12209个。在农产品类专业合作社中,棉花专业合作社1683个,干鲜果蔬专业合作社47131个,粮油作物专业合作社21877个,茶叶专业合作社4562个,中药材专业合作社5768个,水产专业合作社5581个,畜禽专业合作社37743个,其他23521个。全国供销系统有县及县以上供销合作社机关2772个,其中,省(区、市)供销合作社(以下简称省社)32个,省辖市(地、盟、州)供销合作社(以下简称省辖市社)335个,县(区、市、旗)供销合作社(以下简称县社)

2404个。全年实现销售总额47760.6亿元,同比增长10.9%。其中,农业生产资料类销售额7986.7亿元,增长9.8%;消费品类零售额15435.3亿元,同比增长16.6%;再生资源类销售额2664.6亿元,增长12.5%。[①]

(二)生产环节流通企业

生产环节流通企业包括农民、农业专业合作组织及农(林)产品生产企业等。截至2016年年底,全系统组织农民兴办的各类专业合作社169896个,比上年增加22599个;入社农户1483万户。从产品品类来看,农产品类专业合作社147866个,农业生产资料类专业合作社6400个,综合服务类专业合作社3421个,其他类12209个。在农产品类专业合作社中,棉花专业合作社1683个,干鲜果蔬专业合作社47131个,粮油作物专业合作社21877个,茶叶专业合作社4562个,中药材专业合作社5768个,水产专业合作社5581个,畜禽专业合作社37743个,其他23521个。[②]

(三)加工环节流通企业

加工环节流通企业主要是指农(林)产品加工企业(包括烟草生产企业)等。根据国家统计局统计,2016年我国农副食品加工工业规模以上(规模以上工业企业起点标准从年主营业务收入500万元提高到2000万元,该标准从2011年开始采用)工业企业为25853个,较2015年增长3.8%,其年度主营业务总收入为68952.2亿元,较2015年增长6.0%。食品制造业规模以上工业企业有8844个,其年度主营业务总收入为23619.2亿元,较2015年增长8.0%。烟草制品业规模以上工业企业有129个,其年度主营业务总收入为8692.1亿元,较2015年下降7.1%。[③]

(四)储运环节流通企业

储运环节流通企业包括粮食系统,外贸进出口企业,有关公路、铁路、水运和物资等的运输仓储部门和企业等。近年来,通过调整布局和重组转制,我国粮食流通环境进一步改善,市场配置粮食资源的基础性作用越来越强。交通系统自改革开放以来得到较快发展,颇具规模的现代交通运输体系已初步形成,这是发展农产品物流的重要基础工程。随着农业产业化的加速推进,一些专业物流公司开始出现,专门为农产品冷链服务,在不少农副产品批发市场也出现了一些专业物流公司。

---

①② 中华全国供销合作总社.全国供销合作社系统2016年基本情况统计公报[EB/OL].(2017-02-03).http://www.chinacoop.gov.cn/HTML/2017/02/03/112356.html.

③ 国家统计局.2016年中国食品工业经济运行报告[EB/OL].(2017-05-24).http://www.lwzb.gov.cn/pub/gjtjlwzb/sjyfx/201705/t20170524_3744.html.

在农村,邮政拥有最广泛、最深入的服务网络和良好信誉,全国邮政 1/3 职工、2/3 邮路、3/4 网点分布在农村。在农村拥有 5 万个邮政网点,20 万名农村投递员。邮政系统从 2003 年开始涉足农业物流与商流。农资与生活用品的连锁配送业务已扩大到 20 多个省区市、1500 个县区,邮政"三农"服务网点(含自有、加盟等多种形式)总数已有 20 万处,覆盖全国行政村的 27%。2016 年,邮政行业业务收入(不包括邮政储蓄银行直接营业收入)累计完成 5379.2 亿元,同比增长 33.2%;业务总量累计完成 7397.2 亿元,同比增长 45.7%。[1]

储备粮的流通依托国有粮食系统,粮食的自由流通依托多元化的企业系统,包括粮油批发市场。在一年 3.65 亿吨的粮食物流中,"北粮南运"的粮食物流态势更加突出,东北是我国最大的粮食流出区,东部沿海为最大的粮食流入区。[2]粮油进出口主要依托中粮集团、中储粮总公司、东海粮油等。

(五)销售环节流通企业

销售环节流通企业主要包括农产品集贸市场、农产品批发市场、生鲜超市、专业市场和集贸市场等。改革开放初期,全国农副产品批发市场仅有 2385 个,到 2014 年,发展到 4853 个左右,成为农产品商流与物流的主要载体。另外,农产品生鲜超市在我国方兴未艾,所销售农产品已占总量的 6% 以上,成为农产品销售的主要渠道之一。当前,我国已初步形成了包括粮油、农副产品、日用农产品生产资料在内的,以批发市场为中心,城乡集贸市场为基础,连锁超市、直销配送为先导的门类齐全的农产品市场体系,基本实现了农产品全国大市场、大流通的格局,奠定了我国农业市场体系的基本框架。

农副产品批发市场作为销售环节流通企业的重要形式,其交易总额占农产品社会消费总额的 75%,城市 80% 的农产品来自批发市场。商务部 2006 年启动了"双百市场工程"(重点改造 100 家大型农产品批发市场,着力培育 100 家大型农产品流通企业),通过 3 年努力,拟带动 2000 家农产品批发市场的升级改造。2013 年商务部重点提出集散地农产品批发市场建设的要求,提出通过 3~5 年推动集散地农产品批发市场电子结算率达 60% 以上,100% 设立农产品流通标准化销售专区;全国首批集散地农产品批发市场重点联系单位名单中包括北京新发地农副产品批发中心等 32 家单位。

除此之外,在农村,个体运销户与经纪人作为市场中介与经营网点,运作灵活,服务周到,发展十分迅速,在一些农村已成为一支不可忽视的生力军。

---

[1] 国家邮政局.国家邮政局公布 2016 年邮政行业运行情况[EB/OL].(2017-01-16).http://www.chinawuliu.com.cn/xsyj/201701/16/318507.shtml.

[2] 国家发展改革委,国家粮食局.粮食物流业"十三五"发展规划[EB/OL].(2017-03-03).http://www.ndrc.gov.cn/gzdt/201703/W020170310623204469884.pdf.

三、农产品的主要流通组织形式及运行效果分析

(一)以农村经纪人和运销队伍为主体的经纪、贩运型流通

其特点是农民自己闯市场,找销路,搞运销,具有积极性、自主性、灵活性的明显特征。但组织化程度低,抵御市场风险能力不强,部分经纪人过于追求个人利益而不顾农户的利益,信誉度不高。对这类形式要继续鼓励发展,重点是提高其组织化程度,引导其形成专业化的协会或相对集中的合作组织,建立管理制度。

(二)以龙头企业为组织形式的加工贸易型流通

其特点是以农产品加工企业为载体,企业与农户之间建立紧密的产销关系,实现产销一体化经营。但这种方式本身存在一些问题:第一,如何解决好企业与农户双方契约约束的脆弱性问题。主要的方法一方面是进行组织上的创新,另一方面则通过制定相关规则来明确龙头企业和农户的权利和义务。第二,一体化规模问题。产销一体化组织的内部经营活动需要一定的费用,这种费用我们称为组织费用。随着一体化程度的加深、规模的扩大,一体化内部的经济活动费用将随之增加。当规模扩大到一定程度时,组织费用的边际增加额与市场交易费用的减少额相等,公司就不会再通过一体化扩大规模,因为再通过一体化扩大规模,组织费用会更高,抵消因纵向结合而减少的市场交易费用,企业得不偿失。所以,一体化的边界调节应是企业边际市场交易费用节约额等于边际组织费用增加额。但我国大多数农业产销一体化组织并没有按上述理论进行考证,只是盲目赶时髦,这些组织具有不规范性、不稳定性和松散性,势必不能兼顾农民利益。

(三)以农产品批发市场为龙头的市场带动型流通

其特点是通过培育市场,形成产品集散、信息发布、价格形成中心,促进农产品储存、加工、交易、集散、物流配送等功能的实现,以大市场带动大流通。如山东寿光蔬菜批发市场、深圳农产品股份有限公司下属的福田和布吉批发市场。存在的主要问题是档次低,缺乏必要的硬件设施,储存加工能力弱,引领农业作用弱。解决的办法是扶持一批辐射面广、带动力强的区域性产地和销地批发市场,重点是建设信息系统、质量检测系统、电子结算系统以及加工储存等配套设施,形成产权明晰、管理规范的公司经营主体。

(四)以专业合作组织为载体的合作型流通

其特点是通过建立专业合作社,将从事同类农产品生产经营的农民组织起来,架起一家一户小生产与大市场的桥梁。主要问题是覆盖面小,资本、技术、人才缺乏,导致服务水平较低,再加上进入市场的交易成本高,不了解市场信息,在交易谈判中依然处于弱势。解决的办法一是培育发展专业合作组织乃至合作社

协会;二是加强法律制度建设;三是加大政府扶持力度。

(五)以连锁超市为龙头的生产基地及联合采购型流通

目前,我国是世界上超市发展速度最快的国家。随着超市在我国的迅速发展,以超市为核心的农产品流通,特别是生鲜农产品流通形式逐步壮大。其特点是农产品从分散的农户通过供应商直接到达零售终端,减少了中间环节,有利于降低交易成本,控制农产品的品质和质量。但目前这种流通形式在我国农产品流通中所占的比例还很低,大部分超市没有自己的配送中心,也没有标准化生产基地,能够进行自营物流的超市非常少,超市与批发市场、企业、合作社之间由专门从事配送业务的供应商连接,增加了物流供应环节,而且各环节主体间进行议价的履行合同的交易成本比较高。

四、农产品流通存在的问题

(一)社会交易成本高

我国农产品流通一般要经过生产者、产地经销商、销地批发市场、销地农贸市场或超市、消费者等环节,由于存在多重中介主体,中间环节复杂众多,经过反复倒运,流通过程中不良成本很高,包括人工费、运输费、存储费、加工费、卫生费、摊位费、进场费等,市场运行过程承担着很高的交易费用和社会交易成本,同时,农产品的正常损耗成本较大。这违背了追求较低交易费用与社会交易成本的理论与实践。

(二)流通体系严重地损害着生产者和消费者的利益

一方面,由于多重中介主体的存在,商品价格被反复抬高。据调查,未经任何加工包装的蔬菜从生产者经众多中间环节到消费者,其价格要增加3～10倍,极大地损害了消费者的利益。另一方面,此种流通形式具有多重性、离散性、区域性和信息的不公开性,造成极大的信息不对称,生产者在缺乏信息或信息被扭曲的情况下盲目进行生产,在生产获利微薄的情况下还要承受销售不出去的巨大风险,所以说"种菜的不如卖菜的,卖菜的不如倒菜的",严重挫伤了农民的生产积极性。

(三)流通方式不利于提高产品质量

一方面农产品流通的"小规模、大群体"离散性质制约了大型产业组织的产生,致使产业难以进行规模型投入,产品质量和生产经营水平得不到提升,长期处于低水平运营状态。另一方面,由于生产者和消费者处于被隔离状态,生产者不了解消费者需求,难以提高成品质量,甚至出现重表损质的怪现象,严重地损害着人们的身体健康。

(四)组织化程度低,渠道不畅

根据农业生产和经营的特点,农产品流通必须形成网络密布、分工有序、组织严密的营销体系,才能做到货畅其流,充分发挥农产品资源的效益。近年来,农产品卖难现象时有发生。同时,还有不少耕地撂荒,农产品生产资源没有得到充分的开发和利用,资源优势未能充分转化为商品优势。其根本原因是农产品流通渠道不畅,流通组织化程度低。除少数农产品外贸企业外,农产品经营企业规模普遍较小,专业化程度低,缺乏深购远销能力,难以做到农产品"大进大出",制约了农村商品生产的发展。例如,江苏省各地有不少农贸市场销售规模很大,但基本上是由相互独立的经营户组成,没有形成合力,市场辐射功能有限。受传统体制的影响,农产品产销脱节,农、工、贸企业间缺乏有效的分工合作。现有农产品流通产业协会组织化程度低,企业规模小、经济力量弱,没有规模优势。农产品流通缺少龙头企业和组织严密的营销组织体系。

(五)营销方式落后,经营粗放

大量农产品靠贩销户自发组织,分散经营,盲目性大。各类农贸市场虽然有一定的数量和规模,但主要为经营户提供了一个经营场地,大多数设施简陋、脏乱现象普遍存在,经营档次较低,商品质量欠佳,交易方式传统。为数众多的中小企业及贩销户诚信度不高,经营不规范,商品质量难以保证,竞争无序的情况时有发生。品牌农产品缺乏原产地保护措施,导致市场秩序混乱。现代营销方式,如电子商务、联销经营、物流配送等没有得到很好的推广和运用。

(六)基础设施薄弱,物流低效

农产品流通具有数量大、品种多、体积大、价值低、季节性强、技术要求高等特点。但当前我国农产品物流基础设施比较薄弱,社会化、专业化服务程度低。由于缺少快速高效的物流体系,不少农产品只能在产地销售。农产品运输难、储存难的情况普遍存在。虽然近年来交通设施建设有了飞速的发展,但边远地区、山区及村道路建设滞后,仍然影响农产品的收购与调运。另外,由于缺少专业运输工具和农产品专用仓库、冷藏库、保鲜库,不少农产品,特别是生鲜农产品在运输过程中损耗大。

(七)市场法规制度建设滞后,市场秩序混乱

农业是国民经济的基础,各级政府十分重视,但普遍存在着"重生产、轻流通"的现象,对农业市场化、国际化趋势了解不多。现有农产品流通政策、法律、法规体系及市场体系、质量标准体系和市场信息体系不健全,没有为农产品流通创造一个良好的经营环境。政府缺乏对农产品流通长远的、整体的规划,相比对农业生产的投入,政府对农产品流通的投入明显偏少,对农产品流通企业的支持和扶

持力度不够。事实上,流通是将生产和消费联系起来的纽带,作为一种先导性力量,是生产者获得收益、消费者获得商品的必要条件。我国90%以上的鲜活农产品、95%以上的蔬菜的流通由农产品批发市场承担,批发市场是农产品流通主渠道。由于批发市场的公益性行业的法律定位还不够明确,难以享受到相应的扶持照顾,目前用水、用电、用地等标准都依照较高的商业标准核算,按照一般商业企业标准交纳各种税费,批发市场负担很重。另外,农产品多渠道流通格局形成后,如何加强价格调控、风险规避、质量保证体系和农产品标准化体系建设等缺少行之有效的政策与措施,市场规范化程度低。对农产品流通人才的培养没有提上议事日程,农产品流通经营管理人员、营销人员素质普遍不高,难以适应农产品流通的现代化发展趋势。

到目前为止,我国还没有颁布一部完整的农产品市场流通交易法,如对发展较为迅速、数量和规模庞大的农产品批发市场也未制定相关的"农产品市场法"。因为缺乏有效的市场交易规则,加之市场主体众多,成分复杂,市场秩序混乱,欺行霸市、哄抬物价、短斤少两、掺杂使假等行为时有发生。

第二节　我国农产品流通组织创新的思路

一、农产品流通组织的发展趋势

根据以上我国农产品流通现状、运行效果的分析,结合各国农产品流通组织发展经验,在知识经济时代,我国农产品流通组织将呈现产业化、标准化、品牌化、"绿色"化、规模化、网络化、多元化、生产者参与主体化的发展趋势。

(一)农产品流通产业化

农产品流通产业化就是把农产品流通向前延伸到农业生产过程,向后延伸到商品销售领域,组成一个产业链,使农产品流通由单纯的农产品运输、集散功能扩展为集流通加工、包装、储存、运输、配送以及农产品生产和销售中的技术、信息服务为一体,调控农业生产和农产品销售。农产品流通企业通过产业化,可以降低交易成本,减少产品损耗,缩短流通时间,提高农产品质量(新鲜度),获取更多利润。产业化将成为农产品流通企业发展的方向。

(二)农产品流通标准化

农产品流通标准化就是在农产品采摘、收获或屠宰、捕捞后按一定标准对农产品进行处理,使之适合商场销售,便于储藏、消费。从20世纪90年代初期开始,超市、连锁店、连锁便利店等新型零售业态大批涌现,遍布城市,成为消费者购买日常消费品的首选场所,农产品在其中的销售量也不断增加。农产品流通标准化使农产品商流与物流得以分开,适应了农产品销售的变化,将促进农产品流通的发展。

(三)农产品流通品牌化

品牌是质量和信誉的象征,具有品牌的农产品市场竞争力将不断增强。农产品流通企业要通过产业化、标准化、规模化经营,注册商标,主动开展品牌运作,让普通商品品牌化,形成自己的独特商品,掌握市场主动权,赢得消费者,把市场越做越大,推动企业发展。

(四)农产品流通"绿色"化

农产品流通"绿色"化就是开展绿色流通,以绿色文明为方向,以环境保护为目标,直接或间接促成消减污染的环保型农产品流通过程。农产品绿色流通,一方面指经营无公害农产品、绿色农产品和有机食品,引导农民开展绿色生产;另一方面指通过科学化的物流设计、管理和实施,使农产品运输、包装和分销方案合理化、最优化,运输包装重复利用,销售包装无害、易处理,减少空载,提高效率,以减少对农产品的污染以及对环境的污染。绿色流通是 21 世纪经济可持续发展的要求,农产品流通"绿色"化顺应了经济发展的潮流。

(五)农产品流通规模化、网络化

农业生产具有地域性,各地不同的自然条件决定或影响农产品的品种和品质,许多农产品是一地生产,全球消费。规模大的农产品流通企业在经营品牌、利用信息、组织货源、服务客户等方面具有优势,还可以通过不同方向多种农产品流通提高运输力量利用率,降低运输成本。互联网为农产品流通提供信息平台,电子商务突破了空间和时间限制,扩展了流通范围,提高了商流效率和物流合理性。规模扩大、网络交易是农产品流通发展的必然趋势。

(六)农产品流通多元化

农产品流通多元化表现在两个方面:其一是农产品流通方式多元化,其二是农产品流通主体多元化。

1. 农产品流通方式多元化

随着市场开放和农副产品进出口的自由化,我国农产品流通将进一步呈现以批发市场为主,物流中心、直接交易、大卖场、电子商务、电视购物(家庭购物)、车辆巡回销售等不断发展的多元化新形式。但在相当长的一段时间内,批发市场仍是我国农产品流通主渠道。

2. 农产品流通主体多元化

随着改革开放的逐步深入,我国涌现出多种农产品物流主体,除原有的国有商业企业、供销社外,农产品物流业中的民营企业、股份制企业等各类企业也得到了发展,特别是农业产业化龙头企业在发展农产品物流方面起到了积极作用。同时,农村生产经营大户、专业协会专业场(站)、专业合作经济组织等均得到了较快发展。

(七)生产者参与主体化

生产者为了确保价格形成权、供货权等,要求直接或间接地参与批发市场的经营。如作为生产者组织的农协,在批发市场开设及经营中的地位不断提升,农协可以作为批发市场的法人接受生产者委托参与拍卖活动,还可接受政府委托经营大型物流中心。

二、国外农产品流通组织模式及其对我国的启示

(一)国外农产品流通组织模式介绍

从世界范围看,各国农产品流通市场表现了农产品流通的共性。但是,由于各地情况不同,农产品流通体系又表现出某些差异。当前国内外研究主要将经济发达国家(地区)的农产品组织体系分为三种模式:东亚模式、美国模式以及西欧模式。

1.东亚模式

这里的东亚主要是指日本、韩国以及我国的台湾地区。

二战以后,随着市场化程度的不断提高,我国的台湾地区逐步形成了以农产品批发市场为中心,产销一体化、共同运销和直接运销等多种形式的农产品流通组织体系。批发市场与农民合作组织可谓是台湾农产品流通组织体系中的两大核心,其中,批发市场是目前最主要的农产品交易环节和场所,农民合作组织是目前最主要的农产品流通经营主体。以生鲜蔬果产品为例,2004年经由农民合作组织营销的蔬果农产品占总流通量的53%,经过批发环节交易的蔬果农产品占总流通量的87%,花卉的比重更大。台湾的蔬果生产与消费零星分散,因此传统的流通必然要经过集货、均衡与分货的过程,才能将蔬果送达消费者手中。现在批发市场的业务虽然受到共同运销和直销(连锁超市的发展)发展的影响而有所缩减,但批发市场容易完善的交易制度和治理结构以及对蔬果产运销链条的有效衔接和组织,使其始终成为农产品特别是鲜活农产品交易的主渠道。台湾农产品批发市场建设具有健全的制度作支撑,因而其管理机制非常完善,加上推行拍卖等现代交易方式和现代化的资讯系统的农业合作组织的发展,台湾在现代零售业发展的同时,批发市场的地位得以不断巩固。

日本的农产品流通组织基本上解决了农业的小生产与大市场问题。其解决的手段主要是两个:一是成立了农协(农民自己的组织),二是组建了批发市场。

日本的批发市场承担着蔬菜、水果流通的主要任务,80%～90%的蔬菜、水果及部分畜产品都是经过批发市场销售的。这些组织不仅加快了农产品的流通速度,还及时给农民提供了各种信息。据有关对日本农协的考察报告,农协所提供的产销信息利用率极高,大米、小麦高达95%,生乳达94%,水果达82%,蔬菜达56%;在农产品批发市场中,由农协组织批发的占60%以上,其中比较典型的地区占到90%～100%。

韩国的经济发展非常迅速,在蔬菜、水果等农产品流通中,多种流通组织共存,但是批发市场一直起着非常重要的作用。韩国分别于1994年和1997年进行了农产品流通体制的大改革,已经取得了较好的成果:由生产者组织中心确立产销流通体系,使农产品规格化、商标化,扩大了农产品集散地、农产品包装中心、产地加工场、批发市场、大规模的物流配送中心、农协共销场等,不过农产品批发市场仍然是农产品流通的主渠道。通过农产品批发市场,政府使大量的农产品迅速流通,并使农民所生产的产品按合理的价格销售出去。

东亚模式具有以下特点:①农产品流通过程中环节较多;②批发市场在鲜活农产品流通中发挥重要作用;③政府规范市场建设和管理;④农民合作组织发挥着重要作用。

2. 美国模式

美国的蔬菜、水果等农产品流通主要有以下三种渠道:①由农户生产以后直接通过农民市场或者露天市场销售给消费者;②产后由坐商通过产地市场直接销售给由中间商(或零售商)办的中央配送中心或者大型全国性超市办的配送中心,再通过零售市场销售(主要是超市);③由坐商通过产地市场进货,再到车站批发市场把货批发给零售市场销售。20世纪90年代以前通过第二条路径销售的农产品占总量的78.5%。20世纪70年代以来,美国大型超市从车站批发市场进货的比例越来越低,而通过生产者、产地装卸企业和生产者合作社直接采购的比例提高,通过中间商采购的比例下降。

美国模式具有以下特点:①直销能力强;②是建立在发达的市场体系基础上的产业化经营;③法规比较健全。

3. 西欧模式

西欧模式中包含的国家主要是英国、意大利、荷兰、德国等欧盟国家。下面主要讨论英国、德国的情况。

英国的蔬菜、水果等农产品通过产地批发商、农协或生产者集团直接运到第一批发市场,在这里进行委托销售。第一批发市场里有众多的一级批发商、二级批发商和进口商社,他们各自在批发市场中拥有店铺、货物堆放处、仓库和办公室。一级批发商接受从产地运来的货物,堆放在仓库。第二天早晨在交易开始前将货物陈列在店铺前,准时开始买卖交易。交易中,卖方是一级批发商,买方是二级批发商、零售商等。有的也允许一般消费者进入批发市场参加交易。一级批发商从成交金额中扣除手续费后,将余额交给生产者。

20世纪70—80年代超市的崛起引起了农产品流通领域的重组。到了20世纪80年代,随着超市集配中心功能的不断完善,大量的蔬菜和水果不经过批发市场而直接从生产者处运往集配中心,致使批发市场中蔬菜和水果的销售额增长比较缓慢,并在1989年到达顶峰之后,1990年大幅度下降了。而且超市中集中了大量的一等品,超市不销售的二等品才被送到批发市场。

德国农户所生产的农产品可以通过如下四个渠道出售:①产地批发商销售;②向消费者直销;③通过农协共同销售;④通过生产者合作社共同出售。其中③和④是农民办的共同出售组织,在德国社会评价较高。

西欧模式主要具备这两个特点:①批发市场与直销都很发达;②合理利用国际市场发展本国农牧业。

(二)国外农产品流通组织发展的成功模式对我国农产品流通组织创新的启示

1. 农产品批发市场的重要性不容忽视

农产品流通组织随着经济的发展而不断变化。英、美、德等国早期农产品批发市场扮演着重要的角色,只是随着超市以及连锁店的崛起与大发展,农产品批发市场的作用日益削弱,从而使超市和连锁店成了蔬菜、水果等农产品的主要流通组织。而在日本、韩国所代表的东亚模式中,批发市场一直在蔬菜、水果等农产品流通中发挥着重要的作用,没有因为超市和连锁店的出现而一蹶不振。这主要是因为英、美、德等国与东亚国家(地区)农产品生产规模、生产方式不同。英、美、德等国农产品生产组织主要是家庭农场,其本身生产规模大,专业化水平高,较低的农产品成本和一致的质量容易满足超市和连锁店的需要,并且进入这些市场的交易成本较低。相反,东亚国家和地区虽实行的是家庭农场式生产,但一般每户拥有的土地面积不大,农产品进入超市和连锁店就会面临成本高、质量不一致等问题,因而农产品批发市场仍然扮演着重要角色。

2. 发达的农民专业合作组织的重要性不容忽视

虽然上述三种模式各有特点——美国模式直销能力突出,东亚模式批发市场能力较强,西欧模式两者兼得,但它们的共同点就是都拥有发达健全的农产品流通合作组织。日本主要是农协,我国台湾地区主要是农会,而且参加合作组织的农民比例很高:法国全部73万个农场主、德国全部20万农户及80%农场主、瑞典75%农民、美国5/6农场主、日本100%农户都参加农业合作经济组织。发达的农民专业合作组织在农产品的顺利销售、保护农民利益、影响政府的政策制定、对农产品流通全过程的控制和指导上发挥了决定性的作用。

3.完善的法律、法规和规范市场建设的重要性不容忽视

在东亚模式中,政府的影响力是不容忽视的,政府在规范市场建设和管理、出台相关倾斜政策等方面起到了不可替代的作用。同时,西欧和美国模式中健全法律规范和合作组织精神的作用同样需要我们学习。

三、以批发市场为中心的农产品流通体制改革

农产品流通体制作为整个经济系统的一个组成部分,其有效性的基本条件是与整个经济体制的匹配性,即与体制环境的相容性。因此,我国农产品流通体制的改革既要适应目前和今后一段时期的农业生产力发展水平,又要符合政府的宏观政策目标和微观主体的利益。

我国目前农产品物流的市场组织体系有四大组成部分,即初级收购市场、销区零售市场、批发市场和期货市场(见图4-1)。从图4-1可以看出,四大市场各自为政,分别有自己的下属部门。各市场之间是并列的相互竞争关系,没有形成以某种市场为中心的农产品市场组织体系,而且许多市场组织直接为政府所创建、管理,产权不清,经营不善,不符合市场经济的要求,导致当今农产品流通不畅。

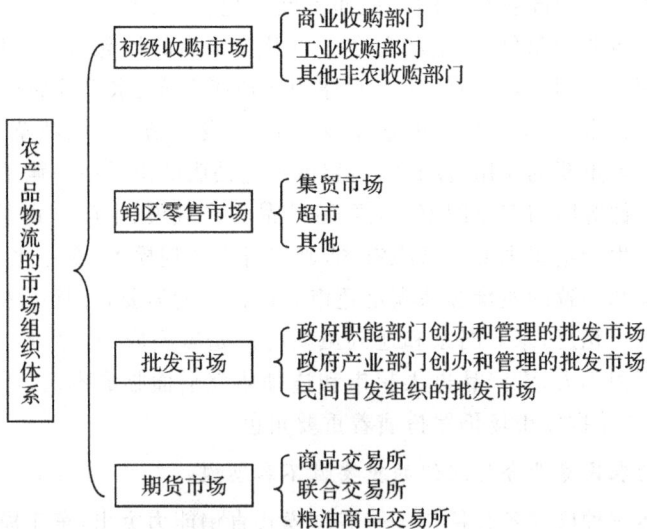

图 4-1 我国现代农产品物流的市场组织体系

资料来源:赵敏.农产品物流[M].北京:中国物资出版社,2007:171

从国外农产品流通的经验看,我国大陆分散的、小规模的家庭经营方式显然不能跟从欧美等国家的发展道路,即走直销为主的道路,相反,应该更多地借鉴韩、日两个国家及我国台湾地区的成功之路(农产品批发市场处于主导地位),特

别是在提升批发市场流通效率方面的经验,如产销衔接、现代交易方式、市场运作及制度配套等。虽然不经过批发市场的农产品直销可以显著减少中间环节,减少运销费用,但直接运销必须具有一定的条件:一是超市或连锁店的发育程度比较高,规模足够大,有统一的包装配送中心完成集货和配送作业;二是生产者或生产团体要有足够的生产能力,农产品数量和质量都要满足超市或大消费户持续的供货需要。直销是我国未来农产品物流运销的重要模式之一,现阶段应鼓励发展,但从我国总体战略安排看,现阶段促进农产品流通组织效率提升的关键是将农产品批发市场作为流通的核心环节并加以完善、创新。

基于以上考虑,我国农产品流通体制改革的基本目标模式是:以有效的宏观调控为基础,以批发市场为中心,建立多元主体参与、多层次的市场体系,以企业化的管理为运行机制,构建企业化的市场组织制度。这一组织框架包括三层内容:第一,以批发市场为中心,联结各种市场经营主体,建立完善的市场结构,提高农产品市场的组织化水平。在这一过程中,批发市场是市场运行的中心,企业化的市场组织是市场运行的核心,市场中介组织的发育是市场运行的关键,政府的宏观政策是市场体系运行的基础。第二,政府在农产品流通过程中不进行直接干预,只是对各种中介组织、市场管理者(企业)及市场交易行为进行规范,并为市场公平竞争提供制度性服务、信息服务等。第三,将各种农产品流通组织整合成经营能力很强的一体化组织。可以将农业协会、农业合作社、农民经纪人、农产品运销户等流通中间商整合到农产品批发市场内部;对于对农业提供咨询、培训等服务的服务性组织,农产品批发市场可以与它们发展战略伙伴关系;产销一体化的农产品深加工企业,可以与批发市场进行部分整合。

第三节　我国农产品批发市场的组织制度创新

一、农产品批发市场的发展情况

(一)农产品批发市场发展的历程

我国农产品批发市场的恢复与发展得益于经济体制改革。20世纪80年代初批发市场在我国出现后,经历了一个数量从少到多,规模从小到大,从产地市场兴起到产地市场与销地市场并行发展,从民间自发形成到政府推动建设再到市场力量整合重组的过程。我国农产品批发市场的形成有三种形式:第一种是由农民自发兴办,在农贸市场或集贸市场基础上演变而成的农产品批发市场,如南京白云亭农副产品批发市场;第二种是由政府、工商管理部门建设或者原来商业、粮食、供销等流通部门的购销场所改造形成的农产品批发市场,如山东寿光蔬菜批发市场;第三种是以农业企业为主体建设的农产品批发市场,如深圳布吉农产品中心批发市场。

我国农产品批发市场大致经历了四个发展阶段,20 世纪 70 年代末至 1984 年的萌芽阶段、1985—1995 年的高速发展阶段、1996—2008 年的规范发展和质量提升阶段、2009 年至今的集团化发展阶段。中国统计年鉴(2015)显示,截至 2014 年年底,我国大中城市共有农林牧产品批发市场 4853 家,从事农林牧产品批发业务的从业人员达 21.51 万人,资产总额达 6896.80 亿元,主营业务收入达 7918.70 亿元,主营业务利润达 573.90 亿元。根据国家统计局统计,2014 年农产品批发市场成交额达 14653.47 亿元,较 2013 年增长 6.49%。其中,蔬菜批发市场成交额为 3656.35 亿元,占比最高,为 24.95%;水产品批发市场成交额为 3025.15 亿元,较 2013 年增长 14.20%,增长最快;棉麻土畜、烟叶批发市场成交额为 664.23 亿元,占比仅为 4.53%,占比最小且增速最低,为 −6.12%(见表 4-1)。

表 4-1　2015 年全国农产品批发市场情况

批发市场类别	2015 年成交额/亿元	2014 年成交额/亿元	占农产品批发市场成交额的比重/%	较 2014 年增长/%
农产品	15580.87	14653.47	100.00	6.33
粮　油	1804.35	1690.06	11.58	6.76
肉禽蛋	1200.07	1151.23	7.70	4.24
水产品	3116.56	3025.15	20.00	3.02
蔬　菜	3889.49	3656.35	24.96	6.38
干鲜果品	2823.00	2479.04	18.12	13.87
棉麻土畜、烟叶	720.43	664.23	4.62	8.46
其他农产品	2026.97	1987.41	13.01	1.99

数据来源:国家统计局

(二)农产品批发市场发展的特点

1. 销地批发市场发展快于产地批发市场

近年来,我国农产品批发市场平均交易规模迅速扩大,1986—2016 年,农副产品市场交易额增长了 180 多倍。随着交易规模的上升,单个市场的辐射空间也不断扩大,从区域性、省内扩展到周边省份,甚至全国范围。在批发市场平均交易规模迅速扩大过程中,产地批发市场和销地批发市场发展速度各异。产地批发市场起步和发展早于销地批发市场,但随着时间推移,城市化进程加快,销地批发市场发展远快于产地批发市场,从市场总数看,2000年4532个批发市场中,产地批发市场有2578个,销地批发市场有1954个,而2007年我国农产品批发市场约有4150个,其中产地批发市场约1600个,销地批发市场约2550个。

2.市场运行机制以现货、现金交易为主,批零兼营比较普遍

现有的批发市场大多是实物交易,产品全部堆放在市场,买主在验货基础上讨价还价,现金收付完成结算。以现货为主进行交易得到的交易信息对调节商品流量、平衡区域供需矛盾有较大作用,但因交易对象已经是成品,因此交易信息对商品生产指导意义并不大。现金收付作为传统的交易方式虽然比较方便,但风险较大,甚至在某种程度上制约了批发业务和批发市场的进一步发展。我国农产品批发市场通行批零兼营,在4000多个批发市场中,纯粹意义上的批发市场为数并不多,典型农产品批发市场几乎是传统集贸市场的放大版本,摊位细小零散,交易起点较低,产品包装简陋,缺乏现代批发市场应有的规范与效率。

3.现代经营管理方式在部分批发市场得到应用

例如,通过加入或设立全国性的信息网或以电子信息屏幕形式,向社会公布信息;引入了电子票据结算等现代化交易方式,提高了交易的规范性;实行会员制,提高市场的组织化程度;实行拍卖竞价、电子商务等交易方式,增强流通服务功能。

4.农产品批发市场经营服务链条不断拉长

随着市场经济的发展,竞争日趋激烈,一些农产品批发市场顺应形势的要求,不断加强软件、硬件配套设施建设,完善服务功能,不仅提供农产品集散场所,还逐步开展农产品包装、贮藏、运输以及信息传递、代理结算等配套服务,有的甚至建立了生产基地的加工配送中心,开办连锁经营网点,实现产加销一体化经营。

5.市场主体向多元化发展

随着农产品流通体制改革的不断深入,农产品市场形成了多种经济成分、多形式的竞争格局,各种农产品购销个体户、专业户、联合体不断发展壮大,显示了旺盛的生命力,成为鲜活农产品流通的主力军。

6.批发市场向股份制方向发展步伐加快

批发市场的投资主体日趋多元化,组织形式出现企业化、股份化的趋势。一些企业通过股份制改造,成为股份制企业实体,甚至成为上市公司。1997年,深圳市农产品股份有限公司股票上市,成为我国农产品流通领域第一家上市公司。到目前为止,已有顺鑫农业控股石门农副产品批发市场,罗牛山控股海南热带农产品中心批发市场,华联股份控股北京农产品中心批发市场,物华股份控股吉林果品批发市场,中国农产品交易控股武汉白沙洲农产品大市场等。

(三)农产品批发市场存在的主要问题

目前来看,我国农产品批发市场的发展势头是好的,但由于发展时间不长、起点低,总体水平处于初级阶段,仍存在一些急需解决的问题。

1. 缺乏统一规划,布局不够合理

我国农产品批发市场是伴随着城乡经济的发展而发展的。由于缺乏统一规划,批发市场发展不平衡、布局不合理。从全国来看,主要表现在中西部地区与东部地区、产地批发市场与销地批发市场之间的差距上。以广东为例,全省有占地面积 5000 平方米以上的农产品批发市场 285 家,其中 117 家分布在珠江三角洲,占 44.1%;年交易额上亿元的 79 家中有 44 家分布在这一地区,占 55.7%;而交易额在 10 亿元以上的 7 家市场全在广州、深圳两市。粤西、粤东、粤北地区的农产品批发市场建设明显落后,尤其是粤西,该地区是我国南果的集中产区,北运菜的生产也早已形成规模,商品生产发达,但农产品批发市场数量少、规模小、设施差,发展严重滞后。由于缺乏统一规划,布局不合理,很多地方出现了"有市无场"和"有场无市"的现象,这种现象在全国各地都不同程度地存在着。

2. 经营设施简陋,交易手段落后

绝大多数的农产品批发市场经营服务设施简陋、不配套,尤其缺乏保鲜设施。许多批发市场长期停留在出租铺位的简单物业管理层次上,像个"放大"的集贸市场,卫生条件差,难以提供优质、安全的农产品,且交易手段落后,目前 98% 以上的批发市场基本上是以传统的现货、对手交易为主,代理结算还不普遍。至于实行会员制,采取竞价拍卖、远期合约交易和期货交易尚处于萌芽阶段。

3. 经营管理理念滞后,服务功能单一

规范化的现代批发市场应具有货物集散、价格生成、信息发布、标准化建设、服务引导、产品促销、产业带动等七大功能。我国目前农产品批发市场的服务功能仍停留在大集贸市场的初级阶段。即使引进诸如运输、银行、保险等服务机构,也并不具备较为完善的配套功能。根本原因还是农业专业化和产业化程度低,不能形成达到规模经济要求的有效需求。

4. 市场主体组织化程度低,业务经营存在盲目性

目前农产品批发市场主体绝大多数是分散的农民,他们经营规模小,经济实力弱,缺乏专门的经营知识,且大都不具备法人资格,在业务经营上存在严重的自发性和盲目性。一方面,他们在市场交易中往往处于不利地位,抵御风险能力弱;另一方面,受利益驱使,经营假冒伪劣商品的事件时有发生,严重损害了消费者的利益。

5.信息网络建设滞后,信息传播渠道不畅

从中央到地方对市场信息网络的建设是比较重视的,近年来信息网络发展也很快,但由于信息网络隶属于不同地方和部门,资源不能共享,远未发挥其应有的作用。作为全国最大的农产品信息网络的中国农业信息网存在的明显缺陷有三:一是信息的采集面不广,二是信息的更新不及时,三是信息的传播渠道不畅。

二、农产品批发市场面临的挑战及发展趋势

(一)农产品批发市场面临的挑战

1.土地流转制度的松动使生产集中化程度进一步提高

随着党的十七届三中全会提出加强土地承包经营权流转管理和服务,建立健全土地承包经营权流转市场,未来农业生产将逐渐向大规模发展,专业化生产程度将进一步提高,生产的大规模必然导致流通渠道发生变化,产地批发市场的竞争更加激烈,优胜劣汰之下,部分基础设施欠缺、服务落后的产地批发市场在竞争中逐渐衰弱,部分条件好、吸引力大的市场将得到更多的生存空间,辐射更大的范围。

2.农产品市场国际化趋势继续推进

农产品市场国际化包含农产品生产和消费的国际化,表现在大量进口外国农产品和出口本国农产品,生产者为全球提供产品,消费者从全球选择产品,还包含农业关联产业(agribusiness)的国际化,即农业生产、加工、流通的国际化,表现在农业生产资料(种子、化肥、农药)国际化,加工厂被国际资本控制,流通领域大型连锁超市的兴起和垄断。农产品市场国际化可以互通有无,调剂国内外余缺,为消费者提供更多选择,同时,农产品市场国际化也提高了对农产品规格化、标准化的要求,批发市场作为农产品周转的主渠道,对这种趋势也必须做出反应。

3.消费者对食品安全的重视程度提高

随着生活水平的提高,消费者对食品从简单的数量满足提升为对质量、品质、安全的追求,作为大中城市农产品流通的重要的中转环节,批发市场能否快速准确地检测进出市场农产品的农药残留,对问题产品在销售前进行控制,同时让产地生产者得到信息并取得产地政府的重视,从源头上控制食品安全,决定了批发市场未来发展的空间。

4.客户对批发市场服务的需求水平提高

批发市场作为商业企业,其生存与发展同样也是建立在顾客满意的基础之上的。小生产、大流通的现状决定目前我国农产品流通的主要集散渠道仍是批发市场,但随着农业生产的集约化发展及大型农业中介组织的成熟发展,目前相对单

一的流通渠道必将逐渐多元化。因此,批发市场要想在未来继续留住客户,尤其是面对未来更多的更具话语权的企业客户,必须更好地满足客户不断提高的服务需求。对于农产品批发市场来说,为其客户提供服务不仅仅是提供农产品的供需信息、价格信息,更重要的是为其客户的经营活动提供相关的配套设施和服务,如农产品的加工、包装、仓储、运输、保鲜、检验检疫,以及农产品交易的结算、拍卖代理等。农产品批发市场可以通过提供特色化的服务来吸引更多的客户,因此营销对农产品批发市场的经营起着重要的作用。

5.连锁超市及生鲜加工配送中心的快速发展

连锁超市及生鲜加工配送中心在我国发展迅猛,且代表了农产品流通组织未来的发展方向,农产品批发市场的渠道占有率必将受其影响。虽然在我国小生产、大流通的条件约束下,农产品批发市场有其不可替代性,但要保持其持续竞争优势,则必须对连锁超市及生鲜加工配送中心给予足够的重视,对其进行充分的研究。对连锁超市要采取的策略应该是把它从潜在的竞争对手转变成战略性的下游客户;对生鲜加工配送中心则要充分借鉴其运作模式,学习其先进的管理方式,在此基础上完善批发市场的服务功能,即在批发市场中导入现代加工配送功能。

(二)农产品批发市场的发展趋势

电子商务、连锁超市、物流配送等新兴流通方式和贸易业态得到快速发展,在一定程度上影响着我国传统农产品的流通格局,但受中国农产品小生产、大流通的发展状况的影响,批发市场在未来相当长的一段时期内仍将是中国农副产品最主要的流通渠道,而且随着农产品批发市场批发贸易集聚发展的进一步加强,批发商集聚的经济效应还具有相当大的潜力。从农产品供给角度看,我国幅员辽阔,地区自然条件差异大,农产品生产具有分散化、小规模特征,批发市场能够有效地将小生产与大市场对接;从农产品需求角度看,消费者对农产品的需求是多品种的,偏好是多样性的,对生鲜度要求也很高,批发市场已经被证明是解决此问题的重要途径;从宏观经济角度看,农产品批发市场已经在我国农业产业化和城市"菜篮子"工程中承担了重要角色;从农产品批发市场自身看,市场管理水平不断提高,交易方式不断创新,物流配送等配套设施平台不断完善。尽管在单品种(如苹果、梨)上,不能排除大型综合超市通过第三方物流向生产基地直接采购农产品的可能,但是从总体来看,大型综合超市直接从产地进行多品种采购具有很大的局限性,而从中心批发市场采购生鲜农产品仍将是未来相当长一段时期内的主流趋势。

当然为了迎接挑战,未来我国农产品批发市场应向经营规模化、服务多样化、食品安全化、营收多元化发展。由于我国农产品批发市场发展水平参差不齐,可以预计,未来我国农产品批发市场形态的演变将分化为两个层次:第一个层次是从传统的农产品批发市场发展为农产品产销集散中心,是我国目前绝大多数批发市场的发展趋势;第二个层次是由农产品产销集散中心发展成为农产品物流配送中心,目前少数龙头企业正在进行相关尝试。

三、农产品批发市场发展对策

(一)加快市场立法,推动市场的法制建设

在立法调研和借鉴国外有关法律法规经验的基础上,尽快出台"农产品批发市场法"和其他有关法规。通过立法来规范农产品批发市场的开办目的、市场规划、市场准入、交易规则、关联从业人员职责、政府管理机构设置与职能、罚则等。在目前我国还没有正式颁布"农产品批发市场法"的现实下,可先制定地方性的农产品批发市场管理办法。各级地方政府要加快制定地方批发市场规划建设管理办法,对批发市场的建设实行宏观调控,制定批发市场发展的中长期规划,监督投资者按现代化高起点的标准建设批发市场。

(二)全面改造升级农产品批发市场的硬件设施

各级地方政府要借鉴日本、韩国和我国台湾地区的经验,加大对基础设施建设的扶持力度,同时也鼓励企业进行投资建设。对发育程度不同的批发市场,其设施改造的重点也应有所不同。对于传统的、档次低的农产品批发市场,要加强基础设施建设,重点是市场场地硬化、水电路配套、交易棚厅以及农产品加工、储藏、保鲜和物流配送等设施的建设,改变市场设施简陋、脏、乱、差的状况,从露天交易改为室内交易;对于规范的、档次高的农产品批发市场,在完善基础设施的基础上,重点加强提升市场功能的农药残留检验检测系统、农产品标准化系统、信息管理系统、信息收集发布系统、电子结算系统等的建设,有条件的要建设拍卖大厅和电子报价系统,为朝着拍卖、电子统一结算和网上交易方向的升级做好准备;对于新建或欲建的批发市场,在市场基础设施的投入上要有一定的规划和标准,起点要高,避免以后发展过程中出现硬件设施落后影响升级,到时又不得不进行改造的情况。

(三)积极培育大型中介组织

借鉴发达国家经验,培育和塑造成熟的市场主体是充分发挥市场机制作用的关键,因此,培育真正代表农民利益的大型农民合作组织应成为我国农产品批发市场组织建设的重点。具体举措如下。

1. 发展市场中介组织,提高农户参与流通的组织化程度

重点发展属于农民自己的,能真正代表和保护农民的利益并为农户提供全方

位的优质服务的流通组织（如农产品联合销售社、农民协会等），参与市场竞争。

2. 构建农产品经纪人制度

政府要在政治上鼓励、政策上扶持、资金上优惠，加强农产品经纪人队伍建设，构建农产品经纪人制度。

3. 积极培育农业龙头企业

尤其对于外向型加工出口企业的发展，为它们提供更加优越的发展环境，使之不断增加数量，壮大规模，带动更多的基地，创建更多的品牌，外销更多的产品。依靠龙头企业，以"公司＋批发市场＋农户""公司＋批发市场＋中介组织＋农户"或"公司＋销地批发市场＋产地批发市场＋农户"的形式畅通农产品流通，加快农产品批发市场的发展。

(四)发展批发代理和拍卖，创新交易方式

目前我国批发市场交易主体经营规模小、流动性大、数量众多、交易分散等特点，使得拍卖制的产生与发育受到制约。因此首先要促进批发代理交易的发展，让大型的批发商组织与生产者、经纪人或专业组织建立委托代理关系，以提高交易的组织化、专业化程度，从而为拍卖制的发展提供良好的条件。在已经具备条件的农产品批发市场尤其是销地批发市场，要积极尝试进行拍卖交易，对于拍卖设施不完备的农产品批发市场可以暂时采取比手势等传统的叫价方式，对于档次高、标准化和规格化程度高的农产品批发市场要逐步尝试电脑拍卖。

(五)发展加工、配送和连锁批发经营

从现实基础出发，稳妥地推进农产品批发市场发展加工、配送和连锁批发经营。大多数农产品批发市场近期可以发展配送中心，为超市、酒店等餐饮和零售企业搞好配送服务。另外，农产品批发市场还可以引进配送企业，培育农产品配送产业。对于有条件的批发市场可以直接投资建立连锁批发市场，当然实施连锁经营的批发市场一定要有强大的经济基础、先进的管理模式与管理手段以及过硬的管理队伍，要具备有一定知名度、信誉度的企业名牌。连锁批发市场选择地址和目标市场时一定要慎重。

(六)加强公益性建设

从批发市场的产生过程及其发挥的作用看，其具有公益性的本质属性，即批发市场具有稳定市场供应、应急保供、提供公平交易平台、把关食品质量安全的公益功能。建设公益性农产品批发市场，既能发挥常规性市场功能，又能完善市场的公益性职能，提供食品安全检测、价格监管、信息反馈、政府应急保障等公共物品，这应该成为我国农产品批发市场的发展方向。对于经济发展较快的城市，可以建立现代化运营的公益性市场试点，逐渐替代现有交易量较小、有效需求不足的市场；采取科学管理与优惠服务吸引行业优质资源向新建市场集中，树立公益

性市场的龙头地位,带动其他市场逐渐实现规范化、现代化运营。而对于新建公益性市场,以中央和地方政府投资为主导,适当引入社会资本,建设具有现代企业制度的公营农产品批发市场。对市场的交易主体、交易方式与技术设施、公益性市场功能与行政资源则应进行科学规划与合理安排。

复习思考题

1.我国农产品流通的主要特点有哪些?

2.试论现阶段我国农产品流通组织的模式及其运营效果。

3.试论国外农产品流通组织的模式及其对我国农产品流通组织创新的启示。

4.试论我国农产品批发市场在流通中的地位。

5.我国农产品批发市场面临的挑战有哪些?

6.试论我国农产品批发市场的发展方向及其相应的制度创新。

参考文献

[1] 罗必良,王玉蓉,王京安.农产品流通组织制度的效率决定:一个分析框架[J].农业经济问题,2000(8):26-31.

[2] 钱苏磊.农产品流通组织研究[D].太原:山西财经大学,2006.

[3] 赵一夫.中国生鲜蔬果物流体系发展模式研究[M].北京:中国农业出版社,2008.

[4] 赵敏.农产品物流[M].北京:中国物资出版社,2007.

[5] 卢凌霄,周应恒.农产品批发市场现状及发展趋向[J].商业研究,2010(2):10-14.

[6] 商务部流通产业促进中心.我国农产品流通发展报告[R].北京:国际农产品流通发展研究会,2008:133-152.

[7] 栖霞市委宣传部.栖霞蛇窝泊果品批发市场成功发育启示录[EB/OL].(2003-08-27).http://www.jiaodong.net/news/system/2003/08/27/000590700.shtml.

[8] 韩喜燕.中国农产品批发市场建设与发展战略问题的思考[D].天津:天津财经大学,2005.

[9] 马欢欢.国外农产品流通模式对我国农产品流通的启示[J].商业经济研究,2017(5):152-154.

[10] 马增俊.中国农产品批发市场发展现状及热点问题[J].中国流通经济,2014(9):8-12.

[11] 许军.我国农产品流通面临的突出问题与应对思路[J].经济纵横,2013(3):

92-95,99.

[12] 陈建青,任国良.农产品批发市场的发展演进:集聚、扩散与瓦解——兼论中国农产品批发贸易发展阶段[J].经济学家,2012(12):74-84.

[13] 赵晓飞,李崇光.农产品流通渠道变革:演进规律、动力机制与发展趋势[J].管理世界,2012(3):81-95.

[14] 刘雯,安玉发,张浩.加强公益性建设是中国农产品批发市场发展的方向[J].农村经济,2011(4):11-14.

【阅读与思考】

山东烟台栖霞蛇窝泊果品批发市场的发展

山东烟台栖霞蛇窝泊果品批发市场的所在地蛇窝泊镇,是一个拥有果园面积约3800万平方米,地处海阳、莱阳、栖霞三市(县)交界地的小镇。每临果品销售季节,来自全国各地的客户达两三千人。这样便形成了以镇驻地为中心,以40多个村为外围的松散型果品批发市场雏形。但这毕竟是一个简陋而分散的初级市场。如何把镇驻地现有的和各村发展起来的分散小市引导到规模交易上来?蛇窝泊镇党委、政府坚持高点起步,高标准要求,对市场建设统一规划,大规模拉开果品批发市场建设序幕。蛇窝泊果品批发市场自1996年7月兴建以来,经历了三次大的发展。1998年3月,该市场被省立项后,其负责人本着"先发展,后规范,先简易,后提高"的原则,先后投资1200万元,仅用3个月,拥有2万平方米的交易大棚、30座综合服务楼和6.6万平方米露天货场的市场投入运营。2000年,开始二期扩建工程和配套完善工程,投资2800万元,将市场向南拓展300米,向东延伸200米,使交易大棚扩大到3.2万平方米。2001年,向"将市场建设成商贸住一体,中国北方最大的果品集散中心"目标迈进,又投入3000万元,将市场棚架交易摊位面积扩展到15万平方米。今年以来,该镇抓住烟台市把蛇窝泊果品批发市场定为国际果蔬博览会分会场的机遇,加大投入,加快市场硬环境建设。短短几年间,栖霞蛇窝泊果品批发市场奇迹般地发展成了设施全、标准高、效益好的中国北方最大的果品批发市场。在方圆5千米的镇驻地内,市场占地80万平方米,建有高标准商宅楼120万平方米,建有果品冷风库,贮藏保鲜能力为5万吨以上。在秋季苹果下树期间,来市场经营的全国各地经销商每日有3000人之多,每日车流量达7000多辆次,最高峰达2万多辆次。来市场经营的全国各地客商每天有5000多人,参与交易人数达3万余人,年交易果品6亿千克,交易额达12亿元。果品销售期间,全国各地除海南、西藏外,其他省份的货车都能在这里看到。这里的果品还远销马来西亚、新加坡、韩国等十多个国家和地区,出口果品占到交易量的1/10,形成了联结国内外、交易主体多元化的果品销售网络,同时形成了南果北调、北果南下的格局。这里成了我国北方交易建筑面积最大、配套设施最齐全、交易数额最大、知名度最高的果品批发市场,先后被山东省政府确定为"省级菜篮子工程""山东省果品龙头市场""山东省果品产加销基地示范工作先进单位";被农业部评为国家级定点市场;自1999年以来,连年被中国果品流通协会评为"全国优秀果品批发市场";2002年,被中国商业联合会发展为会员单位,被第四届国际果蔬博览会指定为分会场。

蛇窝泊果品批发市场的高速发展,除了与地理环境等有关,也与政府、市场的努力经营分不开。

为了引导市场规范发展,蛇窝泊镇党委、政府除了坚持高点起步,高标准要求,对市场建设统一规划外,为弥补资金的不足,坚持"谁投资谁受益"的原则,形成了政府引导、社会参与的多元投资格局。为搞好起步、扩大规模,他们规定投资者可先交纳一定数量的预付款,由镇、村统一办理各种手续,统一规划,统一设计,统一施工。对进市场经营的客户,不收管理费,免除交易费。这种做法吸引了许多投资者,从事经营的业户也越来越多。

在既有市又有场之后,政府和市场经营者更加注重软环境的建设,把建设市场管理队伍、提高综合管理能力放在第一位,参照现代企业制度,制定并实施了市场章程,组建了素质高、善经营、懂管理的市场管理办公室。

近几年来,市场一直坚持规范化的管理方向,由政府委派公务员在果品进场、定位、销售和结算的每一个环节进行统一管理,按国家的最低限额收取摊位费和管理费。在交易高峰期间,镇上每日安排100多人维持交易秩序和交通秩序。另外,批发市场还提供了全方位的服务。目前,蛇窝泊批发市场的果品储藏保鲜能力为5万吨以上,组织了果品运输队伍,提供了果品深加工、分级、包装服务;还建立了包装物料市场,专门销售苹果纸袋、纸箱、网套;在批发市场附近提供了餐饮、住宿、通信、金融等服务;在互联网上开通了栖霞苹果网站,尝试进行网上果品信息发布和交易。另外,为了吸引和方便各地客商的光临,镇上还投资改造水电设施,硬化拓宽街道公路,安装程控电话、移动通信的设施和设备。在市场内,建起市场管理领导小组,实行扎口式管理,一条龙服务,出台了市场管理条例和优惠政策,对所有进市场经营的业户,不设卡,不刁难,提供一切可能的服务。对外来客户免收管理费、交易费,组织专门人员在市场内联合办公,24小时服务,对外来客商大开绿灯,所需手续一次性办完。为确保市场环境卫生,镇里组织50人的专职保洁队伍,专门负责市场环境卫生整治,面向社会公开招聘30名联防队员,对镇区和市场昼夜巡逻,全力维护市场交易及治安秩序,打击欺行霸市、坑害果农及客户等一切不法行为,使广大果农及果品经销商吃上了"定心丸"。

丰富的果品资源和较高的产业化水平是蛇窝泊果品批发市场建立和发展的前提保证,反过来,蛇窝泊果品批发市场的建立为产业化经营提供了强大的市场载体,加速了产业化的进程,促使果业生产逐渐向市场龙头型和公司龙头型的产业化经营模式发展。批发市场的发展不仅扩大了栖霞市果品生产基地的规模,而且培育了一大批在果品加工、物料包装、营销等方面的龙头企业,形成了"公司+农户"的产业化模式。如依托该批发市场培育的果品集团、天誉公司、德丰公司、银元食品、鸿海果蔬等 5 家农产品营销龙头企业,就先后在京、沪等国内 30 多个大中城市建立了农产品直销网点,在东南亚、俄罗斯、欧美等设立对外联络窗口,产品销往新加坡、美国、我国香港等 20 多个国家和地区,出口量近 20 万吨,推进果业朝着国际化方向发展。

蛇窝泊果品批发市场在经营中非常注重品牌的培育,栖霞市通过中央电视台和其他媒体精心打造了"栖霞"苹果和"中国苹果之都"的品牌,并及时宣传蛇窝泊果品批发市场,在全国有了较强的知名度和信誉度。

蛇窝泊果品批发市场建立的最初几年由于没有标准化意识,对市场上的果品往往是不论"规格"或是主观"分级"销售,结果给生产者、市场和消费者都带来了损失。近几年来,栖霞市政府也逐渐建立健全了农业生产标准、农产品质量监测和农资市场监管三大体系,无公害苹果生产全面推开,市场交易实行分等分类。

蛇窝泊果品批发市场从创建以来飞速发展,但面对激烈的市场竞争,也不可避免地存在着各种不利于其发展的各种问题。

市场制度建设方面,虽然在市场创建之初制定了市场章程,近年来也一直在向规范化的方向发展,但是始终没有建立一套能让管理人员和交易人员都有法可依的市场管理和交易规章制度,结果市场的运行一直处于管理粗放的不规范状态。规范农产品批发市场的市场准入制度、保证金制度、结算制度等也都没有建立起来。

电子化、信息化建设方面。蛇窝泊果品批发市场上的交易和结算方式仍然是摊位制的对手交易,市场内部的电子信息管理系统还没有建立起来。目前市场信息仍停留在原始数据统计上,市场的交易结算、物业管理、客户管理、财务管理、价格信息依然是以人工搜寻、处理为主,没有实现微机管理,发布的果品种类、需求和价格信息具有一定的滞后性。没有高效的信息系统支持,限制了交易方式、结算方式、管理等方面的创新,造成了交易主体间的信息不对称,增加了交易费用。

市场主体培育方面。蛇窝泊果品批发市场没有市场准入的限制,各类市场主体都能进场交易,目前进入批发市场交易的果农散户占了相当一部分,市场中介服务组织很少,没有果品经纪人或代理商队伍,没有市场结算机构、仲裁机构、会计事务所,更没有协会或合作社形式的农民组织。

[资料出处:栖霞市委宣传部. 栖霞蛇窝泊果品批发市场成功发育启示录[EB/OL]. (2003-08-27). http://www. jiaodong. net/news/system/2003/08/27/000590700. shtml;韩喜燕. 中国农产品批发市场建设与发展战略问题的思考[D]. 天津:天津财经大学,2005]

思考:1. 根据蛇窝泊果品批发市场成长的过程,你认为该批发市场得以高速发展的重要因素是什么?

2. 未来蛇窝泊果品批发市场面临的主要挑战是什么?

3. 试讨论蛇窝泊果品批发市场进一步发展的策略。

第五章　农产品运输与配送管理

重点提示

通过本章的学习,了解运输与配送的功能、特点,掌握农产品运输、仓储与配送的特点、现状及合理化的措施,配送的基本模式以及影响因素,在此基础上进一步掌握农产品配送中心的功能、农产品配送中心的作业流程、配送线路优化及其配送中心地址选择等内容,理解农产品配送中心的规划原则、规划内容、配送体系的设计等内容。

教学课件

第一节　运输与配送基础知识

一、运输及其功能

(一)运输的概念

运输一词是指使用交通工具将货物或人从一个地方运送到另一个地方。《辞海》释义为"人和物的载运和输送",定性为"社会物质生产过程中的必要条件之一"。运输与搬运的区别在于,运输是较大范围的活动,而搬运是指在同一场所内,对货物进行移动的物流作业。

运输是物流的主要功能之一,承担了改变货物空间状态的主要任务。一般商品的物流过程中,运费占全部物流费用 50% 左右,如从社会物流总费用的构成看,2016 年我国社会物流总费用为 11.1 万亿元,同比增长 2.9%。其中,运输费用为 6.0 万亿元,增长 3.3%,占社会物流总费用的比重为 54.1%。[①] 由于运输成本在物流成本中所占的比重很大,因此运输活动的经济合理将直接影响整个物流系统的合理化运作。现实中,依然有很多人认为物流就是运输,这是因为物流的很大一部分功能是由运输完成的,由此可见,运输在物流中占有重要地位,但是运输其实只是物流众多环节中的一个。

---

① 中国物流与采购联合会,中国物流信息中心.2016 年物流运行情况分析与 2017 年展望[EB/OL].(2007-03-10).http://www.chinawuliu.com.cn/office/30/176/12323.shtml.

(二)运输的功能

1.产品转移

运输的主要功能就是使产品在价值链中来回移动,即通过改变产品的地点与位置,消除产品的生产与消费之间的空间位置上的背离,或将产品从效用价值低的地方转移到效用价值高的地方,创造出产品的空间效用。另外,运输的主要目的是以最少时间完成从原产地到规定地点的转移,使产品在需要的时间内到达目的地,创造出产品的时间效用。

2.产品储存

如果转移中的产品需要储存,且在短时间内又将重新转移,而卸货和装货的成本费用也许会超过储存在运输工具中的费用,这时,可将运输工具作为暂时的储存场所。所以,运输也具有临时的储存功能。通常以下两种情况需要将运输工具作为临时储存场所:一是货物处于转移中,运输的目的地发生改变时,产品需要临时储存,这时,采取改道则是产品短时储存的一种方法;二是在起始地或目的地仓库储存能力有限的情况下,将货物装上运输工具,采用迂回线路运往目的地。诚然,用运输工具储存货物可能是昂贵的,但如果综合考虑总成本,包括运输途中的装卸成本、储存能力的限制、装卸的损耗或延长时间等,那么,选择运输工具作短时储存往往是合理的,有时甚至是必要的。

(三)运输的经济性原理

运输的经济性原理是指合理的运输规划可以产生规模经济效应和距离经济效应。

1.规模经济效应

运输的特点是随装运规模的增长,单位重量的运输成本降低。例如整车运输的每单位成本低于零担运输,即铁路和水路等具有较大运输能力的运输工具,其每单位的运输费用要低于汽车和飞机等运输能力较小的运输工具。运输规模经济的存在是因为转移一批货物有关的固定费用可以按整批货物的重量分摊,所以一批货物越重就越能分摊费用。

2.距离经济效应

指每单位距离的运输成本随距离的增加而减少。如 800 千米的一次装运成本要低于 400 千米的两次装运。运输的距离经济也指递减原理,因为费率或费用随距离的增加而减少。运输工具装卸所发生的固定费用必须分摊到每单位距离的变动费用,所以距离越长每单位支付的运输费用越低。

(四)运输管理的基本原则

运输是实现物品空间位移的手段,也是物流活动的核心环节。无论是物流企业还是企业物流,对运输组织管理均应贯彻"及时、准确、经济、安全、便利"的基本原则。

(1)及时:就是按照产、供、运、销等实际需要,能够及时地将物品送达指定地点,尽量缩短物品在途时间。

(2)准确:就是在运输过程中,能够防止各种差错事故的发生,准确无误地将物品送交指定的收货人。

(3)经济:就是通过合理地选择运输方式和运输路线,有效地利用各种运输工具和设备,运用规模经济的原理实施配货方案,节约人力、物力和运力,提高运输经济效益,合理地降低运输费用。

(4)安全:就是在运输过程中,能够防止霉烂、残损及危险事故的发生,保证物品的完整无损。

(5)便利:是现代运输的重要理念之一,运输应以用户需求为导向,提供各类可以方便顾客的增值性服务,进而提高竞争能力。例如,接货、送货服务,免费简易包装服务等。

二、配送及其作用

(一)配送的定义

目前世界各地对配送的定义有不同的表述。

日本工业标准的定义:配送是将货物从物流节点送交收货人。

日本《物流手册》1991年版的定义:生产厂到配送中心之间的物品空间移动叫"运输";从配送中心到顾客之间的物品空间移动叫"配送"。

美国《物流管理供应链过程一体化》对配送的定义:"实物配送这一领域涉及将制成品交给顾客的运输……实物配送过程,可以使顾客服务的时间和空间的需求成为营销的一个整体组成部分。"

根据我国国家标准《物流术语》,配送是在经济合理区域范围内,根据用户要求,对物品进行拣选、加工、包装、分割、组配等作业,并按时送达指定地点的物流活动。

(二)配送的特点

虽然目前配送还未形成统一的定义,但对配送的内涵理解是一致的。配送具有以下几方面的特点。

1.面向终端用户的末端运输服务

配送作为最终配置是指对客户完成最终交付的一种活动,其配送的对象是零售商或用户(包括单位用户、消费者),是从最后一个物流节点到用户之间的物品的空间移动过程。物流过程中的最后一个物流节点设施一般是指配送中心或零售店铺。

从狭义上讲,货物运输分为干线部分的运输和支线部分的配送。与长距离运输相比,配送承担的是支线的、末端的运输,是面对客户的一种短距离的送达服务。从工厂仓库到配送中心之间的批量货物的空间位移称为运输,从配送中心向最终用户之间的多品种、小批量货物的空间位移称为配送。配送与运输的主要区别如表 5-1 所示。

表 5-1 配送与运输的区别

内 容	运 输	配 送
运输性质	干线运输,跨区域运输	区域内运输,支线、末端运输(<2000 千米)
货物性质	少品种、大批量	多品种、小批量
运输工具	火车、轮船等大型运输工具	卡车、冷藏车、厢式货车等普通运输工具
运输距离	中长距离	短距离
运输周期	长周期	短周期(一般要求 48 小时内送达)
服务对象	配送中心或批发企业	零售企业或消费者
管理重点	效率优先	服务优先
附属功能	装卸、捆包	装卸、保管、包装、分拣、订单处理等

2.强调合理性和时效性

配送不是简单的"配货"加"送货",它有着特定含义,是"配"和"送"的有机结合,更加强调特定的时间、地点完成交付活动,充分体现时效性。配送的主要功能是送货。但只有送货达到一定的规模,可以更有效地利用运输资源,在时间、速度、服务水平、成本、数量等多方面寻求最优化,才会产生配送。少量、偶尔的送货不能说是配送。

理想的配送是由配送单位进行集中库存,取代原来分散在各个单位的库存,实现货物的"零库存"管理,这点在物流发达国家和我国一些地区的实践中已得到证明。

3.强调以用户的需要为出发点,满足用户需求

配送是从用户利益出发,按用户的需要进行的一种活动,配送承运人的地位是服务地位而不是主导地位,这体现了配送服务性的特征。因此,在观念上必须明确"用户第一""质量第一",配送的时间、数量、各种规格都必须与用户的需要一致,以用户满意为最高目标,在满足用户利益基础上取得本企业的利益。

4.集物流和商流于一体的综合性物流活动

配送作业的起点是集货,必然包括订货、交易等商流活动,同时也包含了运

输、储存、流通、加工、信息处理等多项物流活动，是一种综合性很强的物流活动。

(三)配送的作用

配送本质上是运输，创造空间效用自然是它的主要功能。但配送不同于运输，它是运输在功能上的延伸。相对运输而言，配送除创造空间效用这一主要功能之外，其作用还有其他方面。

1.促进运输系统的合理化

现代大载重量的运输工具，固然可以提高运输效率，降低运输成本，但只适于干线运输，因为干线运输才可能是长距离、大批量的，而且才有可能实现高效率、低成本。支线运输一般是小批量的，如果使用载重量大的运输工具则是一种浪费。支线小批量运输频次高、服务性强，要求比干线运输具有更高的灵活性和适应性，而配送通过其他的物流环节的配合，可实现定制化服务，能满足这种要求。因此，只有配送与运输的密切结合，使干线运输与支线运输有机统一起来，才能实现运输系统的合理化。

2.改善交通状况

先进的配送系统可以完善整个物流系统的要求，将支线运输与干线运输分开，具有较强的灵活性、适应性、服务性，使输送过程得以优化和完善。通过实施配送，可以减少社会范围内的迂回运输、交叉运输、重复运输等不合理现象，有助于缓解城市道路交通矛盾，解决交通拥堵问题，起到防止污染、保护环境的作用，还能减少运输费用。

3.提高经济效益

一方面，交叉运输的普遍存在，使输送路线长，规模效益差，运输成本高。如果在生产企业与客户之间设置配送中心，将原来直接由各生产企业送至各客户的零散货物通过配送中心进行整合再实施配送，则可以减少交叉输送，缩短输送距离，节约物流成本，提高物流系统末端的经济效益。

另一方面，根据农产品最初形状、规格、质量参差不齐的特点，配送中心对生鲜农产品进行加工，普遍实现了增值服务。它以最短的时间消耗，为广大消费者提供了最大限度的保鲜、清洁的原料以及合理的包装，以此来简化家庭操作，将农产品直接送达消费者手中。这些加工服务为农产品创造了较大的附加值。

除此之外，配送中心直接从农户手中大量采购具有地方特色的农产品，通过配送有效提高农产品的生产经营效益。配送中心将农产品进行短时间加工，配送到消费者手中，压缩了中间经营环节，形成了规模效益，降低了流通成本，保证了农产品质量，满足了消费者对农产品的新鲜、营养价值不打折扣的要求；同时扩大了产品的知名度，大大提高了配送企业和农户双方的经济效益。

4.实现低库存或零库存

配送通过集中库存,在同样的满足水平上,可使系统总库存水平降低,既降低了存储成本,也节约了运力和其他物流费用。尤其是采用准时制配送方式后,生产者可以依靠配送中心准时送货而无须保持自己的库存,或者只需保持少量的保险储备,这就可以实现生产者的零库存或低库存,减少资金占用,改善企业的财务状况。零库存是一种特殊的库存概念,是指某种或某些货物的储存数量很低,甚至可以为"零",即不保持库存。不以库存形式存在就可以免去仓库存货的一系列问题,如仓库建设、管理费用,存货维护、保管、装卸、搬运等费用,存货占用流动资金及库存物的老化、损失、变质等问题。

5.保证供货,方便用户

由于配送可提供全方位的物流服务,采用配送方式后,用户只需向配送供应商进行一次委托,就可以得到全过程、多功能的物流服务,从而简化委托手续和工作量,节省开支。配送中心比任何单独供货企业有更强的物流服务能力,可使用户减少缺货风险。

6.推动新技术的开发和应用

随着生产规模的不断扩大和市场容量的不断增加,配送的规模也在相应扩大。在这种形势下,用于配送的各种设备和设施,不但数量越来越多,而且其技术含量、技术水平也在不断提高。在更新和改造设备的基础上,采用一系列先进的操作技术和管理技术,如条形码标识技术、计算机控制的自动拣选技术、主动立体化仓库等,大大提高了配送效率,同时也促进了科技进步。

(四)配送合理化评价指标

配送活动是否合理主要体现在以下四个方面。

1.经营费用合理节约

配送应该是通过大批量进货的规模效益来降低进货成本,使配送的进货成本低于用户自己进货的成本,从而取得优势。但是实际操作中经常出现仅仅是代一两家客户进货,因购买量少而没有显著的价格优惠,对用户来讲,就不仅不能降低进货成本,相反还要多支付一笔配送企业的配送费用,因而是不合理的。另外,配送量计划不准,进货量过多或过少等都是配送不合理的表现。

配送的价格应低于用户自己进货时购买产品的价格加上自己提货、运输的成本总和,这样才会使用户有利可图。但如果配送价格普遍高于用户自己进货的价格,损伤了用户利益,就是一种不合理表现。价格制定过低,使配送企业在无利或亏损状态下运行,会损伤整个供应链,也是不合理的。

配送与一家一户自提相比,可大大节省运力和运费。如果不能利用这一优势,仍然是一户一送,车辆达不到满载,则就属于配送不合理。从资金运用角度来讲,由于整个节奏加快,资金充分发挥作用,所以资金周转速度是否加快,是衡量配送合理与否的标志。

2.配送服务快速优质

实行配送后,缺货次数和该到货而未到货次数必须下降。配送企业集中库存量的保证供应能力,应高于配送前单个企业库存量的保证程度。及时配送的能力及速度应高于单个用户的紧急进货能力及速度。配送中心的库存周转速度一般总是快于原来各企业库存周转速度。

配送做到了准时,用户才有货源把握,可以放心地实施低库存或零库存,可以有效地安排接货的人力、物力,以追求最高效率的工作。因此,供应能力的保证,取决于准时供应。从国外的经验看,准时供应配送是现在许多配送企业追求配送合理化的重要手段。

3.社会效益整体优化

总效益、宏观效益、微观效益、资源筹措成本都是判断配送合理化的重要标志。实行配送后带来的总效益、宏观效益、微观效益应高于配送前。运能、运力使用合理化,也是配送合理化的重要标志。实施配送后应该有以下效果:社会车辆总数减少,承运量增加;自提自运减少,社会化运输增加;社会车辆空驶减少。

实行配送后,各用户库存量、仓库面积、仓库管理人员等资源减少即为合理化。配送虽然增加了环节,但降低了用户平均库存水平,这不但抵消了增加环节的支出,而且还能取得剩余效益。但是如果用户用货批量大,由厂商直接送货给客户比通过配送中转更经济时,不直接送货而通过配送,就属于不合理范畴。

4.配送技术专业先进

配送技术专业先进指通过采用专业设备、设施,实行专业化的管理及操作程序,取得较好的配送效果并降低配送过分综合化的复杂程度及难度,从而追求配送合理化。

三、我国农产品运输与配送

(一)农产品运输与配送的特点

农业不同于工业及服务业,在生产过程中对自然力、自然条件及作物个体生命的依赖性比较明显。农产品本身具有鲜活性,而农产品生产的区域性、季节性、分散性等特点十分突出,同时,农产品又是人们的生活必需品,消费弹性小,具有消费普遍性和分散性的特点。因此无论是农产品的大规模物流,还是产品加工配送都不同于工业产品物流和其他包装消费品物流。与一般产品的运输相比,农产品的配送具有装卸的多次性、运输的不均衡性以及对运输的技术性要求高等特点。具体表现在以下几个方面。

1. 配送网点分布众多,运输装卸多次

由于农业生产点多面广,消费农产品的地点也很分散,因此,农产品运输和装卸比多数工业品要复杂得多,单位产品运输的社会劳动消耗大。现在的配送方式大致有两种:一种是企业设置几个较大的配送中心,由这些配送中心向小配送中心供货,小配送中心再向用户配送;另一种是由生产地直接向配送中心供货,由配送中心进行配送。由于城市交通的限制及为了及时满足用户的需求,企业不得不在距离用户较近的居民区设置大量的配送点。因此,只有科学规划农产品物流流向,才能有效地避免对流、倒流、迂回等不合理运输现象。

2. 配送技术要求较高

农产品具鲜活易腐性,须在流通中采取有效的措施,才能保证农产品合乎质量要求进入消费渠道。鲜活农产品物流配送企业的发展需要冷藏库、冷藏运输车、加工车间等一系列的冷链处理设备。一般来说,农产品在流通环节需要分类、加工、整理等工作,在农产品储运过程中部分品种需要特定的容器和设备。农产品流通比工业品具有更强的资产专用性,同时运输成本也更高。

3. 配送范围区域性,运输受限不均衡

由于农产品生产具有区域性,而人们的需求是多样性的,因而需要不同区域间进行流通交易。但是由于农产品的鲜活易腐性,即便采取了保鲜等措施,仍会有一定比例的损耗,而且这个比例会随时间延长和距离加大而迅速提高,使流通成本上升,这限制了农产品的流通半径。在生鲜农产品加工配送环节,生鲜农产品保温保鲜和加工制作周期等诸多因素也大大限制了生鲜农产品加工配送中心服务支持半径,使其不同于常温产品的配送运作方式。

4. 配送风险大,安全问题严峻

目前,鲜活食品日益成为超市、卖场中的主打商品,但这一部分产品的物流配送也是所有配送商品中流通风险最大的。农产品物流风险主要来自三个方面:一是农产品生产和消费的分散性,使得经营者难以取得垄断地位,市场信息极为分散,人们难于全面把握市场供求信息及竞争者、合作者的信息;二是农业生产的季节性强,生鲜农产品上市时如果在短时间内难以调节,会使市场价格波动较大,这一风险在我国农产品流通市场上经常出现;三是农产品的鲜活易腐性限制了农产品跨区域和跨季节的即时调节,这使农产品物流和加工配送具有更多的经营风险。

我国鲜活农产品储藏、加工、运输等环节没有严格的温度标准,造成微生物等有害物质大量滋生或"二次污染",影响农产品品质,严重威胁居民消费安全,食品安全问题表现突出。对于某些农产品,如奶制品、生鲜农产品的配送,要科学规划配送方式和配送工具,满足用户需求,提高配送效率。

(二)国内农产品运输与配送的现状

1.交通及物流基础设施比较落后,配送效率相对较低

虽然我国农产品物流活动出现得比较早,但无论是在理论研究还是在实际操作上,我国农产品物流的发展都很缓慢。农产品物流难度大,一是运输环节成本过高,效益过低;二是仓储不能与农产品物流的要求相适应。

农产品运输工具不符合现代物流的要求。冷藏车只占2%左右,我国铁路易腐货物冷藏运输率虽是国内各种运输方式中的居高者,但也仅为25%～30%;我国综合冷链流通率仅为19%,综合冷藏运输率为30%;冷藏保温汽车占货运汽车的比例仅为0.3%,公路易腐货物的冷藏运输率为10%～20%,内河和航空运输则更低。

我国第三方物流企业拥有的仓库70%是平房仓库,仓储设施比较简陋,具有冷藏、保鲜等条件的现代化、自动化高级仓库更少。当生鲜农产品集中上市时,物流不畅,加工能力不足,产销脱节严重,损耗情况更为突出,使生产者利益遭受严重损失。

2.农产品物流的社会化和市场化程度低,社会效率较低

农产品经营的分散化严重制约了农产品物流的社会化发展。我国农业生产方式以一家一户的小生产为基础,组织化程度低;农产品物流市场中介组织发育不完全,服务功能不强,统一作业服务的种类有限;产前的信息指导,产后的流通加工、贮藏、运输、包装、分拣、配送等服务远没有很好地开展起来;整个农村市场体系不健全,土地、劳动力、科技、金融、信息等要素市场还未真正形成。

同时,农产品流通的市场机制不健全,规模效应优势不明显。我国目前有各类农产品批发市场5000多家,但具备一定规模的市场数量有限,难以形成规模效应。而且,这些农产品批发市场一般都以区域服务为主,辐射范围有限,难以在全国范围内形成畅通有效的销售渠道。整体而言,农产品物流的社会效率较低。

3.农产品深加工程度低,附加值不高,影响物流总成本

据统计,我国物流成本一般占产品总成本的30%～40%,鲜活产品则占60%以上。而世界发达国家物流成本一般占产品总成本的10%左右。一些农业发达国家如美国、加拿大以及欧盟国家有些农产品的到岸价低于我国农产品的产价,其主要原因在于我国农产品在整个流通环节中的物流成本过高。

4.农产品质量监控程序存在漏洞,品质保证压力较大

虽然目前我国各地建立了不少生鲜农产品生产基地,但生鲜农产品的生产仍

以单个农户分散生产为主。单个农户追求利润最大化,加之我国对生鲜农产品缺乏相应的法律程序,监管缺位,导致农户只重视产品数量,忽视产品品质,使其生产的生鲜农产品处于品质无法保证的状态。

在流通环节中,包括农产品批发市场在内的农产品物流节点,对于农产品的安全管理标准化程度不高,农产品的检疫检测手段不完善,带来了食品安全的隐患。

5.农产品物流的信息化程度明显偏低,辐射面不足

由于国内大多数地区农业还以小农经营为主,许多农产品市场没有配备信息设备,相关物流信息网络系统还未建立,有的虽建有较为先进的信息设备系统,但其利用效率有待于挖掘。在物流服务企业中,绝大多数物流服务企业尚不具备运用现代信息技术处理物流信息的能力,造成整个物流信息化程度偏低。目前国内农产品的供给与需求信息主要还是依靠传统的方式,即根据自己了解的信息供应农产品,或是根据同行的信息供给农产品,又或是等待需求方上门洽谈或自己直接上门供货,其他渠道如当地市场发布、政府部门发布、传播媒体及网络发布都很少,可见了解市场信息的渠道匮乏,导致农产品物流的辐射面只能局限在本地或本区域的范围,距离大市场的运作目标还相差较远。

第二节　农产品运输管理

一、农产品运输方式与农产品运输技术

不同的运输方式其具体的运输工具和运输类型有所不同,从而相应的技术指标也不同,农产品运输技术对农产品运输方式的选择和设计产生直接的影响。

(一)运输方式

1.铁路运输

铁路运输的工具是列车。根据运输过程中列车的租用情况,铁路运输分为三种:整车运输、零担运输和集装箱运输。

整车运输是指托运人向铁路托运一批货物,根据其重量、体积或形状需要以一辆及以上货车运输,应按整车运输的方式向铁路承运人办理托运手续。

宜选择整车运输方式的产品是:需要冷藏、保温或加温运输的农产品;规定应整车运输的危险货物;易于污染其他货物的污秽品(如未经消毒处理或未使用密封不漏包装的牲骨、湿毛皮、粪便、炭黑等);不易计算件数的货物;蜜蜂;未装容器的活动物(铁路局管内零担运输办法允许者除外);一批重量超过 2 吨、体积超过

3 立方米或长度超过 9 米的货物(经发站确认不致影响中转站和到站装卸车作业的货物除外)。

零担运输是指托运人向铁路托运一批货物,根据其重量、体积或形状不需要以一辆及以上货车运输,可按零担运输的方式向铁路承运人办理托运手续,通俗来讲,即托运货物可与其他托运货物共放一个车厢。

集装箱运输是指利用集装箱运输货物的方式,是一种既方便又灵活的运输措施。

2.公路运输

农产品公路运输的主要工具是货运汽车,即载货汽车和载重汽车。从车头形式来看,有平头式和长头式两种;就车厢结构而言,有厢式、平板式和箱式;就整体结构而言,有单车(整体式)、拖挂车和汽车列车(铰接式)之分。

小型厢式载货汽车一般用于运距较短、货物批量小、对运达时间要求较高的货物运输。封闭式的车厢可使货物免受风吹、日晒、雨淋,而且小型厢式载货汽车一般兼有滑动式侧门和后开车门,因此货物装卸作业非常方便。由于其小巧灵便,因此无论大街小巷均可长驱直入,真正实现"门到门"运输(指从发货人直接运达收货人)。因此,这种载货汽车相当广泛地应用于商业和邮件运输等各种服务行业,是农产品配送的主要工具。

平板式载货汽车由小型/轻型送货车和大中型平板式货车组成。轻型送货车又称皮卡,主要用于运送小批量的货物。实际上,不足整车的小批量零担货物的分类和集收是同时进行的。轻型送货车一般有单厢(驾驶室只有一排座位)和双厢(驾驶室有两排座位)之分。

箱式载货汽车的特点是载货容积大,货厢密封性能好,尤其是近年来轻质合金及增强合成材料的使用,为减轻车厢自重、提高有效载重量创造了良好的条件,是近年来运输市场上的一支主力军。

拖挂车实际上由拖车(又称"牵引车")和挂车两部分组成,二者通过一个连接机构相连,拖挂运输是提高运输生产率的有效手段。

公路运输按照其服务方式不同,可以分为零担运输和整车运输。零担运输是指所运送的货物从承运至送达收货人手中的整个过程需要经过分拣拼装的环节才能完成的运输组织方式。零担运输产生于两种情况:其一,被运送的货物批量太小,直达运输不经济;其二,受限于道路通行条件(包括交通管制)等,为了达到快捷、经济运送的目的,而选用零担快运的组织方式。目前,随着高速公路的兴建,以高速公路为依托的零担运输已建立起发达的网络,其运输的经济运距及运送能力也大大提升,特别是货运交易市场的发展使许多零担货物可以由社会车辆通过回程配载的形式承运至各地,既经济又及时,这为公路零担货运吸引了大量货源。整车运输是指从接货承运直到送达收货人的整个运送过程,货物不需经过分拣拼装的运输组织方式。同零担运输相比,整车运输方式在基本作业流程中简化了货场的装卸分拣作业过程,货物由发货人起运可以直接快运到收货人手中。

广大农产品存在保质期短、易腐等特性,这要求农产品的托运人在公路运输上较多选择快速运输的方式,而各级政府也为农产品的快速运输建立了"绿色通道",以加快农产品的公路运输速度。

3.水路运输

船舶是水路运输系统的重要组成部分,是水路运输的必要运输工具。常见的运输船舶有散货船、集装箱船、滚装船等。

散货船是专门运输谷物、矿砂、煤炭及散装水泥等大宗散装货物的船舶,特点是单层甲板、尾机型,船体肥胖,航速较低,因常用专用码头装卸,船上一般不设装卸货设备。通常载重量为3万吨左右,少数能达到几十万吨。散货船一般为单向运输,为使船舶有较好的空载性能,压载水量较大,常在货舱两侧设斜底边舱。

集装箱船是载运规格统一的标准货箱的货船,因装卸效率高、经济效益好等优点而得到迅速发展,集装箱运输的发展是交通运输现代化的重要标志之一。集装箱船的特点是船型尖瘦,舱口尺寸大,便于装卸。通常船上无装卸设备,由码头装卸,以提高装卸效率。

滚装船类似于汽车与火车渡船,它将载货的车辆连货带车一起装船,到港后载货车辆开出船外。适用于装卸繁忙的短程航线,也有向远洋运输发展的趋势。

冷藏船是运送冷冻货物的船,其吨位较小,航速较高,一般在22节以上。船上设置冷藏舱,对制冷、隔热有特殊要求。

驳船常指靠拖船或推船带动且为单甲板的平底船,用于转驳那些由于吃水等不便进港靠泊的大型货船的货物,或组成驳船队运输货物。驳船具有结构简单、造价低廉、管理维护费用低、可航行于浅狭水道、编组灵活等特点。因此,它在内河运输中占有重要地位。

水路运输主要分为内河运输、沿海运输和远洋运输三类。

(1)内河运输是使用船舶通过国内江湖河川等天然或人工水道运送货物的一种运输方式。内河运输是水上运输的组成部分,是内陆腹地和沿海地区的纽带,也是边疆地区与邻国边境河流的连接线,在现代化的运输中起着重要的辅助作用。古代我国南方就有内河运输方式,主要用于盐、茶叶、丝绸等货物的运输。

(2)沿海运输是指国内沿海各港口间的海上运输。从事沿海运输的航船一部分为内航船舶,另一部分为进出境船舶,如港澳航线的小型船舶。沿海运输与近海运输有所不同,近海运输包括不同国家的两个港口之间的运输。

(3)远洋运输是指走国际航线的运输。从地理概念上看,远洋运输是指以船舶为工具,从事跨越海洋运送货物和旅客的运输业务;从运输业务的关系上看,远洋运输则是指以船舶为工具,从事本国港口与外国港口之间或者完全从事外国港口之间的货物和旅客的运输,即国与国之间的海洋运输,或者称为国际航运。

4. 航空运输

航空运输的工具是飞机,是定期开航的,定航线,定始发站,定目的港,定途经站。一般航空公司都使用客货混合型飞机,既搭载旅客,又运送少量货物。但一些较大的航空公司在一些航线上开辟定期的货运航班,使用全货机运输。常见的航空运输类型有包机运输、集中托运和航空快递业务。

包机运输可分为整包机运输和部分包机运输两类。指航空公司按照与租机人事先约定的条件及费用,将整架飞机或部分舱位租给包机人,从一个或几个航空港装运货物至目的地。

集中托运是将若干票单独发运的、发往同一方向的货物集中起来作为一票货,填写一份总运单发送到同一到站,再由当地货运代理人收货、报关并分拨给各实际收货人的做法。集中托运可争取较低的运价,并可使货物到达航空公司能到达的地点以外的地方,延伸了航空公司的服务,方便了货主。目前,集中托运在世界范围内已普遍开展,成为我国进出口货物的主要运输方式之一。

航空快递业务又称航空急件传送,是目前国际航空运输中最快捷的运输方式,由一个专门经营快递业务的机构与航空公司密切合作,设专人用最快的速度在货主、机场、收件人之间传送急件,特别适用于急需的药品、医疗器械、贵重物品、图纸资料、货样及单证等的传送,被称为"桌到桌"运输。这是一种最为快捷的运输方式,急送运达时间一般为一两天甚至数个小时。

(二)运输方式的技术指标

运输的实际效果可以通过一定的技术经济指标来反映,即运营技术指标、实物指标和经济价值指标。

运营技术指标包括:运输的经常性(不间断性、均衡性和节奏性),通过能力和输送能力,货物送达和旅客运送的速度和时间,运输货物的完好程度和旅客的舒适程度,运输的安全和可靠程度,以及机动性。

实物指标包括:劳动生产率和劳动力需要量,燃料和电力(能量),金属和其他材料的单位需要量。

按照运营技术指标和实物指标进行评价,各种运输方式的差别通常都要在经济价值指标上反映出来,列入经济价值指标的有:运营支出和运输成本,基建投资需要量以及运输生产基金需要量,在途货物所需的国民经济流动资金,以及与运送时货物的灭失、腐烂和损坏有关的损失及非生产性支出。

具体地,在考虑运输方式的选择时,常见的技术指标主要有以下几种。

1.货物运输量

货物运输量是反映交通运输业工作量的数量指标。铁路运输量主要用货物发送吨数表示,公路和水路运输量按经营量计算,水路运输量可按航次、装卸情况或排水吨位来推算。

2.货物周转量

货物周转量也是反映交通运输业工作量的数量指标。货物运输量只反映货物的运送吨数,而不能反映所运送的距离。货物周转量指标是一个全面反映运输数量和运输距离的复合产量指标。如铁路货物周转量是指一定时间(年、月)内铁路局或全路在货运工作方面所完成的货物吨公里数。

3.货物平均运程

货物平均运程,即货物的平均运输距离,表示平均每吨货物运送的距离。货物平均运程,与货物周转量和运输费用的大小、车辆周转的速度、货物的送达时间有关。各类货物平均运程,是分析各地区之间和国民经济各部门、各企业之间经济联系的重要指标之一。

4.货车周转时间

货车周转时间,是指货车在完成一个工作量的周转过程中平均花费的时间。这一指标是考核运输部门与有关部门的协作关系和工作效率,以提高专用线作业与管理水平,加速货车周转的关键之一。

5.货物装卸量

货物装卸量,是指进出车站、港口范围装卸货物的数量,以"吨"表示。它是衡量车站、港口货物装卸工作量大小的数量指标。

6.运送速度

运送速度,是各种运输方式技术经济效果的重要指标之一,在保证质量良好地完成运输任务的前提下,用最快的速度把商品送达目的地,尽可能缩短在途时间,是对运输的基本要求。

(三)几种特殊的运输方式

1.多联式运输

随着运输技术的发展,传统的海运、陆运、空运等互不连贯的单一运输方式,在某些情况下不能适应形势发展的要求。多联式运输是根据实际运输要求,将不同的运输方式组合成综合性的一体化运输,通过一次托运、一次计费、一张单证、一次保险,由各运输区段的承运人共同完成货物的全程运输,即将全程运输作为一个完整的单一运输过程来安排。

多联式运输一般以集装箱为媒介,把海洋运输、铁路运输、公路运输、航空运输和内河运输等传统的单一运输方式有机地结合起来,采用一体化方式综合利用,以完成区域间的运输任务。

开展多联式运输,有利于发挥综合运输的优势,提高经济效益和社会效益;有利于挖掘运输潜力,加快货物周转速度,提高运输效率;有利于形成以城市为中心、港站为枢纽的综合运输网络;也有利于无港站的县、市办理客货运输业务。多联式运输具有以下特点:

(1)两种以上的运输方式的连续运输。

(2)多联式运输的货物主要是集装箱货物,具有集装箱运输的特点。

(3)一票到底,单一费率。发货人只要订立一份合同,一次性付费,办一次保险,通过一张单证即可完成全程运输。

(4)统一管理,分散运作。多联式运输是不同运输方式的综合组织,其全程运输均由多联式运输经营人负责完成,无论涉及几种运输方式,分为几个运输区段,多联式运输经营人都要对全程负责。同时,货物全程运输是通过多联式运输经营人与各种运输方式、各区段的实际承运人订立分运(或分包)合同来完成的,各区段承运人对自己承担区段的货物负责。

(5)择优合作,合理运输。在起运地接管货物,在最终目的地交付货物及全程运输中各区段的衔接工作,由多联式运输经营人的分支机构(或代表)或委托的代理人完成,这些代理人及承担各项业务的第三者对自己承担的业务负责。多联式运输经营人可以在全世界运输网中选择适当的运输路线、运输方式和各区段的实际承运人,以降低运输成本,提高运送速度,实现合理运输。

2.集装箱运输

集装箱是具有一定强度,专供周转使用并且便于机械操作的大型货物容器。使用集装箱转运货物,可直接在发货人的仓库装货,运到收货人的仓库卸货,中途更换车、船时,无须将货物从箱内取出换装。

集装箱运输是指利用集装箱运输货物的方式,是一种既方便又灵活的运输方式,它可以最大限度减少运输过程中的货损,比如可以抵御风雨、外力等一些不可避免的因素对货物造成的损害。一直以来,集装箱运输业务以其保障性高、运输费用低廉的特点而深受广大货主的钟爱。

集装箱运输是一种现代化运输方式,它与传统的货物运输方式相比有许多不同之处,主要表现为以下几点:

(1)货物盗损率低。由于集装箱具有抵抗风雨、避光、抗震等作用,因此用集装箱运输货物能够最大限度地减少货损。同时,集装箱的铅封号码唯一,足以保证货物所有人的货物不会发生丢失、被窃的现象。

（2）方便高效。集装箱的整箱搬运，极大地方便了运输、装船和卸港。在全程运输中，以集装箱为单位，使用机械装卸、搬运，可以在无须接触或移动箱内所有货物的前提下，从一种运输工具直接方便地换装到另一种运输工具。货物由发货人负责装箱后，经由陆、海、空不同的运输方式，可以一直运到收货人的工厂或仓库，实现"门到门"运输，简化了货运手续，提高了工作效率。

（3）品质保证。集装箱中的保温冷藏箱能够对许多鲜活物品进行长时间的保鲜，这是其他运输方式无法实现的。

3. 散装运输

散装运输是指产品不带包装的运输，是用专用设备将产品直接由生产厂方送至用户使用的运输方式。散装运输在特定的场合具有无可比拟的优越性，在工业发达国家，大部分化工产品都采用散装运输。其优点主要表现在：

（1）节省包装材料和费用，减少货物在运输过程中的损失，提高运输质量，加快车船周转速度，提高运输效率。据推算，油脂散装运输与桶装运输相比，每亿千克油脂可节省油桶购置费 262 万元。

（2）工作环节少，机械化、自动化程度高，装卸速度快。例如，卸一辆载重 8 吨的袋粮汽车，至少需半小时，卸同样吨位的散粮汽车，只需要 6 分钟。可见，散装运输在提高装卸效率、加快车船周转速度等方面，具有显著效益。

4. 托盘运输

托盘运输是指货物按一定要求成组装在一个标准托盘（按一定规格制成的单层或双层平板载货工具）上组合成为一个运输单位，使用铲车或托盘升降机进行装卸、搬运和堆放的一种运输方式，它是成组运输的一种最新形式。这种运输方式具有以下优点：

（1）提高运输效率。托盘运输以托盘为运输单位，搬运和出入仓库都使用机械操作，有利于提高运输效率，缩短货运时间，降低运输成本，同时还可降低劳动强度。

（2）便于理货，减少货损货差。以托盘为运输单位，货物件数变少，体积、重量变大，而且每个托盘所装数量相等，既便于点数、理货交接，又可以减少货损货差事故。

（3）投资较少，收效较快。与集装箱制造相比较，托盘的投资相对较少，用时也较短，因而收效也较快。

同时，托盘运输也存在以下不足：

（1）货物范围有限。最适合托盘运输的货物是箱装物品、硬纸盒装的消费品等较小的包装商品，对于体积和重量较大、形状不一的家具、机械以及散装冷冻的货物等很难采用托盘运输方式。

（2）费用增加，载量减少。采用托盘运输要相应增加托盘费用。同时，由于增加了托盘的重量和体积，相应地减少了运输工具的载重。

虽然托盘运输向成组运输前进了一步，但其效果还不足以从根本上改变传统的运输方式，不能完全适应国际多式联运方式。例如，它不能像集装箱那样，可以密封地越过国境和快速转换各种运输方式。因此，这种运输方式有待于向更高级的运输方式——集装箱运输方向发展。

二、农产品运输合理化及主要措施

（一）运输合理化的概念

运输是物流中最重要的功能要素之一，物流合理化在很大程度上依赖于运输合理化。运输合理化的影响因素很多，起决定性作用的有五个方面的因素，称作合理运输的"五要素"。

1. 运输距离

在运输时，运输时间、运输货损、运费、车辆或船舶周转等运输的若干技术经济指标，都与运距有一定比例关系，运距长短是运输是否合理的一个最基本因素。缩短运输距离无论对宏观还是微观方面都会带来好处。

2. 运输环节

每增加一次运输，不但会增加起运的运费和总运费，而且必然会增加运输的附属活动，如装卸、包装等，各项技术经济指标也会因此下降。所以，减少运输环节，尤其是同类运输工具的环节，对合理运输有促进作用。

3. 运输工具

各种运输工具都有其使用的优势领域，对运输工具进行优化选择，按运输工具特点进行装卸运输作业，最大限度发挥所用运输工具的作用，是运输合理化的重要一环。

4. 运输时间

运输是物流过程中需要花费较多时间的环节，尤其是远程运输，在全部物流时间中，运输时间占绝大部分，所以，运输时间的缩短对整个流通时间的缩短有决定性的作用。此外，运输时间短，有利于运输工具的加速周转，充分发挥运力的作用，有利于货主资金的周转，有利于运输线路通过能力的提高，对运输合理化有很大贡献。

5. 运输费用

运费在全部物流费中占很大比例，运费高低在很大程度上决定整个物流系统的竞争能力。实际上，运输费用的降低，无论对货主企业还是对物流经营企业来讲,都是运输合理化的一个重要目标。运费的高低,也是各种合理化实施是否行之有效的最终判断依据之一。

从上述五方面考虑运输合理化,就能取得预想的结果。

(二)农产品运输不合理的表现

不合理运输是在现有条件下可以达到的运输水平而未达到,从而造成了运力浪费、运输时间增加、运费超支等问题的运输形式。目前我国农产品的运输成本偏高,存在大量不合理运输如无货运输、对流运输、迂回运输、重复运输、倒流运输等,市场价格的竞争优势不足。农产品运输中存在的主要不合理运输形式如下。

1. 返程或起程空驶

因调运不当,货源计划不周,不采用运输社会化体系而形成的空驶,是不合理运输的最严重形式。造成空驶的不合理运输主要有以下几种原因:①放弃社会化的运输体系,依靠自备车送货提货,往往出现单程重车、单程空驶的不合理运输现象;②因工作失误或计划不周,造成货源不实,车辆空去空回,形成双程空驶;③由于车辆过分专用,无法搭运回程货,只能单程实车,单程回空周转。

2. 对流运输

对流运输亦称"相向运输""交错运输",指同一种货物,或彼此间可以互相代用而又不影响管理、技术及效益的货物,在同一线路上或平行线路上做相对方向的运送,而与对方运程的全部或一部分发生重叠交错的运输。已经制定了合理流向图的产品,一般必须按合理流向的方向运输,如果与合理流向图指定的方向相反,也属对流运输。

3. 迂回运输

迂回运输是舍近取远的一种运输,是可以选取短距离进行运输而不选,却选择路程较长路线进行运输的一种不合理形式。只有当计划不周、地理不熟、组织不当而发生的迂回,才属于不合理运输,如果最短距离交通阻塞、道路情况不好或因对噪音、排气等特殊限制而不能使用时发生的迂回,不能称为不合理运输。

4. 重复运输

本来可以直接将货物运到目的地,但是在未达目的地之处或目的地之外的其他场所将货卸下,再重复装运送达目的地,这是重复运输的一种形式。另一种形式是,同品种货物在同一地点一面运进,同时又向外运出。重复运输的最大缺点是增加了非必要的中间环节,这就延缓了流通速度,增加了费用,增大了货损。

5. 倒流运输

倒流运输是指货物从销地或中转地向产地或起运地回流的一种运输现象。其不合理程度要甚于对流运输,其原因在于,往返两程的运输都是不必要的,形成了双程的浪费。倒流运输也可以看成是隐蔽对流运输的一种特殊形式。

6. 过远运输

过远运输指调运物资舍近求远，近处有资源不调而从远处调，这就造成可采取近程运输而未采取，拉长了货物运距的浪费现象。过远运输占用运力时间长，运输工具周转速度慢，占压资金时间长，远距离自然条件相差大，又易出现货损，增加了费用支出。

7. 运力选择不当

运力选择不当指未利用各种运输工具优势而不正确地利用运输工具造成的不合理现象，常见有以下若干形式：

（1）弃水走陆。在同时可以利用水运及陆运时，不利用成本较低的水运或水陆联运，而选择成本较高的铁路运输或汽车运输，使水运优势不能发挥。

（2）铁路、大型船舶的过近运输。指不是铁路及大型船舶的经济运行里程却利用这些运力进行运输的不合理做法。主要不合理之处在于，火车及大型船舶起运及到达目的地的准备、装卸时间长，且机动灵活性不足，在过近距离中利用，发挥不了其运速快的优势。相反，由于装卸时间长，反而会延长运输时间。另外，和小型运输设备相比，火车及大型船舶装卸难度大，费用也较高。

（3）运输工具承载能力选择不当。指不根据承运货物数量及重量选择，而盲目决定运输工具，造成过分超载、损坏车辆及货物不满载、浪费运力的现象。尤其是"大马拉小车"现象发生较多，由于装货量小，单位货物运输成本必然增加。

8. 托运方式选择不当

托运方式选择不当指对于货主而言，可以选择最好托运方式而未选择，造成运力浪费及费用支出加大的一种不合理运输。例如，应选择整车运输未选择，反而采取零担托运，应当直达而选择了中转运输，应当选择中转运输而选择了直达运输等都属于这一类型的不合理运输。

9. 无效运输

鲜活农产品流通往往包含无效物流。尤其是蔬菜，大多是毛菜上市，相当部分的根须、老叶等不能食用，一些蔬菜还携带泥土，增加了运输量。有测算表明，每100吨毛菜的销售大约产生20吨的垃圾，这既增加了运输成本，又影响了产品外观和质量，并且这些废弃物易腐败变质，滋生细菌，繁殖蚊蝇，污染环境。

上述的各种不合理运输形式都是在特定条件下表现出来的，在进行判断时必须注意其不合理的前提条件，否则就容易出现判断失误。实践中应从系统角度，综合进行判断才能有效避免"效益背反"现象，从而优化全系统。

(三)运输合理化的措施

1.提高运输工具实载率

实载率有两个含义:一是单车实际载重与运距之乘积和标定载重与行驶里程之乘积的比率,这在安排单车、单船运输时,是判断装载合理与否的重要指标;二是车船的统计指标,即一定时期内车船实际完成的货物周转量(以吨公里计)占车船载重吨位与行驶公里之乘积的百分比,在计算时车船行驶的公里数,不但包括载货行驶,也包括空驶。

提高实载率的意义在于:充分利用运输工具的额定能力,减少车船空驶和不满载行驶的时间,减少浪费,从而实现运输的合理化。农产品配送及在铁路运输中采用整车运输、合装整车、整车分卸及整车零卸等,都是提高实载率的有效措施。

2.建设节约高效的运输体系

采取减少动力投入、增加运输能力的有效措施实现运输合理化。这种合理化的要点是,少投入,多产出,走高效益之路。国内外在这方面的有效措施有:

(1)"满载超轴"。指在机车能力允许情况下,多加挂车皮。

(2)水运拖排和拖带法。竹、木等物资的运输,利用竹、木本身浮力,不用运输工具载运,采取拖带法运输,可省去运输工具本身的动力消耗,从而实现运输合理化;将无动力驳船编成一定队形,一般是"纵列",用拖轮拖带行驶,可以产生比船舶载乘运输运量更大的优势,实现运输合理化。

(3)顶推法。是我国内河货运采取的一种有效方法,是将内河驳船编成一定队形,由机动船顶推前进的航行方法。其优点是航行阻力小,顶推量大,速度较快,运输成本很低。

(4)汽车挂车。汽车挂车的原理和船舶拖带、火车加挂基本相同,都是在充分利用动力、能力的基础上,增加运输能力。

3.发展社会化的运输体系

运输社会化的含义是发展运输的大生产优势,实现专业分工,打破一家一户自成运输体系的状况。

社会化运输体系中,各种联运体系是水平较高的方式,联运方式充分利用面向社会的各种运输系统,通过协议进行一票到底的运输(见图5-1),有效打破了一家一户的小生产,受到了欢迎。

4.加强流通加工,提高运输合理化程度

追求运输合理化的重要形式,其对合理化的追求要点是通过减少中转、过载、换载,加快运输速度,节省装卸费用,降低农产品在中转过程的货损,从而大大提

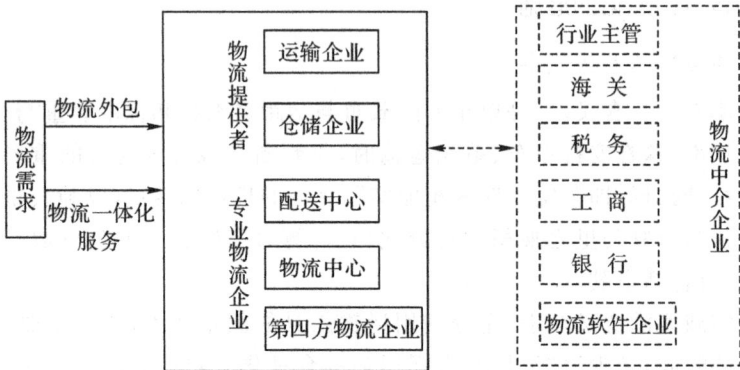

图 5-1 物流社会化服务体系

高运输效率。鲜活农产品由于其本身形态及特性问题，很难实现运输的合理化，如果进行适当加工，如将其净化处理、标准化包装，以减少腐烂或变质，就能够有效解决合理运输问题。水产品及肉类预先在其夹层置放冰块降温，就可提高车辆装载率并降低运输损耗。

5. 发展特殊运输技术和运输工具

依靠科技进步是运输合理化的重要途径。我国鲜活农产品多以自然形态运销，80%～90%的水果、蔬菜、禽肉、水产品在露天而非冷库和保温场所装车，用普通卡车敞开式运输，至多上面盖一块帆布或者塑料布，有时棉被成了最好的保温材料。裸露、非冷藏的粗放的物流方式，增加了在运输、分销、零售以及多次装卸过程中二次污染的机会。因此，用冷库、冷藏保温车等保持农产品的物理特性，用专用散装及罐车解决粉状、液状物运输损耗大及安全性差等问题，用"滚装船"解决车载货的运输问题，集装箱船比一般船能容纳更多的箱体，集装箱高速直达车船，加快了运输速度等，都是通过采用先进的科学技术实现运输合理化。

第三节　农产品仓储管理

一、基本概念

(一)仓储

"仓"，即仓库(warehouse)，是寄存、保管、储存物品的建筑物和场所的总称，"储"是将储存对象储存以备运用，具有收存、维护、储藏物品、交付运用的意思，也称为储存(storing)。"仓储"就是运用仓库寄存、储存物品的行为。农产品仓储就是指通过仓库对农产品进行储存和保管的过程。

(二)库存

库存指的是仓库中处于暂时停滞状态的物资,农产品库存的位置,不是在生产基地里,也不是在加工车间里,更不是在非仓库中的任何位置,而是在仓库中。

(三)储备

储备是一种有目的地储存物资的行动,也是这种有目的的行动和其对象总体的称谓。农产品储备是出于政治、军事的需要或为了防止各类自然灾害,是对农产品进行有计划的战略性仓储。

储备和库存的本质区别在于:第一,库存明确了停滞的位置,而储备这种停滞所处的地理位置远比库存广泛得多,储备的位置可能在生产及流通中的任何节点上,可能是仓库中的储备,也可能是其他形式的储备;第二,储备是有目的的、能动的、主动的行动,而库存有可能不是有目的的,有可能完全是盲目的。

(四)储存

物品在没有进入生产加工、消费、运输等活动之前,或在这些活动结束之后,总要存放起来,这就是储存。物流中的"储存"是一个非常广泛的概念,和运输的概念相对应,储存是以改变"物"的时间状态为目的的活动,从克服产需之间的时间差异获得更好的效用。

二、农产品仓储的性质和作用

(一)农产品仓储的性质

虽然农产品仓储活动一般不改变农产品本身的功能、性质和使用价值,只是保持和延续其使用价值,但是农产品仓储是农业生产的延续,是农业再生产不可缺少的环节。农产品仓储和农业生产一样创造社会价值,农产品由生产地向消费地转移,是依靠仓储活动来实现的。

(二)农产品仓储的作用

农产品仓储在物流活动中发挥着不可替代的作用,是农产品物流三大支柱之一,其主要作用体现在以下几个方面。

1. 空间效用

农产品生产与消费的矛盾主要表现在生产与空间地理上的分离。农产品的生产主要在农村区域,而消费农产品的人则遍及整个市场。随着交换范围的扩大,农产品生产与消费空间上的矛盾也逐渐扩大,农产品仓储通过选择靠近人们生活区的位置建立仓库,防止人们购买农产品时出现短缺现象,拉近农产品产地与市场的距离,为人们提供满意的仓储服务,体现出明显的空间效用。

2.时间效用

由于自然条件、作物生长规律等因素的制约,农产品的生产往往具有季节性,而农产品作为人们生活的必需品,人们对其需求却是长年的、持续的。为使农产品满足消费者的需求,农产品生产经营者利用仓库储存农产品进行调节,以确保在农产品生产的淡季也能满足人们对农产品的日常需求,创造了明显的时间效用。

许多产品在进入最终卖场以前,要经过挑选、整理、分装、组配等环节,这也需要农产品仓储来实现农产品在流通中的停留。

3.调节供需矛盾

生产与消费的矛盾还表现在品种与数量方面。随着社会分工的进一步发展,专业化生产范围将越来越广,人们都把自己的资源集中到生产效率最高的项目上,人们生产的产品品种越来越集中,农产品生产者必须把农产品放到市场上进行交换来满足自己其他方面的需求,这就要求农产品仓储来调节生产与消费品种和数量上的差别。

4.规避风险

市场经济条件下的农产品价格变化莫测,经常给农产品生产经营者带来价格风险。为了对市场需求做出有效反应,农产品生产经营者需保持一定的存货来避免缺货损失。另外,为了避免战争、灾荒等意外引起的农产品匮乏,国家也要储备一些生活物资、救灾物资及设备。

三、农产品仓储的分类

(一)按农产品仓储经营主体划分

1.农产品自营仓储

农产品自营仓储包括生产者和流通企业的自营仓储两种。生产者自营仓储是指生产者使用自有的仓库设施,对生产的农产品实施储存保管的行为。生产者自营仓储的对象一般来说品种较少,基本上以满足生产需要为原则。流通企业自营仓储则是流通企业自身以其拥有的仓储设施对其经营的农产品进行仓储保管的行为。其对象种类较多,主要目的为支持农产品销售。生产者自营仓储具有从属性和服务性的特征,即从属于生产者,服务于生产,所以,相对来说规模较小,数量众多,专用性强,仓储专业化程度低,一般很少对外开展商业性仓储经营。

2.农产品营业仓储

农产品营业仓储是仓库所有者以其拥有的仓储设施,向社会提供商业性仓储服务的行为。仓储经营者与存货人通过订立仓储合同的方式建立仓储关系,并且依据合同约定提供服务和收取仓储费。农产品营业仓储的目的是在仓储活动中获得经济回报,追求经营利润最大化。其经营内容包括提供农产品仓储服务、农产品场地服务和农产品仓储信息服务等。

3. 农产品公共仓储

农产品公共仓储是公用事业的配套服务设施,为车站、码头提供农产品仓储配套服务。其主要目的是对车站和码头的农产品作业和运输流畅起支撑和保障作用,具有内部服务的性质,处于从属地位。但对于存货人而言,农产品公共仓储也适用农产品营业仓储的关系,只是不独立订立仓储合同,而是将仓储关系列在作业合同和运输合同之内。

4. 农产品战略储备仓储

农产品战略储备仓储是国家根据国防安全、社会稳定的需要,对农产品实行战略储备而形成的仓储。战略储备由国家进行控制,通过立法、行政命令的方式进行,由执行战略物资储备的政府部门或机构进行运作。战略储备特别重视储备农产品的安全性,且储备时间较长。战略储备农产品主要有粮食、油料等。

(二)按农产品仓储功能划分

1. 农产品储存仓储

农产品储存仓储是指农产品较长时期存放的仓储。储存仓储一般设在较为偏远但具有较好交通运输条件的地区,存储费用低廉。农产品储存仓储的农产品品种少,存量大。由于农产品储存仓储存期长,储存仓储要特别注重两个方面:一是仓储费用尽可能低;二是加强对农产品的质量保管和养护。

2. 农产品物流中心仓储

农产品物流中心仓储是指以物流管理为目的的仓储活动,是为了有效实现物流的空间与时间价值,对物流的过程、数量、方向进行调节和控制的重要环节。一般设置在位于一定经济地区中心、交通便利、储存成本较低的口岸。农产品物流中心仓储基本上都是较大批量进货和进库,一定批量分批出库,整体吞吐能力强,所以要求机械化、信息化、自动化水平较高。

3. 农产品配送仓储

农产品配送仓储也称为农产品配送中心仓储,是指农产品在配送交付消费者之前所进行的短期仓储,是农产品在销售或者供生产使用前的最后储存,包括进行销售或使用前的简单加工与包装等。农产品配送仓储一般设置在商品的消费经济区间内,要求能迅速地送达销售和消费。

4. 农产品运输转换仓储

农产品运输转换仓储是指衔接铁路、公路、水路等不同运输方式的仓储,一般设置在不同运输方式的相接处,如港口、车站库场所进行的仓储。它的目的是保证不同运输方式的高效衔接,减少运输工具的装卸和停留时间。农产品运输转换仓储具有大进大出以及农产品存期短的特性,十分注重作业效率和农产品周转率,所以,农产品运输转换仓储活动需要高度机械化作业支撑。

5.农产品保税仓储

农产品保税仓储是指使用海关核准的保税仓库存放保税农产品的仓储行为,主要是对出口农产品或者是来料加工农产品进行存储的仓库。农产品保税仓储一般设置在进出境口岸附近。保税仓储受到海关的直接监控,虽然说农产品也由存货人委托保管,但保管人要对海关负责,入库或者出库单据均需要由海关签署。

(三)按储存农产品的不同划分

1.专用仓库

专用仓库是专门用以储存某一类物品的仓库。由于某类物品数量较多,或是物品本身的特殊性(如对温湿度有特殊要求),或者易于对与之共同储存的物品产生不良影响,因此要用专用仓库储存,如食糖、卷烟仓库等。

2.冷藏仓库

冷藏仓库是具有冷却设备并具有隔热功能的仓库(一般在 10℃ 以下),用来加工和保管食品。不同的农产品其仓储的要求也有所不同,根据使用目的不同,冷藏仓库又可细分为生产性冷藏仓库、配给性冷藏仓库以及综合性冷藏仓库,主要用于新鲜蔬菜、肉类食品等农产品的仓储保管。

四、农产品仓储合理化

(一)农产品仓储合理化的概念

农产品仓储合理化指用经济合理的方式通过仓储和保管满足社会对农产品的需求。目前,我国农产品仓储整体水平较低,不论是产业链链条还是仓储设施设备,跟与日俱增的市场需求之间还存在着很大差距。大多数农产品批发市场服务功能比较单一,只有部分批发市场拥有冷库等设施,农产品仓储目前还是以常温或自然存储模式为主,不但使鲜活农产品耗损率大,而且使食品安全方面存在安全隐患。

(二)农产品仓储合理化的标志

1.质量标志

保证农产品的质量,是实现农产品仓储功能的根本要求,只有这样,农产品的使用价值才能通过物流得以最终实现。农产品仓储时间效用和空间效用的实现都是以保证质量为前提的。

2. 数量标志

保证农产品仓储功能实现的前提是有一个合理的数量范围。目前管理科学的方法已能在各种约束条件的情况下,对合理数量范围做出决策,但是较为实用的还是在消耗稳定、资源及运输可控的约束条件下,所形成的农产品储存技术数量控制方法。

3. 时间标志

在保证农产品仓储功能实现的前提下,寻求一个合理的储存时间,这是和数量有关的问题,储存量越大而消耗速率越慢,则储存的时间必然长,相反储存的时间必然短。在具体衡量农产品仓储时往往用周转速度指标来反映时间标志,如周转天数、周转次数等。在总时间一定的前提下,个别农产品的储存时间也能反映仓储的合理程度。

4. 结构标志

结构标志是从不同品种农产品的储存数量的比例关系对储存合理性的判断,尤其是具有相关性的农产品之间的比例关系更能反映储存合理与否。

5. 分布标志

分布标志指不同地区农产品储存的数量比例关系,以此判断对需求的保障程度以及对整个物流的影响。

6. 费用标志

仓租费、维护费、保管费、损失费、资金占用利息支出等,都能从实际费用上判断储存的合理与否。

(三)农产品仓储管理的原则

1. 保证安全

这是农产品仓储管理的最基本要求,只有满足了这点才能满足其他方面的需要。威胁农产品安全的因素主要有治安、火灾、农产品的污损等。

2. 符合作业规范要求

在农产品仓储业务中,需要按一定的规范对农产品进行保管,从而可以提高作业绩效,方便保管运作,实现合理库存。农产品仓储的主要作业规范要求如下:

(1)面向通道。为使农产品方便搬运,容易在仓库内移动,应将农产品面向通道保管,同时也便于观察和识别农产品。

(2)先进先出。仓储管理中要体现存新推陈,对于易破损和易腐的农产品,应尽可能按"先进先出"的原则保证储存农产品的使用价值。

（3）对应出库频率。出货和进货频率高的农产品，即搬运次数多的农产品应放在靠近出入口和易于作业的地方；流动性差的农产品应放在距离出入口稍远的地方；季节性农产品按其季节特性来选定放置的场所。

（4）同类归一。同种类农产品，运送至同一区域的农产品，储存要求、物品性质及保管要求相似的农产品应在同一区域储存保管，以保证农产品的质量和管理效率。

（5）重量对应。应根据农产品重量和形状等因素来安排农产品的保管位置，一般应把比较重且抗压的农产品放在货架的下层，把比较轻且容易碎的农产品放在货架的上层。

（6）形状对应。根据农产品的包装形状确定存放的位置和保管方法，包装标准化的农产品放在货架上保管，非标准化的农产品按照形状进行保管。

（7）标记明确。对保管农产品的品种、数量及保管位置做明确详细的标记，以便于提高农产品存放、拣出的物流作业效率。

3. 节约开支，降低储存成本

仓储过程中的费用是整个物流费用中重要的组成部分，因此为降低整个农产品物流成本，努力降低农产品仓储成本非常重要。

（四）农产品仓储保管的方法

1. 常规储存

常规储存是指采用一般库房，不配备其他特殊技术设施的储存方式。其特点是简单易行，适宜储存含水分量较少的干性耐储农产品，应注意通风和储存时间不宜过长。

2. 沟藏或堆藏

沟藏是将农产品堆放在沟或坑内，达到一定的厚度，面上一般只用土覆盖。

沟藏的保温保湿性能比堆藏好，广泛运用于我国北方地区，多用来储藏根菜，如北京萝卜的储藏，山东、江苏、浙江等地姜的储藏。储藏沟的宽度和深度也要根据当地的湿度和农产品本身对温度的要求而定，萝卜和胡萝卜储藏沟的深度从南方到北方逐渐加大：徐州、开封一带为0.6米，济南约为1.0米，北京为1.0～1.2米，沈阳约为1.5米。沟越深，保温越好，降温则越困难。埋藏沟的宽度一般为1.0～1.5米。

堆藏是将农产品直接堆放在田间地面或浅坑中，或者在荫棚里堆成圆形或长条形的垛，表面用土壤、席子或秸秆等覆盖，储藏堆的宽度和高度应根据当地气候特点、产品本身的种类和用途确定。

3. 窑窖储存

这种储藏方式在我国各地都有，形式繁多，有棚窑、井窑和窑窖（西北的黄土高原常采取这种方式)等。窖窑通常是在土质坚实的山坡或土丘上挖窑洞,为避免阳光直射,窑身多是坐南朝北或坐西朝东。这是民间储存农产品的传统方法,其特点是:储存环境氧气稀薄,二氧化碳浓度大,既能抑制微生物活动和各种害虫的繁殖,又不易受外界温度、湿度和气压变化的影响,可采用散堆、架堆和筐储。产品中间应保持适当的空间距离,以利于空气流通和散热,可测定其温度,并把温度控制在适宜的范围之内。

4.通风库储存

通风库是砖、木、水泥结构的固定式建筑。利用空气对流的原理,引入外界的冷空气而起降温作用,在建造时设置了完善的通风系统和隔热结构,可以常年和长期使用,主要适用于北方地区,但上海、南京等地也有使用。

5.冷藏储存

在温暖的地区和季节,缺乏自然条件降温时,就采用人工降温的方法以达到低温,即人工冷藏,它包括:①冰藏。主要在华北、东北地区采用较多,西北地区也有使用。产品在加冰储藏时,散发出的热量被冰块吸收。冰不断融化就使产品温度不断下降。目前蒜薹多用冰来储藏或恒温库气调储藏,冰窖最好建在冰源附近。②机械冷藏。机械冷藏是在一个适当设计的绝缘建筑设备中借助机械冷凝系统的作用,将库内的热量传到库外,使库内温度降低并保持在有利于延长农产品的储藏时间之内。其特点是效果好,但费用较高。常见的有冷库、冷藏车、冷藏柜和电冰箱,一般多用于储存动物类鲜活农产品和鲜果类农产品。

6.气调保鲜储存

气调保鲜储存是调整储存环境的气体成分的冷藏方法。它是一种由冷藏、减少环境中氧气、增加二氧化碳构成的综合保鲜方法。气调保鲜的方法主要有快速降氧、自然降氧和降压降氧。在气调中要恰当地掌握每一种农产品的储藏温度和气体成分的含量,这是气调保鲜的关键。具体方法有:塑料小包装硅橡胶窗(可使袋内的二氧化碳通过硅窗向外扩散,使氧气进入袋内)、充氮降氧及气调冷库等。这一方法适用范围较广,特别适宜储存鲜活农产品,如果品、蔬菜等。随着塑料工业的兴起和发展,果蔬自发气调储存的容器已被各种类型的塑料薄膜代替,并且迅速推广。有些单位选用不同材料和厚度的塑料薄膜做成袋或大帐,将水果或蔬菜封闭在袋或帐中进行储存。由于薄膜有一定的透气性,在比较稳定适宜的低温下,袋或帐内可较长期保持二氧化碳和氧的恒定浓度和比例,符合果蔬储存的气调环境要求。

(五)农产品保管措施

农产品保管不仅是技术问题,也存在管理问题。保证农产品的质量、数量、包装的完好,重要的不是技术措施的保证而是有较高的管理水平。制定必要的管理制度和操作规程,并严格执行是各项管理工作的基础。"以防为主,以治为辅,防治结合"是农产品保管工作的方针。

1. 严格验收入库农产品

要防止农产品在储存期间发生各种不应有的变化,首先在农产品入库时要严格验收,弄清农产品及其包装的质量状况。对吸湿性农产品要检测其含水量是否超过安全水平,对其他有异常情况的农产品要查清原因,针对具体情况进行处理和采取救治措施,做到防微杜渐。

2. 适当安排储存场所

由于不同农产品性能不同,对保管条件的要求也不同,因此分区分类,合理安排存储场所是农产品养护工作的一个重要环节。如怕潮湿和易霉变的农产品,应存放在较干燥的库房里;怕热、易变质或易燃易爆的农产品,应存放在温度较低的阴凉场所;一些既怕热又怕冻且需要较大湿度的农产品,应存放在冬暖夏凉的楼下库房或地窖里。此外,性能相互抵触或易串味的农产品不能在同一库房混存,以免产生不良影响。尤其对于化学危险物品,要严格按照有关部门的规定,分区分类安排储存地点。

3. 科学堆码苫垫

阳光、雨雪、地面潮气对农产品质量影响很大,要切实做好货垛遮苫和货垛垛下苫垫隔潮工作,如利用枕木、垫板、苇席、油毡或采用其他防潮措施。货垛的垛形与高度,应根据各种农产品的性能和包装材料,结合季节气候等情况确定。含水率较高的易霉农产品,热天应码通风垛;容易渗漏的农产品,应码间隔式的行列垛。库内农产品堆码留出适当的距离。

4. 控制好仓库温湿度

应根据库存的保管保养要求,适时采取密封、通风、吸潮和其他控制与调节温湿度的办法,力求把仓库温湿度保持在适于农产品储存的范围内。

(1)自然通风。自然通风就是利用自然条件形成的库内外温差和压差,使库内外空气自动地进行交换,达到通风目的。方法很简单,就是开启库房的门窗,提供空气交换的必要条件。由于通风目的不同,外界条件千差万别,如在我国大多数地区,刮北风干燥且低温,刮南风潮湿而高温,因此需对自然通风进行管理,确定通风口数量、门窗开启方向及角度、通风时间,有效掌握通风条件和时机是非常重要的。

(2)机械通风。机械通风就是利用特定的机械装置的运转,人为地造成仓库内外压差,实现通风目的。如采用排风机或鼓风机使库内空气流动,达到降温目的;采用干风机把干燥空气吹入库房,或用除湿机把库内空气中的水分集中后排出库房,达到除湿目的。

(3)密封。密封就是采用一定的方式,将农产品尽可能严密地封闭起来,以减弱外界不良因素对农产品的影响,达到安全保管农产品的目的。这是一种简单的温湿度控制方法,它与通风和吸潮等方法结合使用,可起到防霉、防潮、防锈等作用。应该注意的是:对农产品进行密封时,要根据该农产品要求的温湿度条件,正确选择密封时机;另外,密封保存的农产品并不是绝对不受外界因素的影响,只是其变化速度有所减慢,因此要经常进行观测和检查,储存期也不能过长。

(4)吸潮剂吸潮。吸潮剂吸潮是一种利用吸潮剂降低库内湿度的方法,可以在梅雨季节或阴雨气候条件下,迅速降低库内湿度,达到库存物要求的保管条件。

5.认真进行农产品在库检查

每一次农产品进出库都要检斤计量或清点件数,加之农产品受周围环境因素的影响,农产品可能发生数量或质量上的损失,对库存农产品和仓储工作进行定期或不定期的检查和盘点非常必要。

(1)检查。检查工作主要包括:检查农产品保管条件是否满足要求;检查农产品质量的变化动态;检查各种安全防护措施是否落实,消防设备是否正常。检查应特别注意农产品温度、水分、气味、包装物的外观、货垛状态是否有异常。

(2)盘点。盘点是检查账、卡、物是否相符,把握库存物数量和质量动态的手段。盘点的主要方法有动态盘点法、循环盘点法、重点盘点法和定期盘点法。循环盘点法,又称循环计数法,是指在一定时期内对所有库存分别进行盘点的方法。该方法可使用 ABC 分析法对库存进行分类,A 类货物清点得较为频繁,B 类货物清点的次数少一些,C 类货物清点的次数更少一些。

6.搞好仓库卫生

储存环境不清洁,易引起微生物、虫类寄生繁殖并危害农产品。因此,对仓库内外环境应经常清扫,彻底铲除仓库周围的杂草、垃圾等,必要时使用药剂杀灭微生物和潜伏的害虫。对容易遭受虫蛀、鼠咬的货物,要根据农产品性能和虫、鼠生活习性及危害途径,及时采取有效的防治措施。

第四节　农产品配送作业管理

一、农产品配送模式

对于整个农产品配送系统来说,首先要了解配送的基本模式,才能在现有物流模式的基础上,对装卸、搬运、保管、运输等环节进行分析,从而找出适合农产品配送系统的优化方案。根据农产品供应链中不同环节的成员所占的主导地位不同,国内农产品配送主要有以下几种模式。

(一)直销型配送模式

这是一种以生产基地为主体的物流配送模式,由农户或农产品基地自行配送,将生鲜农产品送到批发市场或用户手中的方式,是直销型配送模式,又称自营配送模式,是最原始和最初级的物流形式。

采用直销型配送模式的优势在于反应快速、灵活,并且农户或农产品基地拥有对物流系统运作过程的有效控制权。在直销配送的情况下,农户或农产品基地可以很好地控制农产品配送活动,而不必就货物配送的佣金问题进行谈判,提高了配送服务效率。

直销型配送模式也存在着不足之处,如一次性投资大、成本较高和抗风险能力低。在目前大流通的格局下,高成本、低回报致使生产者无法独自承担这些物流职能,必须通过专业物流平台或第三方物流企业来完成所需的物流职能,因此,直销型配送模式适用于流通范围较小、流通数量较少的情况。

(二)契约型配送模式

契约型配送模式是指公司与农户或合作社之间通过契约形式加以联结,农户提供农产品,由合作社或加工企业负责进入市场,是一种"公司+农户"配送模式。自 20 世纪 90 年代中期以来,"公司+农户"配送模式在国内农产品市场中占有重要地位。这种模式有三种形式:一是"农户+运销企业",农户或农产品基地将自己的农产品运往运销大户,由运销大户对批发商进行配货,在这种配送方式下运销大户与批发商建立稳定的购销业务关系;二是"农户+加工企业",农户或农产品基地将自己的农产品运往加工企业,加工企业加工后再配送,或农产品加工企业将自己或别的基地的初级农产品和从农户手中收购来的农产品经过加工后进行配送;三是"农户+客商",这一物流配送方式也较为普遍,如大型连锁超市、农贸市场的批发商等在农产品收获时直接到农户田头或农产品基地收购。

契约型配送模式的优势在于:第一,有助于加工企业、大型连锁超市和农贸市场的批发商克服原料来源不稳定的问题,改善了成本结构,降低了经营风险,使公司拥有一部分稳定的原料来源,提高了资源控制能力和生产稳定性;第二,为农户销售产品找到了相对稳定的渠道;第三,提高了对产品质量的控制力度,企业可以加强对生鲜农产品的优选、仓储、深加工,提高生鲜农产品的附加值。

契约型配送模式的劣势在于:第一,农户在同企业谈判中始终处于弱势地位,农民的利益容易受到侵害;第二,企业直接面对分散的农户,在上游配送环节,市场交易费用仍然很高,配送成本居高不下;第三,公司或企业与农户之间的利益联结关系非常松散,常常会出现违约现象。

对此,许多农产品生产经营者在原有的基础上,对该模式进行了创新,发展了"公司＋合作社"模式、"公司＋农户(公司)＋保险"模式、"公司＋生产基地＋农户"模式、"龙头企业＋农户"模式、"配送中心＋农户"模式、"公司＋农户＋基地"模式、"企业(外向型企业)＋基地＋农户＋市场"模式、"集团＋科教＋农户"模式、"政府＋企业＋农户"模式、"公司＋科教＋基地＋农户"模式、"公司＋基地＋农户＋中介"模式、"公司＋基地＋中介＋农户"模式、"零售集群＋加工企业(批发市场)＋基地农场＋研发基地"模式等。

(三)联盟型配送模式

联盟型配送模式的主导者是农产品批发市场,参与者是农产品生产者、批发商、零售商、运输商、加工保鲜企业等,通过利益联结和优势互补形成了战略联盟。

采用联盟型配送模式的优点是:第一,能够带动各方参与,连接生产者、批发商、零售商、运输商和加工保鲜企业等;第二,降低了龙头企业直接面对农民的交易成本,各参与方在合作与竞争中不断发挥自己的优势,专业化分工趋势明显,提高了交易效率,降低了交易成本;第三,为物流主体建立了公共交易平台,使交易双方有了更多的选择性,提高了农民的谈判地位。

这种模式的缺点在于:随着交易量的扩大,管理效率比较低,中间批发商仍然会对直接生产者和消费者进行信息封锁。

(四)第三方物流配送模式

第三方物流配送主要是农户、农产品基地、供销社把自己需要完成的配送业务委托专业的配送中心来完成的一种配送运作模式。近年来,一些国际大型农产品销售商尝试立足主业经营,逐步将本企业的物流配送业务外包给专业的物流配送企业。

第三方物流配送模式的优势:一是配送渠道短,环节较少,相对于其他配送模式,在配送损耗、食品质量、管理成本方面都有很大的优势;二是灵活运用新技术,实现以信息换库存,降低成本;三是,提供灵活多样的顾客服务,为顾客创造更多的价值。

第三方物流配送模式的劣势:一是农户与市场的脱节,如果信息在配送中心与农户的传递过程中失真,就使得农户的生产调整不能适应市场需求;二是农户、农产品基地对农产品的配送控制能力降低,不能对进入市场的农产品的质量进行及时有效的监控;三是会出现连带经营风险,如果第三方配送是基于合同的比较长期的合作关系,若第三方服务商自身经营不善,则可能会影响使用方的经营,但要解除合同关系又会产生很高的成本。

(五)共同配送模式(协同配送模式)

共同配送或是协同配送是由多个企业联合组织实施的配送活动,其目的是提高配送的效率,核心在于充实和强化配送功能。共同配送主体既可以是作为物流需求方的制造商、批发商和零售商,如多家农户、农产品基地、农业供销合作社或农产品配送中心共同组成的新公司,也可以是作为物流服务供应方的运输企业和仓库企业。如我国农产品配送的主要模式之一的供销社配送模式,在现阶段就已经引入了共同配送、第三方配送等现代配送模式,并在有些地区建立了农产品加工配送中心。在实际运作过程中,由于共同配送联合体的合作形式、所处环境、条件以及客户要求的服务存在差异,共同配送的运作过程存在较大的差异。

共同配送模式的优势是:可以提高配送效率,从农户、农产品基地、农村供销合作社或农产品配送中心的角度来看,共同配送可以降低配送成本。

共同配送模式的劣势是:管理难度加大,易造成物流设施费用及管理成本增加,另外,服务要求不一致可能导致服务水准下降。

(六)集团配送模式(综合配送模式)

综合配送模式亦称集团配送模式、互用配送模式,是指以一定方式聚合专业流通企业组成流通集团,集中对大中型生产企业实施定点、定时、定量供货的配送形式和以商贸集团及所有大型加工中心为媒介,在生产企业集团之间供货、送货的运作模式。如以物流园区为中心开展的广州市和兴隆农产品物流配送,该模式以农产品物流配送企业为主导,创建农产品产业园。在政府的支持下,引入上游农户、基地、供应商、同行业企业、农产品加工企业、配套与服务企业进驻农产品产业园,实现农产品龙头企业与农户的紧密结合,从农田到餐桌,通过农产品的加工、保鲜提高农产品的附加值,通过细分市场专注于蔬菜瓜果与肉类的经营,以调味料为辅,通过农产品的物流配送直接连接生产者与消费者,以指导农业生产、优化农产品结构。显然,没有强大的经济实力和完善、先进的管理体系是很难组织起这一物流配送模式的。

(七)基于电子商务和供应链的配送模式

由于电子商务具有虚拟化、方便、快捷等特点,电子商务环境下物流的各种功能就可以通过虚拟化的方式表现出来,实现物流资源的优化配置,选择最短路径把商品快速、高效、低成本地送到消费者手中。此外,电子商务还促进了物流基础设施及物流技术的改善与进步。

基于电子商务和供应链的农产品配送模式的优点:第一,由于实现了信息共享,农产品物流全程具有可视性;第二,协调农产品供应链上的信息流,可降低农产品交易成本;第三,配送服务由专业化的第三方物流公司完成;第四,生产者、供应商和经销商的利润空间都得到扩大;第五,提升了服务质量,改善了客户关系。

二、影响农产品配送模式的因素

(一)成本因素

因为参与的市场主体的多样性和规模的不同,以上各种配送模式的配送成本也不一样,且其各自的成本因素各异。对于自营配送模式来说,考虑的主要是企业自身的配送成本;第三方物流配送模式会涉及转换成本,农产品配送企业为了提高核心业务能力,把转换成本高的物流功能转给与自己合作的专业物流企业;对于共同配送模式,市场上的物流企业为了共同发展需要,为了更有效地节约双方的成本,针对企业情况而协商节约成本;联盟型配送模式,是配送企业考虑各方的需要与成本之间的关系而建立的合作关系。

(二)管理因素

农产品配送企业并不是一个专业的物流配送商,缺乏具有现代物流配送管理理念的高素质专业人才。在管理手段上,现有的物流从业人员以手工操作和经验决策为主,很难从信息和物流的专业角度,以最低的成本提供客户所需要的物流管理和服务。因此,针对不同的客户提出的物流需求以及企业发展的现实要求,需要采用不同形式的物流配送模式。

(三)技术因素

作为企业增强活力与竞争力的推动力量,企业信息化建设可以极大地提高物流服务的准确性与及时性。目前,国内许多农产品配送企业的网络信息和电子技术并不完全等同,满足农产品物流需求的能力也存在差异,因此不同场合下的农产品配送需要不同的模式相匹配。

(四)环境因素

一方面,农产品物流市场尚缺乏统一的法律法规加以规范,缺乏有效的约束,物流市场存在一定的不正当竞争。另一方面,农产品配送企业的配送管理和行业管理还没有理顺,也很大程度影响了物流配送渠道的畅通和高效运转,使物流配送很难达到规模经济和预期回报。因此,在不同的市场环境下,只有找到适合企业自身的配送模式才能真正有效地服务消费者,实现企业的发展。

三、农产品物流配送方式

农产品物流配送方式的分类方法有很多,可从不同的角度进行分类。基于农产品的最终配送效果,农产品物流配送按配送的时间和数量可分为以下几种方式。

(一)定时配送

定时配送即按规定时间和时间间隔进行配送。定时配送的时间,由配送的供给方与需求方通过协议确认。每次配送的品种及数量可预先在协议中确定,实行计划配送,也可以在配送之前以商定的联络方式(如电话、传真、网络等)通知配送品种及数量。定时配送又分为日配和准时配送两种形式。

1. 日配

日配是接到订货要求之后,在 24 小时之内将货物送达的配送方式。一般而言,日配的时间要求大体上是:上午的配送订货,下午可送达;下午的配送订货,第二天早上送达。

2. 准时配送

准时配送是按照对方协议的时间,准时将货物配送到用户的一种方式。这种方式和时配、日配的主要区别在于:时配、日配是向社会普遍承诺的配送服务方式,针对社会上不确定的、随机性的需求。准时配送方式则是两方面协议,往往是根据用户的生产节奏,按指定的时间将货送达。这种方式比日配方式更为精密,利用这种方式,连"暂存"的微量库存也可以取消,绝对地实现零库存。

3. 快递方式

快递方式是一种快速送达服务的配送方式。快递方式能在较短时间实现送达服务,但不明确送达的具体时间,所以一般用作向社会广泛服务的方式。

(二)定量配送

按事先协议规定的数量进行配送。这种方式数量固定,备货工作有较强的计划性,比较容易管理。定量配送有利于配送供给企业的科学管理,有利于人力、装卸机具、贮存设施的配备。

(三)定时定量配送

按照规定的配送时间和配送数量进行配送。

(四)定时定路线配送

在规定的运行路线上,制定配送车辆到达的时间表,按运行时间表进行配送,用户可以按照配送企业规定的路线及规定的时间选择这种配送服务,并于指定时间到指定位置接货。

(五)应急配送

应急配送是完全按用户突然提出的配送要求随即进行配送的方式。这是对各种配送服务进行补充和完善的一种配送方式,这种配送方式主要应对用户因事故、灾害、生产计划的突然变化等所产生的突发性需求,也可应对一般消费者经常出现的突发性需求。这种配送服务实际成本很高,难以用作经常性的服务方式。

四、农产品配送合理化

对于配送的决策优劣,不能简单处之,配送是否合理,很难有一个绝对的标准。虽然效益是配送必须衡量的重要指标,但是配送决策常常需要考虑各个因素,有时也难免要做赔本买卖。配送决策是一种综合决策,决策时应当避免由于不合理配送出现所造成的损失,尽量做到配送合理化。

(一)不合理配送的表现

1.资源筹措不合理

配送是较大批量筹措资源,通过筹措资源的规模效益来降低资源筹措成本,使配送资源筹措成本低于用户自己筹措资源成本,从而取得优势。如果不是集中多个用户需求进行批量筹措资源,而仅仅是为某一两户代购代筹,对用户来讲,就不仅不能降低资源筹措费,相反却还要多支付一笔配送企业的代筹代办费,因而是不合理的。

资源筹措不合理还有其他表现形式,如配送量计划不准,资源筹措过多或过少,在资源筹措时不考虑建立资源供应者与需求者之间长期稳定的供需关系等。

2.库存决策不合理

配送应充分利用集中库存总量低于各用户分散库存总量,从而大大节约社会财富,减轻用户实际平均分摊的库存负担。因此,配送企业必须依靠科学管理来实现低总量的库存,否则就会出现单是库存转移,而未解决库存降低问题的不合理现象。

配送企业库存决策不合理还表现在库存量不足,不能保证随机需求,失去应有的市场。

3.价格不合理

总的来讲,配送的价格应低于用户自己进货时产品购买价格加上自己提货、运输、进货之成本总和,这样才会使用户有利可图。有时候,由于配送有较高服务水平,价格稍高,用户也是可以接受的,但这不能是普遍的原则。如果配送价格普遍高于用户自己进货价格,损伤了用户利益,就是一种不合理表现。价格制定过低,使配送企业处于无利或亏损状态下运行,也是不合理的。

4.配送与直达的决策不合理

一般的配送总是增加环节,但是这个环节的增加,可降低用户平均库存水平,因此不但抵消了增加环节的支出,而且还能取得剩余效益,但是如果用户使用批量大,可以直接通过社会物流系统均衡批量进货,较之通过配送中转送货则可能更节约费用,所以,在这种情况下,不直接进货而通过配送,就属于不合理范畴。

5. 送货中心不合理运输

配送可以集中配装一车为几家送货,这与一家一户自提相比,大大节省了运力和运费,对于多个小用户来说更是如此。如果不能利用这一优势,仍然是一户一送,而车辆达不到满载(即时配送过多过频时会出现这种情况),这就属于不合理配送。

6. 经营观念不合理

在配送实施中,有许多是经营观念不合理造成配送不合理,使配送优势无从发挥,相反却损坏了配送的形象。这是在开展配送时尤其需要注意克服的不合理现象。

(二)配送合理化措施

1. 推行一定综合程度的专业化配送

通过采用专业设备、设施及操作程序,取得较好的配送效果并降低配送过分综合化的复杂程度及难度,从而实现配送合理化。

2. 推行加工配送

通过加工和配送结合,充分利用本来应有的中转,而不增加新的中转实现配送合理化。同时,加工借助于配送,加工目的更明确,和用户联系更紧密,更避免了盲目性。这两者有机结合,投入不增加太多却可实现两种优势、两种效益,是配送合理化的重要经验。

3. 推行共同配送

通过共同配送,可以以最近的路程、最低的配送成本完成配送,从而实现配送合理化。

4. 实行送取结合

配送企业与用户建立稳定、密切的协作关系,配送企业不仅成了用户的供应代理人,而且为用户提供存储据点,甚至成为产品代销人,在配送时,将用户所需的物资送到,再将用户生产的产品用同一车运回,这种产品也成了配送中心的配送产品之一,或者代存代储,免去了生产企业库存包袱。这种送取结合,使运力充分利用,也使配送企业功能有更大的发挥,从而实现配送合理化。

5. 推行准时配送系统

准时配送是配送合理化的重要内容。配送做到了准时,用户才有资源把握,可以放心地实施低库存或零库存,可以有效地安排人力、物力,以追求高效率的工作。另外,保证供应能力,也取决于准时供应,从国外的经验来看,准时配送系统是现在许多配送企业实现配送合理化的重要手段。

6.推行即时配送

即时配送是最终解决用户企业断供之忧,大幅度提高供应保证能力的重要手段。即时配送是配送企业快速反应能力的具体化,是配送企业能力的体现。即时配送成本较高,但它是配送合理化的重要保证手段。

五、农产品配送中心的主要功能

农产品配送中心是专门从事农产品配送活动的经济组织,是集加工、理货、送货等多种职能于一体的物流据点。具体来说,农产品配送中心有以下几种主要功能(见图5-2)。

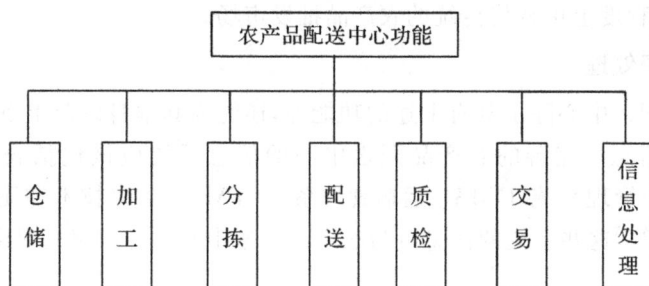

图 5-2 农产品配送中心的主要功能

(一)仓储

农产品配送中心的服务对象众多,为了顺利有序地完成向用户配送物品的任务及更好地发挥保障作用,通常要求配送中心具备一定的存储能力。由于农产品与一般的工业品不一样,具有易腐、易损、对储存条件的要求高等特点,所以,农产品配送中心需建设普通库、恒温库、冷库、低温库等不同的仓储设施用于仓储。

(二)加工

大多数农产品经过初级拣选加工后被运至农产品配送中心,配送中心需根据客户的要求,将货物加工成一定的规格、尺寸和形状。这样不但方便客户,而且实现了农产品的增值,提高了资源的利用率和配送效率。农产品经过加工后具有更多的优点,如便于运输、耐长期储藏等。加工的具体表现为装拆箱、改包装、组合包装、商标和条码的粘贴等作业。

(三)分拣

对农产品的配送同样要经历分拣的环节,以更好地满足消费者的日常需求。

(四)配送

为了及时、准确地满足客户要求,农产品配送中心须通过自有车辆或租用车辆,经过优化的规划路线,为客户进行"门到门"的服务,包括制订派车计划、送货路径选择、装车排程等具体作业。

(五)质检

农产品配送中心作为农产品的集散地,有责任对农产品进行农药残留等质量检验,这是农产品配送中心区别于其他配送中心的重要内容。

(六)交易

随着现代化的信息手段和电子设备仪器以及农产品标准化的迅速发展,农产品配送中心应该能够实行拍卖交易并以其作为主要的交易手段,这样不但节约了交易空间,使交易竞争更加公平,还有利于农产品的分拣、包装,可以提高配送效率,甚至一定程度上可替代传统的农产品批发市场。

(七)信息处理

农产品配送中心除了具有上述的功能外,还能为其本身以及上下游组织提供各种各样的信息。完善的农产品配送中心的信息系统应该包括仓储管理系统(WMS)、订单管理系统(OMS)、运输管理系统(TMS)、条码技术和无线射频识别(RFID)技术等,这些系统的信息可为农产品配送中心的经营规划提供参考。

复习思考题

1.运输在物流过程中的作用是什么?
2.简述配送的特点及其作用。
3.农产品运输的主要方式是什么? 怎样才能做到运输合理化?
4.农产品配送的基本模式有哪些? 具体的配送方式有哪些?
5.农产品配送中心的主要功能是什么?
6.怎样才能做到运输合理化?

参考文献

[1] 季永青.运输管理实务[M].北京:高等教育出版社,2000.

[2] 吴清一.物流实务(初级)[M].北京:中国物资出版社,2003.

[3] 钱廷仙.现代物流管理[M].北京:高等教育出版社,2009.

[4] 孙旭.基于GIS农产品物流配送中心选址问题研究[D].长春:吉林大学,2006.

[5] 贾卫丽,陈巧辉.惠州市农产品物流配送优化问题研究[J].物流技术,2009,28(7):37-41.

[6] 吕锋.农产品物流企业配送方案选择和路径优化研究[D].长春:吉林大学,2006.

[7] 于航.鲜活农产品物流配送的绩效评价和评价系统的设计[D].长春:吉林大学,2007.

［8］王永强.中国农产品物流：与发达国家的差距及改进［J］.粮食流通技术，2009（4）：40-43.

［9］黄体允，李英艳.我国农产品物流发展现状的分析与思考［J］.吉林农业科技学院学报，2009（2）.

［10］欧阳文霞.论我国社会化物流体系的构建［J］.吉林农业科技学院学报，2009（6）：43-44.

［11］兰丕武，吉小琴.现代农产品物流配送模式探析［J］.中国合作经济，2005（6）：46-47.

［12］李小飞.生鲜农产品物流配送组织模式研究——以浙江省为例［D］.杭州：浙江大学，2007.

［13］宁维巍.山东省果蔬类农产品现代物流配送体系［D］.济南：山东大学，2005.

［14］黄溪河.农产品物流配送的发展模式研究——以广州市和兴隆农产品物流配送企业为例［D］.广州：中山大学，2008.

［15］庄一敏.农资连锁配送中心的模式选择与管理［J］.中国农资，2006（9）：34-35.

［16］李玉民.农副产品批发市场物流配送中心的分析与规划［J］.中国市场，2007（15）：76-77.

［17］迟永梅，王侃.大型蔬菜批发市场的物流配送模式浅析［J］.物流科技，2008（9）：37-38.

［18］罗蓉.电子商务背景下的生鲜农产品冷链物流绩效评价研究［D］.武汉：华中农业大学，2014.

［19］一品清茶.菜鸟网络成立：以物流为基础，关键还是大数据［EB/OL］.（2014-08-27）. https://cn.aliyun.com/zixun/content/1_1_15425.html.

［20］李春城.我国农产品物流配送模式研究综述［J］.现代化农业，2013（8）：33-36.

［21］中国电子商务研究中心.沃尔玛初启 O2O 战略　布局三四线城市［EB/OL］.（2015-06-06）. http://b2b.toocle.com/detail-6255648.html.

【阅读与思考】

沃尔玛配送布局三四线城市

2015 年 5 月 26 日，随着沃尔玛（中国）总裁兼首席执行官柯俊贤为首单 APP 顾客送货，沃尔玛在深圳推出 APP"速购"平台，正式启动了线上线下门店的 O2O（线上到线下）整合战略。该平台先期在深圳的 23 家门店推出，商品品类达 1.3 万种，涵盖生鲜、干货、日用消费品、家居用品等商品。该平台包括"沃尔玛"手机 APP"速购"、供顾客自提货的门店"速购服务中心"及线上线下等多种移动电子支付方式。这意味着,沃尔玛在中国市场真正成为线下线上公司。

布局三四线城市

未来的电商主战场将慢慢从一二线城市向三四线城市转移,无论阿里巴巴还是京东都在虎视眈眈地瞄准移动端对接。由于在一线城市,实体门店从布点密集度到经营水平都比较高,实体零售商们在一线城市并未受到电商的实质性打击。

而如今,沃尔玛也正在加紧布局三四线城市,河北邢台、湖南攸县、云南文山、内蒙古赤峰、江西南昌等多个三四线城市都是沃尔玛购物中心的进入地。与此同时,沃尔玛也在不断投资物流中心,实现"最后一公里"物流配送。目前已经有9家干货及11家鲜食配送中心,配送范围覆盖近160个城市,需求量高的门店一周可配送10次以上,超过八成的非鲜食商品和五成的鲜食商品通过物流配送中心运送到店。"我们过去一两年建造了现代化的干货及生鲜物流供应链系统,当我们完成这些供应链建设工作,我们觉得推出速购服务条件更为成熟。"沃尔玛(中国)大卖场首席采购兼市场官方威翰向记者表示。

在三四线城市,移动端将更具有开拓空间。中国资深零售专家丁利国认为,由于那里很多人未必会用电脑,但智能手机的普及率比较高,因此用移动端比在电脑端(PC端)铺开容易很多。而三四线城市人口密度相对较小,在一个县城设立门店,推出移动端业务可以覆盖到周围区县几百万人,可以节省成本,避免开出更多不必要的店铺。

跟在中国已经较为成熟的1号店相比,沃尔玛速购的定位并非是同样独立的第三方平台,而只是沃尔玛超市的延伸,包括采购、物流配送,甚至人员都是在沃尔玛原来架构基础上的延伸。

方威翰表示:"1号店和速购不会有任何冲突,因为顾客购物选择的频道并不一样。对于大卖场类型的 APP 速购来讲,我们给予用户一站式的购物体验,他们需求的是跨很多品类的,有很多不同的需求。而1号店作为第三方平台更注重在线业务的 B2C(business to customer,企业对消费者)网站,他们的顾客更关注于单品,这两者的客人是没有冲突的。反而在上游,未来在供应链方面可以做更多的整合。"

4 小时新鲜生态圈

提高顾客的体验满意度是十分重要的,首先是生鲜的品质上,去年沃尔玛完成了所有鲜食配送系统的建设,鲜食供应链部分的基础打造以后,可以全程控制鲜食商品。从食品进入鲜仓之前,一直到进入货架,这个过程可以做整体的控制,而由于沃尔玛在线的鲜食商品也是从门店里挑选的,顾客也可以享受到鲜食保证项目,只要不满意14天内都可以退货。

据介绍,沃尔玛的配送建立在网络众多的实体门店基础上。当消费者下单后,沃尔玛APP会自动选择离消费者最近的线下门店为其配送,这将保证商品的新鲜度,且配送时间可以控制在4小时内,而足够多的门店也为实现线上线下资源整合提供了支撑。

虽然目前速购是由第三方公司专门组织团队配送的,但是每辆配送车上都有一名沃尔玛的员工,以进一步提升客户体验感。速购还基本能做到,由拣货人员亲自送货上门,顾客能够知道是哪个员工在帮他准备这些商品,这样能够让顾客对速购更有信赖感,同时顾客对商品的反馈意见也能传输回来。

速购承诺4小时内送货上门,而为了找到可以保持4小时低温的保鲜袋,他们花了大量时间研究性能,到日本、墨西哥、美国等国家挑选,通过试验找到最适合的保鲜袋作为配送工具,保鲜袋的冰块是特制的,可以确保4个小时以上的低温。在商品被挑拣出来后,他们会将其先存放在速购服务专区的冷库、冷藏柜里,在约定的时间送货上门。

不过方威翰也表示,对于未来何时正式推向全国,速购目前还没有一个更加明确的时间表,在深圳先期推出后,他们至少要花3个月时间得到用户回馈。一旦推行到第二个城市后,可能就会加快脚步。

仅仅是为服务实体门店、拉动客流而出现的速购,应该能够较好地完成它的使命。然而知名电商分析人李成东也表示忧虑,放眼整个中国,基于商超配送的移动APP早已是风起云涌,激战正酣。相比其他APP,沃尔玛速购以消费满188元作为免运费门槛,显然还是有些高。

而中国整个电商平台早已陷入了疯狂的价格战和圈地战,如何在这场疯狂之中,用优质的商品和良好的体验来赢得顾客,沃尔玛速购显然还要面临许多商品与价格的挑战。

[资料出处:中国电子商务研究中心.沃尔玛初启O2O战略 布局三四线城市[EB/OL].(2015-06-06).http://b2b.toocle.com/detail-6255648.html]

思考:1.什么是O2O?

2.零售物流配送布局三四线城市有什么优势和劣势?

3.沃尔玛的"4小时新鲜生态圈"在配送管理上可能存在哪些问题?

第六章 农产品物流信息系统

重点提示

通过本章的学习,应了解农产品物流信息的特征、功能,掌握农产品物流信息系统的内涵、特征及功能;了解农产品物流信息系统的构成以及各子系统的构成;掌握农产品物流信息系统的构建原则及步骤;掌握农产品订单信息管理系统的管理过程;了解农产品物流信息的相关技术。

教学课件

第一节 农产品物流信息系统概述

一、农产品物流信息

(一)农产品物流信息的含义

物流信息是指与物流活动相关的信息。农产品物流信息是反映农产品物流各种活动内容的知识、资料、图像、数据、文件的总称,是农产品物流活动内容、形式、过程以及发展变化的反映。它与农产品物流过程中的订货、收货、库存管理、发货及配送等基本职能有机结合在一起,流动于各个环节之间,并起着神经系统的作用,使整个农产品物流活动得以顺利进行。

农产品物流信息包含的内容可以从狭义、广义两方面来考察。

从狭义范围来看,农产品物流信息是指与农产品物流活动(如运输、保管、包装、装卸、流通、加工等)有关的信息。在农产品物流活动的处理与决策中,运输工具的选择、运输路线的确定、每次运输批量的确定、在途农产品的追踪、农产品仓库的有效利用、最佳运输路线的确定、库存时间的确定、订单管理、如何提高顾客服务水平等,都需要详细和准确的物流信息。

从广义范围来看,农产品物流信息不仅指与物流活动有关的信息,而且包含与其他流通活动有关的信息,如农产品交易信息和市场信息等。农产品交易信息是指与买卖双方的交易过程有关的信息,如销售和购买信息、订货和接受订货信息、发出货款和收到货款信息等。市场信息是指与市场活动有关的信息,如消费者的需求信息、竞争农产品的信息、销售促进活动信息、交通通信等基础设施信息。

(二)农产品物流信息的内容

在处理和建立信息系统时,对农产品物流信息进行分类是一项基础工作。农产品物流信息包括以下若干种。

(1)计划信息。计划信息是指尚未实现但已被当作目标确认的一类信息,如农产品物流量计划、仓库吞吐量计划、车皮计划、与物流活动有关的各类计划。许多具体工作的预计、计划、安排等,甚至是带有作业性质的,如协议、合同、投资等信息,只要尚未进入具体业务操作的,都可归入计划信息之中,这种信息的特点是带有相对稳定性,信息更新速度较慢。

(2)控制及作业信息。控制及作业信息是物流活动过程中发生的信息,带有很强的动态性,是掌握农产品物流状况所不可少的,如库存种类、库存量、在运量、运输工具状况、物价、运费、投资与在建情况、港口船舶的贸易、货物到发情况等。这类信息的特点是动态性非常强,更新速度快,时效性强。

农产品物流活动过程中产生的信息,都是上一阶段过程的结果,但并不是此项物流活动的最终结果,这种信息的主要作用是控制和调整正在发生的物流活动以及指导下一次即将发生的物流活动,以实现对过程的控制和对业务活动的微调。

(3)统计信息。统计信息是物流活动结束后,关于整个物流活动的一种终结性、归纳性的信息。这种信息是一种恒定不变的信息。虽然新的统计结果不断出现,总体来看,其具有动态性,而已经发生的统计信息是一种历史的记录,是恒定不变的。诸如上一年度、月度发生的物流量、物流种类、运输方式、运输工具使用量、仓储量、装卸量以及与物流有关的农产品产量、内外贸量等都属于这类信息。

(4)支持信息。支持信息指能对农产品物流计划、业务、操作产生影响或有关的文化、科技、产品、法律、教育、民俗等方面的信息,例如农产品物流技术革新、农产品物流人才需求等。这些信息不仅对农产品物流战略发展具有价值,而且也对控制、操作起到指导和启发作用,是属于从整体上提高农产品物流水平的一类信息。

另外,农产品物流各个不同的功能领域由于其活动性质的不同,信息内涵和特征也有所不同。按这些领域功能分类,有运输信息、仓储信息、装卸信息等,甚至能更细化分成集装箱信息、库存量信息、汽车运输信息等。按物流的不同功能领域对信息进行分类是物流管理具体化必不可少的内容。

(三)农产品物流信息的特征

农产品物流活动中的信息流是农产品物流的产物,伴随着农产品的实体移动而流动。农产品物流过程中的信息具有以下几个特征。

1.信息量大

农产品物流信息随着农产品物流活动以及商品交易活动展开而大量产生。多品种、少批量生产和多频次、小批量配送使库存、运输等农产品物流活动的信息大量增加。零售商广泛应用 POS 系统读取农产品品种、价格、数量等即时销售信息,并对这些销售信息进行加工整理,通过 EDI 向相关企业传送。同时,为了使库存补充作业合理化,许多企业采用 EOS(电子订货系统)。随着企业间合作倾向的增强和信息技术的发展,农产品物流的信息量在售后将会越来越大。

2.更新变动快

农产品物流信息是在农产品物流活动过程中产生的,货物流和信息流同时流动才能发挥物流信息的作用。在农产品物流活动中,信息不断地产生,而且更新速度很快。多品种、少批量生产,多频次、小批量配送,以及利用 POS 系统的即时销售使得各种农产品物流作业活动频繁发生,加上市场状况、用户需求的变化多端,要求农产品物流信息不断更新。信息的价值衰减速度快,需要对农产品物流信息进行及时处理和有效管理,才能适应农产品物流的及时要求。

3.来源多样化

农产品物流信息不仅包括农产品物流信息(如生产信息、库存信息等),而且包括农产品物流企业之间的信息和与物流活动有关的基础设施的信息。农产品供应链上的企业应相互协调合作,而协调合作的手段之一是信息的即时交换和共享。许多企业把农产品物流信息标准化和格式化,利用 EDI 在相关企业之间进行传输,实现信息的共享。另外,农产品物流活动往往利用道路、港湾、机场等基础设施。因此,为了高效地完成农产品物流活动,必须掌握与基础设施有关的信息,如在国际物流过程中必须掌握报关所需的信息、港湾作业信息等。

4.信息的不一致性

农产品物流信息的产生、加工在时间、地点上不一致,采集周期和衡量尺度不一致,在应用方式上也不一致。为了有效控制农产品物流系统中的各种信息,需要建立统一完善的数据采集系统。另外,繁忙时节和平常相比,信息量的差异也存在,因而必须加强系统对农产品物流信息的处理能力。

(四)农产品物流信息的功能

农产品物流系统是一个有着自身运动规律的有机整体。物流信息经过收集、加工、处理后,成为系统决策的依据,对整个物流活动起着运筹、指挥和协调的作用。具体地说,农产品物流信息主要有以下几项基本功能(见图 6-1)。

(1)交易活动功能。交易活动主要有记录订单内容、安排存货任务、作业程序

```
                          ·战略
       支持决策和战略定位   联盟形成
                       ·能力和机会的
                         开发和锻炼
                      ·集中的、以利润为
                     基础的顾客服务分析
                     ·车辆生产日程安排
         工作协调        ·存货水平和管理
                     ·网络/设施选址配置
                   ·与第三方/外源的垂直一体化
                  ·金融衡量   ·顾客服务衡量
        业务控制     ·成本     ·生产率衡量
                  ·资产管理   ·质量管理
                 ·记录订单内容       ·装船/车
        交易活动    ·安排存货任务      ·定价和开发票
                 ·作业程序选择      ·消费者询问
```

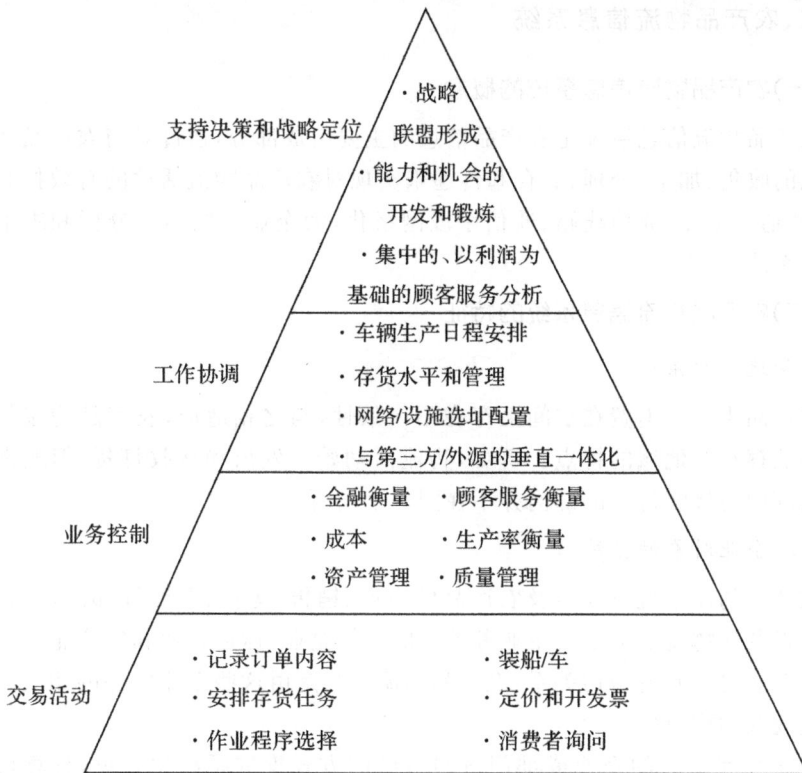

图 6-1　农产品物流信息的功能结构

选择、制定价格及相关人员查询等信息。物流信息的交易作用就是记录物流活动的基本内容。主要特征是:程序化、规范化、交互式,强调整个信息系统的效率性和集成性。

(2)业务控制功能。物流服务的水平和质量以及现有管理个体和资源的管理,要有信息系统做相关的控制,应该建立完善的考核指标体系来对作业计划和绩效进行评价和鉴别。这里强调信息系统加强控制力度的作用。

(3)工作协调功能。在物流运作中,加强信息的集成与流通,有利于提高工作的时效性,有利于提高工作的质量与效率,有利于降低劳动强度系数。这里,物流信息系统也能发挥重要作用。

(4)支持决策和战略定位功能。物流信息管理协调工作人员和管理层进行活动评估和成本—收益分析,从而更好地进行决策。这里强调物流信息系统的支持决策和战略定位作用。

二、农产品物流信息系统

(一)农产品物流信息系统的概念

农产品物流信息系统是农产品信息的主要组成部分,通过对与农产品物流相关信息的收集、加工、处理、储存和传递来实现对农产品物流活动的有效控制和管理,并使通信据点、通信线路、通信手段网络化,为企业提供信息分析和决策支持的人机系统。

(二)农产品物流信息系统的特征

1.跨地域的系统

农产品生产与消费在空间上存在不一致性,与之相适应,农产品物流信息系统也必然存在跨地域的特点。例如,物流活动始于发出和接收订货,但通常发出订货的部门与接收订货的部门并不在同一个场所。

2.跨企业对象的系统

农产品物流系统不仅涉及农产品的生产、销售、运输、仓储等部门,而且与物流企业以及在物流活动上发生业务关系的仓储企业、运输企业和货代企业等众多的独立企业之间有着密切关系,农产品物流系统是由这些企业内外的相关部门和相关企业共同构成的。

这些相互独立的企业或部门按照自己的方式推进系统化建设,计算机的类型、所使用的软件、通信格式、使用线路的速度和质量规格等方面是不同的,在票据格式、编码体系等交易规格方面也存在区别。解决这个问题的有效途径是使用EDI,实现不同企业之间数据交换的标准化。

3.海量信息实时处理的系统

农产品物流信息系统在大多数情况下需要一件一件地处理信息。即使是中等规模的批发商,一天要处理的订货票据也会超过上千件,而且在接受订单后的订主检查,包括信用检查、库存核对、出库指令、运输指示等都需要及时处理。如果发现信息不全面或有错误,需要与客户及时联系。

4.波动适应性强的系统

农产品物流活动的一个特点是波动性较大,一年的不同季节,一个月内的不同日期,物流作业量有较大差别。这种波动对于物流系统来说是不希望发生的,有必要将物流作业平均化。为此,必须要有对波动的预测能力,这是物流系统管理的任务。物流信息系统与生产管理等其他系统不同,即便事先可以预测高峰期,但也无法事先处理。物流作业的服务对象是即时的产品,生产过程也就是消费过程,无法进行事前储备。

5.与作业现场密切联系的系统

农产品物流的现场作业需要从农产品物流信息系统获取信息,用以指导作业活动。信息系统与作业系统的紧密结合,可以改变传统的作业方式,大大提高作业效率和准确性。例如,传统的农产品检验方法是对照着打印出来的订货明细表,检查到货数量与订货数量是否一致。这种方法在数据与货物的核对上要耗费很多时间,效率低下。现在的做法是,利用手持终端机读取包装上的条形码信息,手持终端机上就会立刻显示出该类商品的订货数量,检验员根据屏幕显示的订货数量,核对到货数量。这样省去了查找数据的时间或查找商品的时间,检验员可以根据商品的码放顺序逐一检查。

6.可得易用的系统

农产品物流信息系统必须易用而又具有始终如一的可得性,即在需要的时候能方便及时地获得有关信息和数据,并且以数字化的形式获得。可得性的另一个方面是存取所需信息的能力,农产品物流作业分散化要求对信息具有较强的存取能力,并且能从国内甚至世界范围内的任何地方方便地对信息进行更新,以便借助于较强的信息可得性来减少作业上和制订计划上的不确定性。

7.及时准确的系统

农产品物流信息必须精确地反映当前的状况和定期活动状态,以衡量顾客订货和存货的水平。精确性可以解释为物流信息系统的报告与实际状况相比的差异程度。当实际存货和信息系统存货之间吻合度较低时,就有必要采取缓冲存货或安全存货的方式来适应这种不确定性。增强信息的精确性,也就可以减少不确定性,进而减少为安全存货而增加的需要量。

农产品物流信息必须及时。及时性就是指一种活动的发生与该活动在信息系统内的反应之间所存在的时间差尽量缩小。

8.基于异常情况的系统

农产品物流信息系统必须以异常情况为基础,突出农产品物流动态问题和可能提供的机遇。由于农产品物流运作过程中通常要与大量的顾客、产品、供应商和服务公司发生关系,系统必须对各种需求做出响应,为此,必须定期检查农产品物流的状态变化,以便发现问题。

(三)农产品物流信息系统的功能

1.农产品物流信息系统应具备的性能

(1)开放性。为实现农产品物流企业的管理一体化和资源的共享,农产品物流信息系统应具备可与内部其他系统,如财务、人事等管理系统相连接的性能,且系统不仅要在企业内部实现数据的整合、顺畅流通,还应具备与企业外部的供应链的各个环节进行数据交换的能力,实现各方面的无缝连接,甚至还需要考虑与国际通行的标准接轨,如EDI标准,以迎接国际化竞争的挑战。

(2)可扩展性、灵活性。农产品物流信息系统应具备随着企业发展而发展的能力。在建设农产品物流信息系统时,应充分考虑未来的管理及业务发展的需求,以便在原有的系统基础上建立更高层次的管理模块。建设农产品物流信息系统时应考虑系统的灵活性,否则就会造成资源的极大浪费。

(3)安全性。互联网的广泛使用使农产品物流企业触角延伸更远,数据更集中,但安全性的问题也随之而来,特别是在使用电子单证、实现网上支付的前提下,安全性更成为农产品物流管理信息系统的首要问题。安全性问题表现在以下两方面:

①内部的安全性问题。资料的输入、修改、查询等方面应根据实际需要赋予不同部门不同人适当权限,设置操作人员进入系统的密码,对操作人员的操作进行记录,操作人员只能在授权范围内进入系统等,避免没有权限的人看到或修改企业资料,从而造成数据资料不稳定和商业机密泄露。

②外部的安全性问题。系统连接互联网后,将面临遭受病毒、黑客或未经授权的非法用户等攻击而瘫痪的威胁,也可能要遭受外来的非法用户入侵窃取公司的机密,甚至数据在打包通信时在通信链路上遭截获等,因此要考虑采取加密、监视、防火墙等措施,使系统具备足够的安全性,以防止这些外来入侵。

(4)协同性。协同物流是现代物流的一种发展趋势。系统协同性表现在以下四个方面:

①与客户的协同系统应可以与客户的ERP(企业资源计划)系统或库存管理系统实现连接。系统可定期给客户发送各种物流信息,如库存、船期、催款提示等;也可收到客户随时发来的各种物流信息,如订单、运输和包装要求等。这样可以有效地降低双方库存。

②与企业内部各部门之间的协同。如业务员可将客户及其相关货物的数据输入系统,生产部门可据此排出生产计划,采购部门提出具体的采购计划,财务部门可以制作结账单、报表,进行记账、控制处理。

③与供货商及供应链上其他环节的协同。系统应可以与供应商的ERP或库存管理系统、第三方物流企业的物流服务系统实现有效连接,通过网络实现信息相互传输。

④与社会各部门的协同。即通过网络与银行、海关、税务等部门实现信息即时传输;与银行联网,可以实现网上支付和网上结算,还可查询企业的资金信息;与海关联网,可以实现网上报关、报税。

(5)快速反应。农产品物流信息系统应能满足供应链的管理要求,对供应商和客户的在线查询、修改、输入等操作做出快速和及时的反应。市场的剧烈变化,既给企业带来生存发展的机会,也可能带来致命的威胁。农产品物流信息系统就相当于一个神经系统,系统的每一神经元渗入供应链的每一环节,每一个环节受到的刺激都能引起系统的快速、适当的反应。

(6)集成性。农产品物流过程涉及的环节多、分布广,信息往往具有量大、分散、范围广的特点,信息系统需高度集成,同样的信息只需一次输入,就可以实现资源共享,减少重复操作,减少差错。

(7)动态性。系统反映的数据应是动态的,可随着农产品物流的变化而变化,能实时地反映农产品物流的各种状况,支持供应商、客户、公司员工等用户的在线查询。

(8)支持远程处理。农产品物流过程往往范围广,涉及不同部门并跨越不同的地区。在网络时代,企业与供应商、企业与客户、企业与社会其他部门之间的空间距离可以反映为鼠标距离。物流信息系统应支持远程的业务查询、输入、人机对话等事务处理。

(9)检测、预警、纠错能力。为保证数据的准确性和稳定性,系统应在每个模块中设置检测程序,对输入的数据进行检测,把一些无用的数据排斥在外,提醒并避免操作人员输入错误信息,如集装箱装运信息。

2. 农产品物流信息系统的基本功能

农产品物流信息系统作为整个物流系统的指挥和控制系统,可以分为多种子系统或者多种基本功能,通常其基本功能可以归纳为以下几个方面。

(1)数据的收集和输入。对于有关农产品物流的数据,首先是将子系统从系统内部或者外部收集的数据输入预处理系统中,并整理成为系统要求的格式和形式,然后再通过输入子系统将数据输入农产品物流信息系统中。这一基本功能是其他功能发挥作用的前提和基础。

(2)信息的存储。数据进入系统中之后,在其得到处理之前,必须在系统中存储下来。当得到处理之后,如果没有完全丧失信息价值,往往也要将结果保存下来,以备使用。农产品物流信息系统的存储功能就是保证已得到的物流信息能够不丢失、不走样、不外泄,整理得当,随时可用。

(3)信息的传输。物流数据和信息在物流系统中,必须及时、准确地传输到各个职能环节,才能发挥其功效,这就需要物流信息系统具有克服空间障碍的功能。物流信息系统必须充分考虑所要传递信息的种类、数量、频率、可靠性要求等因素。现代化的信息传输以计算机为中心,通过通信线路与近程终端或远程终端相连,形成联机系统;或者通过通信线路将中、小、微型计算机联网,形成分布式系统。衡量数据传输能力的指标是传输速度和误码率。

(4)信息的处理。物流信息系统的最基本目标,就是将输入数据加工处理成物流信息。所谓物流数据是指不能直接满足物流作业系统某一环节的需要，但又与之密切相关，只要通过一系列的信息处理就可以满足需要的物流情报。而那些能够直接或者经过信息处理后在某一作业环节上发挥功能的物流情报，就称为物流信息。信息处理可以是简单的查询、排序，也可以是复杂的模型求解和预测，信息处理能力是衡量物流信息系统能力的一个极其重要的方面。

（5）信息的输出。信息输出必须采用便于人或计算机理解的形式，在输出形式上力求易读易懂，直观醒目。这是评价物流信息系统的主要标准之一。当前物流信息系统正在向数据采集的在线化、数据存储的大型化、信息传输的网络化、信息处理的智能化以及信息输出的多媒体化方向发展。

(四)建设农产品物流信息系统的必要性

1.解决市场信息无法顺畅地传递到生产者的问题

图 6-2 是农产品物流模式中极具代表性的一种，从图中可以直观地看到农产品物流与信息流的流动方向。

图 6-2 表明，农产品物流的流动方向是由生产者到消费者，而信息流正好相反，是由消费者到生产者。这就说明生产者在生产之前必须获得充分的信息，了解消费者的消费情况和市场的供需情况。但在我国，实际情况是多数生产者在产前根本无法获得有用的信息，在产后也无法及时获得农产品物流系统反馈回的信息。这使生产者无所适从，感觉生产什么都没有保障。这种情况极易导致生产者之间的盲目生产、过度竞争。这时生产者不但承受了自然风险的压力，还承受了市场风险的压力。

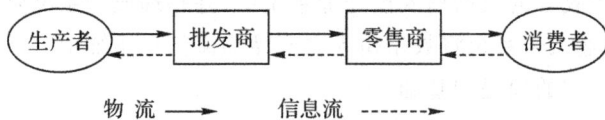

图 6-2　农产品物流一般模式

2.解决农产品物流系统各个环节存在协调不利现象的问题

农产品物流的各个环节不可避免地存在着效益背反现象，一个环节效率的提高有时会降低其他环节的效率，从而导致整体的效率降低。所以一个高效率运转的农产品物流系统必然是各个环节紧密相连、相互协调的系统。但我国由于信息技术应用水平低、信息流不顺畅，农产品物流的众多环节各自为战、竞争无序最终导致大量浪费，使系统整体蒙受损失。

3.解决农产品出现质量问题很难追本溯源的问题

随着消费者对鲜活农产品消费量的日益扩大，其质量安全等问题越来越受到人们的关注。建立鲜活农产品的准入制度，把质量差、安全存在问题的产品排除在外是对我国农产品物流系统的基本要求，这也促使农产品物流系统进一步健康发展。我国现阶段并没有建立起有效的鲜活农产品身份证制度，一旦出现问题，很难追本溯源，从而无法解决根本问题。而农产品物流信息系统的建立则有利于解决质量问题难以追本溯源的问题。

4.解决农产品物流企业间未形成农产品物流信息的共享机制的问题

农产品物流企业间农产品物流信息实现共享的手段是 EDI 技术和网络技术。但这些技术在我国的应用都非常有限。EDI 即电子数据交换，是一种有效的、新型的商业信息管理手段，其应用范围还非常有限，主要集中在进出口海关、商检等管理部门之间使用。就国内多数企业而言，真正意义上的 EDI 应用还远未开展。一是由于企业信息化水平整体不高，技术条件和信息管理基础相对薄弱；二是 EDI 系统的开发成本比较高，多数企业缺乏充足的开发资金实力；三是农产品物流供应链上下游企业在对 EDI 的认识上尚未达成一致，有些上下游企业甚至没有认识到 EDI 的作用。

5.解决农产品物流发展的不平衡导致区域间的信息壁垒严重的问题

我国农产品物流存在区域发展上的不平衡，在东部较为发达的地区，由于信息技术应用水平高，农产品物流现代化发展的步伐较快，而在中西部很多地区，信息技术应用水平低，农产品物流依然过度依赖传统的运销方式。这就会导致发达地区与不发达地区之间的信息传递出现难以衔接的问题，造成区域间的信息壁垒，严重影响我国鲜活农产品跨区域流动的效率。

6.解决物流企业还基本上处于基础物流的操作层面的问题

信息技术的应用大都只在某一环节，缺乏物流信息管理系统的整合，如条码管理、GPS（全球定位系统）、GIS（地理信息系统）、立体库、呼叫中心等都在应用，但呈现出零乱和分散的局面。这当中，信息技术的应用又和企业自身的优势紧密结合。大多数物流企业都是在自己传统优势业务的基础上开展信息化建设，由此带来的问题是，农产品物流信息的标准如何在农产品物流的各个层面自由交换，使需要综合农产品物流服务的企业顺畅地得到农产品物流方案。这也就造成我国农产品物流企业信息技术投入的资源浪费情况严重，由此产生信息交换断层，从而制约了整个农产品物流产业竞争力的提升。有鉴于此，国家出台规范的物流流程和信息化标准，推广与世界物流标准接轨的信息标准体系迫在眉睫。

第二节　农产品物流信息系统的构成与构建

一、农产品物流信息系统的结构

一个完整的物流信息系统的结构是"信息采集—简单处理—传输—处理(分析、管理、运算)—决策—传输"的循环。一般来说,农产品物流信息系统可分为硬件及软件两大部分。

(一)硬件部分

包含了计算机硬件设备、网络通信基础设施和各种物流工具。

(二)软件部分

包含了操作系统、通信协议、数据库和业务处理系统等,运行在底层的硬件设施和各种物流工具之上。其中,物流信息系统的软件层又可分为物流企业子系统、运输工具子系统、现场子系统、用户子系统、行业管理子系统等多个子系统,这些子系统分别拥有自己的专用数据库,同时也有一些公用数据运行于公用数据库之上,构成公有信息平台(见图6-3)。

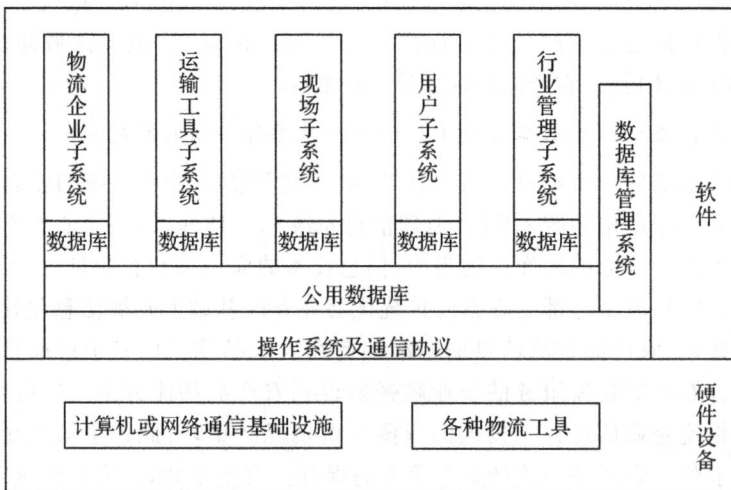

图 6-3　农产品物流信息系统的组成

二、农产品物流信息系统的功能分类

(一)接受订货系统

接受订货是交易活动的始发点,是办理从零售处接受订单、准备货物、明确交货时间与交货期限、剩余货物管理等业务的系统。接受订货系统从接收订货信息开始,对订货信息的完整度、准确度进行检查,并对客户的相关制约条件进行检查,如货款交纳情况、信用情况等。在确定可以接受订货要求后,按照订单进行库存确认。接受订单处理业务完成后,必要的情况下,要将订货请求书传给客户确认。订货登记的信息处理要在下一步的货物拣选、出库、配送等业务开始之前完成,这些具体的物流作业活动都要基于订货信息处理结果来完成。

1. 接受订货系统的功能层联

接受订货系统的功能关联如图 6-4 所示。

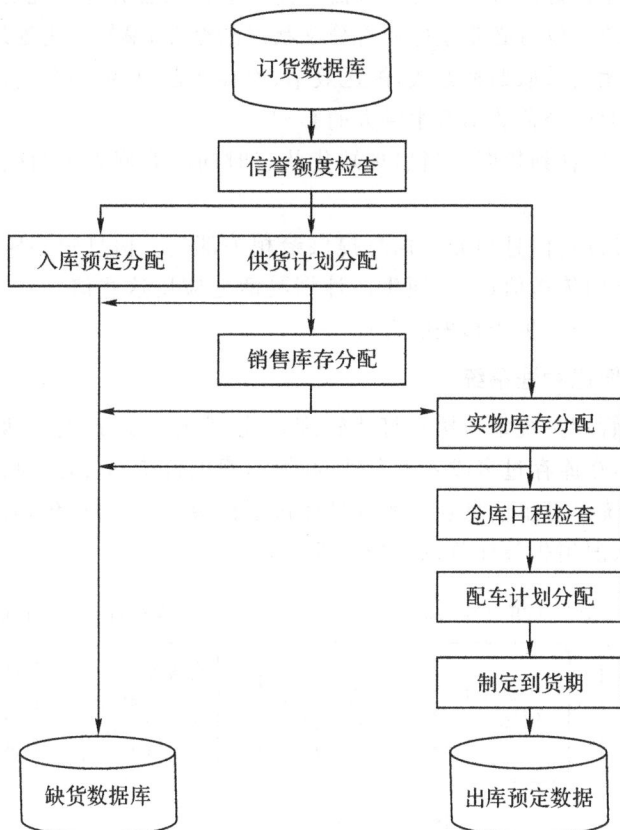

图 6-4　接受订货系统的功能关联

2.接受订货系统的业务流程

接受订货系统的业务流程如图 6-5 所示。

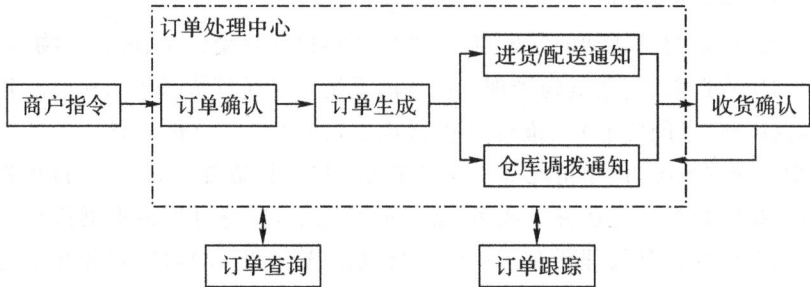

图 6-5　接受订货系统的业务流程

(1)将订单信息转换为物流信息。将订单信息转换为物流信息就是如何分配库存并做成出库预订的数据。对顾客需求需要立即回答分配状况的企业,必须具有实时联网系统。没有必要立即回答分配状况的企业,最好采用处理效率较高的批处理方式。无论采取哪种方式,配送效率、库存运营、从哪一个仓库进行分配等方面都会对企业的经营效率产生巨大的影响。

(2)正确地回答到货期。当出现缺货状态时向顾客回答不明确的到货期,会造成机会损失。

(3)将接受订货信息和分配信息提供给相关部门。信息中心应逐级向生产、销售、库存等部门传送信息,以便生产计划灵活地应用这些信息。接受订货的状况直接影响其自身的生产和采购订货。

(二)订单信息管理系统

订单信息管理系统是与接受订货管理系统、库存管理系统互动的,库存不足时应防止缺货,在库存过多或者不合理的时候,根据订货劝告,适时适量调整订货的信息管理系统。订单信息管理系统具体包括订单准备、订单传输、订单录入、订单履行、订单状况报告等环节,如图 6-6 所示。

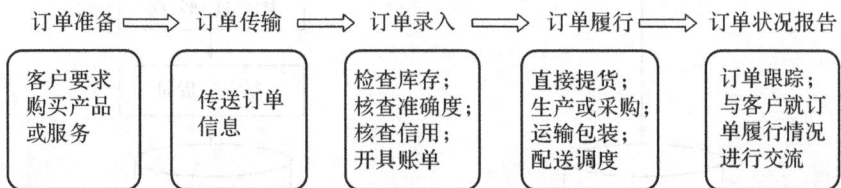

图 6-6　订单信息管理系统

1. 订单准备

订单准备是指搜集所需产品或服务的必要信息和正式提出购买要求的各项活动。

订单准备包括的内容有：确定供应商，由客户或销售人员填制订单，决定库存的可得性，与销售人员打电话通报订单信息或在计算机菜单中进行选择等。

这一活动从电子技术中获益匪浅，例如超市收银台的商品条码扫描系统。该项技术以电子化方式搜集所需商品的信息（尺寸、数量、品名），并提交给计算机做进一步的处理，加快了订单准备的速度。

买方还可以在网络上与卖方讨论特定产品的规格，确定可得性和价格，并进行选择。目前由于 ERP 系统的使用，一些工业企业的采购订单常常是根据库存消耗情况由计算机直接生成的。然后，利用电子数据交换技术（EDI），与供应商实现无纸贸易，从而降低订单准备成本，减少补货次数。

新技术的应用也使得不再有必要人工填制订单。语音感应型电脑和产品信息无线编码（被称为射频识别系统，radio frequency identification system，RFID system）等新技术进一步缩短了订货周期中订单准备阶段所耗用的时间。

库存的可得性对订货周期影响巨大，它往往会迫使物流和信息流偏离现有的轨道。因为正常的情况下，货物大多数都是通过仓库发送给客户的。如果仓库中没有现货，就需要将订单传输给工厂，用工厂的库存来履行订单。如果工厂也没有库存，就必须填制生产订单，进行生产，然后由工厂直接送到客户的需用地。

2. 订单传输

订单传输是订单处理过程中的第二道工序，涉及订货请求从发出地点到订单录入地点的传输过程。

订单传输可以通过两种基本方式来完成，即人工方式和电子方式，其中电子方式又包括电话/传真传输和网络传输。而订单传输时间因所选用的传输方式不同而大不相同。

人工方式包括邮寄订单，或由销售人员亲自将订单送到录入地点。作为传输方式之一，销售人员搜集、拣选订单后经邮寄传送所花费的时间可能最长，但是成本相对低廉。

随着免费服务电话、传真机以及互联网的广泛应用，利用电子方法传输订单的做法相当普及。这种高可靠性、高准确度的传输方式几乎可以瞬间完成订单信息的输送，已经基本取代了人工传输方法。

但是，企业在选择订单传输方式时除需要考虑传输速度、传输可靠性和准确性这些绩效指标以外，还应该考虑设备购置及运营的成本。

3.订单录入

订单录入是指在订单实际履行前所进行的各项工作,包括:①核对订货信息(如商品名称与编号、数量、价格等)的准确性;②检查所需商品是否可得;③如有必要,准备补交货订单或取消订单的文件;④审核客户信用;⑤必要时,转录订单信息;⑥开具账单。

进行上述工作很有必要。由于订货中所包含的信息往往与要求的格式不完全吻合,如有的表述不够准确,因此在交给订单履行部门执行之前还需做一些处理工作,但这样就会延误订单的传递时间。

订单录入可以人工完成,也可以进行全自动处理。条形码、光学扫描仪以及计算机的使用极大地提高了该项活动的效率。其中,条形码扫描技术对于准确、快速、低成本地录入订单信息尤为重要。与利用计算机键盘录入数据相比,条码扫描技术有显著的优越性,已经在零售、制造和服务行业被广泛运用。

从物流管理的角度来看,在订单录入阶段需要注意订单规模的问题,对订单规模进行限制,甚至可以拒绝接受低于最小订货量的订单。这样做可以确保企业不会产生高昂的运输成本,由供货企业支付运费的情况更是如此。通过整合订单可以使运输调度更加有效,使仓库的拣货与装运模式更加优化。

4.订单履行

履行订单是由与实物有关的活动组成的,包括:①通过提取存货、生产或采购来获取所订购的货物;②对货物进行运输包装;③安排送货;④准备运输单证。其中有些活动可能会与订单录入同时进行,以缩短订单处理时间。

设定订单履行中的先后次序及相关程序会影响个别订单的总订货周期。但企业往往并没有就订单履行初始阶段,即订单录入和处理的方法做出正式规定。有的企业可能会因为订单处理人员忙得不可开交而先处理不太复杂的订单,致使公司重要客户的订单在履行时拖延过久。订单处理的先后次序可能会影响到所有订单的处理速度,也可能影响到较重要订单的处理速度。以下是一些可供选择的优先权法则:①先收到,先处理;②使处理时间最短;③预先确定顺序;④优先处理订货量较小、相对简单的订单;⑤优先处理承诺交货日期最早的订单;⑥优先处理距约定交货日期最近的订单。

有的企业在接到订单后并不立即履行订单发运货物,而是压后一段时间,以集中货物的运量,降低单位运输成本,这种决策确实需要制定更为周详的订单处理程序。这样做增加了问题的复杂性,因为这些程序必须与送货计划妥善协调,才能全面提高订单处理、交货作业的效率。

5.订单状况报告

订单处理过程的最后环节是通过不断向客户报告订单处理过程中或货物交

付过程中的状况,以确保优质的客户服务。具体而言,该项活动包括:①在整个订单周转过程中跟踪订单;②与客户交流订单处理进度、订单货物交付时间等方面的信息。这是一种监控活动,并不会影响处理订单的一般时间。

(三)收货信息管理系统

收货信息管理系统是指根据收货预定信息,对收到的货物进行检验,与订货信息核对无误以后,记入库存、指定货位的收货管理信息管理系统。

收货管理要达到的目的是对到货商品与订单的单品名目及数量核对检查,并对商品条形码有效性及其在后台应用系统中的合法性进行检验,最后自动生成收货清单。

其主要流程如下:供货商按照订单要求将货品送到收货处,验收人员在收货区利用 RFID 手持终端调用后台数据库中相对应的订单,与供货商送来的商品逐一检查对照,并进行确认。检查对照的信息包括物品编码、物品数量、生产地、品种、规格、包装时间、保质时间、旧价格、新价格、变更时间、条形码标准等。验收人员使用手持终端设备对后台服务器收货信息实时更新,同时记录收货时间和收货人,并可以通过 RFID 手持终端与网络打印机相连,实时打印收货清单。如果在查验过程中出现商品条形码与后台系统不符或商品数量与订单上该商品数量不符等问题,可以拒收货物。

(四)库存管理系统

对保存在物流中心内的商品进行实际管理、指定货位和调整库存的信息管理系统叫作库存管理系统。库存管理包含两个方面的含义:一是正确把握库存数量的"库存管理";二是按照准确的数量补充库存的"库存控制",称为补充订货。为了有效地进行库存管理,需要制订库存分配计划,在执行过程中,使保管的库存与计算机掌握的库存相一致。有订货发生,在订货处理时应进行库存核对,计算机内的库存数量随之减少;有入库发生,入库数据输入后计算机内的库存数量应增加。为了防止拣选作业、数据输入等环节出现差错,需要在作业后及时核对货架上的货物,发现误送的商品及时追踪,同时对计算机内的数据进行修正。为了简化作业,需要定期对全部货物进行实物与计算机库存数据核对,即盘点。

库存状态信息是指所有的产品、零部件、在制品及原材料的信息,主要包括当前库存量、计划入库量(在途量)、订货批量、安全库存量等。

库存管理系统(见图 6-7)采用计算机开单据的方法,对出、入库单据提供了自动生成单据编码和手工录入单据编码两种功能,并对单据号进行一次性检查。

(五)仓储管理系统

仓储管理系统主要由入库作业系统、保管场所系统以及出库作业系统三大业务模块以及相应的信息流所组成(见图 6-8、表 6-1)。

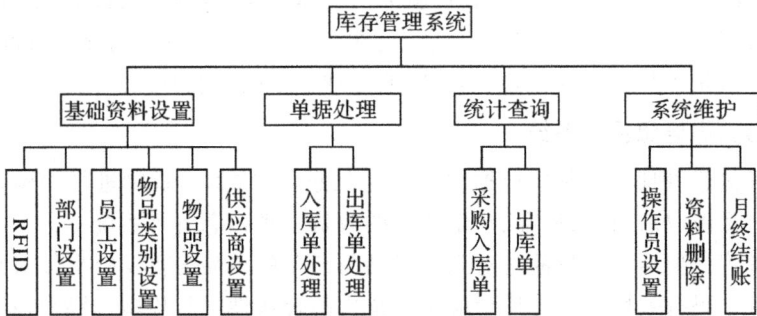

图 6-7　库存管理系统

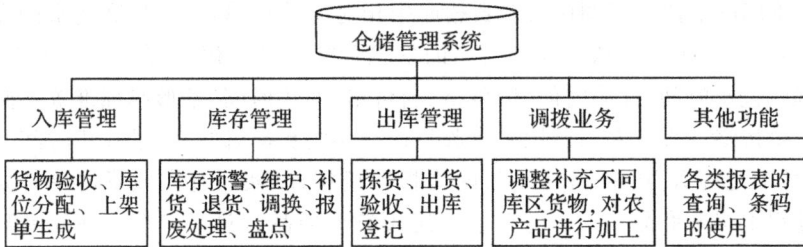

图 6-8　仓储管理系统的业务构成

表 6-1　仓储管理系统的信息流

入　库	保　管	出　库
1.供应计划	1.库存余额表	1.生产计划、出库计划
2.订货单	2.库存日期表	2.发货传票
3.采购计划	3.货架卡	3.出库传票
4.交货单、入库单	4.物品位置表	4.订货付款单
5.货物清单		5.配套、分类表
6.入库月报		6.出库月报
7.物品位置表		7.搬运路线图

1.入库作业系统

入库作业系统包括预定进货数据处理和实际进货作业。

预定进货数据处理是为进货月台调度、进货人力资源及机具设备资源分配提供参考。数据来自:采购单上的预定进货日期、进货商品、进货数量等;供应商预先通告的进货日期、商品及入库数量。可打印定期入库数据报表。

在实际进货作业中发生在厂商交货之时的输入数据,应包括采购单号、厂商名称、商品名称、商品数量等。退货入库的商品也需检验,合格品方可入库。这种入库数据既是订单数据库、出货配送数据库、应收账款数据库的减项,又是入库数据库及库存数据库的加项。

商品入库后有两种处理方式:立即出库或上架出库。对于立即出库的状况,入库作业系统需具备待出库数据查询功能并连接派车计划及出货配送系统。采用上架入库再出库的话,入库作业系统需具备货位指定功能或货位管理功能。货位指定功能是指当进货数据输入时即给货物分配最佳货位。货位管理则主要进行商品货位登记、提供现行使用货位报表与空货位报表等,为货位分配以及商品存储货位跟踪提供参考。货位指定系统还需具备人工操作的功能,以便仓管人员调整货位,根据多个特性查询入库数据。商品入库后系统可用随即过账的功能,使商品随入库变化录入总账。

2. 保管场所系统

保管场所管理的有效方法是对保管位置和货架按照一定的方式标明牌号,根据牌号下达作业指示。在计算机控制的自动化仓库中,没有货位的牌号标示是无法运作的。

通过对仓库货物保管位置标明区位号码来提高保管场所使用效率的方式称为保管场所系统。这种系统包括保管位置与保管物品相对一致的固定场所系统和保管位置与保管物品经常变动的自由场所系统两大类。

固定场所系统由于保管货物的位置相对固定,便于作业人员的识别查找,即便是业务不熟练的人员,也可以迅速、准确地进行货物拣选。但是,货位的使用效率相对较低。当货物保管量少的时候,货位出现闲置;反之,当货物量超出货位容量时,要采取其他措施弥补。

自由场所系统由计算机根据货位同货物的对应关系进行管理,货物存放的位置不是固定的。自动化立体仓库使用自由货架,可以根据翌日出库计划,在前夜空闲时间,将货物移动到出库口附近的货位,以提高出库时的作业效率。

3. 出库作业系统

出库作业系统包括订单处理系统、订货拣选系统、出库处理系统等内容。

(1)订单处理系统。订单处理系统主要包括两种作业,即客户询价、报价与订单接收、确认、输入。自动报价系统需要输入的数据包括客户名称、询问商品的名称、商品的详细规格、商品登记等,然后系统调用相关数据库以取得此项商品的报价历史资料、数量折扣、客户以往交易记录及客户折扣、商品供应价等数据,再根据相关成本计算价格。由报价单制作系统打印报价单,经销售主管核准后即可送予客户,经客户回签后成为正式订单。

(2)订货拣选系统。根据全面处理的订货信息,首先制作货物拣选明细。货物拣选明细有两种制作方法:①按照订货类别制作(摘果拣选方式);②按照品种单位将全部订货集中在一起制作,拣选出的商品再按客户类别进行二次分货(播种拣选方式)。

利用计算机信息处理技术及自动拣选、半自动拣选的信息提示等手段可提高货物拣选的效率与合理化程度。但是,当订货处理和货物拣选作业之间时间有限时,难以实现自动化。

如果出现库存不足、不能按照订货数量拣选的情况,要将缺货部分的信息告知客户,由客户决定是取消订货还是在下次到货时优先供货。

(3)出库处理系统。对于拣选完毕、按照客户类别备好货物的订货,下达配送指示。可按照事先配备好的车辆,以固定路线和时间固定运行,或者在满足配送要求的同时,本着物流成本最低的原则,根据当时车辆的状况,选择车辆和线路。选择哪种方式要根据商品的特性、与客户的关系以及配送车辆的获得能力等来灵活掌握。

送货时,一般要同时向客户提交装箱单、送货单和收货单等单据,但为了简化配送作业,也有在配送完成之后再送达有关信息的系统。送货单经客户确认盖章后,出货作业即告结束。

(六)配送信息管理系统

配送信息管理系统是将商品按照配送方向集中与分类、制订车辆调配计划、配装、制订配送路线计划及配送途中跟踪管理的信息管理系统。

1.配送信息管理系统构成模块

根据配送中心各个业务流程,将作业内容相关性较大的组成信息管理系统的一个模块,配送信息管理系统基本业务模块如图 6-9 所示。

配送中心业务主要分为两大块:其一是同供货厂商相关的采购入库业务,其二是同客户相关的销售出库业务。相应的信息管理系统有采购入库管理系统和销售出库管理系统,这两个系统构成配送中心的业务管理系统。图 6-9 中入库作业管理、库存控制、采购管理构成采购入库管理系统主要模块,订单处理、拣货规划、包装加工、派车计划、出货配送计划构成销售出库管理系统主要模块,这两个模块与财务管理系统、经营绩效管理系统就组成配送信息管理系统的四大主要模块。

配送中心各个子系统之间不是孤立的,而是相互关联的。经营绩效管理系统从各子系统取得有关销售、采购、财务的经营数据,然后根据一定的管理模式,考虑各种外来信息,制定各种经营政策,然后再将政策内容告知各个经营部门。财务管理系统是配送中心财务会计部门对外用采购部门传来的商品入库数据核查供货厂商送来的催款数据付款,或根据销售部门取得的出货单来制作应收账款催款单并收取账款,或制作各种财务报表以供经营绩效管理系统参考。销售出库管

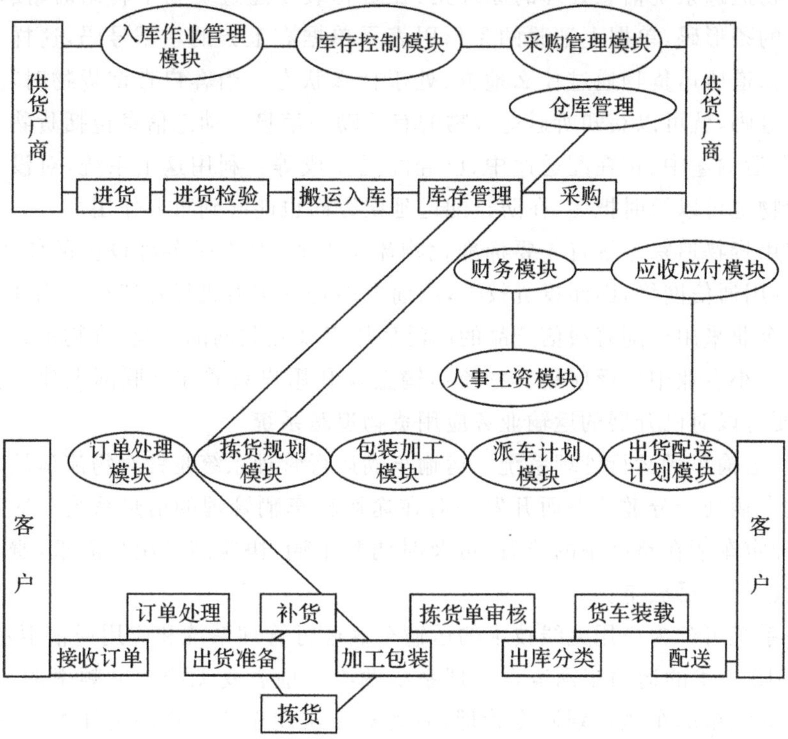

图 6-9 配送信息管理系统基本业务模块

理系统所涉及的作业主要包括自客户处取得订单、进行订单处理、仓库管理、出货准备到实际将商品运送至客户手中为止,对内的作业内容则是进行订单需求统计,将其传送到采购入库管理系统作为库存管理的参考,并从采购入库管理系统处取得入库数据;在商品发货后将应收账款账单转入会计部门做转账用;最后将各项内部数据提供给经营绩效管理系统作为考核参考,并由经营绩效管理系统取得各项经营指示。

2.运输信息管理系统

运输信息管理系统是指为提高运输企业的运输能力、降低物流成本、提高服务质量而采取现代信息技术手段建立的信息管理系统,是多个专门信息系统的集合,从而实现运输方式(或承运人)的选择、路径的设计、货物的整合与优化以及运输车辆线路与时间的选择。运输信息管理系统主要包括货物追踪管理系统、运输车辆运行管理系统和车源与货源衔接系统。

(1)货物追踪管理系统。货物追踪管理系统是指在货物流动的范围内,可以对货物的状态进行实时监控的信息系统。货物追踪管理系统的对象主要是零担货物。

货物追踪系统信息处理的原理是：在货物装车通过货物中转站时，读取货物单据上的条形码，单据上记载的条形码表示单据右上方的单据号码，这样就可以清楚地知道所运货物通过什么地方、处于什么状态。当客户查询货物时，只要提供货单号码，就可以获知所运送货物的有关动态信息。动态信息包括货物已经启运、正在运输途中、正在配送途中、已经配送完成等。利用这个系统，对没有配送完的货物也可以及时把握，在防止配送延误方面也能起到重要作用。

应用货物追踪系统首先要标准化物流条形码，其次是各种设施的使用，如扫描仪、专用通信网络，因而投资较大，以前大多是有实力或经营特种运输业务的物流运输企业采用。随着通信产品的广泛使用以及互联网的普及，货物追踪系统也开始在中小企业中广泛应用。物流运输企业和用户只需在互联网上建立自己的网站，便可以对已开展的运输业务应用货物追踪系统。

（2）运输车辆运行管理系统。运输车辆运行管理系统是针对物流运输作业中的运输车辆处于分散状态而开发的对在途运输车辆管理的信息系统。通过定位系统，确定车辆在路网中的位置，可及时调配车辆，快速满足用户需求，避免车辆完成运输任务后放空。

该系统可分为应用无线技术的运输车辆运行管理系统和应用通信卫星、GPS技术、GIS技术的运输车辆运行管理系统两类。前者受无线发射频率的限制，只能用于同城市的车辆计划调度管理；后者对于实现企业车辆的最佳配置、提高物流运送业务效率和顾客满意程度都具有重大意义，不足之处在于系统建设的投资大，通信费用高，不利于企业成本的降低。

（3）车源与货源衔接系统。在长距离大量农产品运输的情况下，一般使用整车运输的方法。影响整车运输效率的主要问题是回程空载行驶，造成运输能力的浪费。由于运输网络没有形成、信息不通畅等，回程车辆空驶现象时有发生。解决回程空驶问题的办法一般有两个：一是货主利用回程车辆运输货物；二是车主寻找回程货物。

衔接成功与否，关键在于信息是否充分以及相关主体能否及时获取信息。衔接系统利用信息网络技术，为发布车源、货源和查找车源、货源提供了有效手段。有业务合作的企业之间，利用这个系统可以相互提供车源、货源，达到提高运输效率的目的。

3.配送管理的实施要点

配送车辆调度即由调度人员汇总当日预定出货订单，将客户按其配送地址划分区域，统计该区出货商品的体积与重量，然后查询车辆可用情况，分配配送车辆的种类及派车数量，确定装车批次。

确定配送装车批次后，配送信息管理系统可提供装车计划和配送路线规划。

装车计划可决定每辆车按订单的顺序装车;配送路线规划可求得最短配送路径、最短配送时间或最低配送成本等的最佳解,以决定配送顺序。

商品装车后即予以配送。送货单通常有多联,作为客户及司机的签收核定。

商品送达客户后,出货单由送货司机带回并输入数据库,作为入账凭证和客户收货凭证。

配送信息管理系统还应具备配送途中数据传输及控制的功能,以跟踪货物动向,控制车辆及车上设备;在配送途中有意外情况发生时,还可通过通信系统取得新的配送途径,并告知配送人员,使配送工作能顺利完成。

配送信息管理系统设计要点如下:第一,派车系统中司机及随车人员的调派要考虑其工作能力、体力、以往工作量及曾配送区域的范围,以便有效地安排配送人员。第二,车辆配送中遇到困难或其他不能完成任务的情况,也应反馈至系统中进行分析,避免下次车辆调派错误重新出现。第三,现有车辆不足以配发所有物品时,车辆调派系统还需具备估计所需车的功能。

三、农产品物流信息系统的构建原则

(一)完整性原则

物流的不同层次通过信息流紧密地结合起来,在物流系统中,存在对物流信息进行采集、传输、存储、处理、显示和分析的信息系统。因此,农产品物流信息系统应该具有功能的完整性,即根据企业物流管理的实际需要,制定的系统能全面、完整地满足物流管理的信息化要求。

(二)可靠性原则

农产品物流信息系统要求在正常情况下可靠运行,即要求系统的准确性和稳定性。

系统的准确性依赖于物流信息的精确性和及时性,物流信息必须精确、及时地反映企业当前的状况和定期活动,以衡量顾客订货和存货水平。系统的稳定性除了依赖系统的准确性之外,还依赖系统所存储的信息的易得性和长久性。一个可靠的物流信息系统要能在正常情况下达到系统设计的预期精度要求,不管输入的数据多么复杂,只要是在系统设计要求的范围内,都能输出可靠结果。非正常情况下的可靠性,指系统在软硬件环境发生故障的情况下仍能部分使用和运行。因此,物流信息系统必须以处理异常情况为基础,依托系统来突出问题和机会,管理者通过信息系统能够集中精力关注最重要的情况,以便及时做出相应的危机公关决策。

(三)经济性原则

企业在系统的投入中要做到以最小投入获得最大效益,所以软件的开发费用

必须在保证质量的情况下尽量地压缩。除此之外,系统必须是友善和易于操作的,这可以使管理者及操作者提高工作效率。系统投入运行之后,还必须保持较低的运行维护费用,减少不必要的管理费用。

四、农产品物流信息系统的构建步骤

(一)农产品物流信息系统的开发准备

1. 开发前的准备

(1)决策者决心。农产品物流信息系统开发存在一定的风险,企业的决策者要能把握全局,认清农产品物流信息化的重要意义和必然趋势,有接受新事物、采用新技术以及实现管理现代化、决策科学化的意识。同时,要对全体员工进行动员,有效地调动并组织业务人员参与系统开发,消除员工中的抵触情绪,激发员工积极参与的热情,提高开发成功率。

(2)树立先进的经营理念。农产品生产经营者首先应有发展现代农业的意识,使农产品经营的每一环节都符合规范化、科学化、标准化的要求。只有树立先进的经营理念,及时调整不合理的经营模式,才能开发出实用有效的农产品物流信息系统。否则,就会出现"利用先进的技术和设备模拟落后的管理流程"的情形。

(3)深入了解开发行情。一方面,要多了解同行业在企业信息系统上的成功经验及失败教训,借鉴他们的成功经验,吸取他们的失败教训。另一方面,也要对当前计算机技术、软件应用现状进行调查,在实施农产品物流信息系统前必须先对自身当前的计算机应用水平、设备拥有情况以及相关的市场行情做一次全面的分析,这样才能使系统的开发经济合理。

(4)培训相关人员。实践证明,信息系统的质量好坏与企业管理人员和信息开发人员的相互配合程度密切相关。对多数农产品物流企业来说,一般不具备利用自身力量进行系统开发的条件,只有内部管理人员和系统开发人员密切配合协调工作,才可能建立一个高质量的有效系统。因此,要求在系统开发之前和之后,进行人员的双向培训。一方面是对管理人员进行培训,使其了解信息系统的功能和使用方法;另一方面,对系统人员进行企业管理实务的培训,使其熟悉企业运作流程的特点。最终,通过双方的交流合作,为信息系统的顺利开发和使用奠定基础。

(5)总体规划,分步实施。农产品物流信息系统的建设是一个逐步完善的过程,应立足于当前的需要和战略发展,做好总体规划,再依据需求的紧迫程度分步实施。这个过程将受到使用者的技能、对知识的掌握程度和对实际问题的认识反应速度等因素的影响,因而系统修改的频率、次数和持续时间的长短有所不同。

2.避免误区

一个企业的信息系统是在继承和探索中不断完善发展的,为用户提供更完善的信息服务是企业信息系统发展的永恒主题和动力。农产品物流信息系统的实施应避免贪大求全、直接用现成通用软件、盲目跟风等问题。

(二)农产品物流信息系统的规划

信息系统的规划是对组织总的信息系统目标、战略、开发工作的战略性综合计划,是建立信息系统的先行工程,其主要目的是保证建立的系统科学、经济、先进和适用。

系统规划是系统开发的纲领,决定了整个信息系统的开发方向、规模以及发展进程。进行系统规划一般应包括以下几个步骤:确定问题、收集信息、现状评估、设置目标、可行性研究、制订实施计划、信息系统规划成文。它主要包含确定信息系统的总体目标、发展战略和总体结构,分析企业的现状,论证系统开发的可行性,企业业务重组,预测相关信息技术的发展及做出资源分配计划与实施计划等内容。

(三)农产品物流信息系统的开发

农产品物流信息系统的开发是一个复杂大系统的实施过程,必须通过总体规划,结合已有系统的改造,采用分步开发和实施以及递进完善的策略。目前,农产品物流常用的信息系统开发方法主要有结构化开发方法、原型法、面向对象的开发方法、计算机辅助开发方法等。农产品物流信息系统的开发应遵循一般信息系统开发的原则,也适用一般信息系统开发的一般方法。下面将简单介绍几种系统开发方法。

1.结构化开发方法

结构化开发方法,也称生命周期法或瀑布法,是迄今为止最传统、应用最广泛的一种信息系统开发方法。它将开发过程视为一个生命周期(life cycle),整个过程中有几个相互连接、相互影响,同时又相对比较独立的阶段,每个阶段都有各自明确的任务和工作步骤,并由不同的专业人员负责,产生相应的文档。上一个阶段的文档就是下一个阶段工作的主要依据。这样,一旦在某个阶段出现了问题,可以立即转到上一阶段进行修正,以避免更大的损失。

结构化开发方法的优点在于它强调开发过程的整体性和全局性,严格区分开发阶段,缺点是开发周期过长,难以适应迅速变化的环境。

2.原型法

原型法是 20 世纪 80 年代随着计算机软件技术,特别是关系数据库系统的发展,在第四代程序生成语言和各种各样的系统开发生成环境产生的基础之上,提出的一种新的系统开发方法。

原型法不再追求像结构化开发方法那样一次、全面地完成开发,而是一开始就凭借着系统开发人员对用户开发要求的理解,在强大的软件环境支持下,给出一个用户看得到的系统原型,然后与用户反复协商修改,从而形成最终的信息系统。

原型法不但可以使用户更容易地参与到开发过程中,从而有效地避免因开发者和用户的认识隔阂而造成的开发失败,而且可以更好地获取用户需求,开发速度较快,总体开发成本较低。但是原型法也存在一些不可避免的局限性,对某些类型的系统不适合使用原型法,比如,大型系统,需要大量计算、逻辑型较强的程序模块,管理不善、信息处理过程混乱的系统,批处理系统等。

3.面向对象的开发方法

客观世界是由各种各样的对象组成的,每种对象都有各自的内部状态和运动规律,不同的对象之间的相互作用和联系就构成了各种不同的系统。当我们设计和实现一个客观系统时,如能在满足需求的条件下,把系统设计成由一些不可变的(相对固定)部分组成的最小集合,这个设计就是最好的,而这些不可变的部分就是所谓的对象,这种开发系统的方法就是面向对象的开发方法。

通过以上分析可以看出,结构化开发方法、原型法和面向对象的开发方法各有千秋。表 6-2 比较了这三种方法的开发思想和认知方法。

表 6-2　几种信息系统开发方法的比较

开发方法	开发思想	认知方法
结构化开发方法	自顶向下,结构化	从一般到特殊
原型法	先开发具体模块,再构成整体系统	从特殊到一般
面向对象的开发方法	根据已有的知识和系统调查情况,抽象对象	从特殊到特殊

(四)农产品物流信息系统的实施

在系统开发完成后,就进入了系统实施阶段。一个新的农产品物流信息系统的实施一般要经过以下几个步骤。

1.数据录入

数据录入就是按照规定的格式,将新信息系统运行所需的原始数据输入系统内部,它一般包括收集并整理数据、数据转换、数据录入三个步骤。

2.人员及岗位培训

人员及岗位培训的内容包括:系统整体结构和概貌、系统分析设计思想、计算机系统的操作和使用、系统所用的主要软件工具的使用、系统输入方式和操作方式、可能出现的故障和故障的排除、文档资料的分类和检索方式、数据收集以及运行操作的注意事项等。

3. 系统试运行

该阶段的主要工作有：输入各种原始资料和数据，对系统初始化，运行新系统，记录系统运行过程中的各种数据和状况，并和原系统进行比较。对新系统的方便性、效率性、安全性、可靠性、误操作保护能力以及各种操作的速度进行考查检测，从而判断新的物流信息系统是否可以实施。

4. 系统转换

系统转换是指由旧的物流系统向新系统过渡的过程，一般有三种转换方式。

（1）直接转换。新老系统分界线清晰，在转换点新系统完全代替老系统。该方式简单，费用低，但是风险很大，一般较少采用。

（2）并行转换。在新系统投入一段时间后老系统仍然继续运行，新老系统有一段并行运行时间，经考验合格后新系统才可以完全替代老系统。该方式风险较小，但是费用高。

（3）分阶段转换。在新系统全面实施前，按照子系统划分的功能，一部分一部分地逐步代替老系统，直到全部代替。该方式转化平稳、可靠，容易管理，同时费用也不过高，多被采用。

第三节　农产品物流信息技术

农产品物流信息系统实现其功能离不开先进的科学技术。现在物流信息系统中使用的技术除了计算机、网络、数据库技术外，还包括电子数据交换技术、条形码技术、销售点信息管理系统、无线射频技术、全球定位系统、地理信息系统等技术，下面就几种常用的、具有代表性的物流信息技术进行介绍。

一、自动识别与数据采集技术

自动识别和数据采集（AIDC）技术是通过自动（非人工手段）识别项目标识信息，并且不使用键盘就可以将数据输入计算机、程序逻辑控制器或者其他微处理器控制设备。AIDC技术家族有一批能够采集不同类型数据的技术，它们包括：条码技术、射频识别技术、磁识别技术、声音识别技术、图形识别技术、光字符识别技术和生物识别技术、空间数据传输技术。

（一）条形码

条形码是一组由不同宽度的亮暗条纹组合而成的图像，用来表示物品的各种信息,如名称、单价、规格等。条形码按照使用目的可以分为商品条形码和物流条形码。

1. 商品条形码

商品条形码直接为销售和商品管理服务,以个体商品为对象。商品条形码由13位数字组成,最前面的三位数字代表国家或地区的代码。EAN① 编码委员会分配给我国的系统代码是690、691和692。第4~7位代表厂商,第8~12位代表商品项目,最后一位为校验码(见图6-10)。

图 6-10 商品条形码的构成

2. 物流条形码

储运条形码是用在商品装卸、仓储、运输等配送过程中的识别符号,也叫物流条形码,通常印在包装外箱上,用来识别商品种类及数量,也可用于仓储批发业销售现场的扫描结账。物流条形码是条码中的一个重要组成部分,它不仅在国际范围内提供了一套可靠的代码标识体系,而且为贸易环节提供了通用语言,为 EDI 和电子商务奠定了基础。

物流条形码由14位数字组成,除第1位数字外,其余13位数字代表的意思与商品条形码相同。物流条形码第1位数字表示物流识别代码,如物流识别代码中"1"代表集合包装容器装6件商品,"2"代表装12件商品。如果装入同一容器的商品种类不一样,前缀的物流识别码用"0"或"00"标识,原第8~12位的商品项目代码用新的代码取代(见图6-11)。

除了上述标准条形码之外,企业内部根据物流管理需要也可以自行编制企业内部码,但是,一般只能在企业内部使用。当用作内部码时,EAN-13 的结构变成前2位数字为前缀,第3~12位数字为物品代码,第13位数字为校验码。

条码是非常经济、实用的一种自动识别技术。因此,在物流作业中使用条形

---

① EAN,即欧洲商品条码(European Article Number),是国际物品编码协会制定的一种商品用条码,通用于全世界。EAN 有标准版(EAN-13)和缩短版(EAN-8)两种,标准版有 13 位数字,缩短版有 8 位数字。

图 6-11　物流条形码的构成

码,能够减轻劳动强度,提高物流作业的效率,降低成本。目前,标准物流条形码多用于入出库、分拣和商品内容检验等作业过程。除了物流业,标准物流条形码在零售业、批发业的应用也非常广泛。

(二)二维码

二维条码(简称二维码)是在二维平面上用许多明暗相间的矩形按照一定规律组成的黑白相间图形,这些矩形的大小、位置、间隔等特征代表了要保存的信息。二维条码与一维条码相比,具有可保存的信息量大、可加密、识别率高、支持中文等优点。

根据二维码的实现方式,可将其分为堆叠式和矩阵式两种类型。常用的是矩阵式二维码。它在一个矩形空间通过黑、白像素在矩阵中的不同分布进行编码。在矩阵相应元素位置上,用点(方点、圆点或其他形状)的出现表示二进制"1",点的不出现表示二进制的"0",点的排列组合确定了矩阵式二维条码所代表的意义。QR 码(quick response code)是应用最广的一种矩阵式二维码,具有读取速度快、高容量、高密度、支持纠错等诸多优点。QR 码的结构如图 6-12 所示。

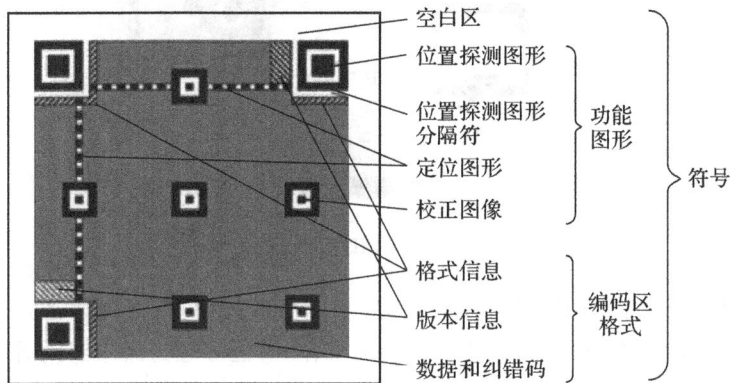

图 6-12　QR 码的结构

175

在 QR 码中,位置探测图形、位置探测图形分隔符和定位图形用来帮助扫码器对二维码进行定位,从而实现不管是从哪个方向读取二维码,信息都可以被识别。即使将二维码图形旋转,也可以识别。校正图像用来帮助扫码器识别有一定程度损坏的图形,校正当前区域的坐标值,提高二维码的识别率。

在物流领域引入二维码技术,为解决目前物流领域存在的泄露个人隐私、派件烦琐等问题提供了一种新思路。采用将客户信息进行加密后生成二维码的方式,可以有效防止他人获取客户信息,快递员配合使用快递派送系统,可以提高派送效率。二维码的使用能够在一定程度上弥补我国物流行业传统管理方式中的一些不足,提高物流管理信息化水平,促进"智慧物流"的发展。

(三)无线射频识别技术

射频识别技术(radio frequency identification,RFID)是相对"年轻"的自动识别技术。20 世纪 80 年代出现,90 年代后进入实用化阶段。无线射频技术是利用无线电波对记录媒体进行读写的一种技术,无线射频识别的距离可从几十厘米至几米,且根据读写的方式,可以输入数千字节的信息,同时,还具有极高的保密性。

RFID 系统可以通过 RF(无线技术)与 ID(辨识)两部分加以理解,其运用方式是利用 RF 射频信号以无线通信方式传输数据,再透过 ID 来分辨、追踪、管理对象,甚至人与动物亦可被加以辨识。RFID 由读写器(transceiver,也称为 RFID reader)与标签(RFID tag)两部分所构成,透过无线传输,无须实体接触即可进行数据交换,且数据交换时也无方向性要求。接收的距离远近,则依据不同的技术而有差别(见图 6-13)。

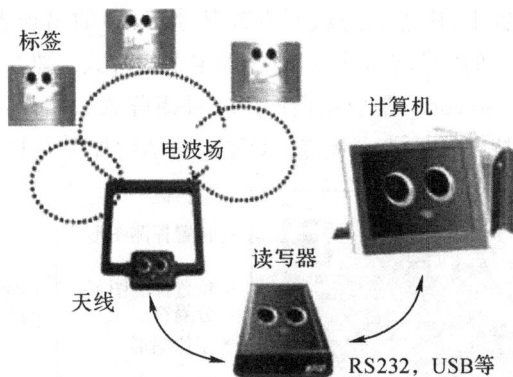

图 6-13 RFID 系统组成

与条形码相比,RFID 具有以下优势:①不需要光源,甚至可以透过外部材料读取数据;②使用寿命长,能在恶劣环境下工作;③能够轻易嵌入或附着在不同形状、类型的产品上;④读取距离更远;⑤可以写入及存取数据,与打印条形码相比,写入时间更少;⑥标签的内容可以动态改变;⑦能够同时处理多个标签;⑧标签的数据存取有密码保护,安全性更高;⑨可以对 RFID 标签所附着的物体进行追踪定位。

RFID 系统可以对商品的设计,原材料的采购,半成品与产成品的生产、运输、仓储、配送,一直到销售,甚至退货处理和售后服务等所有供应链上的环节进行实时监控,常用于移动车辆的自动识别、资产跟踪、生产过程控制等,从而提高业务运行的自动化程度,大幅度降低差错率,提高供应链的透明度和管理效率。但由于射频标签较条码标签成本相对偏高,目前在物流过程中,很少像条码那样用于消费品标识,多用于物流器具,如可回收托盘、包装箱的标识。

二、电子数据交换

国际标准化组织(ISO)将电子数据交换(electronic data interchange,EDI)描述为"将商业或行政事务处理按照一个公认的标准,形成结构化的事务处理或报文数据格式,从计算机到计算机的电子传输方式"。简单来说,电子数据交换就是将需要传送的数据和信息规范化和格式化,并通过计算机网络进行传输处理的一种信息技术。

EDI 与其他一些电子传输方法的区别在于,EDI 必须使用预先规定的标准化格式,进行计算机与计算机之间的数据传输交换。诸如电子邮件、传真、远距离遥控输入与输出系统和专用格式下的部门间工作系统,虽然这些方法都能提高贸易、物流效率,并给物流链管理带来很多方便,但它们都不是 EDI。

由于 EDI 以事先商定的报文格式进行数据传输和信息交换,因此制定统一的 EDI 标准至关重要。EDI 标准主要有以下 8 类:基础标准、代码标准、报文标准、单证标准、管理标准、应用标准、通信标准、安全保密标准。在这些标准中,最重要的是实现单证标准化,包括单证格式的标准化、所记载信息的标准化以及信息描述的标准化。单证格式的标准化是指按照国际贸易基本单证格式设计各种商务往来的单证样式。

在 EDI 中,传统贸易所使用的各种单据、票证全都被计算机内的数据传送取代,原来由人工操作的单据与票证的核计、入账、结算及收发等,也全部由计算机来进行,基本上取消了纸张信息(见图 6-14)。因此,EDI 常被称作电子贸易或无纸贸易。EDI 作为开展电子贸易的一种信息化手段,对于提高贸易活动的效率、降低贸易成本、提高经济效益发挥着重要作用。

三、销售点信息管理系统

销售点信息管理系统(point of sale,POS),是指利用自动读取设备在销售商品时按照单品类别读取商品销售信息(如商品名称、单价、销售数量、销售时间、销

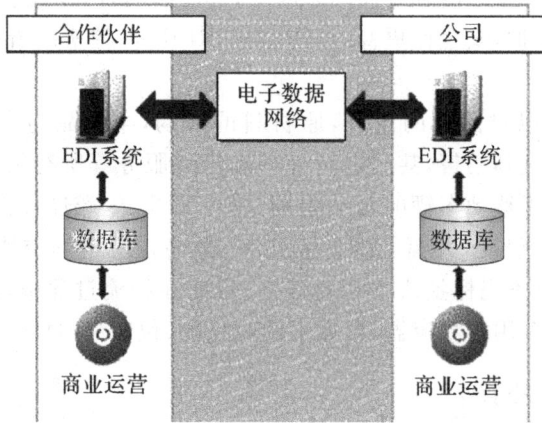

图 6-14　EDI 系统流程

售店铺、购买顾客等），并通过通信网络将信息送入计算机系统，然后按照各个部门的使用目的对上述信息进行处理、加工和传送的系统（见图 6-15）。

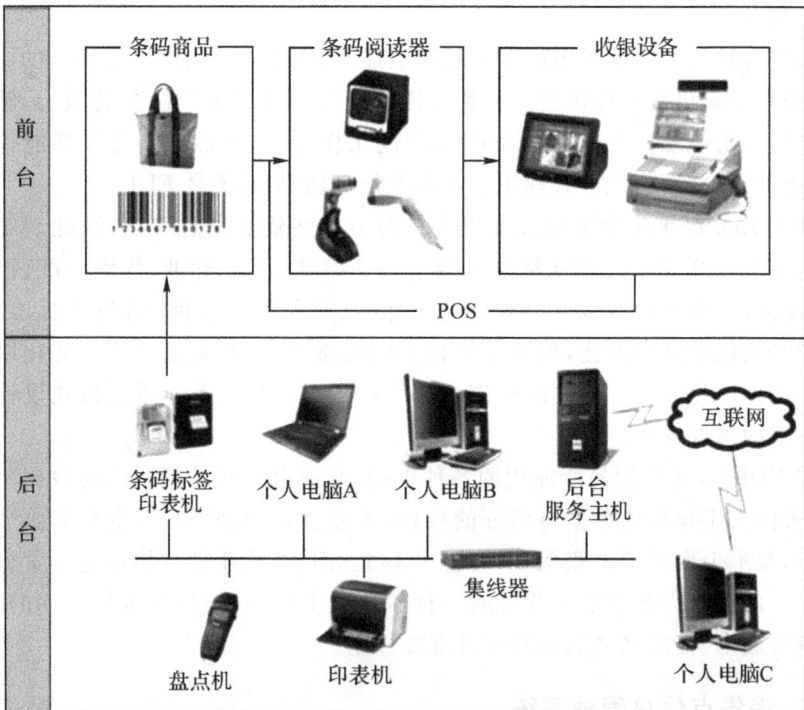

图 6-15　POS 系统架构

（1）适用 POS 系统的店铺的各个商品包装上印刷有商品标准条形码。

（2）客户在购买商品时,收银员利用自动读取设备读取商品条形码信息。

（3）各个收银台利用自动读取设备读取的商品信息通过通信网络传送给店内的主机,计算机系统瞬时将商品的价格、销售额合计等信息传送给收银台,以作为成交单据。

（4）店内收集的销售信息通过通信网络传送给总部和流通中心。

（5）总部、流通中心、店铺在这些信息的基础上,可以对库存调整、补充订货、配送管理等方面做出快速而准确的决策。此外,可以在把握畅销品和消费者购买动向等方面灵活运用这些信息。同时,这些信息对店铺备货、陈列商品以及确定价格等都可以起到帮助作用。

四、电子订货系统

电子订货系统（electronic ordering system,EOS）,指将批发、零售商场所发生的订货数据输入计算机,即通过计算机通信网络连接的方式将资料传送至总公司、批发商、商品供货商或制造商处。因此,EOS 能处理从新商品资料的说明直到会计结算等商品交易过程中的所有作业,可以说 EOS 涵盖了整个物流。在寸土寸金的情况下,零售业已没有许多空间用于存放货物,在要求供货商及时补足售出商品的数量且不能有缺货的前提下,更加要采用 EOS。EOS 因包涵了许多先进的管理手段,因此在国际上使用非常广泛,并且越来越受到商业界的青睐。

使用 EOS 时要注意订货业务作业的标准化,这是有效利用 EOS 的前提条件;商品代码按照国家统一规定标准设计,是应用 EOS 的基础条件;订货商品目录账册的做成和更新,订货商品目录账册的设计和运用是 EOS 成功的重要保证;计算机以及订货信息输入和输出终端设备的添置也是应用 EOS 的基础条件;在应用过程中需要制作 EOS 应用手册并协调部门间、企业间的经营活动。

五、全球定位系统

全球定位系统（global positioning system,GPS）利用导航卫星进行测时和测距,使在地球上任何地方的用户都能计算出他们所处的方位。GPS 是美国国防部出于军事目的建立的,旨在解决海上、空中和陆地运载工具导航和定位问题,全部 24 颗导航卫星（21 颗工作卫星和 3 颗备用卫星）系统已经建成。1992 年 GPS 正式向全世界开放,1994 年开始在中国市场应用。GPS 以精确位置与定时信息,已成为支持世界范围各种民用、科研和商业活动的一种技术。

GPS 在物流领域主要用于交通方面,如车辆导航定位与跟踪调度、出行路线的规划以及紧急援助等。

六、地理信息系统

地理信息系统（geographic information system，GIS）以地理空间数据为基础，采用地理模型分析方法，适时地提供多种空间的和动态的地理信息，是一种为地理研究和地理决策服务的计算机技术系统，其基本功能是将表格型数据转换为地理图形显示，然后对显示结果进行浏览操作和分析。其显示范围可以从洲际地图到非常详细的街区地图，显示对象包括人口、销售情况、运输线路以及其他内容。

GIS 技术现被广泛应用在农产品生产经营领域，如图 6-16 所示，在物流领域中最大的应用是在物流分析方面，主要是利用 GIS 强大的地理数据功能来完善物流分析技术。国外公司已经开发出利用 GIS 为物流分析提供专门分析工具的软件。完整的 GIS 物流分析软件集成了车辆路线模型、最短路径模型、网络物流模型、分配稽核模型和设施定位模型等。

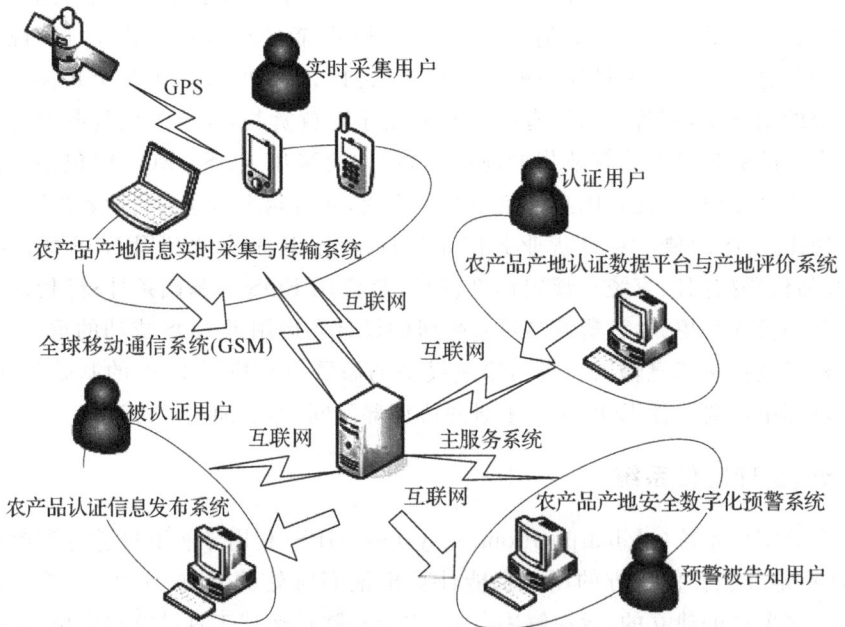

图 6-16　GIS 被用于农产品产地认证系统

七、计算机辅助订货系统

计算机辅助订货（computer assisted ordering，CAO）系统是基于库存和客户需求信息，利用计算机进行自动订货管理的系统。这一系统利用扫描器来帮助判定已经卖出的货物,通过清点货架上的存货来实现交叉核对。所获得的信息,常常为预测技术所利用,这种预测技术建立在产品历史销售情况的基础之上。计算机根据已经销售的商品和期望销售的商品发出订单。订单以电子方式传送给供货商。一旦商店收到货物,便会触发向供货商的开户银行的电子付款行为。以上整个过程实现无纸化操作。

八、人工智能/专家系统

人工智能/专家系统是又一个有助于物流管理的以信息为基础的技术。人工智能是一种隐蔽说法,是指一组旨在使计算机模拟人类推理的技术。人工智能着重于象征性推理,而不是数值处理。人工智能所包括的技术诸如专家系统、自然语言翻译器、神经网络、机器人、讲话识别、3D(三维)视觉等。专家系统是人工智能的一种,实践中有成功的物流应用经历。

使用物流专家系统,其专门知识能增加厂商的资产报酬率,所应用的软件包括承运人选择、国际营销和物流、存货管理以及信息系统设计。

如图 6-17 所示,专家系统包括三个组成部分:知识库、推理动力和用户界面。知识库包含专家意见,采用的形式是一系列的“如果……,那就……”的条件语句。通常,这是就有关决策所需使用的数据和推理而去访问一系列“专家”开发出来的。例如,在选择一位具体运输的承运人时,经验丰富的运输经理会开发关键的数据项目和使用指南。有经验的预测人员应该对使用最佳预测技术具有一定的知识基础。综合和协调这种由若干专家参与的决策推理,开发具有实质内容的知识库,使缺乏经验的人员能做出更有效的决策。

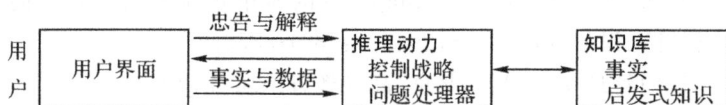

图 6-17　专家系统的基本结构

推理动力在知识库中搜索用以确认有关具体决策所适用的规则。例如,运输经理企图做出有关汽车承运人的决策而不想使用为铁路运输开发的规则。推理动力就确定相关的规则和次序,用于对其做出评估。用户界面有助于决策者与专家系统之间交互影响。该界面用自然语言以格式化的形式向用户提出关键问题,然后对用户的反应做出解释。良好的界面允许用户提炼知识库,使之能获得额外信息或专家意见。专家系统已显示其提高物流生产率和物流质量的能力。

虽然人工智能/专家系统在物流方面的应用还很有限,然而,许多原型都已显示出巨大的收益。很有可能,未来的大部分股利将主要来自知识的获得和构成方面。

复习思考题

1.农产品物流信息具有什么特征?

2.农产品物流信息系统的功能是什么?由哪些部分构成?

3.构建农产品物流信息系统的步骤是什么的?

4.简述农产品物流过程订单处理过程。订单作业的难点何在?

5.商品条形码和物流条形码有什么区别?条形码具有什么优点?

6.简述无线射频识别技术在农产品物流管理过程中的应用。

7.农产品物流信息系统的构建应遵循什么原则?

本章参考文献

[1] 徐燕.物流信息管理[M].北京:对外经贸大学出版社,2004.

[2] 李剑,路剑,刘利利.利用物流信息技术再造我国鲜活农产品物流系统[J].商场现代化,2006(5):120-121.

[3] 李广明,黄立平,詹锦川,等.农产品企业物流信息管理系统解决方案设计[J].物流科技,2006(12):95-97.

[4] 刘德军,张广胜.现代农产品物流信息化及技术现状分析[J].安徽农业科学,2009,37(12):5702-5704.

[5] 牛东来.接受订货信息系统的设计[J].物流技术与应用,2005,10(1):90-93.

[6] 赵彦玲,王文英,安建平.销售订单管理信息系统[J].机械工程师,2004,9(12):13-104.

[7] 杨金梁,翟泳,刘杰华,等.基于MapInfo的城市物流配送信息查询系统研究[J].计算机工程与设计,2008,29(20):5351-5353.

[8] 季永青.运输管理实务[M].北京:高等教育出版社,2000.

[9] 吴清一.物流实务(初级)[M].北京:中国物资出版社,2003.

[10] 钱廷仙.现代物流管理[M].北京:高等教育出版社,2009.

[11] 卢欣欣,殷秀叶.二维码在物流领域应用研究[J].软件导刊,2014(12):17-18.

【阅读与思考】

RFID食品追溯管理系统

RFID食品追溯管理系统介绍

近年来,食品安全危机(食物中毒与疯牛病、口蹄疫、禽流感等畜禽疾病频发以及农产品农药残留严重、进口食品材料激增等)频繁发生,严重影响了人们的身体健康,引起了全世界的广泛关注。如何对食品有效跟踪和追溯,已成为一个极为迫切的全球性课题。

目前,我国谷物、水果、肉类、禽蛋和水产品等主要食品产量居世界第一位,为了确保人民群众的食品安全,有效控制食源性疾病的爆发,以及应对我国食品出口受到的进口国食品跟踪与追溯法律法规的限制,应在我国开展食品跟踪与追溯的工作,这将对食品行业的发展产生巨大的影响。但当前我国在整个食品生产过程中应用自动追溯系统的实例仍寥寥无几,国内食品行业追溯目前还主要仅仅是在零售结算环节,远未在食品供应链的全过程应用,全程可跟踪供应链尚未形成。

RFID食品追溯管理系统将利用RFID先进的技术并依托网络技术及数据库技术,实现信息融合、查询、监控,为每一个生产阶段以及货品分销到最终消费领域的过程提供针对每件货品安全性、食品成分来源及库存控制的合理决策,实现食品安全预警机制。RFID技术贯穿于食品安全始终,包括生产、加工、流通、消费各环节,全过程严格控制,建立一个完整的产业链的食品安全控制体系,实现各类食品企业生产销售的闭环生产,以保证向社会提供优质的放心食品,并确保供应链的高质量数据交流,让食品行业彻底实施源头追踪。

食品追溯管理系统的建设,解决了油污、潮湿等造成的条码损坏而不能准确读出数据的问题,不仅可以追溯养殖与加工业的疫病与污染问题,还可以追溯养殖过程中滥用药、加工过程中超范围超限量使用添加剂,改变以往对食品质量安全管理只侧重于生产后的控制,而忽视生产中预防控制的现象,完善食品加工技术规程、卫生规范以及生产中认证的标准,带动行业的整体进步,全面提升我国食品行业的水平。

RFID食品追溯管理系统结构

RFID食品追溯管理系统可以保障食品安全及可全程追溯,规范食品生产、加工、流通和消费四个环节,将大米、面粉、油、肉、奶制品等食品都颁发"电子身份证"——全部加贴RFID电子标签,并建立食品安全数据库,从食品种植养殖及生产加工环节开始加贴,实现"从农田到餐桌"全过程的跟踪和追溯,包括运输、包装、分装、销售等流转过程中的全部信息,如生产基地、加工企业、配送企业等都能通过电子标签在数据库中查到。

RFID食品追溯管理系统结构如下。

三个层次结构:网络资源系统、公用服务系统和应用服务系统。

二级节点:由食品供应链及安全生产监管数据中心和食品产业链中各关键监测节点组成。数据中心为海量的食品追溯与安全监测数据提供充足的存储空间,保证信息共享的开放性、资源共享及安全性,实现食品追踪与安全监测管理功能。各关键监测节点包括种植养殖场节点、生产与加工线节点、仓储与配送节点、消费节点,实现各节点的数据采集和信息链的连接,并使各环节可视。

一个数据中心与基础架构平台:一个中心为食品供应链及安全生产监管数据管理中心,本中心是构建于基础支撑平台 ezRFID 之上的管理平台。ezRFID 为 RFID 中间件,是 RFID 运作的中枢,为硬件和应用程序间的中介角色,将实现不同节点、不同追溯环节上的各种不同的 RFID 设备和软件顺畅地协同运行。包含的功能不仅是传递信息,还包括解译数据、安全保障、数据广播、错误恢复、定位网络资源、找出符合成本的路径、消息与要求的优先次序等服务。它的作用主要体现在两个方面:一是操纵控制 RFID 读写设备按照预定的方式工作,保证不同读写设备之间配合协调;二是按照一定规则过滤数据,筛除绝大部分冗余数据,将真正有效的数据传送给后台信息系统。该框架包括了 RFID 边缘件和 RFID 集成中间件两大部分。

生猪或牛出生后将被打上 RFID 电子耳标,耳标里有此头生猪或牛的唯一标识号,此号码将贯穿所有节点,并与各环节的相关管理和监测信息关联,以达到追溯目的。

对于来某公司养殖基地的牛,不仅可以追溯到这头牛本身的一些详细情况,甚至可以追溯到它的父本母本以及饲养过程中的饲料、药品投入信息。如果发现这头牛的父本母本出现了疫情或这头牛饲养过程中投入的饲料或药品出现了问题,就可以利用 RFID 系统进行跟踪与追溯。只要与超市等连锁店签订协议,就可以实现对牛肉产品全程安全、质量的跟踪与追溯。即使将来哪一块牛肉产品出了质量问题,也可以立即追溯到底是哪头牛出现了问题,从而尽量减少食品质量安全事件带来的损失。每头牛养殖期间,就给加入了 RFID 标签,这个标签就像它的身份证一样,是终生不变的。标签上全面记载着这头牛来自哪个省、市、县、乡、村,饲养者即养殖场名称或个体户姓名,检疫证号码等信息,每头牛的这些基本信息在一定的时期被写入此 RFID 标签。牛进入屠宰程序时通道入口处、屠宰车间、分割车间的信息也会被写入 RFID 标签,并且这些信息与网络连接。此 RFID 食品标签包括养殖信息、屠宰车间形成的条码信息和分割车间补充的厂商信息及产品的其他信息如检疫信息等。根据此标签就可以追溯食品的"源头"以及实现跟踪链的透明化管理。

RFID食品追溯管理系统功能

RFID 食品追溯管理系统由以下各系统组成:中心数据库系统、种植养殖场安全管理系统、安全生产与加工管理系统、食品供应链管理系统、消费管理系统、检疫监控系统、食品安全基础信息服务系统等,通过种植养殖生产、加工、流通、消费的信息化建立起来的信息连接,实现了企业内部生产过程的安全控制和对流通环节的实时监控,达到食品追溯与召回的目的。

各系统功能如下。

1. 中心数据库系统

主要包括:食品分类库及样品库、食品生产单位属性数据库、食品安全标准与安全指标、食品生产与管理信息、食品安全监测与检测数据。

2. 种植养殖场安全管理系统

种植养殖场的数据上传至管理中心,监管部门可实时监控。主要包括以下功能。

(1)食品维护管理:对本养殖场或外购的畜禽、果蔬、鱼类等建立基本信息档案,并用电子标签标识;

(2)生长发育管理:根据标准参数,判断其发育及健康状况,调整营养措施及饲养方法;

(3)饲养管理:记录饲养情况,查看在不同生长发育阶段的营养需求,选用合理的饲养配方;

(4)繁殖管理:记录家谱信息和繁殖信息;

(5)疾病管理:根据相应的管理标准,建立疫病档案;

(6)防疫管理:建立检疫和免疫档案,包括疫苗、喂药等,信息将各种违禁药物信息嵌入系统中,用来防止动物等休药期内出栏,杜绝源头污染。

3. 安全生产与加工管理系统

本系统主要对种养殖场食品进行生产加工的管理,具体来讲,涉及畜、禽、鱼等肉类的屠宰与生产加工,果蔬、谷物、大米等食品的挑选加工,奶类生产与奶制品加工,饮料的生产等。

在生产与加工环节中,将种植养殖环节中标签所标识的信息传递入生产加工环节信息链,按管理标准与规范采集生产加工不同节点上的信息,通过电子标签唯一标识,将该信息传送到物流环节中。

4. 食品供应链管理系统

主要为仓储与物流配送管理,通过 RFID 在生产加工及商店供应链中建立可追溯系统。在物流上,货品信息记录在托盘或货品箱的标签上,这样 RFID 系统能够清楚地获知托盘上货箱甚至单独货品的各自位置、身份、储运历史、目的地、有效期及其他有用信息。RFID 系统能够为供应链中的实际货品提供详尽的数据,并在货品与其完整的身份之间建立物理联系,用户可方便地访问这些完全可靠的货品信息。通过 RFID 高效的数据采集能力,可以及时地将仓储物流信息反馈到生产加工环节,指导生产。

5.消费管理系统

在食品进入最终端销售时,可根据具体情况分析,采用现有的成熟的条码技术。

6.检疫监控系统

不仅在种植养殖、生产加工过程中进行检验检疫,基于 RFID 的检疫监控系统还在道口实施使用,并将监控链延伸到超市,监控对象覆盖各类食品。

7.食品安全基础信息服务系统

本系统为统一的资源发布、食品安全数据信息共享服务网,提供全方位的食品安全数据信息共享与服务。主要为各环节的信息查询、食品安全监测分析、事件预防等提供服务,并可覆盖消费终端如超市。通过最终产品的电子质量安全码扫描,可以查询到所购食品的各供应环节信息,也可以向上层层进行追溯,最终确定问题所在,这种方法主要用于问题产品的召回。

RFID 食品追溯管理系统特点

(1)利用 RFID 的优势特性达到对食品的安全与追溯的管理,相比记录档案追溯方式更加高效、实时、便捷。

(2)在食品供应链中使透明的管理成为可能,保障食品安全全程可视化控制、监控与追溯,并可对问题食品召回。

(3)可以全面监控种植养殖源头污染、生产加工过程的添加剂以及有害物质、流通环节中的安全隐患。

(4)可以提供依据,对有可能出现的食品安全隐患进行有效评估和科学预警。

(5)数据能够通过网络实现实时、准确报送,便于快速、高效地做更深层次的分析研究。

(6)通过网络,消费者可查询所购买食品的完整追踪信息。

RFID 食品追溯管理系统适用领域

本系统可广泛应用于农、林、渔、牧、副各类食品的安全追溯管理,适用粮油食品、畜禽食品、果蔬食品、水产食品、调味品、乳制品、方便食品、婴幼儿食品、食品添加剂、饮料、化妆品、保健食品等。

[资料出处:马广明.基于 RFID 的肉食品追溯管理系统的研究与实现[D].北京:中国科学院大学,2007;肖静,刘子玉,李北伟.基于 RFID 的食品供应链追溯管理系统研究[J].农机化研究,2012,34(2):181-184]

思考:1.RFID 技术在食品追溯管理系统中的功能和作用是什么?

2.RFID 技术在农产品物流管理中应用还存在什么缺陷和问题?

第七章　农产品冷链物流

重点提示

　　本章要求掌握农产品冷链物流的概念、特点、类型及构成等基本知识；理解农产品冷链的全过程质量管理和冷链物流的技术与设备要求；了解果蔬、肉类、水产品三大类冷链物流的特点、构成及相应的流程；了解国内农产品冷链物流的现状、存在的问题以及相应的措施。

教学课件

第一节　农产品冷链物流概述

一、冷链物流的概念

　　冷链物流也叫低温物流（low temperature logistics），是一种特殊的物流形式，其主要对象是易腐食品（包括原料及产品），所以国外普遍称其为易腐食品冷藏链（perishable food cold chain）。冷链物流是一种专业物流，是随着科学技术的进步、制冷技术的发展而建立起来的，是以冷冻工艺学为基础，以制冷技术为手段，在低温条件下的物流现象。因此冷链物流建设要求把所涉及的生产、运输、销售、经济和技术性等各种问题集中起来考虑，协调相互间的关系，以确保物品在加工、运输和销售过程中最大限度地保持天然食品原有的新鲜程度、色泽、风味及营养，它是具有高科技含量的一项低温系统工程。

　　目前冷链物流适用的食品范围如下。

　　（1）初级农产品：蔬菜、水果；肉、禽、蛋；水产品；花卉产品。

　　（2）加工食品：速冻食品；禽、肉、水产等包装熟食；冰淇淋和奶制品；快餐原料。

　　（3）特殊商品：化工产品、医药用品、生物制品等。

　　由于食品冷链物流是以保证易腐食品品质为目的，以保持低温环境为核心要求的供应链系统，因此它比一般常温物流系统的要求更高更复杂，建设投资也要大，是一个庞大的系统工程。

二、冷链物流的特点

由于农产品始终要保持低温条件，与常温物流相比，冷链物流具有以下一些鲜明特点。

(一)冷链物流的设备要求高

冷藏品的加工、储藏及配送到零售商店的各个环节都需要特殊的可以保证农产品始终保持在规定的温度(低温)状态的预冷站、冷库、冷藏车、冷柜、冷箱等冷冻、冷藏及空调系统和保冷隔热相关设备。所以，冷链物流的投入成本很高。

(二)冷链物流需要相当强的技术支持

由于鲜活农产品具有含水量高、保鲜期短、极易腐烂变质等特点，因此生鲜农产品在仓储、包装、运输等环节的技术要求很高。应用于鲜活农产品物流的技术主要有物流信息技术、冷藏运输技术、仓储保鲜技术等。例如微波保鲜、薄膜保鲜、加压保鲜技术；二维码电子标签、数字加密、数字水印、虚拟托盘、虚拟仓储等技术；指纹、声纹、视网膜等识别技术以及 GIS、GPS、EDI 技术。冷藏链各环节、各接口都需要特定的冷藏技术的支撑。

(三)冷链物流要求物流各环节具有较高的组织协调性

农产品冷链物流具有时效性和精益性双重特征，大部分冷藏品的保质期很短，需要在较短的时间内完成整个供应链转移过程，在物流各个节点上和运输途中有严格的温度、湿度监控和质量控制，不能间断；要求冷链中设备的数量协调，设备的质量标准一致，作业组织快速；要求加工部门的生产过程、经营者的货源组织、运输部门的车辆准备与途中服务、换装作业的衔接、销售部门的库容准备等均应快速组织并协调配合，保证冷链协调、有序、高效地运转。

(四)冷链物流的商品质量控制难度非常大

要保证冷藏品的最终质量，就必须保证加工、运输、储存、销售等各个环节的质量以及接口环节的质量，这给冷藏品全程质量控制带来很大的难度。

三、冷链物流的分类

按冷链物流的对象的存储、运输、销售的温度，可将冷链物流分为冷冻链物流和冷藏链物流。前者多用于冷冻食品，一般在−30℃以下的温度快速冻结食物，然后在−18℃以下流通贮存；而冷藏链物流多用于冷藏食品，一般在0℃以上的温度加工处理食品并流通贮存，国内冷藏链物流流通贮存温度多控制在0～15℃。冷冻链物流与冷藏链物流的区别如表7-1所示。

表 7-1　冷藏链物流和冷冻链物流的区别

比较项目	冷冻链物流	冷藏链物流
流通贮存温度	-18℃	0～15℃
服务对象	冻结温度带的产品,如冷冻水产品、畜禽、蔬菜、速冻饺子、速冻包子、冰淇淋等调理食品、冷饮等	冷却温度带的产品,如各种畜禽熟食、冷却肉、冷藏水产品、新鲜果蔬及其加工产品、低温保鲜奶及其制品以及某些医药用品等
食品贮存期	长	短
食品鲜度	由于食品的一部分细胞死亡,且在解冻时出现汁液流失现象,因而不能保持食品的原有风味	由于食品冷藏后不脱水,水溶性维生素和水溶性蛋白质极少随水流出,保存住了食品的营养价值及其鲜度

　　不同温度带流通是食品物流的核心概念,也是冷链物流的核心概念。食品品种繁多,性状不同,且消费形态丰富,决定加工流通需要不同的温度带,因而对应不同的冷链物流。选取冷链物流时要根据食品的特性,考虑食品化学、物理、生理变质变化范围。如鲜鱼最好的冷藏温度范围是-2～2℃,但是这个温度范围过于狭窄,用于实际贮存流通很难操作,兼顾各种类型的冷藏鱼腐败菌和病原菌在低温下的生长情况,冷藏链物流温度放宽到0～8℃,并且这是一个有效而经济的温度范围;又如,同是低温保鲜蔬菜,洋葱、鲜土豆、白菜、甘蓝、萝卜等均可在0℃的环境中长时间贮存,而茄子、青椒、黄瓜、番茄等均需在10℃或更高温度的环境中才能获得较好冷藏效果。

四、冷链物流的构成

　　冷链物流可以分为宏观和微观两个层面。

　　从全社会物流活动的角度看,冷链物流由多个不同的冷链体系构成(见图 7-1)。

　　从企业物流活动的角度看,冷链物流则由多个基本环节构成,如原材料进货过程冷链、原材料储存过程冷链、加工产品冷链、半成品及成品存储过程冷链、拣货及分货过程冷链、出货过程冷链、运输过程冷链等。

　　从价值链构成的角度看,冷链物流主要由冷冻加工、控温贮藏、冷藏运输、冷藏配送和冷冻销售五个方面构成(见图 7-2)。

(一)冷冻加工

　　包括肉禽类、鱼类和蛋类的冷却与冷冻,低温状态下的加工作业过程,蔬菜的预冷以及各种速冻食物和奶制品的低温加工等。在这个环节上主要涉及的冷链

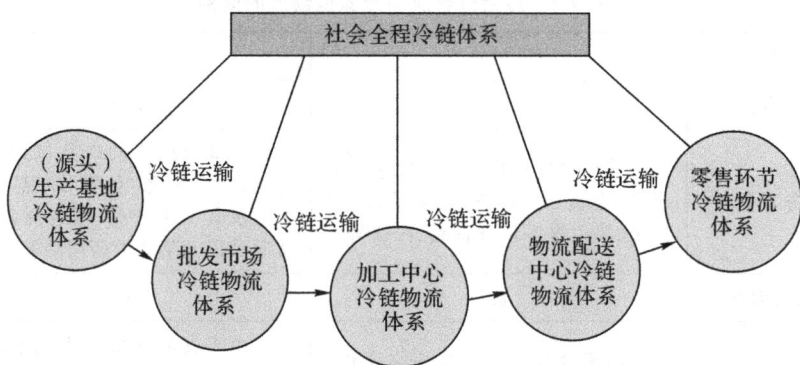

图 7-1 社会冷链体系

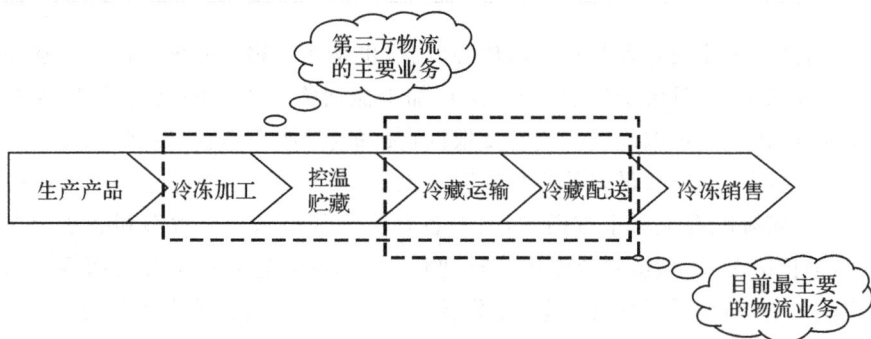

图 7-2 冷链物流的价值链构成

装备有冷却、冻结装置和速冻装置。

(二)冷冻贮藏

包括食品的冷却贮藏和冻结贮藏,以及水果蔬菜等食品的气调贮藏。它是指保证食品在贮藏和加工过程中的低温保鲜环境。此环节主要涉及各类冷藏库、加工间、冷藏柜、冷冻柜及家用冰箱等。

(三)冷藏运输

包括食品的中、长途运输及短途配送等物流环节的低温状态。它主要涉及铁路冷藏车、冷藏汽车、冷藏船、冷藏集装箱等低温运输工具。在冷藏运输过程中,温度波动是引起食品品质下降的主要原因之一,所以运输工具应具有良好的冷藏性能,这对远途运输来说尤其重要。

(四)冷冻销售

包括各种冷链食品进入批发零售环节的冷冻或冷藏和销售,它由生产厂家、批发商和零售商共同完成。随着大中城市各类连锁超市的快速发展,各类连锁超市正在成为冷链食品的主要销售渠道,在这些零售终端,大量使用了冷藏、冷冻陈列柜和储藏库,它们成为完整的食品冷链中不可或缺的重要环节。

五、农产品冷链的全过程质量管理

(一)加工过程应遵循 3C、3P 原则

"3C 原则"是指清洁(clean)、冷却(chilling)、小心(care)。也就是说,要保证产品的清洁,不受污染;要使产品尽快冷却下来或快速冻结,也就是说要使产品尽快地进入所要求的低温状态;在操作的全过程中要小心谨慎,避免产品受任何伤害。

"3P 原则"是指原料(products)、加工工艺(processing)、包装(package)。要求被加工原料一定要用品质新鲜、不受污染的产品;采用合理的加工工艺;成品必须具有既符合健康卫生规范又不污染环境的包装。

(二)贮运过程应遵循 3T 原则

"3T 原则"是指产品最终质量取决于冷链的储藏与流通的时间(time)、温度(temperature)、产品耐藏性(容许变质量)(tolerance)。"3T 原则"指出了冷藏食品品质保持所允许的时间和产品温度之间存在的关系。冷藏食品的品质变化主要取决于温度,冷藏食品的温度越适宜,优良品质保持的时间越长。由于冷藏食品在流通中因温度的变化而引起的品质降低的累积和不可逆性,因此对不同的产品品种和不同的品质要求都有相应的产品控制和储藏时间的技术经济指标。

(三)整个冷链过程的 3Q、3M 条件

"3Q 条件"即冷链中设备的数量(quantity)协调、设备的质量(quality)标准的一致,以及快速的(quick)作业组织。冷链中设备数量(能力)和质量标准的协调能够保证农产品总是处在适宜的环境(温度、湿度、气体成分、卫生、包装)之中,并能提高各项设备的利用率。因此,要求产销部门的预冷站、各种冷库、运输工具等,都要根据农产品物流的客观需要,互相协调发展。快速的作业组织则是指加工部门的生产过程、经营者的货源组织、运输部门的车辆准备与途中服务、换装作业的衔接,销售部门的库容准备等均应快速组织并协调配合。"3Q 条件"十分重要,并具有实际指导意义。例如,冷链中各环节的温度标准若不统一,则会导致食品品质极大下降。这是因为在常温中暴露 1 小时的食品,其质量损失可能相当于在 -20℃ 下贮存半年的质量损失。因此,对冷链各接口的管理与协调是非常重要的。

"3M 条件"即保鲜工具与手段(means)、保鲜方法(methods)和管理措施

(management)。在冷链中所使用的贮运工具及保鲜方法要符合农产品的特性，并能保证既经济又取得最佳的保鲜效果；同时，要有相应的管理机构和行之有效的管理措施，以保证冷链协调、有序、高效地运转。

在上述条件中，属于产品特性的有原料品质和耐藏性；属于设备条件的有设备的数量、质量，低温环境和保鲜贮运工具；属于处理工艺条件的有工艺水平、包装条件和清洁卫生；属于人为条件的有管理、快速作业和对食品的爱护。其中，有些因素是互相影响的。

(四)质量检查要坚持"终端原则"

保持冷藏食品的鲜度可以用测定挥发性盐基氮等方法来进行。但是最适合冷藏食品市场经济运行规律的办法，应以"感官检验为主"，从外观、触摸、气味等方面判定其鲜度、品质及价位。而且，这种质量检验应坚持"终端原则"。不管冷藏链如何运行，最终质量检查应该是在冷藏链的终端，即应当以到达消费者手中的冷藏食品的质量为衡量标准。

六、冷链物流的技术与设备要求

建立现代化生产、加工、贮运、解冻、销售等技术和设备保障体系，是冷链的硬件保证条件。

(一)冷链物流的技术要求

作为一项系统工程，冷链物流包含和涉及的技术领域广泛而复杂。其中，标准和认证技术规范是宏观层面涉及的一项重要核心技术。而在微观层面上，服务产品流转过程的冷藏技术、保持品质和安全的保鲜与包装技术、服务设施的节能技术以及高效运作、快速反应处理的自动化技术与信息技术是不同环节涉及的核心技术。

总体来说，冷链物流系统的核心技术主要包括冷链标准、认证技术，冷链冷藏技术，冷链保鲜、包装技术，冷链的节能技术和冷链的自动化技术及信息技术。对于每一项核心技术，因其涉及对象、环节的不同可划分出不同类型的关键技术及配套相关技术(见表7 2)。

表7-2　冷链物流的各类技术要求

核心技术	对象或环节	关键技术	相关技术
冷链标准、认证技术	基础、管理技术、服务	术语、设备设施图示符号、企业与产业分类、安全、环保、统计标准设施与设备标准、技术方法标准、服务资质、作业服务标准、信息服务标准等	图像设计、安全、环保、设备优化、统计信息等

核心技术	对象或环节	关键技术	相关技术
冷链冷藏技术	贮藏与流通设备、加工设备、特殊设备	贮藏工艺、制冷技术、隔热层技术、空气幕设计技术、加工工艺、冰温技术、蓄冷技术、解冻技术、空气技术、空气调节、气调贮藏、制冷、发泡剂替代技术等	汽车技术、加工技术、新材料技术
冷链保鲜、包装技术	初级农产品、加工食品	保鲜工艺、包装工艺、材料技术、密封技术、气调技术、预冷技术、灭菌技术、加工技术等	机械、外观设计、冷藏等
冷链的节能技术	制冷、温控、气调、回收	冷凝技术、压缩技术、除霜技术、变频技术、蓄冷技术、制冷剂、环保技术等	自动控制、温控、传感技术等
冷链的自动化技术及信息技术	进货、搬运传输、储存、运输、出货、包装、销售	自动搬运传输、自动控制、红外线识别、传感技术、无线射频识别技术、定位跟踪、供应链与物流信息系统、条码、视频技术、电子商务	机械、设计、优化、空间定位、网络传输技术等

从标准技术体系看,我国现行的冷链物流相关标准有"鲜、冻肉运输条件""进出口肉类储运卫生规范"和"出口冷冻食品类商品运输包装检验规程"等国家和行业标准,正在制定的有"冷冻食品物流的包装、标志、运输和储存""冷藏食品物流的包装、标志、运输和储存""畜禽肉冷链运输管理技术规范"和"易腐食品保温运输技术要求"等行业标准。标准的制定均参照了国际标准,但因起步晚,国内诸多标准仍空白或不完善。

在企业实践应用方面,多是国际标准和国家、行业标准互为补充。从冷藏、保鲜、包装、节能、自动化和信息技术来看,国际上普遍运用的制冷、冷凝、气调、冷藏集装箱多式联运等先进的冷藏技术在国内一些行业龙头企业已成熟应用,各类保鲜、先进的包装技术以及涉及节能方面的技术在国内大型的果蔬基地和冷藏基地,如上海名特农产品国际物流与交易基地、宁波远东冷藏物流基地已得到成功运用,自动化冷藏技术、各类传感技术、自动化测量温控技术、无线射频识别技术、空间定位技术、动态信息监控技术也逐步从局部尝试向更大范围推广。总体而言,国内冷链物流系统技术体系随着冷链物流需求市场的快速发展已初步确立。

(二)冷链物流的设备要求

与上述冷链技术要求相配套的是设备,农产品冷链物流中也要求特殊的专业性的设备或设施相配套,这样才能实现农产品特别是鲜活农产品物流过程中的全程冷链目标。冷链设备或设施集中在冷链物流中心、生鲜食品加工中心、在途和销售终端等中心环节,主要有冷库、冷藏车、冷柜等设备。

1.冷链物流中心

(1)主要建筑结构形式

①土建式冷库。目前国内在建的数万吨级以上的大型冷库,基本都是土建式冷库,其建筑一般是多楼层,钢筋混凝土结构,在结构内部用PU(聚氨酯)夹芯冷库板组装冷库,或使用PU喷涂四周的方式建造。这种PU喷涂的建造方式在国内已使用了40年以上。

②装配式冷库。装配式冷库在国内一般用于小型拼装冷库,近几年随着钢结构在许多大型建筑中广泛使用,大型的钢结构装配式冷库也在陆续建设。大型钢结构冷库柱网跨度大,柱子较小,施工周期短,更适合内部物流设备设施的规划,如货架布局、码头设备规划、内部叉车物流动线规划等。

③库架合一结构。随着货架系统在物流中心的广泛使用,国外一些存储量大的自动仓储冷库、多层高位货架冷库在20～30年前已大量采用库架合一结构进行建设。同时,在非货架区域配合采用PU夹芯库板拼装在钢结构外侧的施工方式,整体建成室外型冷库。目前在国内,由于其施工水平、工程细节及精准程度要求较高,此种结构方式用于冷库建设方面较少。库架合一结构由于物流中心内部没有柱网,可以达到单位面积存量最大化及物流动线最顺畅化。

(2)制冷系统

①制冷系统在冷链物流的投资中占有较大比重。在冷媒的选择方面,国内主要使用的是氨系列或氟系列的冷媒。另外,在较高温层,如12℃作业区,还可规划使用二次冷媒,如冰水或乙二醇。

②制冷系统是由一系列的设备依统筹设计组装、安装而来的。一般可区分为制冷主机(主要包括机头、压力容器、油分离器、阀件等)、制冷风机(按照不同的布局方式及数量、除霜设计方式进行不同的选择配置,比如电热除霜、水除霜、热气除霜)、控制系统(由一系列阀件、感应装置、自控装置及控制软件等组成)、管路与阀件系统(一般依设计配置)。

③与制冷系统配套的还有压力平衡装置、温度感应装置、温度记录装置、电器设备等。

(3)存储及相关设备

与常温物流中心相同,冷链物流中心内部存储同样需要各型货架或自动化立体仓库系统(AS/RS)。在国外,食品类商品不允许直接堆叠在地面,必须使用塑料托盘,使用货架存储。各型货架,从自动仓库使用的20多米的高位货架,到拆零拣货使用的流力架,在冷链物流中心均有大量使用。与常温货架不同的是,低温库内使用的货架对钢材的材质、荷重、货架的跨度设计均有特殊要求。

为配合存储,满足生鲜食品的特殊要求,冷链物流中心的仓储库内会配置臭氧发生器、加湿器、新风机、二氧化碳发生器、其他特殊气体发生器等配套设备。

（4）冷库用专业门组及库板工程

①各型门组在冷链物流中心起着至关重要的作用，对冷链物流中心的能耗影响较大。如冷冻库使用的电动平移门、封闭式低温月台区使用的滑升门、人员进出门等，都需要足够的保温性能与密闭性。此类门组属于低温专业用门。

②与门组配套的各型防撞杆。

③冷冻、冷藏库建设使用的聚氨酯库板也是冷链物流建设的关键材料。

（5）冷链物流月台设备设施

包括月台各型门罩或门封、月台调节板（电动、手动）、月台防撞设施、月台车辆尾门机坑。

（6）搬运设备

冷链物流中心内部的搬运设备主要有各型叉车，如高位货架库内的前移式叉车、步行式叉车，以及电动托盘车、油压托盘车等。一般情况下，这些搬运设备需是耐低温的专用型设备。与自动仓库及物流动线配合的皮带式或滚轮式的流水线也属于冷链物流中心内部的搬运设备。

（7）物流容器

冷链物流的目标商品一般是食品类和药品类商品，托盘一般需要使用塑料托盘。除塑料托盘外，冷链物流容器还有蓄冷箱、物流箱、笼车、物流筐、台车以及与商品特性需求配合的其他物流容器。

（8）分拣设备

包括自动分拣机、摘取式电子标签拣货系统、无线数字传输显示拣传系统、自动台车等，常温物流中心使用的设备在低温物流中心同样需要使用，对这些设备同样有低温环境的适用性方面的要求。

除了上述硬件设备、设施外，同常温物流中心一祥，还需要物流管理软件，如WMS（仓储管理系统）等。

2. 生鲜食品加工中心（包括中央厨房）

生鲜食品加工中心是全程冷链物流体系中的一个环节，在考虑全程冷链物流时，通常也会将生鲜食品加工中心一并纳入考虑范围，如肉类加工中心（包括猪肉、牛羊肉、禽肉类）、水产品加工中心、蔬果净配菜类加工中心、乳制品及冰品类加工中心、烘焙类产品加工中心（如面包厂等）、连锁餐饮行业的中央厨房等。

生鲜食品加工中心在建造技术与设备使用方面，除包括前述冷链物流中心的全部设备外，还有食品加工类设备及食品包装类设备、清洗类设备、灭菌消毒类设备、洁净类设备等。

3. 冷链运输设备

冷链物流中心是农产品在库时进行温度控制的主要场所，加工中心是农产品流通加工时保障的环节,而农产品空间转移过程中的在途时间——运输同样作为农产品全程冷链中极为重要、不可或缺的一个关键环节,涉及各类型冷藏车的使用。冷藏车除保温车箱外,一般会配置制冷系统、温度追踪记录系统、GPS等。

4.零售终端冷藏设备

冷链农产品尚未出售时,在零售终端环节仍需要进行冷藏,这样才能保证全程冷链的质量效果。在各农产品销售门店,最常见的冷藏设备就是各种型号的冷柜,它处于农产品冷链物流的末端,其作用和地位同样不逊于前述各个环节的冷藏设备。产品未到达消费者之前,必须始终如一地坚持温度的控制,否则直接导致冷链的断裂,冷链农产品的质量就会因零售环境不佳或条件不足而"功亏一篑"。

完整的冷链要求整条供应链温度保持一致。国内很多食品并非通过冷链运输,而仅仅是在超市中采用冷藏柜销售,那么,当冷链断裂时,温度升高,微生物出现快速生长的现象,直接导致微生物总菌数的增加,即便之后继续采用冷链,由于微生物基数的提高,微生物的总数依然很难降低。同样地,食品品质的变化也是不可逆的,颜色和风味等品质一旦发生变化,就不会再回到之前的状态。

以夏天的猪肉运输为例。冷鲜肉收货温度为4℃,保温车内温度与环境温度均处于38℃。该保温车一共配送50家门店,假设每次卸货时间为10分钟,共用时11个小时。每次卸货时,车门敞开,会有热气进入,当到达第50家门店时,冷鲜肉的温度高达10℃。温度的升高导致微生物生长速度翻倍,微生物大量生长,肉色也开始变暗。

又如,很多生鲜供应商送货至零售超市门店,在装卸货时都没有采用无缝衔接,而是在露天环境中操作,门店收货检测时会对生鲜食品进行测温、抽检和检测车厢温度等,通常需要20~30分钟,这段时间生鲜食品就是暴露在露天的环境温度下。同样,这段时间也会发生温度的波动,从而导致生鲜食品品质的变化。

第二节 三类农产品冷链物流

一、果蔬冷链物流

(一)果蔬及果蔬产业特性

果蔬及果蔬产业的特性决定了其在冷链技术应用方面的理论研究与实践活动都具有自己的独特性,而这些特性正是影响果蔬冷链物流发展的主要因素。

1. 果蔬生产的特殊性和果蔬供给主体分散

果蔬生产的特殊性表现在果蔬生产的地域性、季节性、长期性,这决定了果蔬供给市场的规律性和限制性。果蔬供给主体除一些大规模农场外,大部分都以家庭为基本单位,即果蔬的供给者必然由小规模、大批量、分散的农户组成。

2. 果蔬物流成本较高

果蔬的物理特性决定了果蔬物流成本占总成本的比重较大。果蔬产品具有易腐易损性,形状、规格、质量参差不齐,单位价值低。果蔬的易腐易损性限制了流通时间,也限制了市场范围,而且对果蔬的运输条件、储藏与加工环境等要求较高。单位果蔬产品形状、规格参差不齐,增加了果蔬物流的难度,增大了果蔬物流成本。单位果蔬产品价值较低,使得果蔬物流成本居高不下。据统计,发达国家果蔬物流成本占总成本的 10% 左右,而目前我国果蔬物流成本占总成本的 50%以上。

3. 果蔬市场供给与需求弹性小

果蔬的生产和物理特性,决定了果蔬市场供需也与一般产品不同。从供给方面看,尽管人们在果蔬生产研究方面已经取得了很大进展,但在果蔬生产和生命周期等方面仍然需要遵循自然规律,这使得果蔬供给弹性很小;从需求方面看,果蔬是生活必需品,市场需求变化不大,这使得果蔬的需求弹性也小。供给和需求弹性都很小的特点,导致了消费市场上价格的周期性波动。价格变动过于剧烈将导致果蔬物流的无序、停滞。

(二)果蔬冷链物流流程

果蔬冷链物流流程如图 7-3 所示。

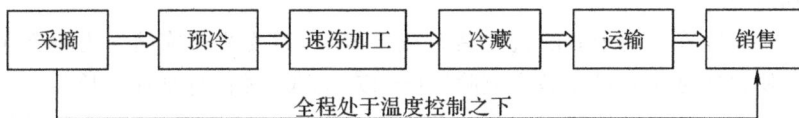

图 7-3 果蔬冷链物流流程

1. 果蔬采摘

果蔬采摘后,虽然已经离开植株,但仍是生命的有机体,具有生命活动,主要有呼吸作用、蒸腾作用以及微生物作用。这些作用是果蔬采摘后腐败的原因。由此可见,果蔬采摘后,对其进行适当的处理是保鲜的重要措施。

2. 预冷

在储藏和运输之前将品温降低,被称为预冷。采用预冷的方式,降低果蔬的品温,可以有效减缓呼吸作用、蒸腾作用以及微生物作用造成的果蔬采摘后腐败。

科学试验和生产实践已经证明,采摘后的果蔬预冷越及时,后熟作用和病害发展越慢,新鲜度保持得越好。当然,不是温度越低越好,不同的果蔬有不同的温度要求和限度。目前,果蔬预冷的方法有真空预冷、冷水预冷、空气预冷和冰预冷四种。

3. 速冻加工

速冻是一种快速冻结的低温保鲜法。所谓速冻果蔬,就是对经过处理的果蔬原料,例如草莓、黑莓、黄桃丁、苹果丁、地瓜、胡萝卜、土豆、芋仔、叶菜、黄秋葵、青椒、洋葱、辣椒丁、青刀豆、甜豌豆、荷兰豆、白花菜、绿花菜等,采用快速冷冻的方法,使之冻结,然后在$-18\sim20℃$的低温下保存待用。速冻保藏,是当前果蔬加工储藏技术中能最大限度地保持果蔬原有风味和营养成分的方法。

(1)选料。速冻加工的果蔬原料要充分成熟,色、香、味能充分显现,这就需要采用质地坚脆、无病虫害、无霉烂、无老化枯黄、无机械损伤的新鲜果蔬。最好能做到当日采收,及时加工,以保证产品质量。

(2)清洗。采收的果蔬一般表面都附有灰尘、泥沙等污物,为保证产品符合食品卫生标准,冻结前必须对其进行清洗。

(3)切分。一般蔬菜可切分成块、片、条、丁、段、丝等形状,要求切分后的果薄厚均匀,长短一致,规格统一。浆果类的品种一般不切分,只能整果冻,以防果汁流失。

(4)烫漂。目的是抑制其酶活性、软化纤维组织,去掉辛、辣、涩等味,以便烹调加工。速冻蔬菜也不是所有品种都要烫漂,要根据不同品种区别对待。

(5)沥水。切分后的蔬菜,无论是否经过烫漂,其表面常附有一定水分,若不除掉,在冻结时很容易形成块状,既不利于快速冷冻,又不利于冻后包装,所以在速冻前必须沥干。

(6)快速冷冻。沥干后的蔬菜装盘或装筐后,需要快速冻结。力争在最短的时间内,使菜体迅速通过冰晶形成阶段($-25\sim35℃$)才能保证速冻质量。

(7)包装。包装是储藏好速冻果蔬的重要条件。其作用是:防止果蔬因表面水分的蒸发而形成干燥状态;防止产品在储藏中因接触空气而氧化变色;防止大气污染(尘、渣等),保持产品卫生;便于运输、销售和食用。

4. 冷藏

降低温度,可以使果蔬的呼吸作用、水分蒸发作用减弱,营养成分的消耗减少。因此,适当的冷藏条件(温度和湿度)对于果蔬的保鲜是非常必要的。通常,果蔬的冷藏温度在$0℃$左右,湿度保持在$85\%\sim95\%$。但是,由于果蔬的种类不同,对温度和湿度的要求也有区别。

5.运输

目前,我国铁路、公路、水路和空运等各种运输方式均被用在果蔬的运输中,它们优势互补,已逐渐形成较为完整的运输网络,加快了果蔬的运输速度,减少了果蔬在运输中的腐败和损耗。同时,与发达国家比较,我国要加强果蔬的运输管理。最重要的一点是尽量维持运输过程中的恒温,防止温度波动,避免温度过低,果蔬受冻,也要避免温度过高,引起腐败。

6.销售

果蔬要处于特定温度环境下进行销售,果蔬的冷链销售主要通过超级市场。

(三)欧美等发达国家的果蔬冷链

欧美等发达国家已普遍采用水果采后预冷、气调贮藏、洗果、涂蜡、分级和冷链运输规范配套的处理方式,水果采后的商品化处理量几乎达到了100%,形成了完整的水果冷链体系。

意大利的新鲜水果采摘后,95%进入气调保鲜库,并且对于不同品种、不同产地的水果采用不同的保鲜策略,水果可分批分期出库销售。日本的果蔬农产品处理已经实现了"产地预冷—冷藏车运输—低温冷柜或卖店销售"的冷链流通模式。美国和德国等国家已经在运输过程中全部使用冷藏车或者冷藏集装箱,并配以EDI系统等先进的信息技术,采用铁路、公路、水路等多种方式联运,建立了包括生产、加工、储藏、运输、销售的果蔬冷链体系。

(四)我国果蔬冷链业存在的问题

我国是水果生产大国,2015年,我国水果产量已达2.71亿吨,同时,我国水果产量的快速增长已经受到国际社会的关注,美国农业部就曾在其报告中提及。然而我国水果产地采后处理的基础设施不完善,未能解决分选、分级、预冷、冷藏运输和保鲜等采后水果的处理问题,水果在采后流通过程中损失严重,每年损失率达25%～30%。

我国果蔬冷链存在许多问题,主要包括产地预冷环节薄弱、冷藏运输工具落后、冷库发展水平低、缺乏有影响力的第三方冷链物流四方面。

预冷是现代水果流通体系的首要环节。但是,水果预冷,特别是产地预冷措施在我国使用较少。由于成本问题,目前经常使用的预冷方法是自然通风降温或冷库预冷,而这些方法耗时较长,效果较差。

冷藏运输工具和技术落后。我国冷藏保温汽车的拥有量较少,与发达国家相比,存在很大的差距,大多数的水果只能在火车棚车或普通卡车中利用冰来制冷运输,甚至是在常温环境下进行运输。

冷库发展不足也是限制我国果蔬冷链业发展的一个重要因素。大多数冷库品种单一,冷库的质量监控、环境温度和洁净度控制、卫生管理和包装技术仍与发达国家有较大的差距。

国内食品冷链物流市场规模较小,区域特征明显,缺乏有影响力的第三方冷链物流企业。我国大多数冷链物流服务商只能提供低温运输服务,大多不能保证整个冷链物流环节的温度控制。果蔬生产商和销售商无法放心地将冷链物流业务外包,这也是限制第三方冷链物流企业发展的重要原因。

由于冷链发展过程中存在众多问题,现有的冷链环节不能形成一个连贯的冷链系统,极大地制约了我国冷链产业的发展。要完善我国的冷链业,提高果蔬等食品的卫生安全质量,就必须积极开发性价比合理、符合我国国情的相关设备和技术,并采取有效的推广措施。

二、肉类冷链物流

(一)肉类分类

目前肉类市场上销售的生肉主要有三种:热鲜肉、冷鲜肉和冷冻肉。其中,热鲜肉、冷冻肉是我国居民主要食用的肉类产品,而伴随着冷鲜肉在北京、上海、广州等大中城市的出现,我国肉类消费结构逐渐形成"热鲜肉广天下,冷冻肉争天下,冷鲜肉甲天下"的三分天下的格局。

1. 热鲜肉

热鲜肉指宰杀后未经任何加工程序就在市场上出售的肉。它的保质期只有1～2天,由于热鲜肉一直在自然温度下生产、流通,肉质粗硬、嫩度差,风味也欠佳,易发生污染。同时,热鲜肉未经预冷,肉温持续较高,极易滋生细菌,造成肉质腐败。传统上,消费者都认为这种猪肉才新鲜,其实是一个误区。

2. 冷鲜肉

冷鲜肉也叫冷却肉,是严格执行检疫制度屠宰后的畜胴体,在-20℃的条件下,迅速进行冷却处理,使胴体温度24小时内由38℃左右降为0～4℃,并在后续的加工、流通和分销过程中始终保持在温度在0～4℃冷藏范围的冷链中。冷鲜肉在风味、营养和口感等方面比热鲜肉和冷冻肉好一些,也符合卫生、安全的原则,但因为制作成本高,价格比热鲜肉普遍高出15％～60％。冷鲜肉具有安全卫生、肉嫩味美、便于切割等优点,很能赢得消费者特别是较高收入消费者的认可。冷鲜肉是生肉消费的发展方向。发达国家的超级市场里基本上都是冷鲜肉。中国少数大型肉类加工企业,如双汇、金锣等已经开设肉类连锁店,大批量生产、销售冷鲜肉。

3. 冷冻肉

冷冻肉指宰杀后的畜禽肉,经预冷后,在-18℃以下速冻,使深层温度达到

－6℃以下。冷冻肉虽然细菌较少,吃着比较安全,但在食用前需要解冻,会导致大量营养物质流失。

(二)肉类冷链物流流程

肉类冷链物流流程如图 7-4 所示。

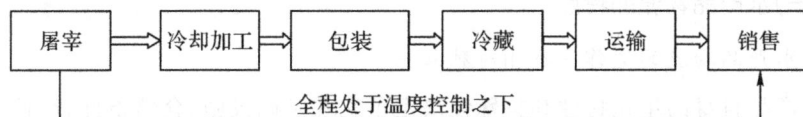

图 7-4　肉类冷链物流流程

1.屠宰

这个过程包括对畜禽的检验、冲淋和屠宰。

2.冷却加工

对屠宰后的胴体进行快速冷却,并在低温环境下进行精细分割加工。

3.包装

对于长期储藏、出口和远销的冷冻肉经整形、包装后装箱低温(－25℃)冻结。对于冷鲜分割肉,将肉体温度冷却到 4℃ 左右进行包装,严格控制微生物的繁殖。

4.冷藏

低温储藏能抑制微生物的生命活动,延缓组织酶、氧以及光和热的作用,可以较长时间保持肉的品质。冻藏温度通常在－18℃左右,并且保持恒温,相对湿度为 95%～100%。不同温度下冻肉的储存期限不同,如表 7-3 所示。

表 7-3　不同温度下冻肉的储存期限

种　类	储存温度/℃	冻藏时间/月	种　类	储存温度/℃	冻藏时间/月
猪　肉	－18	4～6	羊　肉	－12	3～6
	－23	8～12		－18	6～8
牛　肉	－12	5～8		－23	8～10
	－15	6～9		－12	2～3
	－18	8～12	肉　酱	－12	5～8
小牛肉	－18	6～8		－18	8～12

5.运输

冷冻肉的运输主要采用冷藏汽车、冷藏船、冷藏列车或冷藏集装箱。冷鲜肉多用冷藏保温车配送,温度恒定在 0～4℃,实现门到门的快速运输。

6.销售

低温环境下进行销售。

三、水产品冷链物流

(一)水产品物流的特点

1.水产品物流的运作具有相对独立性

水产品自身的生化特性和特殊性决定了它在基础设施、仓储条件、运输工具、技术手段等方面具有相对独立的特性。在水产品储运过程中,为使其使用价值得到保证,需采取低温、防潮、烘干等一系列技术措施。这并非水产品冷链物流以外的其他部门能做到的,它要求有配套的硬件设施,包括专门设立的仓库、输送设备、专用码头、专用运输工具、装卸设备等。

2.水产品物流的质量管理要求高

水产品物流中的收、发以及中转环节都需要进行严格的质量控制,以确保水产品品质、质量达到规定要求,这是其他许多商品所不具备的。

3.水产品物流过程中的技术要求高

水产品流通加工技术和物流各环节的信息处理技术也是制约水产品物流发展的重要因素。

水产品冷链物流是水产品在冷链环境下被加工、贮藏、流通、消费和贯穿于从捕捞到产品零售的科学管理,并经信息网络产生综合经济效益和社会效益的物流形式。低温冷藏运输水产品能有效抑制或减缓鱼体酶类的活性和细菌生长,防止腐败变质,能较好地保存水产品的原有风味、营养价值和外观质量。

(二)水产品质量保证体系建设

我国水产品质量保证体系建设经历了三个阶段:

(1)冷藏库阶段(20世纪80年代),以冷藏保鲜为主。

(2)冷藏链阶段(20世纪末),以冷库与冷藏车和恒温设备结合保鲜为主。

(3)冷链物流阶段(21世纪初),在前两个阶段基础上,建立信息网络,维护良好资源、生态环境,更重视冷链物流整个体系的成本核算。

冷链物流阶段与前两个阶段最大的不同点是软硬件配套服务,在产品快速送达和服务质量上产生效益最大化。建设我国的水产品冷链物流体系也是建设水产品食用安全的保障体系,是促进渔民增收和消费者受益的重要条件,是发展我国远洋渔业的一项基础性工作。

(三)水产品冷链物流流程

水产品流通过程中,除了活鱼运输外,要用物理方法或化学方法延缓或抑制其腐败变质,保持其新鲜状态和品质。其中,非常重要的保鲜方法是水产品冷链物流的运用,其流程如图7-5所示。

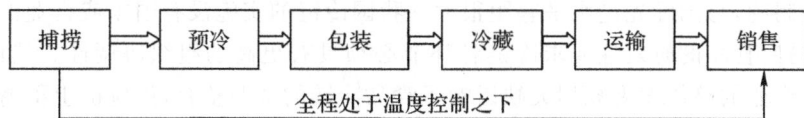

图 7-5　水产品冷链物流流程

1. 捕捞

水产品从捕捞起,就应该重视保鲜问题,主要是及时进行预冷。同时,水产品捕捞上来后,要用清洁的水清洗水产品体表,以最大限度地限制微生物对水产品的污染。

2. 预冷

实验证明,在鱼类离开水面时立即设法使它死亡,它的僵硬时间要比经过长期挣扎后死亡的鱼迟,有利于鱼体鲜度的保持。由此,水产品捕捞后,应立即进行快速冷却,使水产品体表中液体温度接近冰点。

3. 包装

水产品包装的主要目的是防止水分的蒸发,防止细菌的二次污染,防止产品脂肪的氧化,防止气味的污染,防止产品滴汁。

4. 冷藏

不同水产品有不同的储存温度,温度越低,保存期越长,质量越好。储存温度不得高于-18℃。现在国际上采用-24℃温度保存,并保持相对湿度95%~100%。

5. 运输

对于鲜活水产品的运输来说,运输方法主要有淋水运输、帆布桶运输、塑料袋包装运输。而水产品冷链运输方法主要有以下两类。

(1)干运。又称无水运输,是将鱼虾冷却到暂停生命活动的温度,然后脱水运输,到达目的地后,再将鱼虾放入水中,让它们重新苏醒过来。在脱水状态下,其生命可以维持24~40小时。这种方法不仅使鱼虾的鲜活度大大提高,而且节省运费,是一种较理想的运输方法。

(2)采用专用绝热的冷冻运输箱运输。

6. 销售

在特定的低温环境下进行销售。

(四)水产品冷链的制约因素

当前我国水产品冷链发展受设施设备不足、技术标准缺位、产业配套不全等因素的制约,与国际先进水平差距很大。我国冷链的实施没有国家或行业的专项标准,易腐食品的时效性要求冷链各环节必须具有更高的组织协调性。然而,我国冷链产业的整体发展规划欠缺影响了食品冷链的资源整合,供应链上下游之间缺乏配套协调。同时,与发达国家相比,我国水产品质量标准体系不完善,现行标准中有许多可操作性和指导性不强,产品中的安全卫生指标较少,各种产品的标准、指标雷同,感官指标中描述性的语言过多,缺乏量化指标。

第三节　我国农产品冷链物流发展

一、我国农产品冷链物流建设的现状

(一)农产品冷链物流初具规模

我国是农业生产和农产品消费大国,目前蔬菜产量约占全球总产量的60%,水果和肉类产量占30%,禽蛋和水产品产量占40%。近年来我国生鲜农产品产量快速增加,每年约有4亿吨生鲜农产品进入流通领域,冷链物流比例逐步提高。2016年我国果蔬、肉类和水产品的冷链流通率分别达到22%、34%和41%,冷藏运输率分别为35%、57%、69%,冷链物流的规模快速增长。[①]

(二)农产品冷链物流基础设施逐步完善

截止到2010年6月,全国有冷藏库近2万座,冷库总容量880万吨,其中冷却物冷藏量140万吨,冻结物冷藏量740万吨;机械冷藏列车1910辆,机械冷藏汽车2万辆,冷藏船吨位10万吨,年集装箱生产能力100万标准箱。[②]

(三)农产品冷链物流技术逐步推广

生鲜农产品出口企业率先引进国际先进的HACCP认证、GMP等管理技术,普遍实现了全程低温控制。大型肉类屠宰企业开始应用国际先进的冷链物流技术,从屠宰、分割加工、冷却等环节低温处理起步,逐渐向储藏、运输、批发和零售环节延伸,向着全程低温控制的方向快速发展。适应我国国情的低能耗、低成本

① 佚名.我国农产品冷链流通率仍偏低 生鲜电商崛起将引爆市场[EB/OL].(2017-01-25). http://www.ec.com.cn/article/hydt/fwy/201701/14082_1.html.

② 佚名.2015年全国冷藏运输车辆将达6万辆[EB/OL].(2012-10-09). http://bao.hvacr.cn/201210_2028909.html.

的冷链处理技术广泛推广,推动以水产品和反季节果蔬为代表的高价值农产品冷链迅速兴起。

(四)冷链物流企业不断涌现

中国外运股份有限公司、中粮集团有限公司等社会化第三方物流企业强化与上下游战略合作和资源整合,建立国际先进的冷链设施和管理体系,积极拓展冷链物流业务;双汇、众品、光明乳业等食品生产企业,加快物流业务与资产重组,组建独立核算的冷链物流公司,积极完善冷链网络;大型连锁商业企业完善终端销售环节的冷链管理,加快发展生鲜食品配送。我国冷链物流企业呈现出网络化、标准化、规模化、集团化发展态势。

(五)农产品冷链物流发展环境逐步改善

国家高度重视农产品冷链物流发展,在近几年下发的中央一号文件中均强调要加快农产品冷链物流系统建设,促进农产品流通。一些冷链物流的国家标准、行业标准和地方标准先后颁布实施,《中华人民共和国食品安全法》等重要法律法规逐步完善。农产品冷链物流的重要性进一步被消费者认识,全社会对"优质优价"农产品的需求不断增长。

二、我国农产品冷链物流建设存在的问题

(一)冷链物流总体发展滞后,损耗浪费惊人

根据截至 2014 年年末的调查,我国冷链物流的发展状况见表 7-4。

表 7-4　2014 年我国冷链物流的发展状况

类　别	冷链流通率/%	冷藏运输率/%	流通腐损率/%
果　蔬	20	30	15
肉　类	30	50	8
水产品	36	65	10

数据来源:佚名. 城市冷链物流发展机遇与挑战[EB/OL]. (2016-02-05). http://www.askci.com/news/change/2016/02/05/1650318366.shtml

由表 7-4 可见,我国冷链物流应用还不够充分,尤其是生鲜农产品流通腐损率较高,而发达国家已经建设了相对规范、成熟的冷链物流体系,流通腐损率普遍在 5% 以下。在冷藏运输率指标上,美国达到了 80%～90% 的水平,日本甚至在 98% 左右。因此,我国冷链物流体系尚处于发展初期,亟待积极解决发展中的问题。

(二)冷链物流硬件设施陈旧落后,冷藏运输率低

截至 2014 年,我国公路冷藏保温车拥有量仅为 5.4 万辆左右,占货运汽车的

比例仅为 0.42%。对比美国的 20 万辆和日本的 12 万辆保有量,数量上差别较大。美国冷藏保鲜车占货运汽车的比例为 0.8%~1%,日本该指标为 5.4%~6%。我国冷藏保鲜车保有量无论是绝对数还是相对数都比发达国家低很多。2014 年我国冷链运输率为 25%,而美国冷链运输率为 85%,日本甚至高达 95%。我国生鲜农产品冷链物流发展在基础设施上与发达国家存在较大的差距。

2014 年中冷联盟对我国 680 家规模以上(营业收入在 1000 万元以上)的冷链物流企业调研数据显示,冷库容量共计 20469713 吨(57546093 立方米),尚不如美国的 2008 年时的 70740000 立方米,而且我国很多冷库是由其他建筑改建而来,存在一定的技术缺陷和安全问题,冷库功能不强,尤其无法满足果蔬的冷藏需要,使得每年我国果蔬在流通环节损失量巨大。

此外,我国冷链物流还存在着铁路冷藏运输与公路冷藏运输难协同的问题,这严重阻碍了我国冷链物流行业的发展。

(三)冷链物流各环节、上下游产业缺乏配套衔接,"断链"现象突出

发达国家 95% 的蔬菜、水果自采摘后半小时内立即进行预冷(一般使"田间热"降低至 4℃ 左右),以减少呼吸作用,抑制微生物生长,从而保持农产品的新鲜及质量,防止商品腐烂,而我国这个环节还基本是空白,对农产品产后低温贮藏加工投入力度不够,农产品绝大部分由产地以原始产品形式卖出。

发达国家已充分认识到产后低温贮藏加工的重要性,将其放在农业的首要位置。如美国农业总投入的 30% 用于采前,70% 用于采后,意大利、荷兰农产品保鲜化率为 60%,日本大于 70%。发达国家对农产品采后贮藏加工的重视大大提高了农产品的产后产值。据统计,发达国家农产品产值的 70% 以上是通过产后处理(贮藏保鲜加工)来实现的,其中美国农产品产后产值与采收时自然产值之比为 3.7∶1,日本为 2.2∶1。相比之下,我国对农产品产后低温贮藏加工投入力度不够,尤其是农产品采后低温加工包装技术能力低下,导致目前我国农产品绝大部分在产地以原始产品形式卖出,农产品产后产值不仅没有得到提升反而下降,我国农产品产后产值与采收时自然产值之比 0.38∶1 足以说明问题。

另外,承担着 70% 以上鲜活农产品流通的大型农产品批发市场很少配备冷冻冷藏设施,由此造成大批量交易过程中鲜活农产品的质量损失,无论生产、加工、储藏还是运输、销售等其他环节如何严格控制温度,都无法弥补批发市场交易过程中的质量损失。鲜活农产品冷链物流常常出现"断链"现象,造成微生物等有害物质大量滋生或"二次污染",影响农产品品质,严重威胁居民消费安全(研究表明,环境温度每升高 10℃,鲜活农产品质量下降速度大约增快 1 倍)。

(四)冷链物流社会化程度较低

近年来,我国经济的快速增长,尤其是电子商务的快速发展,刺激了更多高端

生鲜农产品需求,使冷链行业进入了快速增长阶段,但物流服务商多且规模普遍较小,第三方物流比重不高,缺少第三方冷链物流的龙头企业。大多数第三方冷链物流企业的基础设施、节点网络、信息系统、服务质量还不能满足农产品电商的要求,冷链物流的社会化成熟度、服务水平和发达国家相比仍有很大差距,成为制约农产品电子商务发展的环节。

生鲜农产品对冷链物流的要求比传统产品要高,淘宝、天猫上销售的食品多以较易贮藏的商品为主,部分季节性的生鲜农产品如大闸蟹、杨梅、樱桃、冷鲜肉等,除了少数入驻商家有冷链仓储进行本地配送外,区域外几乎都依托第三方物流公司进行配送,难以保证送达质量。

第三方物流的不可控性以及高额的外包成本,让大型电商企业开始通过自建冷链物流或整合优秀冷链物流企业的方式来完善冷链物流系统,如顺丰优选借助其完善的物流体系在 2014 年全面开始低温物流配送,阿里巴巴的菜鸟物流通过整合众萃物流和快行线两家优秀的冷链物流企业,形成"干支线＋末端宅配"相融合的"二段式配送"配送体系,京东启动的末端配送服务站方式,在未来将尝试从田间直达餐桌的"ABC"(agricultural to business to customer)方式。

但是,无论是电商自建还是整合第三方冷链物流企业资源都只处于探索尝试阶段,并未形成完善的电子商务冷链物流配送体系。以京东为例,目前的生鲜农产品配送还以全峰和顺丰物流配送为主,这也只是针对高端生鲜产品,而且也只能配送至部分省市而不能送至县、乡(镇)、组等地。而对于很多团购的产品,由于受成本限制其配送的范围就更小,一般其全国配送范围都不包括广西、云南、贵州、新疆、内蒙古、宁夏、西藏、甘肃、青海、海南、港澳台、偏远村组等地区。总之,我国冷链物流社会化程度还比较低,社会化的冷链物流队伍和集约化、专业化的冷链物流管理成为顺利开展农产品尤其是生鲜农产品电子商务急需的资源。

(五)冷链物流信息化建设水平较低

冷链物流需要较高的硬件水平和物资运输能力,这就需要物流系统具备较强的应急处理能力和管理水平,所以,冷链物流信息化建设是必不可少的。然而我国冷链物流行业的信息化建设水平较低,不仅相关冷链物流信息化设备配备水平较低,软件应用也不够广泛,运营人员应用信息系统的水平有限,信息系统的应用能力亟待提高。

(六)缺乏发展冷链物流的法律法规和统一的标准、技术规范

冷链物流是一项非常复杂的系统工程,为确保每个环节不出现产品质量和市场安全问题,完善的法律法规体系、统一的标准和技术规范是保证冷链物流运转的基础。但我国冷链物流法律法规不健全,冷链物流各环节设施、设备以及操作规程、温度控制等均没有统一的标准和技术规范,发达国家普遍推行的 HACCP

管理体系在我国尚处于启蒙及推广阶段。

三、促进我国农产品冷链物流发展的对策

(一)加强生鲜农产品冷链物流基础设施与信息系统的建设

我国应当加大对生鲜农产品冷链物流基础设施的建设投资,不仅要对已有冷藏运输设备进行改造、更新,更应该引进先进的冷链运输设备,以先进技术改造现有冷库,并建设配备先进技术和先进设施。应大力推广冷藏集装箱的应用,助推运输一体化模式的实现。此外,应当在交通便利的城市郊区建立适宜生鲜农产品储存的配送中心,这有利于提高生鲜农产品的储存效率和物流中转效率,进而提高我国冷链物流的运送能力。另外,努力建设并完善生鲜农产品的冷链物流信息系统,实现对冷藏设备的全程监控和管理,提升冷链全程的温度控制管理水平。

(二)通过并购等方式,促进我国传统冷藏运输企业向现代专业低温物流企业转变

为了提升自身竞争力,传统的冷藏运输企业必须在整合原有资源基础上,通过并购等形式,拓宽物流服务领域,向现代专业低温物流企业转变。福建省漳州裕和集团就是成功的案例。福建省漳州裕和集团是我国首家通过 ISO 9000 国际质量体系认证的专业冷藏运输企业。为了提升冷链物流服务水平,该公司与中外运合作,成立了上海裕和冷藏运输有限公司。此举把裕和从一个传统的冷藏运输企业变成了一个集仓储、运输、加工、配送及其他供应链服务等功能于一体的具备冷链专业运作水平、先进管理技术和经验的专业低温物流企业。成立后的上海裕和冷藏运输有限公司目前已成为百胜餐饮集团、锦江麦德龙、和路雪、雀巢、光明乳业等公司的长期稳定的物流供应商。

(三)组建农产品冷链物流联盟,推动我国农产品冷链建设

鉴于我国农产品冷链物流现状,没有哪一个企业能够靠一己之力建立起一整套的冷链基础设施,因此要推动我国农产品冷链物流的发展,就必须联合各方面的力量,包括政府的支持和行业组织的协调,成立一个由客户、运营商和投资者组成的联盟。从供应链的角度看,也就是建立一个能满足消费者、供应商和零售商三方面需求的冷链物流模式。除了本地销售的农产品以外,外销的农产品可以由供应商将货物运送到主要城市冷链物流整合中心,整合后进行长途运输,由地区整合中心进行装箱提货和当地运送,再整合后发送到零售直销点。在整个过程中均有严格的温度控制和实施监控。

(四)政府应推进冷链物流行业的质量管理体系与标准化建设

我国政府应当以立法的手段制定冷链物流行业的质量管理体系,积极借鉴发达国家的法律法规,结合我国物流行业的实际情况,制定冷链物流行业的相关法

规和质量管理制度,并积极推进冷链物流标准化建设,与发达国家的先进标准接轨,实现我国冷链物流标准的协调统一,以提高冷链物流行业的规范程度。

(五)加强农产品冷链物流行业的协调和自律

行业协会作为政府与企业之间的桥梁和纽带,必须发挥其应有作用,完善现代农产品冷链物流产业管理。一方面,协会积极宣传政府出台的政策、法规,使合规经营的思想深入每一个企业;另一方面,协会又可以代表农产品冷链物流企业来表达企业的需求与思想,对政府完善冷链物流政策提出建设性意见,也为改善企业经营提供最新的理念和技术支持。行业协会在政府与企业以及企业与企业之间,在沟通情况、咨询服务、提供信息、协调关系等方面能够从不同的角度起到润滑作用。例如加拿大卡车协会,是由加拿大运输企业、农产品产地加工企业、批发市场和配送中心等人员自愿组成的民间组织,协会主要协助 CFIA(加拿大食品检验局)制定冷链物流指导原则与标准,协调冷链环节行为主体的关系,组织制定本行业企业共同遵守的行为规范和纪律,并配合 CFIA 对协会成员进行技术咨询和人员培训,在推动加拿大冷链物流发展中发挥了重要作用。

(六)大力开发并推广使用农产品产后低温包装和保鲜技术,提高农产品附加值

对生鲜物品的需求的增长要求从生产地到中间的储藏、运输,最后到达消费者家中的冰箱,每一个环节都必须保证产品处于持续低温状态,任何疏漏都会导致品质的破坏,甚至造成货物的完全毁坏。在整个流通过程中,不管需要用什么来保持包装内物品的低温,最后都要归结到包装开发和设计的基础原理。因此,大力开发并推广使用农产品产后低温包装和保鲜技术,有利于从整体上提升我国农产品冷链物流发展水平。鉴于此,我国农产品低温物流行业应在吸收国外的最新保鲜技术的基础上研究出适合我国国情的高新保鲜技术,提高科技对农产品保鲜的贡献率,提高农产品附加值。

(七)完善农产品冷链物流相关政策法规

组织制定和完善适应我国国情的农产品冷链物流政策法规,制定冷链温度控制办法,尽快出台冷链物流环境监控办法,促进农产品冷链物流产业发展。研究出台鼓励农产品冷链物流发展的信贷、用电、建设冷库等优惠政策。对符合土地利用总体规划的农产品冷链物流园区,在用地上给予重点保障。研究解决城市冷链配送运输中的中转配送难、配送货车停靠难等问题,进一步放宽冷链运输车辆的城市交通管制。合理确定运输车辆的载重量,在车辆审验、车辆管理等方面提供支持。

复习思考题

1.什么是冷链物流? 与其他物流方式相比,冷链物流具有什么特点?

2.冷链的全过程质量管理应注意哪些问题？

3.完善的冷链物流应具备哪些技术和设备？

4.果蔬类冷链物流的流程应遵循哪些步骤？

5.结合实际,谈谈我国果蔬冷链存在的问题及相应的对策。

6.水产品的冷链物流有何特点？现实中水产品的冷链物流存在哪些制约因素？

7.我国冷链物流建设存在什么问题？相应的策略有哪些？

参考文献

[1] 霍青梅.冷链物流体系建设中的关键技术与设备[J].物流技术与应用,2010(2):70-74.

[2] 李志,何小勇.果蔬物流流程建设研究[J].中国流通经济,2009(1):29-31.

[3] 梁庆华,邱德生.我国果蔬冷链业亟待解决四大问题[N].中国食品报,2009-11-02.

[4] 汤晓艳,钱永忠.我国肉类冷链物流状况及发展对策[J].食品科学,2008,29(10):656-660.

[5] 吴稼乐,孔庆源,朱富强,等.我国水产品冷链物流发展规划若干问题的探讨[J].制冷,2008(3):42-44.

[6] 王强,段玉权,詹斌,等.发达国家冷链物流的主要做法与经验[J].中国禽业导刊,2008,25(14):20-22.

[7] 梁志杰,黄英君.我国食品冷链物流建设研究[J].生态经济,2007(11):124-126.

[8] 袁平红,武云亮.农产品冷链物流发展现状及对策研究[J].市场周刊(理论研究),2006(6).

[9] 丁俊发.农产品物流与冷链物流的价值取向[J].中国流通经济,2010(1):26-28.

[10] 季永青.运输管理实务[M].北京:高等教育出版社,2000.

[11] 吴清一.物流实务(初版)[M].北京:中国物资出版社,2003.

[12] 钱廷仙.现代物流管理[M].北京:高等教育出版社,2009

[13] 佚名.我国农产品冷链物流的发展现状[EB/OL].(2015-10-22).http://www.56products.com/News/2015-10-22/ADB6ABHJ73C43D72737.html.

[14] 赵琦轩.生鲜农产品冷链物流的发展现状与对策研究[J].物流技术,2015(16):27-29.

[15] 李征,刘宏宇,刘永悦.我国农产品电子商务冷链物流发展策略研究[J].物流技术,2015(3):23-25.

[16] 佚名.以永辉超市生鲜供应链为例 思考超市如何突破难题[EB/OL].

(2015-08-15). http://news. winshang. com/news-514393. html.

【阅读与思考】

京东生鲜:创新业务模式　发力冷链物流

2017 年开年不几日,京东生鲜事业部(以下简称"京东生鲜")便宣布与京深海鲜达成战略合作,以此为开端提供"活鲜"配送服务,实现北京、天津地区"211"送达①,其周边城市则最慢实现次日达。在满是痛点与瓶颈的生鲜冷链物流领域,2016 年才正式布局冷链物流的京东生鲜时隔一年便提出如此高难度的服务承诺,可见其巨大魄力。当然,由此也可以看出冷链物流的重要性以及京东的高度重视。在这片物流领域的新蓝海,京东生鲜的冷链物流体系有何优势,其业务模式又有何不同呢?

京东生鲜发展概况

2016 年 1 月,京东生鲜正式成立。京东生鲜坚持以"让消费者吃得更好一点"为宗旨,致力于让产品更加优质、服务更加出众、体验更加完善。通过原产地直采、优化农产品销售渠道、冷链物流网络建设,希望为整个行业的可持续发展做出标杆性引领。通过一年多的发展,京东生鲜业务规模、冷链基础设施、配送等方面的能力得到全面提升。

在业务规模上,京东生鲜已签署合作协议的供应商(POP+自营)超过2000 个,包含海鲜水产、水果、蔬菜、肉禽蛋奶、速冻在内的各个品类。

在冷链仓储上,京东生鲜在全国拥有 10 大专属冷库,覆盖深冷层(-30℃)、冷冻层(-18℃)、冷藏层(0~4℃)、控温层(16~25℃),各温区对温湿度进行实时监控管理,全面保障商品品质。

在冷链配送上,截止到 2016 年 12 月,京东生鲜冷冻冷藏配送可覆盖全国 60 多个大中城市,控温配送可覆盖 243 个城市。

在物流服务上,京东生鲜在核心城市实现"211"配送的基础上,进一步推出夜间配服务(19:00—22:00)、精准达服务(配送时间精确到 2 小时以内),全面提升服务时效。

业务模式不断创新

7 大智能物流中心、254 个大型仓库、550 万平方米的仓储设施、6780 个

---

① "211"送达,也就是,当日上午 11:00 前提交的现货订单(天津、东莞、深圳、杭州为上午 10 点前,从订单出库后完成拣货的时间点开始计算),当日送达;夜里 11:00 前提交的现货订单(从订单出库后完成拣货的时间点开始计算),次日 15:00 前送达。

配送站点和自提点、2646 个区县覆盖，构建了整个京东物流体系强大的物流配送能力。京东冷链物流网作为京东物流三张大网中的重要组成部分，除了依靠整个物流体系的庞大能力，还与京东生鲜独特的业务模式密不可分。

（1）协同仓模式。如图 1 所示，该模式下，京东合作伙伴的仓储功能和京东仓储功能进行合并，进入京东整个分拣配送体系运作。简单来说，就是将京东的仓库直接建到优质大型合作商的库房内，做到产地直发、一地配全国，发挥轻资产运营、零库存、物流成本低、损耗低的优势。文章开始提到的"活鲜"配送便是基于这种协同仓模式。例如，最具代表性的阳澄湖大闸蟹，京东生鲜通过"商家仓＋京东配"的鲜活生鲜协同仓模式，承包当季阳澄湖大闸蟹50％的销量，获封阳澄湖大闸蟹"第一捞"。

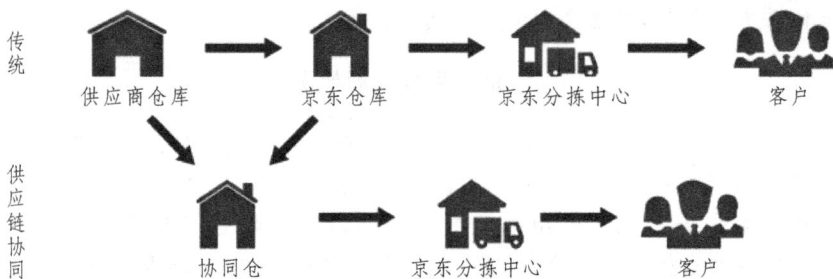

图 1　协同仓模式示意

除此之外，2016 年年底，京东生鲜还与东昇集团签署战略协议，联合打造京东自营蔬菜品牌——"绿鲜知"。借助蔬菜协同仓新模式，减少了搬运作业，产品损耗几乎为零，保证了果蔬产品的新鲜送达；同时实现了零库存，大幅降低资金占用，物流履约成本至少降低 50％；此外，协同仓产能灵活有弹性，发货优势明显。

这些丰富的案例充分表明，协同仓模式已成为京东生鲜的供应链利器。

（2）移动仓模式。一般来说，传统订单流程为京东仓库—京东分拣中心—客户；京东生鲜打造的移动仓模式则是基于自有配送网点等，将"库存前置"，即移动仓订单流：移动仓—客户，使商品距离客户更近，打造快速配送服务，实现畅销商品一小时送达。同时，该模式支持农村推广、校园自提点、大篷车等"现场售卖"。京东生鲜的移动仓模式不仅有效提升了客户体验，提升了现场客户关注度和互动性，同时也进一步夯实了京东生鲜的竞争力。

生鲜冷链物流之"痛"与京东生鲜之"方"

生鲜冷链物流除了要具备普通电商物流的各种条件外，更重要的是如何始终在规定的温度下把生鲜产品安全、及时、准确地送到消费者手里,让消费者放心。这就对生鲜冷链物流有了更高的要求。比如,适合不同生鲜产品的源头预冷环境、存储环境、运输环境,以及最后一公里配送环境,这样的全程冷链如何保证,由此产生的大量成本如何有效控制?除此之外,针对大量不同的非标产品,怎样做到物流作业标准化以提高效率?符合生鲜电商所需的冷库在社会上难以寻找、运输过程与最后一公里配送脱冷等各种问题如何解决?我国生鲜冷链物流起步较晚,标准相对缺失,各种痛点制约之下,发展亟待破局。针对生鲜冷链物流的这些痛点,京东物流也正试图开出自己的"药方"。

首先,把控选品源头。京东生鲜通过与优质品牌商合作,选取高品质生鲜产品,同时自己设计包装,将生鲜产品包装标准化,再运输至全国各区域的RDC(区域性配送仓储中心);对于季节性、产地性的优质生鲜产品,则采取协同仓模式,即在产地打包,通过航空、陆运资源,实现一地发全国。

其次,流程标准化。电商生鲜最重要的是让产品具有统一的标准,这样才方便在电商平台上进行销售。而精品化更是生鲜电商未来发展的核心。去年,京东生鲜制定了数百份标准,如商家引入标准、商品入库验收标准、商品存储的温湿度标准、商品保质期标准等,以确保每一件商品的品质。同时,在RDC仓的收货区,京东生鲜还专门设立了生鲜产品快检实验室,建立了农药残留快检、食品安全快检、畜肉及水产品快检的流程及标准,来确保食品安全,让消费者吃得放心。

第三,自建冷链物流网络。借助京东自营的冷链配送体系,通过标准化的配送流程,京东生鲜可以实现生鲜产品在产地运输、干线运输、仓储、终端配送四大环节的全程冷链无缝衔接。目前,京东除拥有专属冷链运输车、创新第四代配送箱外,自有冷库也均是按照高标准建设的,如仓库有多个温控区域,可以满足不同生鲜产品对温度的要求。针对最难实现标准化的仓配环节,京东生鲜更创新了"京东产地协同仓"的运营模式,减少流通环节,实现生鲜服务体系的标准化,进一步提升消费者的"新鲜"体验。在冷链监控方面,京东生鲜打造了生鲜产品温湿度监控平台,从商品入库、存储,一直到客户手中,每一个流转环节都通过GPRS(通用分组无线技术)实现全程实时温湿度监控,确保商品在仓储、运输、配送环节的温度可控、时效可控、品质可控。

第四,严控库存管理。依托于京东大数据平台分析提前预估销量,从而有序地进行预售和备货,尽可能避免生鲜产品积压,保障每一位消费者买到的都是新鲜的产品。详细来说,京东生鲜在库存管理上有两大明显优势。其一,库存共享逻辑,通过零库存协同、RDC/FDC(前端物流中心)等创新设计,将生鲜产品库存最大化应用到各个用户场景,在降低库存持有成本的同时确保不断货;其二,库存鲜度管理,通过严苛选品、出入库保质期管理、种植养殖基地直发等举措,确保商品更加新鲜。

随着我国生鲜电商市场规模不断扩展,在广阔的发展空间和前景下,京东生鲜将会继续发力冷链物流,除了自建大量标准化冷库外,还将在配送模式上不断创新、升级,以全程冷链更好地保障生鲜产品的品质,不断提升客户体验。

[资料出处:任芳.京东生鲜:创新业务模式发力冷链物流[J].物流技术与应用,2017(3):27-29]

思考:1.京东的物流模式有何新颖之处?

2.京东采取了哪些方式来应对生鲜电商行业的痛点?

3.以京东的材料为例,结合课本内容,说明农产品冷链管理过程以及实施重要环节。

第八章　农产品电子商务物流

重点提示

通过本章的学习，了解电子商务的概念，电子商务对物流的影响；掌握电子商务物流的概念和特征；了解国内外农产品电子商务物流模式；重点理解和掌握我国现有农产品电子商务物流应用现状、存在问题、发展对策。

教学课件

第一节　农产品电子商务物流概述

一、电子商务与物流

(一)电子商务

1.电子商务的概念

1996 年，IBM 公司提出了 electronic commerce（E-commerce）的概念，此后，不同的组织提出了不同的电子商务概念，但至今没有形成统一的权威的定义。尽管有许多从不同角度形成的定义，且内容各异，但是它们都离不开两个基本点：电子工具和商务活动，即电子商务本质上是通过电子工具实现一系列商务活动。在国内，电子商务通常被描述为利用计算机技术、网络技术和远程通信技术，实现整个商务（买卖）过程中的电子化、数字化和网络化。

在电子商务的概念模型中，强调信息流、商流、资金流和物流的整合，而信息流作为连接的纽带贯穿于电子商务交易的整个过程中，起着串联和监控的作用。

电子商务的本质在于通过疏通信息流、提供增值服务、实现交易自动化、优化和整合商务活动来提高交易效率，降低交易成本，增强企业的竞争力。

2.电子商务的特点

电子商务与传统商务相比，除了具有一般商务的基本特性之外，还具有以下特点。

（1）交易虚拟化。通过以互联网为代表的计算机互联网络进行的贸易，贸易双方从贸易磋商、签订合同到支付货款都无须当面进行，均可通过计算机与互联网络完成,从而实现整个交易的虚拟化。对卖方来说,可以到网络管理机构申请域名,制作自己的主页,组织产品信息上网;而买方可以根据自己的需求选择广告,并将信息反馈给卖方,通过信息的推拉互动,签订电子合同,完成交易并进行电子支付。整个交易可以在虚拟环境下进行。

(2)交易成本低。电子商务使得买卖双方交易成本大大降低,具体表现在:①距离越远,网络上进行信息传递的成本相对于信件、电话、传真的成本而言就越低。此外,缩短时间及减少重复数据录入也降低了信息成本。②买卖双方通过网络进行商务活动,无须中介参与,减少了交易相关环节。③卖方可通过互联网介绍宣传产品,节省了在传统方式下广告的大量费用。④电子商务实行无纸贸易,可减少90%的文件处理费用。⑤互联网可实现买卖双方即时沟通信息,使无库存生产和无库存销售成为可能,从而使库存成本降为零。⑥企业利用内部网进行商务活动,可实现无纸办公,提高内部信息传递效率,节省时间,并降低管理成本。

(3)交易效率高。传统贸易方式中,用信件、电话和传真传递信息,必须有人参与每个环节。由于人员合作和工作时间的问题,往往会延误传输时间,失去最佳商机。电子商务可利用互联网将贸易中的商业报文标准化,使其能在世界各地瞬间完成传递与计算机自动处理,原材料采购、产品生产、需求与销售、银行汇兑、保险、货物托运等过程无须人员干预,可在最短时间内完成,克服传统贸易方式费用高、易出错、处理速度慢等缺点,极大缩短了交易时间,使整个交易快捷方便。

(4)交易透明化。买卖双方从交易的洽谈、签约,到货款的支付、通知交货等整个交易过程都在网络中进行。通畅快捷的信息传达可以保证各种信息相互核对,可以防止伪造信息的流通。例如,在典型许可证 EDI 系统中,由于加强了发证单位和验证单位的通信核对,假的许可证就易被发现。

3.电子商务对物流的影响

(1)电子商务改变了传统的物流观念。在电子商务环境下,人们在进行物流活动时,物流的功能可以通过虚拟化的方式表现出来,人们可通过各种组合方式,寻求物流的合理化,使商品实体在运动过程中,达到效率最高、费用最省、距离最短、用时最少。同时,电子商务需求的多样性与分散性,为现代物流拓展了广阔的业务范围。电子商务要求现代物流提供更完善、更周到的服务,要求其协助电子商务公司完成售后服务,提供更多的增值服务内容,这样现代物流的发展才有内在的动力与外在的需求,二者相互促进,共同发展。

(2)电子商务改变了物流的运作方式。电子商务可使物流实现网络的实时控制。在传统的物流活动中,虽然也有运用计算机技术对物流实时控制的情况,但这种控制都是在独立的运作模式下进行的。而在电子商务时代,网络全球化的特点可使物流在全球范围内实施整体的实时控制。现代物流企业可充分利用互联网的巨大优势建立信息系统和网络平台,提供更加完善的配送和售后服务,使现代物流功能集成化、服务系列化,提高运行效率。

(3)电子商务改变了物流系统的组织和管理。首先,电子商务将促进物流基础设施的改善。电子商务高效率和全球性的特点,要求物流也必须具备这些特点。而物流要具备这些特点,良好的交通运输网络、通信网络等基础设施则是最基本的保证。其次,电子商务将促进物流技术的进步。物流技术水平的高低是影响物流效率高低的一个重要因素,要建立一个适应电子商务运作的高效率的物流系统,加快提高物流的技术水平是非常重要的。此外,电子商务的发展也必将对物流人才提出更高的要求,对物流管理的手段和方法提出更高的要求,促使物流管理的水平全面提升。

(4)电子商务拓展了物流配送市场。电子商务是开放式的市场,会延伸到全世界有购买需求和入网条件的每一个角落。网上大量分散化的商品需求都要通过物流公司来满足,这就使得配送业务的市场极大地扩展,面向最终消费者的配送业务大量增加。

(5)电子商务促进了物流现代化。电子商务的发展凸显了信息流的价值,信息化也日益成为物流行业关注的焦点。物流信息化的重点在于业务流程和管理流程优化,这些优化通常集中在最能产生效益的几个环节中,如仓储管理、运输管理和配送管理等。货物跟踪系统、客户关系管理系统、配送服务系统等已经成为物流企业移动信息化建设的重点。在信息化的基础上,物流又逐渐向自动化、智能化等高层次的应用发展,信息系统的协调、自动化工具的应用以及智能系统的支持使物流的速度更快、成本更低、现代化水平更高。

(二)电子商务物流

1. 电子商务物流的概念

电子商务物流是指在电子商务交易活动中,为实现商流转移而进行的接收、储存、包装、搬运、配送、运输等实物处理与流动过程。它是在特定时空范围内,由商品(物资)、仓储设备、包装设备、装卸搬运机械、运输工具、人员和信息网络等要素组合而成的系统整体。

电子商务物流是物流产业本身应用信息化的手段实现物流商务运作的过程,是电子化、网络化和自动化的物流。物流的信息化包含了物流的仓储、运输、配送等各业务流程中组织方式、交易方式、服务方式的信息化。通过规范、有序的信息化物流程序,可以使物流进入一个充分利用现有资源、降低物流成本、提高物流运行效率的良性轨道。电子商务物流的目的是在信息技术与电子技术的支持下,把准确数量的准确产品(指产品的性能、质量、型号等符合要求)在准确的时间内,以最低的费用送到客户指定的地点。

电子商务物流系统包括两个网络：一是物流实体网络，指物流企业、物流设施、交通工具、交通枢纽等在地理位置上合理布局而形成的网络；二是物流信息网络，指物流企业、制造企业、商业企业通过现代信息技术把上述物流实体连接而成的共享信息网。通过信息网络可实现运输工具的调配、物流活动的合理安排以及在途货物的实时查询等功能。电子商务物流是电子商务运作中的一个重要组成部分，同时也是电子商务有效运作的保障和前提条件之一。

2.电子商务物流的特征

电子商务所独具的电子化、信息化、自动化等特点，以及高速、廉价、灵活等诸多优势，使得电子商务物流在其运作特点和需求方面也有别于一般物流。

(1)物流信息化。传统物流关注的是实体商品的运输流通，而不太重视信息在物流中的作用，用户能够获取的物流信息匮乏而且滞后，难以实现业务的协同运作。电子商务时代，物流的信息化程度大大提高，条形码技术、数据库技术、电子订货系统、电子数据交换、GPS、快速反应和有效客户反应等技术和观念在物流行业中得到了广泛的应用。从利用计算机、扫描仪等电子设备实时收集物流信息，到运用数据库、数据仓库等系统及时存储物流信息，再到采用通信网络和标准化编码技术即时传递物流信息，直至最后使用互联网实时发布物流信息，信息流都贯穿于物流过程中，不仅有利于物流人员进行业务的协同运作，也能帮助用户随时跟踪货物的运输状况，大大提高了物流的业务效率和服务水平。

(2)物流自动化。传统的物流活动自动化程度低，人工参与度高，分拣、包装、搬运和装卸等环节往往都离不开人员的介入，人工成本很高。电子商务下的物流则充分发挥了技术的优势，在包装、运输、装卸、配送和保管等物流功能中，利用信息技术和机电设施完成物流的自动化运作，最大限度地减少人工参与，不仅有利于节约劳力，减少差错，还能增强物流作业能力，提高运作效率。物流自动化的设施很多，包括条形码、语音自动识别系统、射频自动识别系统、自动分拣系统、自动存取系统、自动导向车、货物自动跟踪系统等。这些设施在发达国家已普遍用于物流作业中，而我国物流业由于起步晚，发展水平低，自动化技术的普及还需要较长的时间。

(3)物流网络化。传统的企业由于信息流通不畅，无法与合作伙伴和客户建立高效的合作机制。而电子商务的实时性和跨时空性有助于打破信息孤岛，在企业之间建立起广泛而密切的联系，促进资源的合理分配和高效流通，实现跨地区的物流网络化运作。物流网络化的基础包括企业内部、企业与合作伙伴及客户之间的供应链信息系统，以及跨地区的物流配送体系。

(4)物流智能化。物流作业过程中涉及大量的运筹和决策，传统物流模式下，人们往往根据经验和主观判断进行决策，难免缺乏科学性和准确性。电子商务环境下,数据挖掘、GIS 和人工智能/专家系统等技术运用先进的知识和模型,为物流管理提供科学的分析工具,帮助人们进行合理的物流决策,如库存水平的确定、运输路径的选择、自动导向车的运行轨迹和作业控制、自动分拣机的运行、物流管理的决策支持等。面对日益复杂的商业环境,智能化已成为电子商务物流所必不可少的特征。

(5)物流柔性化。在"以客户为中心"的电子商务时代,传统的价值链发生了改变,出现了以客户为起点的"按单生产"方式。这就要求企业能够根据消费者的需求灵活调节生产流程和生产量,没有配套的柔性化物流系统,是难以达到这个目的的。目前,出现了许多柔性生产系统,如弹性制造系统(FMS)、计算机集成制造(CIMS)系统、企业资源规划(ERP)系统以及供应链管理系统(SCM)等,它们本质上都是将生产和物流进行整合,根据客户需求"多品种、小批量、多批次、短周期"的特点,灵活地组织生产,安排物流活动。

3.电子商务物流系统的要求

(1)要求改进物流的运作方式——信息化、网络化。电子商务要求物流处理的全过程处于受控状态,能够采集、处理运输、配送等各个环节的信息,并通过信息网络汇集信息,对全环节作业进行有效的控制,实现物流的集约化。同时要求通过互联网络实现一个地区、一个国家甚至全球范围内整体的、系统的实时控制。

(2)要求提高物流的运作水平——标准化、信息化。以电子商务技术应用为代表的信息革命,为企业物流的信息管理提供了非常丰富的技术手段和解决方案,大幅度地提高了信息管理水平和客户服务质量,逐步实现了专业化、网络化、信息化的现代物流发展目标。对此,物品以及运输都要采用标准的标识码技术,对盛装容器、运输包装等进行标准化,便于自动采集和自动处理。另外,要求配置机械化、自动化设备,对各种物品和容器实施自动化分拣处理,缩短物品的流通时间。

(3)要求提高物流的快速反应能力——高速度、系统化。物流系统的快速反应是物流发展的动力之一,速度就是效率和效益,这是电子商务制胜的关键。用户网上交易后,商流和资金流在网上快速流动,从而要求实物商品从受理、分拣、配送、运输直至送到用户手中也能高速流动,这就要求物流系统拥有较高效的配送中心和快捷的运输方法。

(4)要求提高物流的动态调配能力——个性化、柔性化。电子商务创造了个性化的商务活动,在网络营销过程中,可以为各个用户提供不同的产品和服务。在这样的背景下,支持电子商务的物流也必须能够根据用户的不同要求,提供个性化的物流服务,即要求物流系统具有动态调配能力和柔性化的组织水平。因此,应突破传统的经营方式,适当拓展原先有限的业务范围,根据客户的具体定制要求进行配送,使物流品种灵活多样。在配送时间上,以高效的信息网和方便快捷的配送网为基础,做到快速反应、敏捷配送。并能根据实际情况为用户提供适宜的物流解决方案。物流活动的功能越来越多,物流企业要在物流链上的不同环节充当不同的角色,在原料供应商、厂家与客户三者之间做到灵活运作,游刃有余。

(5)要求改变物流的经营形态——社会化、全球化。传统物流业中,某种物流系统往往是由某一企业来进行组织和管理的,而电子商务具有的跨行业、跨时空特点,要求从社会化的角度对物流实行系统的组织和管理,实现物流经营的社会化和全球化。既要求物流企业在竞争中实现协同作业,又需要物流业向第三方综合代理的多元化、综合化的方向发展。通过分享信息和共同计划,整体物流效率得到提高,不仅使企业物流与社会物流有机地结合在一起,而且统筹协调、合理规划控制商品流动,使渠道安排从一个个松散联结的独立企业,变为一种致力于提高效率和增强竞争力的群体合作力量。

二、农产品电子商务物流的概念

农产品电子商务物流即以农产品为对象的电子商务物流,其是指涉农企业运用电子商务技术(主要指计算机、信息网络等技术)对农产品的生产、加工、运输、仓储、配送等环节进行合理的调配和系统的整合,实现各环节的协同运作,提升物流的信息化水平,最终达到提高农产品物流信息和实体商品传输效率的目的。传统农产品物流的中间环节较为繁杂,批发商和零售商等中间机构的存在降低了农产品的流通速度,增加了其流通成本,而电子商务作为一种有效手段能改善这种情况。

三、发展农产品电子商务物流的必要性

我国是一个农业大国,发展农产品电子商务物流,不仅能够保障农民的根本利益,改善农产品流通状况,促进农产品贸易,增加农民收入,实现农业现代化,加快农业和农村经济结构战略性调整,而且能够大大提高我国农业的国际竞争力,对发展全国经济具有非常重要的意义。但我国目前传统的农产品物流运作模式和发展速度,远远不能满足农业和农村经济发展的需要。如何加快现代农产品电子商务物流发展,开始成为亟待解决的首要问题。

电子商务物流能够为农民、收购商、运输商、批发商、零售商甚至消费者等流通实体提供一个良好的沟通平台。总体来说,电子商务在农产品物流中的应用体现出以下一些优势。

(一)削减流通环节,搭建"虚拟仓库"

传统农产品物流运用中介组织,将规模小、经营分散、自销能力弱的农户组织

起来进入市场,以增强农民的市场竞争力。电子商务物流的出现动摇了传统中介的存在。通过网络交易平台,生产者可以突破地域和信息的障碍,与消费者直接交流和互动,其信息获取能力、产品自销能力和风险抵抗能力大大加强,对传统中介的依赖性也大大降低。电子商务虽然削减了流通中介,但它并不能完全消除中间环节,社会分工要求仍有专门从事农产品流通的组织。在设计电子商务物流系统时,可以选择和保留有价值的环节,合并或去除作用小、价值低的部分,构建新型的电子商务流通链:生产者—电子批发市场—网上零售商—消费者。这样,销售物流能够绕过中间商等环节,直接通过电子批发市场将农产品发至零售商,缩短了农产品的物流路线,提高了流通速度,降低了库存量。

同时电子商务物流发挥了"虚拟仓库"的作用。传统的农产品物流企业一般都需要配置占地面积很大的仓库,而电子商务进行网络化管理之后,可以充分发挥"虚拟仓库"的效用,将散置在不同地域的和不同所有者的仓库通过网络连接构成一个庞大的仓储体系,然后通过对它们进行集中管理和货物调配,遵从"就近原则",使得农产品的集散空间得以有效放大。这样,物流企业在调配农产品的规模和效率等方面均有了大幅度的提升,这是传统的物流配送体系无法比拟的。

(二)改变物流运作方式,降低流通的成本

传统的物流运作是由多个业务模块构成的,因为受到较多人为因素的影响,在配送时间方面与备方的预想存在较大的偏差。而电子商务技术的应用实现了整个物流环节的实时监控和实时决策,任一环节出现问题发出需要解决的提示信息时,物流系统都可以即时做出相应的反馈,并马上做出详细的更新配送计划,对问题予以解决,这就使得配送时间大大缩短。

同时,电子商务物流系统通过减少不必要的中介环节和重构农产品流通链,降低农产品的运输、仓储、保鲜等物流成本及时间成本,也省却了中间商的利润分成。另外,电子商务物流的机械化和自动化程度高,在装卸、搬运、分拣和储藏农产品过程中只需少量的人工参与,有助于减少人工成本,提高流通效率,降低由农产品变质带来的损失,流通成本也相应减少。农产品流通成本高的另一个因素是信息失真导致的盲目生产和销售。电子商务物流将生产者、批发商、零售商和消费者连接起来,使各方能够实时共享农产品的生产、库存、流通和需求状况,同时物流智能系统为各环节提供了生产和经营的决策支持,帮助相关主体根据市场需求生产和销售适销、适量的农产品,合理地安排物流,避免因产品过量或运输不当而导致的超额的运输、储藏、加工及损耗成本。

(三)建立物流信息平台,提高市场反应能力

传统的农产品物流由于信息化程度低,大多采用大批量、少批次的运输方式,交易对象主要是批发商或一些规模较大的零售商。这种方式往往缺乏弹性,难以

适应市场需求的变化。随着电子商务技术的发展，如果能及时获取信息，生产经营者就能够及时根据市场需求灵活地安排农产品的生产、加工和流通，满足人们的个性化要求。如果能够建立发达的信息网络和完善的配送体系，就能够实时掌握农产品流动信息，实现跨地区的高效配送，更好地满足消费者对时效的要求。需求信息的不确定性，会造成批发市场价格波动大，加大农民的市场风险；而供给信息的不确定性，会使消费者对产品质量失去信任。同时信息链的阻断以及农业生产的分散状态，导致政府指导与监管又难以完全到位。当前农产品物流由分散的成员各自进行物流运作，缺乏统一的信息网络平台，整个农产品物流过程的信息链是阻断的，上下游的信息不能顺畅地到达对方。结果是农产品物流从供应地到消费地之间处于阻断和不透明状态，信息不畅，流通渠道堵塞，物流缓慢。因此应尽快建立统一的农产品物流信息网络平台，通过网络平台和信息技术将农民、供应商以及批发商、零售终端、客户联结起来，实现对农产品物流各个环节的实时跟踪、有效控制和全程管理，达到资源共享、信息共用。

第二节　农产品电子商务物流的主要模式

农产品电子商务物流是指在电子商务环境中，涉农企业为了完成从农产品的生产到销售等一系列的物流活动而采取的基本战略和运作方式。

一、国内农产品电子商务物流模式

(一)根据农产品电子商务物流的经营者划分

根据物流的层次划分，农产品电子商务物流可分为农产品企业物流和农产品电子供应链物流。按照物流的经营者划分，农产品企业物流可划分为自营物流、物流联盟和第三方物流等。

1.农产品企业自营物流

农产品企业自营物流是指涉农企业通过投资建设或租借农产品的仓储设备、运输工具等物流基础设施的方式，亲自从事本企业的农产品物流活动。与传统的自营物流不同，电子商务下的农产品企业凭借电子商务的先进经验和优势，广泛采用网络平台、电子数据交换、有效客户反应、准时化生产、快速反应等信息化和智能化的物流管理系统自营物流。

农产品企业自营物流的优势在于，企业对物流运作过程可以进行有效的控制，对市场变化能够做出灵活、快速的反应。劣势则是对物流系统的一次性投资较大，占用资金较多，同时对企业的物流管理能力要求较高。目前，采取这种模式的农业电子商务企业主要由实力雄厚的传统农产品公司发展而来。由于这些企业在长期的传统商务中已经建立起了初具规模的物流配送网络,开展电子商务只需在原有基础上进行信息平台和物流系统的增建及整合,即可基本满足电子商务下的农产品物流要求。例如,由于跨境电商直邮方式受限于物流,为提高用户体验,2015 年 10 月,京东全国首个全球购自营物流基地在广州南沙启动。京东南沙全球购仓在售商品超过 120 万种,品牌数量超过 3000 个,店铺数量超过 1000家,日均出货 4 万单。通过京东南沙全球购,客户将以更优惠的价格、更便捷的渠道购买到高品质的进口商品。未来京东将集中全力在广州搭建自营跨境电子商务交易仓储,并加快引进相关企业入驻,积极做大业务规模,尽快在广州形成跨境电商的规模效应。

2. 农产品企业物流联盟

农产品企业物流联盟是指两个或多个涉农企业之间,为了实现自己的物流战略目标,通过各种协议、契约而结成的优势互补、风险共担、利益共享的松散型网络组织。为了获得比单独从事物流更好的效果,物流联盟通过物流契约形成资源互补、要素双向或多向流动的中间组织,它的动机和目标介于自身利益最大化和联盟的共同利益最大化之间。联盟呈动态变化,契约关系一旦结束,原来的合作伙伴即又成为追求利益最大化的单独个体。

从经济效益角度看,农产品物流联盟对不同角色的成员企业都大有裨益。对拥有物流资产的提供方而言,物流设施一经投入就成为不可回收的沉没成本,且农业物流设备的资产专用性较高,若没有物流的规模效应,农业企业则会面临较大的资金占用和资源浪费的困境。对物流服务的需求方来说,它无须进行高额的物流投入,即可从其他成员那里得到过剩的物流能力和先进的管理经验,减少了物流成本和交易成本。一般来说,当企业的物流水平较低时,组建物流联盟将有助于企业获得物流设施、运输能力及专业管理等方面的资源。而当企业的物流水平较高且物流在企业战略中不占有重要地位时,则应该寻找其他企业共享资源,获得物流的规模效益。

对于开展电子商务的农业企业而言,物流联盟能够较好地满足它们跨地区配送及时效性高的要求,帮助它们减少物流投资,降低物流成本,获得管理技巧,提高客户服务水平,取得竞争优势。

3. 农产品企业第三方物流

电子商务下的农产品企业第三方物流是指在电子商务环境中,由农产品物流供求方以外的独立第三方运用现代信息技术完成农产品的运输、仓储、流通加工、配送等一系列物流活动的信息化、网络化运作过程。第三方物流为农业电子商务提供了小批量、多批次的物流服务,确保电子商务下以市场需求为导向的柔性化经营方式得以顺利实现。

4.农产品电子供应链物流

近年来,农产品电子供应链物流管理的理论已被广泛接受,但它在实践中的应用却依赖于电子商务技术的发展。可以说,电子商务技术实现了农产品电子供应链物流管理从理论到实践的突破,使之成为农产品物流发展的重要模式。

根据我国农产品流通渠道的特点,农产品电子供应链物流模式可以分为两种:以生产加工企业为核心的电子供应链物流模式和以批发连锁为核心的电子供应链物流模式。

(1)以生产加工企业为核心。在该农产品电子供应链物流模式中,生产企业占主导地位,由它建立贯穿整条产业链的电子供应链物流系统,带动上下游各环节进行信息流和物流的适度协调及整体运作,提高农产品运转效率。一方面,生产企业以契约形式与上游众多分散的农户合作,通过电子平台向他们及时反馈市场需求,并给予资金技术和生产资料等方面的支持,保证原料及时、稳定的供应;另一方面,生产企业以信息网络连接下游的批发商、零售商和消费者,根据市场需求适时、适量地生产适销的农产品,在迅速满足市场需要的同时,最大限度地减少库存成本。

(2)以批发、连锁为核心。在此模式中,批发市场或连锁商店处于中心位置。批发市场采用先进的信息技术代替传统的手工交易,搭建电子化交易平台,配备完善的物流设施,成为连接生产、加工和零售的核心环节。大型连锁企业通过建立完善的 POS 和 EDI 系统,引入物流管理系统,组建自己的配送中心,并直接向生产者或批发商等上游环节延伸,形成生鲜农产品加工配送一条龙运作。

无论是哪种形式的农产品电子供应链物流管理,都离不开现代化信息技术的支撑。农产品电子供应链物流信息系统的建设首先是企业内部的信息化基础设施建设,以完成各类软硬件平台,包括网络硬件、操作系统和数据库系统等的构建,并在企业内部实行业务信息化,通过统一的内部网和数据库系统,实现部门间的联网和信息共享,确保各部门能够行动一致,协同运作。在此基础上,实现企业与战略同盟之间信息化,即核心企业的内部信息系统逐步向供应链合作伙伴延伸,企业之间架设信息网络,实现信息和产品在整条供应链内的快速流动。

(二)根据农产品电子商务物流的交易对象划分

1.B2B 模式

B2B 即 business to business(企业对企业)。B 即当地的农业生产企业或专门从事农产品销售的企业,其由于自身有较强的规模优势和品牌实力,通过自建农产品网站,进行搜索引擎推广网站,或者通过在大型第三方中介平台如阿里巴巴,注册成为会员,由第三方为其推广,可以实现在线搜索农产品需求信息、报价、洽谈、合同签订、资金转移、选择物流供应商、结算等。

为了保证网上交易的安全,交易双方向认证中心申请证书,由中心确认各自的身份,在交易当中双方在网上互相验证身份,并用密钥加密信息,保证商业信息的机密性和安全性。资金结算上,双方开通企业网上银行,直接在网上转账即可。具体流程如图 8-1 所示。

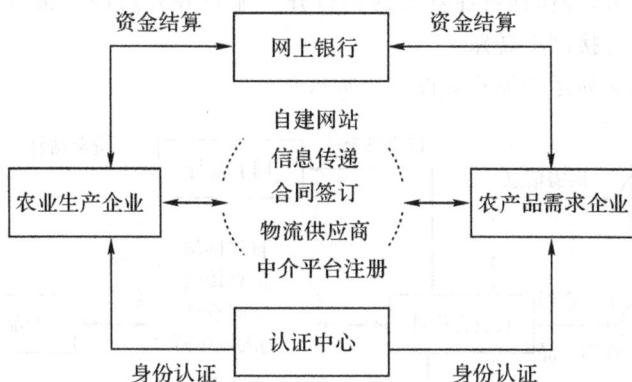

图 8-1　B2B 模式

B2B 模式是目前农产品网上流通的主要模式,是指农产品的供给企业和求购企业借助于网络完成农产品交易相关的所有环节,是一种涉农企业间的电子商务模式。这种模式的典型代表是黑龙江中米网络科技有限公司所建立的中国大米网,它采用 B2B 模式,是中国米业第一门户网站,主要提供市场行情、供求信息、科技信息、策划营销、业内动态、企业推广、米业包装信息、网上短信等服务。中国农贸交易网是由齐齐哈尔市北方公交集团和中国网库联合创办的一个实实在在的农产品在线交易平台,它为广大涉农企业和农民提供一个出售优质农产品的高效通道。

2. P2C2B 模式

P 为个体农户,C 即 cooperative,可以是农业协会、合作社,B 为农产品销售、流通和加工企业,也可以是像沃尔玛、华联、家乐福这样的大型超市等。对于分散的单个农户,如果要争取平等的经济地位就需要形成一个整体,有组织有策略地开展农产品销售,而各类农业合作社能有效地承担这项工作。

在生产环节,合作社根据市场需求组织农户统一进行生产,有时合作社接受客户的订单,根据订单安排生产,提供技术支持,注重高质高效。尤其是近些年生态农业及其产品大受欢迎,单个农户生产较难控制农药喷洒量和喷洒时机,有组织有指导的生产使生态农业变成现实。

在销售环节,合作社以整体的身份对外和农产品需求企业在网上进行洽谈、签订购销合同等。有一定经济能力和技术基础的合作社可以自建网站,以有特色的农产品为招牌吸引客户。同时通过在中介平台上发布供给信息,查询需求信息,进行网上洽谈,甚至直接出口农产品。

在物流环节,由合作社负责按照质量要求将农产品分拣、包装好,然后在网上寻找第三方物流公司完成送货服务。

在支付环节,合作社可在县城的银行开立账户并开通网上银行,每次交易后的货款由买方直接网上转账。

此模式的交易运作流程如图 8-2 所示。

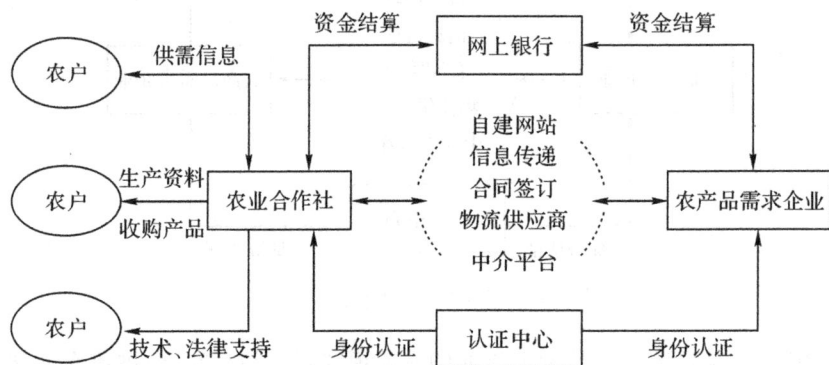

图 8-2　P2C2B 模式

合作社在此模式中发挥重要的作用。需要充分发挥专业合作社的组织功能,以特色农产品为纽带,推动本地农业电子商务的发展。现实农产品销售中也出现了很多成功的案例,如安徽砀山梨园,它自建电子商务网站,网站有中英文两个版本,其中有丰富的产品介绍信息并配有图片,生动形象。同时,它还在农业信息网等中介平台发布广告信息,获得了不错的效果。百运物流信息网(www.by56.com)通过公网把各地用户的订单汇总起来,借助信息平台对农产品物流资源进行统一调控,为客户提供全面的农产品物流信息及个性化的农产品物流服务,通过农产品物流规模化,以最低的成本为客户提供最好的服务。对于不具备全面开展信息化建设的中小企业而言,通过会员注册即可加入农产品物流信息平台,低成本地开展网上业务,共享农产品物流的业内信息,拓展业务范围。因此,公共农产品物流信息平台以其跨行业、跨地域、多学科交叉、技术密集、多方参与、系统扩展性强、开放性好等特点,对现代农产品物流的发展构成了有力支撑。

3.P2G2B 模式

在 P2G2B 模式下,中央及地方各级政府部门(G)结合农民实际需求,建立一批针对农副产品种植和养殖、产品销售和供求、人才培训和外出务工、网上农产品交易会等内容的涉农网站,如江西的"信息田园"、四川"天府信息"、福建"数字福建"、陕西的"电子农务"等。由于政府有较强的公信力,不论是农户端还是企业端,都会信任政府的中介作用。有些地方政府把订单接来后,安排农户有组织地进行生产,"订单农业"效果很好。此外,政府部门工作人员科技知识水平较高,能较好地进行网上操作。该模式具体流程见图8-3。

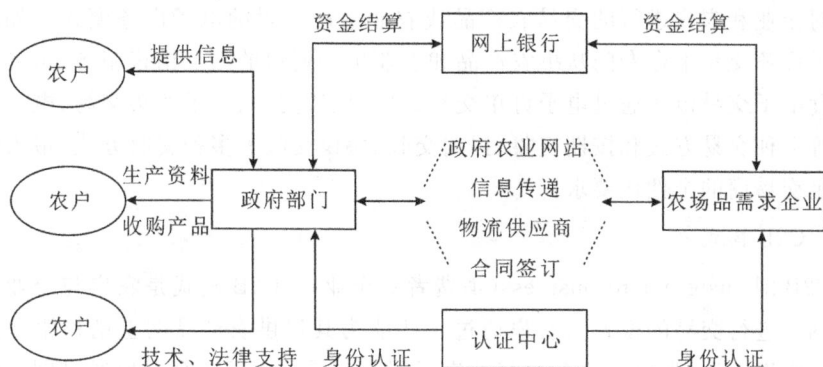

图 8-3　P2G2B 模式

4.B2C 模式

B2C 模式是指农产品供应商和消费者借助于网络完成农产品交易相关的所有环节。它实现各类农产品供应企业和消费者的直接对接,使交易的时空范围得到不同程度的缩小,进而实现交易成本的降低。消费者的需求使企业能够及时准确且全面地了解市场需求状况,并以此指导农产品的生产经营。然而,目前因农产品标准化程度低并易腐易烂的特点,网上采购农产品还不够普及。随着人们生活水平的改善和包装运输标准化程度的提高,人们将会逐步扩大网上购物的比例,相信将来这种模式会有很大的发展。目前这种模式主要包括两种形式:一是农产品销售的综合性网上超市,二是专门的农产品网上商店,如中国伊春农产品网上大市场、肇东农产品网上大市场等。

5.C2C 模式

C2C 即 customer to customer(个人对个人)。C2C 模式是农户与消费者之间借助于电子商务开展的交易模式。在农产品流通领域是指单个农户与消费者之间通过网络进行的农产品交易。其特点是,农户利用专业网站提供的大型电子商务平台,在网上开店销售自己的农产品。目前,在淘宝网、易趣网、拍拍网上,都有专门的农产品登录网站。一方面,农民在专业网站上销售自己的农产品,费用十分低廉,降低了农产品的交易成本,给农民带来了实惠;另一方面,消费者也有可能以较低的价格买到自己中意的农产品。目前,在 C2C 网站上销售最多的是各地的特色农产品,如茶叶、干果等。我国农业经济还是小农经济,农民整体文化素质低,在家上网开店的比例还很低,但相信随着网络的日益普及和农民文化水平的提高,这种模式会越来越普及。

6.B2(B+C)模式

B2(B+C)模式即涉农企业对企业与消费者的电子商务模式,主要是指涉农企业对企业和农户进行的交易农产品或农业生产资料的电子商务模式。如北大荒电子商务交易平台专门从事农产品和农业生产资料的网上销售服务;再如北大荒粮食电子交易市场通过电子订单交易、电子现货交易、电子竞买交易、电子竞卖交易等多种交易方式和按期交收、提前交收、协议交收等多种交收方式,最大限度地满足交易商的个性化要求。

7.C2B模式

C2B即customer to business(消费者对企业)。C2B模式是农户与企业之间通过网络进行交易的模式。农户通过一些能为其提供农产品网上销售服务的网站发布销售信息,吸引一些企业与其进行网上交易。由于单个农户通过网络供应的农产品的数量有限,当前农村地区的物流配送体系还不健全,因而这种模式仅是雏形,只有极少数成功案例。

8.第三方交易市场模式

在该模式下,农产品中介机构建立电子交易市场,主要服务那些打算把网络营销交给第三方的农产品企业和农户。

二、国外农产品电子商务物流模式

(一)美国的物流中央化

物流中央化的美国物流模式强调"整体化的物流管理系统",是一种以整体利益为重,冲破按部门分管的体制,整体上进行统一规划管理的管理方式。在市场营销方面,农产品电子商务物流管理包括分配计划、运输、仓储、市场研究、为用户服务五个过程;在流通和服务方面,物流管理过程包括需求预测、订货、原材料购买、加工过程,即从原材料购买直至将其送达顾客的全部物资流通过程。

(二)日本的高效配送中心

日本模式认为现代社会已经从"生产者引导型经济"转向"消费者引导型经济",为适应这一变化,就要建立新的商品流通(包括物流)系统,做到以最低的成本把恰当的商品按恰当的时间送到恰当的地方。他们按照这个理念不断探索降低物流成本,通过研究发现,过去企业的物流作业都是把整箱商品的配送与零散商品的配送放到一起,由一个配送中心操作,配送商品品种多,造成物流成本高,物流质量低。为此进行了研究改进,在国内设立了若干大型的 RDC,集中处理分散订货、配货,将零散订货集中配成整箱后,再由 FDC 进行配送,从而降低了物流成本,取得了较好的效果。

三、影响农产品电子商务物流模式选择的主要因素

选择合适的农产品电子商务物流模式对加快农产品销售,缩短农产品在途时间,保证农产品质量,提高农产品收益均有直接的现实意义。影响农产品电子商务物流模式选择的因素主要有以下几个。

(一)交易主体

交易主体参与农产品电子商务的意识和能力是影响农产品电子商务模式选择的首要因素。由于受文化程度的制约,许多农民仍保持传统的"眼看""手摸""耳听""口尝"的交易习惯,认为电子商务虚无缥缈,可信度值得怀疑,这种观念严重影响了农产品电子商务物流的发展,进而影响了他们对农产品电子商务物流模式的选择。同样作为交易主体,由于不同的交易模式对参与者的资格、条件等有不同的要求,个体和企业的模式选择也会不一样。

(二)交易对象

农产品电子商务的交易对象是农产品。不同的农产品其市场需求不一样,对农产品电子商务物流模式的选择影响较大。如生鲜农产品具有季节性、不易存储的特点,在保鲜、运输和后熟处理上较为困难,会严重影响其生产者对电子商务模式的选择;产品无特色,缺少品牌支撑,质量良莠不齐,信誉度不高等特点,降低了其在网上交易成功的概率,在一定程度上影响了农产品电子商务物流的发展和模式的选择。

(三)交易平台

农产品电子商务物流离不开先进实用的网络信息平台。尽管国内已建立了很多网站和信息服务站,但仍然满足不了农产品电子商务交易的需要。网站信息的专业性、实用性、可靠性是赢得客户关注和交易的重要依据,但网络交易平台客观上存在的一些安全隐患,致使网站经常会受到各种病毒的攻击,威胁到网络的安全,还有网络上的间谍软件盗取网上银行账号和密码,再加上相关的法律法规不够健全,这些成为影响农产品电子商务物流模式选择的因素。

(四)交易模式

不同的农产品电子商务物流模式各有其优势,也必然存在一些不足。如自营物流、物流联盟及第三方物流,其优劣势非常鲜明。因此,在具体选择交易模式时,应考虑该模式的优缺点并与自身情况的对比,力争做到扬长避短,摒弃"最新

的、先进的模式就是准确选择"的理念,树立选择最适合自身的、最匹配的模式才是明智的决策的理念。

(五)物流配送体系

农产品作为一种特殊的实物商品,对运输条件有严格的要求,没有冷藏设施的一般的快递公司的运输往往会影响农产品的质量。

同时,电子商务物流的开展必须以农产品交易的电子支付体系作为支撑,但现实中很多地方的电子支付体系不够完善,农村信用合作机构还没有开展电子支付业务,即使开通了电子支付业务,农民对这种支付方式还不是很认同;由于交易双方存在交易信息不对称问题,农民不了解对方的背景以及信用状况,担心农产品销售出去后拿不到货款,购买者担心交易的农产品品质出问题,农产品电子商务中的信用问题严重影响了农产品的交易。

这些影响农产品电子商务物流模式选择的主要因素一定程度上也反映了当前国内农产品电子商务市场建设的薄弱环节,也是未来发展过程中要改善和提升的内容。

第三节　国内外的农产品电子商务

一、国内外农产品电子商务应用现状

(一)国内农产品电子商务发展情况

随着网络的高速发展和计算机的普及,一些中小型企业陆续由传统企业向电子商务型企业转型,我国对电商的发展高度重视。2016 年 6 月,我国网络购物用户规模达到 4.48 亿人,网购市场环境不断优化,经济不断发展,产业结构也发生了变化。我国农产品电子商务在此背景下也加速发展,目前,我国农产品电子商务企业已超过 3 万家。农产品电子商务的运用,为我国农业的发展提供了一种新型模式,有效缓解了农产品市场与供应信息传递不及时、流通不畅等问题。构建农产品电子商务模式逐渐成为一种必然的趋势。

从各种实践来看,国内农产品电子商务发展呈以下三个层次。

1. 初级模式

初级模式包括目录模式、信息中介模式、虚拟社区模式。这类模式的共同点是不进行农产品实物的网上交易,只是为农产品网上实物交易提供服务,主要是从不同的角度分别为农产品企业的电子商务提供宣传、信息和交流沟通服务,基本上只是提供一个信息交换平台,仅仅是电子商务发展的初级模式。

2.高级模式

高级模式包括电子商店模式、电子采购模式、价值链整合模式。该模式的经营者往往规模较大和实力较强,能进行农产品实物的网上交易。但是具体模式下的情况又各不相同。

电子商店模式。其驱动者一般是卖方或买方单方,整个模式的发展受宏观网络环境和客户对网络采购偏好的影响很大。另外,交易过程需要交易各方如中介、金融、物流、保险、税务的配合,一般不具实力的网站在目前环境下很难实现交易。

电子采购模式。此模式实施的前提是农产品企业内部信息化已经完善,并且具备需要将后端应用连接起来的灵活接口,在此基础上要增加适合企业的供应链系统、物流配送系统,只有这样,库存管理以及相应的电子采购系统完善配套才能实现。也就是说,要实现 ERP、CRM(客户关系管理)、SCM 及电子采购系统的融合才能构建该模式。而目前我国的实际情况是大多数农产品企业连内部信息化都尚未实现,故现阶段要采取此种模式较为困难。

价值链整合模式。其基本思想是以市场和客户需求为导向,以协同商务、协同竞争为运作模式,以多赢为目标,通过信息技术手段,实现对价值链中物流、资金流、商流、工作流和信息流的有效控制,提升企业竞争优势。对价值链整合的目的,是把管理者的决策重点放在价值的驱动因素上,从而使企业各个层面都能做出有利于增加价值的决策,树立创造价值的观念,以实现价值最大化。

虽然电子商务能够降低交易成本,但巨大的资金投入也不是一般企业所能承担的。即便能够承担,巨大的初期投入、长期维护运营费用跟降低的交易成本相比,企业能否获利,仍是不确定的。因此,一般来说,采用价值链整合模式的农产品企业自身必须是一个具有号召力的大企业或服务提供商,往往这种模式的采用者大多是较大规模的具有知名品牌的农产品企业。对于我国来说,农产品企业目前绝大多数还是中小型企业,开展价值链整合的电子商务还比较困难。所以,农产品电子商务价值链整合模式在现阶段普遍推广具有较大的局限性。

3.第三方市场模式

第三方市场模式,指由专门的机构来经营物流活动。将第三方市场模式应用于我国农产品电子商务市场具有广泛的实际意义。因为我国农业中小型企业及农户占市场主体的 99%,他们与大企业相比,有着自身的弱点,如资金不足、生产规模小、缺乏人才、营销网络过窄等。而电子商务是未来企业的主流生存方式之一,因此,越来越多的中小企业甚至农户开始涉足电子商务领域。但是,一个完整的电子商务系统是十分复杂的,需要企业有相当大的投入,而这对于实力不足者来说是一大难题。在这种情况下,第三方市场模式的优势就显露出来,其为大宗农产品交易提供了平台,具有较高的匹配能力,往往能在买方和卖方都十分分散的情况下取得成功。

(二)国外农产品电子商务发展情况

目前我国互联网飞速发展,但整体来说仍然没有国外发达国家成熟。从互联网通信到电子商务领域,从工业到农业,很多方面仍然是效仿国外的模式。效仿本身没有错,重点在于如何从发达国家电商的发展中汲取经验,结合我国目前情况进行有效融合。发达国家农业互联网已经有了充分的发展,而国内的农产品电子商务仍处于初级阶段,因此借鉴国外农产品电子商务发展情况能带给我们有价值的启示。

1. 生产方面

网络信息技术在农业领域中的应用始于 20 世纪 70 年代末,经过三十多年的发展,在农业生产过程、农业灾害监测预报、农业育种、农业资源、畜禽饲养、水产养殖、植物保护及经济决策、农产品加工等方面都开展了相应的研究和应用。通过建立大型数据库系统,利用计算机、网络通信系统收集、处理并传递来自各地的农业技术信息,入网的农业技术、文献摘要、市场信息、病虫害情况与预报、天气状况与预报等各种数据能够得到充分利用。在强大的数据系统支持下,还可以开展病虫害预测、作物专家诊断、智能化作业等方面的研究应用。

2. 销售方面

互联网技术的普及有效地推动了农产品销售行业发展,解决了传统商业模式下固有的农产品流通时间长、成本高、供销对接难等问题,解决了农产品销售不畅难题,包括流通环节多、损耗大、成本高等问题。

3. 信息化运用程度方面

以美国为例,美国作为现代信息技术的发源地和领跑者,其农业拥有并运用了多种技术,包括计算机、信息储存和处理、通信、多媒体、人工智能、GIS、GPS、遥感技术(RS)等。农户通过互联网,实时了解农场的土壤结构、作物长势、灌溉施肥情况、农作日志、病虫害情况,并且可以预测收成、预估盈利和管理库存。例如在农业生产区域,美国州立农业技术推广部门设立了大田观察点,农业技术人员每隔几天来这些观察点收集和处理已记录的温度、湿度、虫害等数据,并利用观察点的计算机和通信设备,将上述信息数据传送回各州农业部门,农业部门研究审核后将信息发布和传递给本地区农业经营者。借助这些先进技术,美国不但持续地提高农业生产力,而且占领了世界农业信息发布的制高点,对世界各国农业发展具有相当的影响力。

4. 信息化普及力度方面

以美国为例,美国最早开展了农产品电子商务活动,也一直是该领域的领头羊,互联网在这个过程中扮演了很重要的角色。在农产品的销售方面,美国逐渐兴起了农户和消费者直接对接的方式,构成一个连接农户和消费者的在线市场平台。自 2003 年以来,美国农产品电子商务销售额以每年约 25.0%的速度增长,远高于同期美国商品零售额 6.8%的增长速度。目前,美国的大型农产品网站超过了 400 个,除了这些专业的网络公司,美国的特大农产品企业也都在发展自己的农产品电子商务。进入 21 世纪以来,美国农产品电子商务的基础稳步提升,随着光缆、卫星和无线上网等的普及,农户使用计算机和互联网的频率在逐步提高。

5.农产品期货市场运营方面

仍以美国为例,除了信息技术建设的不断完善,美国还有着世界上最大的农产品期货交易所——芝加哥期货交易所。芝加哥期货交易所是美国最重要的农产品期货交易市场,交易小麦、玉米、大豆、棉花等 30 多个农产品的期货合约和相关期权合约。美国政府鼓励和支持农场主及中小农业企业进入农产品期货市场,资金实力雄厚、信息来源广泛的大农场主可以直接参与农产品期货交易,大部分农民则是通过合作社间接参与期货市场。期货市场的蓬勃发展,为美国农业生产者提供了最新的农产品市场行情,指导其规避市场风险,而且有利于体现农产品的真实价格,避免价格剧烈波动,增强了农产品市场的稳定性。

二、我国农产品电子商务发展存在的问题

近年来,我国农民的互联网意识不断加强,农产品电子商务发展速度呈直线上升态势。2013 年,阿里巴巴电商平台农产品销售额较 2012 年增长一倍多。据农业部初步估算,2014 年全国农产品网络销售额占农产品销售额的 3.0%,超过 1000 亿元。但即使如此,与某些发达国家相比,我国的农产品电商发展仍被一些制约因素所阻碍。

(一)从业人员素质不高,缺乏专业人才

中国农业从业人员将近 3.5 亿,平均受教育年限为 7~8 年甚至更低,拥有大专及以上学历的约有 0.2%。我国农业从业人员受教育程度低,加上单门独户型的小农经济,耕作方式比较传统,耕种也主要是依靠前人和过去的经验。中国互联网络信息中心(CNNIC)第 36 次《中国互联网络发展状况统计报告》数据显示,截至 2015 年 6 月,我国农村地区互联网普及率为 30.1%,与城镇地区相差 34.1 个百分点。农民接触网络以及接受网络知识培训的机会很少且分布不均匀。绝大部分的农业管理与技术人员高度集中于经济发达的北京、上海、广东、浙江、江苏等地区。农业网站的地区分布与互联网的用户分布相似,同样集中在大城市和东部发达地区。目前,以农业信息为主要内容的网站在全国所占的比例不高,利用程度也很低。农业从业人员受教育程度低影响了其思维方式,使他们在遇到农

产品"销路难"时,不能利用网络工具对自己所生产的农产品进行网络营销。

我国农产品电子商务应用主要有两类:一是政府主办的供求信息服务型网站,以中国农业信息网为代表,包括各级政府组织的涉农网站。二是各种经济实体办的商务服务型网站,它们主要从事与农产品产、供、销等环节相关的企业商务电子化服务,主体客户为具备一定规模的企业。它们多数以信息发布为主,只有少数能在网上真正实现联合供应销售,如深圳中农网。许多农村电子商务网站形式和内容雷同,缺少创新特色,内容上宣传本地农业、为领导服务的信息较多,而指导农民生产、真正有助于农民的信息较少;直观反映的信息较多,分析、协助决策层和农民生产决策的信息较少;缺乏宏观的指导性的农业信息,专业性和实用性不强;农业信息服务体系还没有形成,电子商务给农产品销售带来的作用尚未发挥。

(二)农产品物流配送体系滞后

农产品季节性强、易腐烂变质,采摘、运输至冷库、保鲜储存、订单处理、物流配送、最终收货等环节都必须在保鲜期内完成。但流通环节多,加之农村交通设施欠发达,导致运输效率低,损失严重,运输成本高,这些因素严重影响了生鲜农产品网络营销的质量和效益。据统计,我国水果蔬菜、水产品以及肉类流通腐损率分别高达30%、15%、12%,仅水果蔬菜类每年损失超过1000亿元。[①] 不仅如此,我国蔬菜流通成本占其总成本的54%,是世界平均水平的2~3倍。

因此,要保质保量地完成农产品运输,就必须有完善的冷链物流。目前我国大多数的物流企业基础设施落后,冷链物流设施整体规模不足,投资增长缓慢。统计资料显示,截至2010年6月,我国仅有冷藏船吨位10万吨,机械冷藏汽车2万辆,机械冷藏列车1910辆。不仅如此,我国61%的物流服务企业不具备运用现代信息技术处理物流信息的能力,在库存查询、订单管理以及货物跟踪等方面服务功能差,难以满足农产品对现代物流的需要。

(三)与电子商务相关的制度和法律法规尚未完善

我国现代农产品电子商务的发展仍处于起步阶段,相关制度和法律法规有待完善。我国还未出台完备的物流法律法规,使得人们在物流发展过程中无法可依。至今也没有一个完整的电子商务技术标准,现在施行的标准已经不能适应电子商务的发展需要,致使现代物流服务的功能不能很好发挥。企业在改善自身物流效率时,必然要在企业内外重新配置物流资源,而制度和法律法规的缺陷阻碍了企业对物流资源的再分配。

---

① 佚名.中国冷链现状分析[EB/OL].(2013-10-12).http://www.chyxx.com/industry/201310/220890.html.

(四)农业信息化体系建设不健全

我国涉农网站数量虽多,但各地农业信息网络建设从形式到内容有很多雷同之处,缺乏专业水准,实用性差。农业信息服务不够全面,缺乏针对性,协助和指导农民生产的信息较少。此外,农村上网费用高,有的农民买不起电脑,有的农业软件系统高深难懂、实用性差,图文并茂、生动形象、简单实用的农业软件系统奇缺;有的网站维护不负责任,网络信息来源可靠性差,导致农民相信网络上的虚假信息和过期信息,给自己的农业生产造成巨大损失,造成农户极大的心理障碍,并产生扩散效应,以至于有的农民谈网络色变。所有这些农业信息化体系建设中的不足,均在一定程度上阻碍了农产品电子商务的推广和应用。

(五)安全监管不到位,标准化程度低

目前,我国农业生产仍然是分散经营,集约化程度低,缺乏统一的质量衡量标准,农产品不同程度存在农药、激素等化学物质超标问题。农业部相继在全国各地设置了8000多个相关信息采集站点,并陆续建立了农产品生产、市场、进出口等50多个相关数据库。但由于与信息化相关的法规政策不健全,农产品电商行业规范体系不完善,以至于农业信息的科学性、系统性、及时性、真实性难以保证。电商企业为了促进产品销售,通过电子商务平台进行虚假宣传,销售假冒伪劣商品,非法交易及欺诈行为也时有发生。一些钓鱼软件和网站的存在一直威胁着互联网交易的安全。网络市场安全性低,监管不到位,致使农产品交易中的信息安全和资金安全令人担忧,制约了农产品电商的发展。因此,食品安全问题以及监管不到位仍然是农产品电商难以跨越的门槛。

同时,与标准化生产的商品相比,农产品由于外形、质量差异大等自然特征,其品质标准难以衡量。我国现有的农产品标准指数尚有欠缺,标准体系仍不完善,标准化建设滞后,给农产品电商的发展带来了不少阻力。

(六)农产品供求双方缺乏互信

在实体店中,人们习惯通过看、摸、闻来判断食材的品质。然而综观现在的农产品交易网站,大多界面简陋而功能单调,无法吸引购买者的注意力并获得购买者的信任。特别是对于农产品,人们关注直观的购物感受,希望经过仔细地看、摸、闻来确定购买与否,而不是依据网页上美化处理后的照片和让人迷惑的文字、视频。更为严重的是,网络缺乏完备的信用等级评价和信用保障机制,在浏览这些网站时,供求双方彼此陌生,不了解对方的信用状况。

三、我国发展农产品电子商务的有效措施

(一)建立和完善与农产品电子商务相关的制度和法规

针对虚假广告、网络诈骗、域名争议等案件时有发生的情况,政府有关部门应

加强电子商务的法律法规建设,制定相应的配套政策法规,健全法律体系和社会信用体系,制定完善《电子交易法》《农产品标准化规定》《国家农产品电子商务规划》《第三方电子商务平台条例》,营造一个良好的竞争环境,保证网上信息的真实性,完善和优化现行的法律环境,健全社会信用体系,以保障电子商务的健康发展。

(二)加快农产品物流标准化进程

在包装、运输和装卸等环节,推行和国际接轨的关于物流设施、物流工具的标准,如托盘、货架、装卸机具、条形码等标准化,不断改进物流技术,以实现物流活动的合理化。重点应联合有关部门制定全国统一的农产品质量标准,包括理化指标、感官指标、安全食用指标、鲜度指标等,并对产地进行大气环境测试、土壤成分测试、水资源测试,控制农药使用,以加速农产品流通。

(三)建立健全人才培养机制

采取各种措施培养新时代现代农民和农业信息管理与服务人才。一是加强电子商务有关知识的宣传与培训,提高电子商务在农户中的可信度。通过举办形式多样、生动活泼、图文并茂的电子商务宣传和培训,传播电子商务的应用方法和注意事项,增强农户对电子商务的了解和认识。二是各级政府制定详细的规划,采取具体措施,有步骤、分阶段地提高农民的知识文化水平和农业技术水平。对农民进行信息技术和电子商务培训,教会农民使用和掌握检索网络信息和网上交易的方法、技术及防范风险的方法,提高农民的信息素质和技术水平,改善农产品电子商务应用的社会基础。三是加强对农产品电子商务人才的培养,加快农民经纪人队伍建设。强化各级农业信息管理和服务人员的培训,提高他们组织开展农业信息体系建设的能力和自身的服务水平。同时,政府部门应积极扶持组建各类农产品经纪人协会,使大批农民经纪人形成有组织的队伍,提高农民对电子商务的信任程度,推进农产品电子商务的发展。

(四)建立信息共享激励机制

共享信息涉及订单/交货、市场需求预测、库存水平、生产计划等内容。实现信息共享,可以提高需求信息的准确度,加快对市场需求的响应速度,缩短交易活动的处理周期,降低成本,促进供应链伙伴之间的紧密合作,改善伙伴间信任度,提高供应链效率。

在农产品供应链中,信息共享会使信息资源在供应链成员之间重新分配,改变彼此谈判的优势地位,重新分配供应链利润,使得信息共享存在一定的障碍和困难,因此需要建立一种信息共享激励机制,对信息供给者给予适当的奖励和补偿。这种机制可以通过两种途径实现:第一,节支,减支成本的合理让渡。由于信息共享后,可以减少不确定因素,降低农产品生产、库存、运输等环节的成本,农户可以通过定价折让向下游环节让渡一部分节约成本形成的利润,构成下游环节的利润补偿。第二,增收,增加销售后的利润合理分配。下游环节准确预测需求,通过信息共享,使农户在生产环节及时响应需求,下游环节扩大销售后对生产环节做出利润的合理让渡。

(五)加强技术创新和设施建设

在整个农产品物流链条上,技术的创新是物流发展的重要支撑和动力。因此,要始终把技术创新放在突出位置,要促进加工、包装等物流技术以及市场调查分析等营销技术的创新,积极运用现代营销手段,在革新的基础上,大胆探索和应用现代销售手段。要适应信息化、网络化趋势,加快发展电子商务,推进网上交易。

同时,加快农产品物流基础设施的建设,改变交通状况落后的面貌,增加物流设备科技含量。现代物流是一项资金密集、技术密集的产业,现代电子信息技术、通信技术、GPS、智能交通系统(ITS)等已逐渐成为现代物流必要的技术手段,对以前老旧的物流设施必须进行改造,发展新型高科技物流设备,以提高物流效率,适应现代物流的需求。

我国农产品物流的发展存在着成本偏高、效率较低、社会化和市场化程度低、物流设施和技术落后、人才缺乏、信息不畅等问题。电子商务环境下,我国农产品物流组织模式的全面实施得到保障,它是我国农产品物流突破上述问题进一步发展的前提,是推进我国农业现代化进程的必要举措,是实现我国经济全面发展的保证。

复习思考题

1.与传统商务相比,电子商务具有什么特点?

2.什么是电子商务物流?它有何特点?

3.在农产品流通中发展电子商务的意义何在?

4.农产品电子商务物流模式有哪些?

5.国外常见的农产品电子商务物流模式有哪两种类型?

6.简述国内农产品电子商务发展的现状和问题。

7.结合实际,谈谈发展农产品电子商务的有效措施。

参考文献

[1] 贺峰.世界农产品物流的比较分析[J].世界农业,2006(5):21-24.

[2] 李春昉.基于电子商务平台的物流研究[D].天津:天津大学,2008.

[3] 李良伟.我国电子商务物流模式创新研究[D].哈尔滨:哈尔滨工程大学,2007.

[4] 黄宇红.电子商务下我国农产品物流模式的研究[J].哈尔滨商业大学学报（社会科学版），2006(2):25-27.

[5] 谢新港,石礼娟.电子商务在农产品物流中的应用现状及对策探讨[J].农机化研究,2006(1):53-55.

[6] 刘妮娜,米传民.电子商务在农产品物流中的应用研究[J].物流科技，2009(5):139-142.

[7] 何飞,黄体允,李英艳.电子商务下农产品物流运作模式研究[J].科技经济市场,2009(7):96-97.

[8] 杨晓俊.电子商务在我国农产品流通领域的应用研究[J].当代生态农业，2009(3):140-142.

[9] 赵娉婷,朱建成.关于加快我国农产品电子商务物流发展的研究[J].安徽农业科学,2006,34(12):2888-2889.

[10] 刘燕妮,郑颖杰,甘辉.基于电子商务农产品物流模式的实施保障[J].商场现代化,2008(2):4.

[11] 易法敏,周宏.农产品网络流通中心模式探讨[J].商业时代,2005(27):79-80.

[12] 孙百鸣,王春平.黑龙江省农产品电子商务模式选择[J].商业研究，2009(8):175-176.

[13] 白云龙.我国农产品电子商务模式初探[J].河北农业科学,2009,13(5):146-147.

[14] 胡天石.中国农产品电子商务模式研究[D].北京:中国农业科学院,2005.

[15] 勇全.农产品电子商务之路仍困难重重[EB/OL].(2010-03-29).http://www.ebrun.com/online_trading/5373.html.

[16] 杨巧霞.电子商务中现代物流发展现状与趋势[J].管理观察,2009(25):311.

[17] 杨静,刘培刚,王志成.新农村建设中农业电子商务模式创新研究[J].中国科技论坛,2008(8):117-121.

[18] 季永青.运输管理实务[M].北京:高等教育出版社,2000.

[19] 吴清一.物流实务(初级)[M].北京:中国物资出版社,2003.

[20] 钱廷仙.现代物流管理[M].北京:高等教育出版社,2009.

[21] 王知音,王明宇.中国农产品电子商务发展现状与对策研究[J].中国商贸，2015(7):58-60.

[22] 姜华.我国农产品电子商务发展现状·问题和对策研究[J].安徽农业科学,2006,34(19):5124-5126.

[23] 昝杨杨.我国发展生鲜电商的障碍与对策[J].经济管理职业学院学报,

2015,30(4):15-19.

[24] 归秀娥."互联网+"给农产品电商带来的机遇和挑战[J].新西部(中旬刊),
2015(12):62-63.

[25] 赵志田,何永达,杨坚争,等.农产品电子商务物流理论构建及实证分析[J].
商业经济与管理,2014(7):14-21.

[26] 安红婷.农产品电子商务物流问题及对策研究[J].现代商贸工业,2015,
36(18):41-42.

[27] 李征,焦玉娇.我国农产品电子商务物流发展问题研究[J].物流科技,2010,
33(7):8-10.

[28] 程新峰.电子商务视域下农产品物流体系的构建[J].农业经济,2015(3):
125-126.

[29] 王桂平.电子商务环境下我国农产品的物流运作探讨[J].山东农业科学,
2011(11):115-119.

[30] 张洪涛.发展农产品电子商务的对策建议[J].信息化建设,2010(2):34-36.

【阅读与思考】

农产品电子商务掘出"真金"

"鼠标+大白菜"的商业模式是如何成功的?深圳市中农网电子商务有限公司(以下简称"中农网")的答案是:务实的电子商务模式。即针对企业产销历史形成的客户关系,对现有农副产品业务流程中易于采用电子商务模式的部分进行改造和提升。

日前,中共中央政治局委员、广东省省委书记张德江在考察深圳布吉农产品中心批发市场(以下简称"布吉农批")期间,专门听取了深圳市中农网电子商务有限公司探索农产品电子商务的报告。此前,中农网电子商务平台与深圳海关、华为、神州数码、中冠等单位一起,被评为深圳市 20 个信息化应用示范工程项目。

一个成立才两年的"鼠标+大白菜"电子商务平台,之所以能获此高度认可,其主要原因不妨以数据罗列。

拥有 140 家门店、1000 多个供应商的民润超市,其果菜等大部分货品由中农网网上平台撮合、配送;去年一年,通过中农网达成的交易额超过 5 亿元。

中农网构筑的"网上布吉农批"突破了深圳农批市场的空间局限,未来数年,中农网网上农产品交易金额将占布吉农批交易总额的 20%。中农网已成为国内农业信息化的领军平台,迄今已为各地政府、企业建设了 100 多个农业信息网站,并使之互联互通,实现网上交易。

再造电子商务模式

2007年12月下旬,为方便本市企事业单位在元旦、春节期间大宗采购农副产品,中农网新开农副产品"节日团购"活动,客户只需在网上提交采购商品订单,市场就会及时按要求送货上门。

消息一出,咨询电话不断打开。罗湖区某酒店当即确认其所有烟、酒、菜等全部通过中农网"节日团购"来购。

此前中农网推出的"阳光采购",反响同样强烈。长城计算机、鹏基、中兴通讯、观澜高尔夫球会等近十家知名企业通过中农网选择自己的农副产品配送供应商。短短一个月,网上成交额超过200万元。

中农网总经理齐志平表示,中农网打造的是务实的电子商务模式,针对企业产销历史形成的客户关系,对现有农副产品业务流程中易于采用电子商务模式的部分进行改造和提升,从而降低交易成本。

农业部市场与经济信息司副司长张天佐在接受采访时指出,直至2018年,农产品批发市场的发展方向之一就是在更大范围内实现信息交换和共享。中农网的"鼠标+大白菜"务实、有效,提前挖到了农产品电子商务的"真金"。

"网上布吉"做大农批

布吉农批是国内农批市场的重量级企业,去年交易额达120亿元,批发商行超过900家。

从空间扩张角度讲,布吉农批已渐趋饱和。目前"非专业人士"进入布吉农批已如入迷宫,周围交通也不堪压力。布吉农批再扩大场地规模,已是"不可能的任务",唯有在业务创新上想办法。

基于这个考虑,深圳农产品股份有限公司(以下简称"农产品公司")于2000年创建中农网,以"网上布吉农批"拓展农批市场空间。随着场内商户和注册中农网的消费者的数量越来越多,商品信息查询等交易前期工作逐渐移至网上进行,扩展了布吉农批的交易空间。

在陆续推出"价格之窗""阳光采购""节日团购"等一系列创新业务模式后,网上交易迅速红火。2001年,中农网的网上交易额达8000万元,2002年则超过5亿元。

2008年7月24日,布吉农批与中农网联合开通"网上批发市场"。市场内有实力的经营户,在网上有了自己的门店,不受地域、时间的限制,使更多的生产商、经销商、消费者能与自己更方便地联系。对于采购方来说,也不用辛苦跑腿,只要上网,就能浏览到布吉市场600多家商户的5万多件商品,既可比较价格,也可发送订单要求送货上门。农产品股份有限公司常务副总经理祝俊民说:"未来数年,中农网网上农产品交易金额将占布吉农批交易总额的20%。中农网将是做大做强布吉农批的一大利器。"

编织农业信息化大网

中农网在探索农产品电子商务的同时,还充分发挥其合作伙伴——农业部信息中心的资源优势,借助于农产品公司控股的布吉农批、福田农批、南昌农批、上海农批、民润超市等市场的辐射力,为行业信息化提供解决方案,编织农业信息化大网。

截至2007年年底,中农网共为全国各地承建农业信息网站100多个,并使这些网站实现了互联互通,创新业务模式。目前,全国农产品最需解决的就是农民的"卖难"问题。中农网借助"大网",开展了丰富多彩的"网上十网下"的牵线搭桥服务。如与曲靖农产品信息网联姻,在中农网开设《珠江源农产品》专栏,与曲靖市政府联办农产品深圳产销见面会,曲靖30家生产加工企业带着百余种产品,与深圳50余个经销商直接见面洽谈,达成了价值5000多万元的供货合同。

中农网建设的河南封丘县"金银花网",建成后30天内就收到多个网上订单,订单金额达3000多万元,预约订单达到12笔。当地领导亲笔来信表示衷心感谢。

对9亿中国农民来说,解决或拓宽农产品销路问题,无疑是过去几年乃至未来一段较长时期的大事。农产品流通困难,是当前农业的瓶颈之一,也是农业经济的一个系统性问题,需要行业、政府、社会共谋思路,逐步解决。深圳市中农网电子商务有限公司及其控股母公司深圳市农产品股份有限公司,作为中国农业电子商务的开拓者及国家农业产业化的龙头企业,正在结合中国实际,发挥自身优势,走出一条农产品流通的信息化、集约化、现代化的道路。

作为人口多、土地少、小农经济形态为主的国家,我国实现农产品流通现代化,与欧美发达国家有着大不相同的意义与路径,其特别意义在于,实现延续数千年、分散的小农生产与不断扩大、全国逐步形成一体、国际逐步开放的大市场对接。中农网及农产品公司为实现这种对接,一方面,着力建好和提升我国现有农产品流通的主渠道——农产品批发市场,目前已实际控股经营一批在中国最具战略影响力、最具规模与效益的批发市场(如深圳布吉农产品批发市场、福田批发市场、上海中心批发市场、南昌中心批发市场等,年交易量已近200亿元),并正在将市场网络覆盖至各个区域中心城市。另一方面,依托上述传统批发市场体系,搭建中国农产品信息与电子交易平台(中农网),发展网上市场,商业模式日渐成熟。

鉴于中农网电子商务平台对中国农业的重大意义,深圳市政府连续三年将此项目列为"重大建设项目""高新技术示范项目""信息化应用重点项目",先后给予各项政策支持及资金资助;农业部授权深圳农产品公司成立全国唯一的"中国农产品电子商务示范培训示范中心"。

中农网的实际功能可以概括为"三个平台"。

1. 贴近市场,网罗全国的农产品信息平台

全国现有各类农业网站约2500家,但真正具有及时、动态、分析、前瞻、联网、预测等特点,反映中国农产品流通的行情与走势,有实际参考价值与指导性的,几乎尚无。中农网依托农产品公司的批发市场体系这一流通主渠道,构建来源于市场、服务于市场的信息网络,并通过网络向行业客户提供应市场需求开发的各种产品与服务。

(1)信息网络:①逐步与全国200家定点农产品批发市场和大型生产基地合作建立信息采集、加工、交换的网络骨干节点,形成完整的信息网络;②充分利用中农网合作伙伴农业部信息中心等的资源;③对信息数据进行加工处理,以成熟的信息产品进行二次传播;④发挥深圳农产品公司的行业优势,收集市场交易信息;⑤与传统媒体合作,转摘、转发信息;⑥与信息行业龙头企业合作,实现信息互联共享;⑦通过同各传统媒体、网络媒体、专业院校、科研机构合作,组建专业采编队伍,采写深度市场分析报告;⑧鼓励网站浏览者自主发布信息。信息产品包括各地批发市场价格行情、市场分析预测、流通政策法规、企业数据库、商品数据库、农产品进出口信息、农产品保鲜储藏知识、各地仓储信息、国际农产品市场、农产品交易指南等。

(2)信息服务:网站查询与发布、企业与商品展示、短消息订阅、电话咨询、有合作关系的传统媒体订阅、专家在线咨询、线上线下相结合的农产品产销见面会。

目前信息网络入网会员已达8000多人,平均每天约有5000人次在线使用,据前期数据初步测算,可以增加约5%交易额的农产品流通综合效益。2002年全国批发市场交易额为3350亿元,若五年后其中10%通过信息与交易平台交易,则每年可产生近16亿元的信息综合效益。

2. 贴近需求,注重实效的农产品网上交易平台

中农网已形成具有自主交易、拍卖交易、招标交易、代理交易等功能的电子商务平台业务。

(1)自主交易:经过中农网交易中心备案后纳入管理的交易会员可以在本项目中的交易平台进行自主交易,其交易行为受中农网管理监督,中农网

提供第三方的货物质检、结算支付、信用担保、物流配送等服务。

(2)拍卖交易：针对不同的农产品流通业态，拍卖交易可以分为在线拍卖、委托拍卖等多种形式，重点以名特优精品为主组织拍卖，同时与政府执法部门开展合作，代理各类罚没农产品的公开拍卖。2002年11月29日，深圳市农牧实业有限公司种猪通过中农网交易平台激烈竞拍，经过网上激烈竞价，18头优质种猪中有16头以高出农牧公司心理预期11%的价格拍卖成交，开创全国种猪网上拍卖之先河。

(3)招标交易：按照业务特点，招标交易分为大宗农产品单品的采购招标和小额农产品的多品种集中招标，在运作方式上又可以采用委托招标、自助招标和模拟招标等多种业务形式。通过中农网的电子商务平台，深圳市民润农产品配送连锁商业有限公司的水果、蔬菜网上招标，深圳市益民食品联合有限公司的大豆网上招标，深圳市深宝实业有限公司的白糖网上招标等均获成功。

(4)代理交易：由于互联网的在线特点，许多农产品经营者在上网条件和电脑操作方面仍然存在诸多不便，因此，交易服务中心提供代理交易服务，可以有效降低中小企业在电子商务应用领域的门槛。

(5)与交易关联的其他服务：质量监督、信用评估、风险规避、结算、物流等。

先进的电子商务平台可以为供应链上的各方提供降低交易成本、规范经营管理、具有实际运用价值的虚拟载体。对于供应链上的合作者和竞争者而言，他们都可以通过信息与电子商务平台获得透明的供需状况、高效动态的管理、完备的第三方服务、协作共赢的收效。据统计，通过平台为各企业实施的原材料采购招标业务，普遍可以节省成本3%～8%。2002年，中农网实现网上交易额5亿元，这虽然只占了农产品公司四大批发市场交易额的约2%，但与2001年的8000万元交易额相比，足以使中农网信心大增。预计五年后，网络交易量可以达到传统批发市场交易量的10%。

电子商务平台将逐步成为大宗农产品进出深圳(珠江三角洲地区)、上海(长江三角洲地区)、青岛(环渤海湾地区)、武汉(华中地区)、西安(西北地区)、成都(西南地区)的重要交易通道。建立了合约关系及信用机制的大客户可在网上就一些大宗农产品直接进行B2B交易，并利用中农网公司、深圳农产品公司所辖批发市场以及完备的认证、支付、商检、运输等第三方服务来完成整个交易及物流流程。随着市场需求的日益增加，具有实际应用价值的信息服务与交易平台将成为农产品流通中的关键环节和新的价值增长点。

3.贴近行业，提升传统的批发市场信息化应用水平

(1)信息技术应用。农产品批发市场，是目前我国农产品流通的主渠道，

也是中农网公司开展信息服务、电子商务(虚拟经济)的现实载体。为实现农产品交易的集约化、现代化,中农网公司开发了批发市场电子结算、竞价拍卖、远程交易等信息管理系统。批发市场信息管理系统使各个业务部门既是业务的实施者,也是管理信息的来源。数据被统一存储于数据库服务器,根据业务要求对数据进行整理、加工、归类,可以实现交易环境管理、交易秩序维护、质量检测、仓储配送、行情发布、档位招商、费用代理、税务代理、结算代理或中央结算。对内实现财务管理、资产管理、人员管理、办公自动化管理、营销管理等功能,同时可以将数据深度分析结果提供给管理层供其决策参考,从而可以加强批发市场的管理监督与控制,提高管理效率,降低运营成本,提高批发市场信息化水平。信息技术在深圳、上海等中心市场应用都取得了明显的效果。

(2)农业电子商务培训。中农网以成功的实绩传播农业流通新的模式和手段,不仅使系统和解决方案的用户可以获得实际的效益,同时也为我国农业的产业化道路提供了必要的信息化、组织化基础。中农网公司被农业部授权成立"中国农产品电子培训示范中心"(目前中国唯一),力争在五年内为农业流通行业培养约2000名农业信息化技术人才,同时使一些实用的信息化技术在行业中被普遍应用。目前,中农网专门团队与指导专家合作已为各省、市、县农业主管部门、农业流通企业的几十个信息化建设项目提供了一整套包括咨询、规划、定制、开发、实施、售前及售后服务的方案,提升了我国农业的信息化、现代化水平,并取得了良好的经济效益和社会效益。

[资料出处:万筱宁.中农网掘金农产品电子商务[J].中国创业投资与高科技,2003(6):61-62]

思考:1.农产品物流管理中为什么要发展电子商务?

　　　　2.农产品电子商务物流系统包括哪些基本部分?

　　　　3.发展农产品电子商务物流的障碍包括哪些方面?如何解决?

第九章 农村电子商务中的双向物流

重点提示

通过本章的学习,了解我国农村电子商务兴起的背景、发展历程及其特点,熟悉一些常见的农村电子商务模式;了解淘宝村的概念、界定以及淘宝村发展的背景,理解淘宝村发展的制约因素;重点掌握农村淘宝双向物流的基本内涵,了解农村淘宝双向物流对"三农"问题的影响。

教学课件

第一节 农村电子商务的兴起

一、农村电子商务概述

(一)农村电子商务概念

农村电子商务,指利用互联网、计算机、多媒体等现代信息技术,使涉农领域的生产经营主体在网上完成产品或服务的销售、购买和电子支付等业务的过程。

农村电子商务以网站平台为主要载体,涉及政府、企业、商家、消费者、农民以及认证中心、配送中心、物流中心、金融机构、监管机构等各方面,通过网络将相关要素组织在一起,其中信息技术扮演着极其重要的基础性的角色。

农村电子商务平台配合密集的乡村连锁网点,以数字化、信息化手段,通过集约化管理、市场化运作、成体系的跨区域跨行业联合,构筑紧凑而有序的商业联合体,降低农村商业成本,扩大农村商业领域,使农民成为平台的最大获利者,使商家获得新的利润增长点。这种新的电子商务模式能推动农产品的生产和销售,提高农产品的知名度和竞争力,是新农村建设的催化剂。

农村电商不能简单地等同于农村卖货的平台,发展农村电商需要运用互联网,但更重要的是运用"互联网+"思维改造农村,推动农村建设的信息化进程,推动互联互通"三农"大战略的持续发展。

(二)农村电子商务模式

农村电子商务,通过网络平台嫁接各种服务于农村的资源,拓展农村信息服务业务、服务领域,使平台兼而成为遍布村、镇、县的三农信息服务站。从农村电子商务平台的运营、产业模式以及电商产业集群内部治理的角度看,国内涌现了一批具有典型性和示范性的农村电子商务模式。

1.农村电商平台运营模式

农村电商的运营,首先要先选择一个电商平台(见图9-1)。目前在国内,淘实惠、农村淘宝、京东农村电商走在农村电商平台的前列。

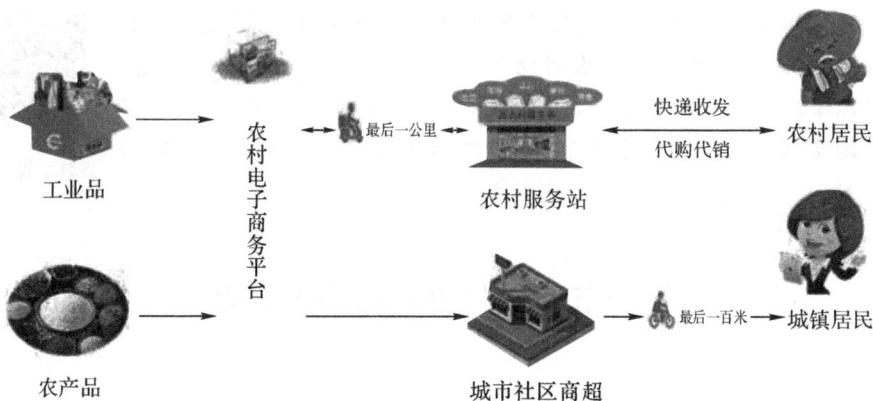

图 9-1　农村电子商务平台

(1)加盟型。以淘实惠为例。它在全国各个县域招募合伙人,签订合同后,组建公司,成立团队,搭建县级运营中心;带领团队整合本地商品供应链,提供乡镇农村消费者需要的商品;拓展农村乡镇网点,主要以加盟店模式覆盖整个县域。县级运营中心需要交纳一定的服务费和保证金到淘实惠总部。

合伙人具体收益来自:①乡镇农村网店加盟费用;②商品利润分成收益;③一定政策类收益(部分可申请政府电子商务专项资金)。

农村乡镇网点加盟县级运营中心(县域合伙人),需要向县域合伙人交纳一定的加盟费。县域合伙人整合本县域所有的商品,淘实惠平台整合全国县域的商品,通过触摸式的电子货架屏让农村消费者互动式挑选商品,从而销售商品获得收益。

这种运营模式是真正的合伙人制度,将平台操作控制权限全方位下放至合伙人,各个县域就是一个相对独立自主的地方平台,对本地经济发展有较大的贡献、县域政府关心的 GDP(国内生产总值)、人才、数据、税收都留在县域当地。

(2)自主经营型。以农村淘宝为例。由淘宝自主经营,总部直接派人到各个县域成立县级运营中心。县级运营中心负责运营管理、物流和村级服务站的建设。村级服务站采取的是小卖部兼营的方式,即选择村里房子地理位置好、思维灵活、有较强服务和宣传意识、熟悉互联网和网购的本地人，作为专业化的农村淘宝合伙人，通过帮助村民代买商品、代卖副产品的淘宝客佣金体系获得提成。

这种运营模式对本地经济的贡献不大，县域政府关心的 GDP、人才、数据、税收都留在淘宝总部。

(3)混合型。以京东农村电商为例。京东农村电商有两种发展模式。

①京东帮：在四、五、六线县级城市及农村消费者集中的市场招募商户。商户必须具备大家电营销、配送、安装和维修四位一体的功能，需交纳 2 万～5 万元保证金。商户与京东之间属于合作关系，承载的是京东的自营家电业务，利润来自销售的返点。

②县级运营中心：由京东自主经营，总部直接派人到各个县域成立县级运营中心。除了为客户提供代下单、配送、展示等服务外，县级运营中心的主要职责还包括招募培训乡村推广员。乡村合作站需要指导村民网购，推广京东品牌，并协助运营中心搞活动。推广人员签订合同后，在信息管理系统中录入名录，接受各类业务链接，将链接发给客户，客户购买后推广人员获得佣金。

这种运营模式对本地经济发展的贡献也不大，GDP、人才、数据、税收都留在京东总部。

2.农村电商产业模式

(1)"综合服务商＋网商＋传统产业"模式。以浙江遂昌为例。

遂昌以本地化综合服务商为驱动，带动县域电子商务发展，促进地方传统产业，尤其是农业及农产品加工业的发展。该模式的核心是"综合服务商"，即"遂昌网商协会"下属的"网店服务中心"。其主要职能为制定并推行农林产品的产销标准；统一制作商品的数据包(图片、描述等)，用于支撑网上分销商选货和网销；统一仓储，为网络分销商的订单统一发货并提供售后服务。"网店服务中心"在农产品电商化的过程中起着非常重要的作用，通过"统一采购、统一仓储、统一配送、统一物流、统一包装"等零成本开店的运营服务，使看似无序的"农产品"向"商品"变身有了规范，并降低网商的技术和资金门槛，使网商实现零库存经营。

(2)"区域电商服务中心＋青年网商"模式。以浙江丽水为例。

丽水鼓励农村青年互联网创业，构建电子商务集聚区，建立区域电商服务中心，建设市、县两级电商创业园。市团委向部分行政村整村授信，给信用村发放贷款，主要用于解决农村电商发展资金难题。该模式为"政府投入、企业运营、公益为主、市场为辅"，通过政府服务与市场的有效结合，吸引大量人才和电商主体回流。

(3)"生产方＋电商公司"模式。以吉林通榆为例。

通榆在地方政府的支持和参与下，由社会力量投资成立了电商公司，其主要职能就是整合生产方(农户、生产基地、合作社或农产品加工企业等)的各类农产品,经淘宝平台销售。公司注册统一的品牌,统一包装、销售和服务。政府整合当地农产品资源,系统性地将其委托给具有实力的大企业,大企业进行包装、营销和线上运营,地方政府、电商企业、农户、消费者及平台共同创造并分享价值,既满足了各方的价值需求,又带动了县域经济的发展

(4)"专业市场+电子商务"模式。这是我国电商集群发展的一种典型模式,与专业市场的带动密不可分。以河北清河为例。

清河通过建成新百丰羊绒(电子)交易中心,吸引了国内近 200 家企业进行羊绒电子交易;还建立了 B2C 模式的"清河羊绒网"、O2O 模式的"百绒汇网",100多家商户在此类平台设立网上店铺。通过实施品牌战略,清河目前已有 12 个品牌获评"中国服装成长型品牌",8 个品牌获得河北省著名商标,24 家羊绒企业跻身"中国羊绒行业百强"。由于有强大的传统产业和专业市场作支撑,清河羊绒电商的商品价格低,供应链的效率高,行业竞争力强。

(5)"集散地+电子商务"模式。以陕西武功为例。

武功以园区作载体,大力吸纳外地电商到当地注册经营。园区通过搭建电商孵化中心、产品检测中心、数据保障中心、农产品健康指导实验室等技术平台,实施免费注册、免费提供办公场所、免费提供货源信息及个体网店免费上传产品、免费培训人员、在县城免费提供 Wi-Fi(无线局域网)等优惠政策,不仅聚集了农产品生产、加工、仓储、物流和销售等各类企业,还聚集了西北五省 30 多类 300 多种特色农产品。该地政府对电子商务的物流、供应链等方面提供很强的支撑,搭建了各类平台,并给予各种扶持政策,使农村电子商务得到较好发展。

(6)"农产品供应商+联盟+采购企业"模式。该模式属于 B2B 经营模式。以"货通天下农商产业联盟"为例。

联盟主要为采、供双方提供以交易为核心的多种服务,通过组织会员,实现销售型"大企业"和生产型"小农户"的产销对接,并提供运营管理服务,有效匹配农产品需求和供给,为供需双方提供订单撮合、拍卖销售、委托采购、支付结算等交易服务,还根据销售方需求建立了一套农产品的品质标准和质量检验、缺陷折扣的交易流程。联盟通过提供社会化服务,整合生产、加工、销售产业链。例如,定向为会员企业提供农产品信息、种养技术指导、加工技术指导、农资保障、管理咨询服务等。联盟从达成的交易中收取 1%~3% 的服务费。

农村电商产业模式在整合农业产业链、降低市场交易成本和推动农业生产的规模化、产业化、专业化和服务的社会化等方面,具有积极意义。

3.农村电商产业治理模式

我国农村电子商务产业集群根据领导者的差异,治理模式主要分为农户自组

织型、地方政府主导型和创新平台型。

（1）农户自组织型治理模式。该模式以数量众多的农户家庭为主，农户通过口口相传以及亲友邻里帮带开设网店，并自主管理内部事务，开展平等互惠的竞争与合作。市场自治起到主导作用，社会规范也起到一定的辅助作用，而层级控制的治理机制则表现较弱甚至缺失。集群内部关系结构不稳定，当越来越多的农户参与经营时，便会发生恶意压价、创意抄袭、商业模式僵化、人才掠夺等突破现有制度约束的过度竞争行为。

比如苏北沙集镇的家具网络销售产业，具有典型的农户自组织的治理特点。集群成员多数是以家庭为单位的农户，农户们在共同利益的驱使下分工合作，借助淘宝等第三方平台，形成了围绕家具生产、加工、网络营销、配送、售后等产业活动的全过程产业链。但很快沙集模式被周边县镇快速复制，同质化竞争日趋激烈，也暴露了同平台竞争力不足、销售渠道狭窄等问题。

（2）地方政府主导型治理模式。地方政府通过出台政策、建立机制、培育网商、寻找资源、设计载体、搭建平台等工作主导当地农村电子商务的生成与发展，比较容易拥有更多的资源，可在短时间内形成规模，凸显成绩。该模式以层级控制的治理机制为主，社会规范和市场自治的治理机制相对弱化。但受制于政府的能力水平，且可能出现治理边际模糊的问题，企业和网商的主观能动性和创新能力的发挥可能被阻碍。

如浙江桐庐按照省市的"电商换市"战略部署，对桐庐县发展县域农村电子商务进行顶层设计，规划并实施了"启蒙""初步发展""提升发展"三阶段任务，形成了清晰的桐庐电商生态体系。

（3）创新平台型治理模式。创新平台是指在农村电子商务集群内部为电子商务经营者实现创新和价值链提升提供服务的组织。这类组织的核心成员可能是第三方行业协会、合作社、专业市场或者领军企业等。创新平台是一种组织化的私人秩序团体，政府直接干预的作用较弱，既具有社会性，也具有一定的经济性。如"遂昌模式"是典型的创新平台型治理模式。协会、合作社作为平台组织者控制了产品价值链的核心环节，而将其他次要和辅助环节通过层层外包分配给农户、网商、其他机构。该模式以社区规范的治理机制为主，层级控制和市场自治的治理机制为辅，有效地控制了农村电商集群内部的过度竞争，有效地协调了各个参与者之间的关系，提高了管理效率和生产效率，但是参与者的主观能动性和灵活创新性也可能受到抑制。

（三）我国农村电子商务发展的特点

近年来，我国农村电子商务呈现出持续快速增长的态势，农村市场需求旺盛，中央和地方政府纷纷出台政策予以扶持，各大电商企业不断布局，涉农电商的融资总额也快速增长,为农村电子商务的发展提供了强有力的支撑。我国农村电子商务发展呈现出以下几个特点。

1. 农村实物型行业销售居前

全国农村实物型网络零售排名前三的行业分别是服装鞋帽、家装家饰、3C数码(计算机、通信和消费类电子产品),2016年上半年三者网络零售额合计占比44.29%。[①] 江浙农村地区依托较强的县域产业基础,形成家装家饰、家具用品产业优势;食品保健是中西部农村的支柱行业,其中特色农产品、食品再加工、中药材保健品是其优势产业。

2. 农产品电子商务品类分化明显

2016年上半年,全国农产品网络零售行业排名依次是水果、茶饮、草药养生、粮油、坚果、畜禽、水产、蔬菜、花卉植物等,其中,前三大行业零售额合计占比为56.11%。水果标准化发展水平相对较高,电商发展较快,网络零售额在农产品网络零售额中占比达22.23%。茶饮和草药养生行业产品具有价值密度高、不易变质、物流成本低等特点,发展较早,是近几年网销较好的两大类农产品,网络零售额占比分别达18.71%、15.17%。坚果类农产品虽然发展较快,但市场体量较小,排名中游,网络零售额占比为11.37%。其他农产品受物流成本和技术条件等因素影响较大,更多地依赖传统线下市场:粮油行业总体价值密度不高,物流成本较大,网络零售额占比为14.08%;畜禽、水产、蔬菜行业受制于冷链仓储物流技术和成本等,在农产品份额中基数较小,网络零售额占比分别为9.80%、3.21%、2.29%;花卉植物(尤其是价值较高的)不适合常规快递物流运输方式,网络零售额占比为2.03%。[②]

3. 农村电商消费新生性

据调查,消费者通过网络零售消费的100元中,约61元是替代性消费,也即从线下消费转移到了线上;但是另外的39元,则是因网络购物的刺激而产生的消费增量。在三四线的县域地区,网络新增消费更高达57元,拉动消费作用明显。目前农民想买许多东西却买不到,进城买又不经济,还有很大的消费潜能。像淘宝这样的商业平台,提供给广大村民的最大价值是买那些买不到的商品,而不是买便宜的。一些地方已经出现了专门为村民代理网络购物的淘宝代购客,也从侧面证明了这一点。

4. 农村电商主体年轻化

一方面,30岁以下的网民中,农村网民所占比例高。2013年,20~29岁的农

---

①② 农青.上半年我国农村网购规模3千亿元[EB/OL].(2016-11-08).http://www.chinacoop.gov.cn/HTML/2016/11/08/110906.html#.

村网民占农村消费群体的32％,是网络消费的主力军。随着这一群体的成长,农村市场的消费潜力会更为巨大。另一方面,青年是最活跃的创业群体,大批青年返乡从事电商创业,为农村电商注入了活力。以年轻人为主体的农村电商创业群体必将在今后几年中蓬勃发展,形成一批影响农村经济方式的现代电商企业。

5.农村电商产业生态化发展

电商在农村的发展不仅是渗透到传统产业之中,而且还是深刻地影响与再造,甚至是催生农村新的产业。产业园的聚集,快递公司、电子商务公司、摄影摄像、图片处理、网店装修代运营、策划运营、培训公司、金融服务机构、政府支持机构等各种组织的出现,构筑了农村电商发展的生态系统。越来越多的区域出现了生态化发展方式,与电商相关的服务机构聚集在一起,共生共赢,协同发展,形成了完整的产业生态圈。

6.政策引领,特点鲜明

对于农村而言,电商普惠势头正盛。一个比较突出的表现就是政策对农村电商的发展给予了极大的支持,各级政府纷纷出台促进本地域电商发展的政策措施,以期加快推动本地域电商的发展。全国各地探索出了多种电商模式,有的立足山区,有的扎根边疆,有的探索农旅结合,有的尝试消费引领,为更多贫困地区的消贫致富提供了宝贵的经验。可以说,各级政府出台的农村电商扶持政策,是电商在农村发展的首要助推力。

二、我国农村电子商务兴起的背景

我国农村电子商务源于我国经济社会发展和变革的整体趋势,是时代的选择,也是发展的必然趋势。

(一)国内信息技术的迅猛发展提供了技术基础

农村电子商务的发展首先要归功于信息技术的普及应用。我国从1999年实行村村通工程,作为一个系统工程,其中主要"通"的工程包括公路、电力、生活用水和饮用水、电话网、有线电视网、互联网等,到2005年基本实现了预期目标。根据工信部的统计,截至2015年3月,我国93.5％的行政村已经开通宽带,农村光缆到村、光纤入户快速推进。农村网络通信状况的改变,为电子商务的持续增长奠定了坚实的基础。

工业和信息化部启动了"宽带中国"2015专项行动,明确提出城市提速升级与农村普遍服务同步推进,努力推动缩小城乡"数字鸿沟"。2015年,农村及偏远地区宽带建设得到专项资金的支持。

2017年1月,一个覆盖全国60万个农村、社区的"互联网＋农村"惠民工程"全国村网通工程"已经正式实施和上线运营。该工程为全国每一个农村、社区都免费建立了一个门户网站,而且还对接了农村电商系统。从此,全国的每个农村都有自己的门户网站,都可以轻松搭建自己的网上店铺,我国农村从此结束了没有网站的历史,这为我国农村电子商务的发展提供了有力的技术保障。

(二)电子商务服务业的崛起提供了新的商业业态

营销、广告、征信、反馈以及支付等手段的网上运营,改变了传统的交易理念和交易方式,电子商务形成了一种新的业态。伴随着电子商务的发展,电子商务服务业也逐步成了新型的产业。在整个服务体系中,电子商务网络服务平台居于核心地位。截止到 2016 年 3 月,全国电子商务园区数量达 1122 家,同比增长约120%[①](见图 9-2),全国电子商务园区建设热潮仍在持续。浙江、广东和江苏是全国电商园区最多的省份。

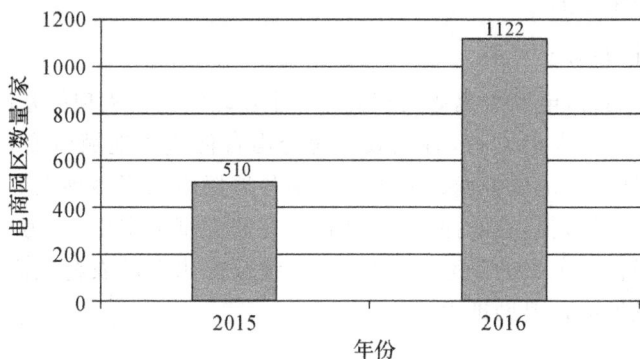

图 9-2　2015—2016 年我国电商园区数量

(三)网络购物交易规模稳定增长

2015 年我国网络购物市场交易规模达 3.8 万亿元,同比增长 35.7%,保持稳定的增长水平[②](见图 9-3)。网络购物日益成熟,购物需求也逐渐多元化。各家电商企业除了继续不断扩充品类、优化物流及售后服务外,也在积极发展跨境网购,下沉渠道发展农村电商。

(四)农村网民的增长颇具潜力

根据中国互联网络信息中心发布的历次《中国互联网络发展状况统计报告》,2013 年我国农村网民的数量为 1.77 亿人,在全国网民规模中占比 28.6%,到2016 年发展到 2.01 亿人,但占比却下降至 27.4%(见图 9-4)。虽然近年来农村

---

①　阿里研究院.2016 年中国电子商务园区研究报告[EB/OL].(2016-04-16).http://www.askci.com/news/hlw/20160416/151510241.shtml.

②　中国电子商务研究中心.艾瑞:2015 年中国网络购物市场交易规模分析预测[EB/OL].(2016-05-11).http://b2b.toocle.com/detail-6331803.html.

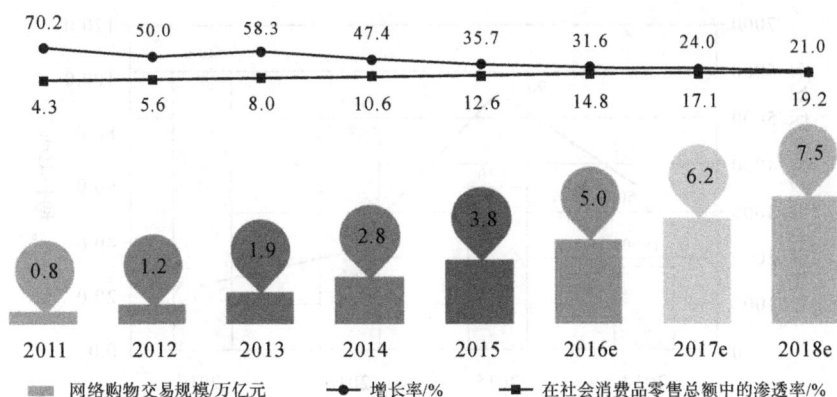

图 9-3　2011—2018 年我国网络市场交易规模（e 为预测年份）

资料来源：中国电子商务研究中心. 艾瑞：2015 年中国网络购物市场交易规模分析预测〔EB/OL〕.（2016-05-11）. http://b2b. toocle. com/detail-6331803. html

网民的人数在不断增长，但其增长的速度不及城市网民的增速，从另一角度也可以看出，其增长的潜力并未得到真正的挖掘，未来的增长空间值得期待。

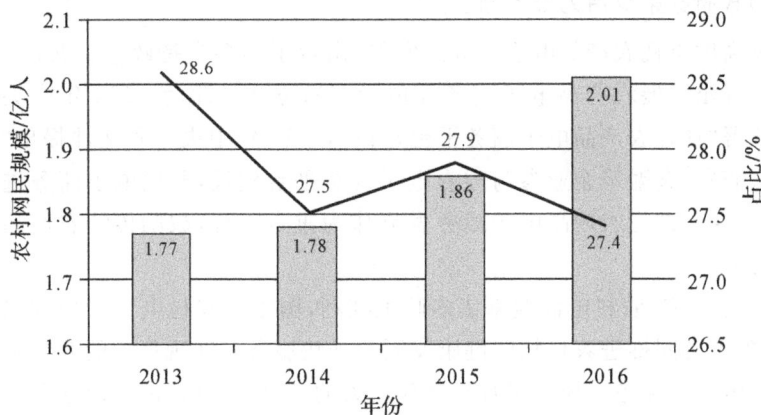

图 9-4　2013—2016 年我国农村网民规模增长情况

（五）农村网购市场交易规模不断扩大

国内农村网购市场交易规模在逐年扩大。2014 年，农村网购市场交易规模达 1800 亿元，同比增长 60.0%，农村居民对网购的接受程度达到了 84.4%。2016 年，农村网购市场交易规模达 4823 亿元，同比增长 24.4%，预计 2017 年全年将突破 6000 亿元（见图 9-5）。而且，农村网络零售额持续快速增长，增速明显超过城市。2016 年一季度农村网络零售额为 1480 多亿元，二季度上升到 1680 多亿元，环比增长 13.48%，高出城市网络零售环比增速 4 百分点以上。农村网

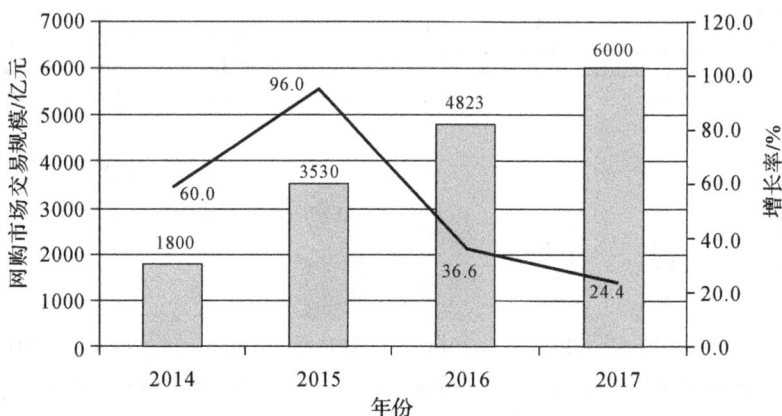

图 9-5　2014—2016 年全国农村网购市场交易规模

络零售额在全国网络零售额中的占比持续提升,2016 年上半年已经占到14.14%。农村网购市场交易规模的扩大为农村电商的发展开拓了广阔的市场前景。

(六)政府政策支持力度不断加大

中央高度重视农产品电子商务的发展,出台了很多支持政策。2012 年,中央一号文件提出发展农产品电子商务等现代交易方式。此后,2014 年中央一号文件明确部署"加强农产品电子商务平台建设",2015 年中央一号文件提出"支持电商、物流、商贸、金融等企业参与涉农电子商务平台建设,开展电子商务进农村综合示范"。商务部把农产品电子商务发展作为重点工程,鼓励传统农产品流通企业创新转型。

2015 年以来,农村电商迎来诸多政策红利,国家对农村电商领域的支持不断加码。《关于协同推进农村物流健康发展　加快服务农业现代化的若干意见》《关于大力发展电子商务　加快培育经济新动力的意见》《"互联网+流通"行动计划》等重磅文件相继发布。

2015 年 8 月 21 日,由商务部牵头、19 个部门联合发布了《关于加快发展农村电子商务的意见》,专门就农村电子商务做出部署。这是首个全面部署农村电子商务的文件,从物流、市场、电商扶贫、平台建设等多环节全面给予扶持政策,并加大了对社会资本的开放力度,明确指出"支持电商、物流、商贸、金融、邮政、快递等各类社会资本加强合作"。

11 月 9 日,国务院办公厅正式发布《关于促进农村电子商务加快发展的指导意见》,这是继此前多项政策文件出台后,我国政府再次发文支持农村电商加快发展。意见指出,到 2020 年,初步建成统一开放、竞争有序、诚信守法、安全可靠、绿色环保的农村电子商务市场体系,农村电子商务与农村一二三产业深度融合,在推动农民创业就业、开拓农村消费市场、带动农村扶贫开发等方面取得明显成效。此次意见的出台,是对此前商务部等 19 个部门对农村电子商务的意见和要求予以确认,并使之从部门层面提升到国家层面。

正是在国家政策的大力推动下,各地政府也高度重视和支持农村电子商务,纷纷在税收、安全、交通、基础设施等方面出台相应的政策予以鼓励和支持,并开展相应的培训和宣传,提高农村电子商务参与主体的素质,扩大农村电子商务的影响,为农村电子商务的发展提供各种政策支持,大大推动了农村电子商务的快速发展。

三、我国农村电子商务的发展

(一)三大发展阶段

我国涉农电子商务起步于 20 世纪 90 年代中期,政府与企业均开始关注电商这一新兴交易模式,并逐步付诸实践,至今走过约 20 年,期间,农村电商经历了多次重大变革。总体上,这段时期可以分为政府主导发展期、多元主体驱动期和市场体系整合期三大发展阶段(见图 9-6)。

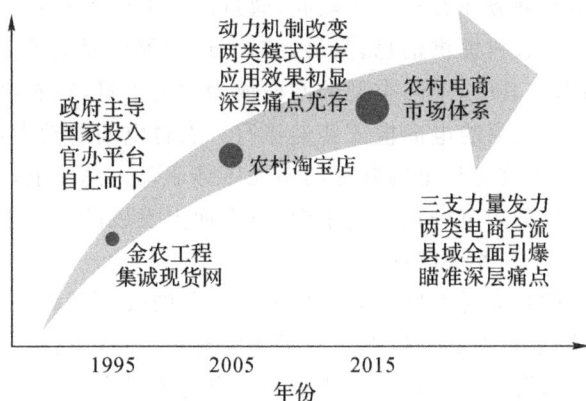

图 9-6 农村电商发展阶段

1.第一阶段:政府主导发展期(1995—2005 年)

1995 年 12 月 12 日,在国家正式启动"金农工程"的基础上,郑州商品交易所成立了集诚现货网,开始探索粮食在网上销售。以此为标志,我国农村电子商务的序幕就此拉开。随着 1999 年全国棉花交易市场的成立,中国电商市场出现了 G2C(government to citizen,即政府对公众)的销售模式。2000 年,集诚现货网正式更名为中华粮网,2005 年开始进行中央储备粮的销售。可以说,在这十年中,农村电商开始破冰,艰难前行。至 2005 年,全国共有农村电子商务网站 2000 多个,涉农网站 6000 多个。

这一时期农村电子商务的总体特征是,政府主导、国家投入、官办平台、自上而下。国家的大量投入,主要用于农村信息化、电子商务的能力建设,除了一些大宗交易,例如粮食、棉花可以实现在线交易之外,在绝大多数的农村,尤其以农民为主体的交易行为,并不能在线上完成。当时农村电商的业务内容,其实主要还是信息服务,而不是在线交易。农村电商的发展总体上较为缓慢。

2. 第二阶段:多元主体驱动期(2006—2014 年)

2006 年开始,国内衍生了小众市场的生鲜农产品营销电商,如专注做有机食品的和乐康及沱沱工社等,生鲜电商营销模式开始流行。同时,农村开始出现农民自己开办的网店。2006 年前后,在我国东部沿海一些农村中,一批农民率先尝试在淘宝网上开网店,并实现增收。农村草根网商的成功,不仅让他们自己变身为专职的网商,而且形成示范效应,周围乡亲们纷纷效仿。2009 年开始出现的淘宝村,成了农村新的市场生态最典型的呈现,成了聚集网商、服务商、制造商等各类市场生态元素的载体。2012 年以后,手机终端电商平台的经营模式开启,农村电子商务竞争十分激烈。

这一阶段,电子商务在农村迅速崛起,通过网络平台覆盖农村的生产、销售、供应等各个环节,为农村提供信息、交易、结算、运输等全程电子商务服务。多种类型的主体开始参与其中,不同类型的网商成为主要力量,在农村电商领域开展了积极的探索,在线交易的电商模式普遍流行。农村电商的动力机制,从原来主要是政府主导转变为政府与市场并存的多元主体驱动。总体上,这是市场驱动、市场主体自主投资、利用市场化电商平台、自下而上发展的农村电子商务。这一时期是中国农村电子商务快速发展的时期。

但是,这一时期政府对市场型的农村电子商务的政策倾斜力度不大,基层农村电商覆盖的范围远远不够。虽然出现了淘宝村等亮点,但就农村整体来看,电商接入、物流、人才、资金等困难仍然严重制约农村电子商务发展,农村电商本地化服务体系仍然十分缺乏,符合农村电商发展所需的市场环境亟待改善。

3. 第三阶段:市场体系整合期(2015 年至今)

2015 年,是农村电商发展的政策扶持红利年,是深入推进农村电商的一年,也是农村电商发展格局变化显著的一年。

(1)优惠政策密集落地。如上所述,2015 年,国务院及各部委纷纷出台利好政策,提升了农村电子商务的产业地位,有力地推动了农村电子商务的发展。地方政府也结合自己的具体情况,针对农村电商的基础设施、发展环境和对公共服务的需求提供帮助。

（2）推进力度加大。商务部主导的电商进农村示范县工作强力推进,农业部信息进村入户工程也树立了一批农村电商新标杆。2015 年,县域电子商务全面引爆,农村电商开始全面采取"整县推进"的方式,从而大大加快了农村电商的覆盖速度。阿里巴巴、京东等平台推出了专门面向农村的战略和平台政策,农村电商运营者发展迅速,出现了一大批新秀。

（3）政企正式合作。2015 年,政府与市场主体间的合作机制开始形成。商务部正式委托遂昌网店协会,根据他们在基层开展农村电商的实践经验,为全国农村电商制定《农村电子商务工作指引》和《农村电子商务服务规范》两项标准。京东、阿里巴巴等电商巨头纷纷与政府部门合作,并签署农村电商合作协议。2016 年 2 月 17 日,国家发改委与阿里巴巴集团在京签署结合返乡创业试点,发展农村电商战略合作协议。未来三年,双方将共同支持 300 余试点县(市、区)结合返乡创业试点发展农村电商。

（4）经营模式不断创新。无论是第三方平台"村级站＋县级中心＋支线物流"的农村电商落地模式,还是服务商"园区＋平台＋培训＋体系"的合作模式,或是自营电商"渠道拓展＋聚合需求＋对接品牌＋集中促销"的交易模式,新变局下的农村电商实践,都开始瞄准和真正触及农村电商的深层痛点发力,不断创新经营模式,推动农村电商的实质性进展。

（5）兼并重组频繁。农村电商从前一时期的多种融资组合发展到资本的兼并重组,阿里巴巴入股苏宁、京东入股永辉超市等,都说明农村电商领域进入了深层次的整合阶段。

这一时期,政府主导的自上而下式农村电商和市场驱动的自下而上式农村电商,已经开始合为一体,是典型的农村电商市场体系整合和形成时期。

（二）发展趋势

当前,我国农村电商已进入蓬勃发展期,在未来很长一段时间,我国农村电商仍具有十分广阔的市场前景,未来我国农村电子商务将呈现四大发展趋势。

（1）农村电商保持快速发展势头。随着"三网融合"、物联网、大数据、云计算等创新技术的广泛使用,涉农电商将向多样化发展,与智能农业、智能流通、智能消费连接成一个有机的整体。同时,我国每年有 1900 亿美元的农产品进出口业务,农产品跨境电子交易将发挥越来越重要的作用。跨境电子商务将从沿海向内地拓展,从城市向农村渗透,国际化将成为更多农村电商的重要选择。

（2）农村电商服务环境日趋改善。各类专业服务商开始进入农村,提供货源供给、仓储、摄影摄像、网店装修代运营、融资理财、品牌推广与管理咨询、人才培训等一系列服务,各类主流电商模式如 B2B、B2C、C2C、C2B、O2O,以及微电商、本来生活、跨境电商等在涉农电子商务领域全面涌现。

(3)农村电商产业链不断延伸。为了避免同质化竞争,一些涉农电商企业开始拓展产业链,从零售商转为分销商,从单纯的渠道商转为品牌商,从原材料采购到设计,寻找生产厂家代工,最后将货品分销给其他小型网商,逐步建立以品牌商、批发商、零售商为主体的电商纵向产业链层级。同时,农村电商的交易类型开始从单一的网络零售向复合模式转变。

(4)农村电商线上线下不断融合。产品批发市场将发挥线下实体店的物流、服务、体验等优势,推动实体与网络市场融合发展,实现线下实体市场的转型。电商平台也通过实体店的建设和经营,参与线下市场的活动,为消费者提供更好的购物体验。

第二节　淘宝村的概念与发展现状

一、淘宝村的概念与界定

淘宝村是大量网商聚集在某个村落,以淘宝为主要交易平台,以淘宝电商生态系统为依托,形成规模和协同效应的网络商业群聚现象。

阿里巴巴方面认定淘宝村的标准有三个。

(1)经营场所。经营场所在农村地区,以行政村为单元。

(2)交易规模。电子商务年交易额达到 1000 万元。

(3)网商规模。村活跃网店数量达到 100 家,或活跃网店数量达到当地家庭户数的 10%。

淘宝镇是指一个乡镇或街道的淘宝村数量等于或大于 3 个。

淘宝村集群是指由 10 个或以上淘宝村相邻发展构成的集群,网商、服务商、政府、协会等密切联系、相互作用,电子商务交易额达到或超过 1 亿元。若相邻的淘宝村数量达到或超过 30 个,则称为"大型淘宝村集群"。

我国最早的一批淘宝村只有 3 个,出现在 2009 年,分别是江苏省睢宁县沙集镇东风村、河北省清河县东高庄和浙江省义乌市青岩刘村。2014 年,全国淘宝村的数量达到了 212 个,并涌现出 19 个淘宝镇(第一批),2015 年则涌现出 25 个淘宝村集群(第一批)。以淘宝村为代表的农村电子商务正在深刻地改变着我国农村的面貌。

二、淘宝村发展现状

(一)发展迅速,地区差异大

从 2009 年的 3 个,到 2016 年的超 1000 个,不到十年的时间,淘宝村走过的可谓是一条跨越式发展之路。截至 2016 年 8 月底，全国共有 1311 个淘宝村，淘宝镇超过 100 个，数量均创历史新高。其中，浙江、广东和江苏的淘宝村和淘宝镇的数量均位居全国前三位（见图 9-7、图 9-8）。显然，东部沿海地区的淘宝村发展要远快于中西部地区，由此也可见，中西部地区淘宝村的发展潜力相当大。

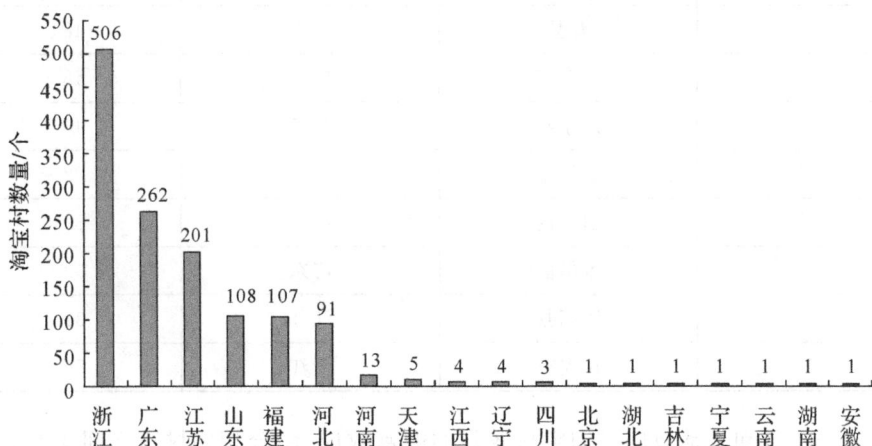

图 9-7　2016 年全国淘宝村地区分布

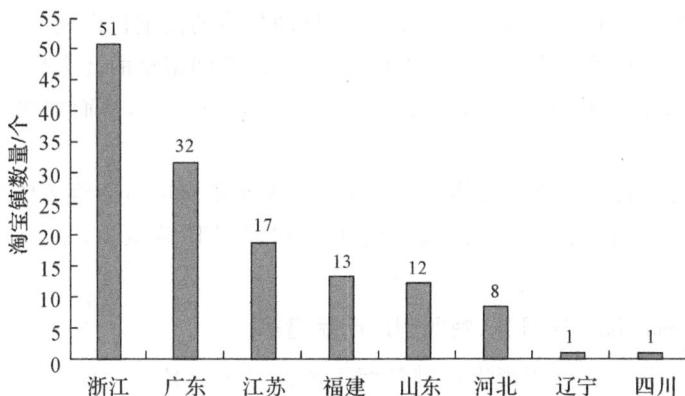

图 9-8　2016 年全国淘宝镇地区分布

（二）集群带动效应强劲

近年来，淘宝村呈现集群化发展的趋势，在长三角和珠三角地区最为显著，许多地方淘宝村连片出现，在江苏省沭阳县新河镇，甚至出现了全部行政村均为淘宝村的现象。与 2015 年相比，2016 年新增的淘宝村中，约 72％源自 38 个淘宝村集群（2016 年我国十大淘宝村集群见表 9-1），反映出强劲的集群带动效应。淘宝村呈现集群化现象，主要有以下原因。

表 9-1　2016 年我国十大淘宝村集群

排　序	县(市、区)	省	淘宝村数量/个
1	义乌市	浙江	65
2	温岭市	浙江	54
3	曹县	山东	48
4	普宁市	广东	48
5	睢宁县	江苏	40
6	晋江市	福建	32
7	白云区	广东	32
8	番禺区	广东	32
9	沭阳县	江苏	31
10	瑞安市	浙江	30

(1)示范和带动效应。淘宝村较强的财富效应,结合相邻村镇之间相对紧密的人际网络和地缘关系,加快了淘宝村向周边复制的速度。

(2)相似的产业基础。在江浙一带,实体经济往往具有传统产业集群的特征和效应,传统产业和互联网一旦融合,容易推动更多的淘宝村出现。

(3)政府的相关引导。在发展本地经济、实现共同富裕的社会目标下,对于先前相对成功的经营模式,相关政府部门往往会学习和推广,从而加快了淘宝村的发展。

(4)日益完善的电商服务体系。与淘宝发展相配套的电商服务体系越来越专业,越来越完善,使得个人经营淘宝的困难和障碍日益减少,增加了经营的便利性。

(三)常规产品销量领先,特色创新产品增多

2016 年,淘宝村网店销售额排名前三的商品分类依次为服装、家具和鞋,排序与 2015 年相同,第四名到第十名依次是:箱包皮具、汽车用品、化妆品、户外用品、玩具、居家日用品和床上用品。这些商品对应于大众化的网购需求。与往年相比,在淘宝村中,具有地方特色的商品增多,比如河南孟津的牡丹画、安徽泾县的宣纸、山东即墨的鸟笼、云南鹤庆的银器等。特色产品增多,反映出电子商务正广泛、全面地与地方特色产业融合发展,扩大地方特色产业的市场空间。

另外,超过 120 种新兴商品销售额快速增长,突破 100 万元,个别甚至突破 1000 万元,比如电动平衡车、文房四宝、拉丁舞套装、定制壁画、调奶器等。新产品销售额快速增长,反映出消费者对产品创新的肯定,也反映出淘宝村网商们开

始紧跟市场需求,不断推陈出新,有助于淘宝村跳出同质化、低水平竞争的困局。

(四)部分网商经营规模化和企业化

据初步统计,截至 2016 年 8 月底,在全国淘宝村中,年销售额达到 100 万元的网店数量超过 11000 家,它们主要集中在浙江、广东、江苏和福建。这些百万元级网店的出现,说明在乡村地区电商创业具有成长空间,也表明部分淘宝村创业环境优越。随着经营规模扩大,淘宝村部分网商往企业化方向发展,注册公司和商标,重视团队、品牌和客户服务。据不完全统计,以企业身份注册的淘宝村网店超过 5100 个。

(五)创业环境改善,电商服务体系化

以往的淘宝村,基本以"村民草根创业、自发生长"为主。2016 年,在山东菏泽、河南洛阳、江苏宿迁等地涌现多方合力推动形成的淘宝村,即"村民规模化创业＋政府积极引导＋服务商专业服务"。这反映出,在村民群体创业的基础上,政府、服务商积极有为,有利于创造支持创业者、服务创业者的良好环境。

随着网商数量增长、经营规模扩大,他们对电商服务的需求逐步细化和多样化,比如培训、摄影、设计、网络信息技术服务、电商园区等。随着网商企业化发展,他们需要的电商服务更加多样和专业,比如法律、会计、金融、知识产权等服务。与此同时,网商们对公共服务也产生了新的需求,希望政府拓宽公路、保障电力、提高宽带上网速度等。

(六)新农人是创业主体

在淘宝经营的网商们很大一部分是新农人,年轻,素质较高,具备互联网基因、品牌意识、创新能力、服务理念等,与传统农业社会的农村居民有着较大的区别,是我国新农村建设中的有生力量(见表 9-2)。

表 9-2 新农人与传统农民的区别

特征变量	传统农民	新农人
主要年龄段	41～55 岁	20～40 岁
受教育程度	高中及以下	高中以上
计算机技能	差	强
互联网使用频率	低	高
线上社交参与程度	少	多
品牌意识	弱	强
创新能力	弱	强
服务理念	弱	强
知识更新速度	慢	快

(七)经营模式复合化、跨境化

最开始形成的淘宝村,基本上都是依托农村原有的产业,并凭借低廉的制造成本和运营成本优势来满足国内市场的产品需求的。而现今,随着淘宝村不断走向成熟,产品逐渐转型升级,越来越多的淘宝村开始呈现出复合化、跨境化的发展趋势。

淘宝村的交易类型正在从单一的网络零售向复合模式转变。2015 年,B2B类电商村开始规模化出现。B2B 类电商村和淘宝村的成因基本相似,但是 B2B类电商村与本地产业集群的关联更加紧密。它们不仅丰富了淘宝村的交易模式,也大大扩展了未来淘宝村交易对象的想象空间。

三、淘宝村发展的背景

淘宝村在国内的发展,特别是在东部沿海地区的迅速发展,得益于淘宝创业的项目优势和东部沿海地区早期的改革开放带来的产业要素条件、市场需求、产业支撑、示范效应以及政府理念等因素。

(一)淘宝创业的项目优势

农户实现电商化发展,客观上要求有契合农民草根式创业特征的第三方电子商务平台。淘宝村能够兴起,一个很重要的原因就在于淘宝平台的包容性,即为社会底层和弱势群体提供平等的创业机会,以帮助其提升经济和社会地位。淘宝创业具有低成本优势。农民在家中开淘宝店,生活成本、租金、税费、仓储成本、人工成本、融资成本等都较低。同时,农村创业项目具备易扩散性。我国农村是一个熟人社会,农村居民处于一个高度交织的社会网络之中,他们与存在亲缘、友缘、地缘和业缘关系的人打交道的频率高,使得信息传播速度快,好的创业项目极容易扩散。淘宝平台拥有巨大的消费用户群,这为农户的电商创业最终演化成集群现象提供了必要基础和有力保障。

(二)产业要素条件充沛

虽然各地淘宝村的产生背景有所不同,产业基础也有所不同,但是大部分淘宝村具有独特的资源禀赋,即依托农村地区的地形地势、水源、天气等形成的自然和人文景观等竞争力较强的文化旅游资源,或依托原有产业基础,就近的线下产业基础为淘宝创业提供充足的产品保障和资源优势。

(三)需求旺盛,市场巨大

市场需求是供给的基本动力,消费者的需求意愿决定并催生更多的供给。国内改革开放的实践,使人们的收入水平有了很大的提高。随着收入水平的提高,生活水平的改善,人们的消费水平呈现多元化发展趋势。基于原来的流通体制,产销信息沟通上存在一定的障碍,城市居民不一定买得到优质优价的农村产品,农村居民也不一定买得到称心的工业品,双向都存在较大的市场缺口。电子商务使供给者跳过中间商对接消费者,能够减少部分中间成本(包括中间商的获利及实体店经营成本),在包裹物流成本不太高的前提下,线上销售模式比传统营销模式更有优势。电子商务也有助于解决信息不对称问题,使更多的消费者获得产品信息成为购买者,或者让原本知道产品却不知从何处购买的消费者的购买愿望成为现实,农村电商市场空间与潜力巨大。

(四)产业支撑较为齐全

淘宝村的发展离不开现代信息技术的支撑和保障。互联网、大数据、云计算技术逐渐成熟,为电商从业者的经营行为提供了更为直接和便捷的产品推广与销售平台。如中国物流快递行业发展迅猛,物流配送以空前的速度向广大县域和镇区蔓延,进而辐射乡村地区,不仅为农村网商提供必要的物流保障,也有助于进一步壮大网购群体。物流业的发达有效降低了运输成本。而这些新兴产业在我国东部沿海地区相对发展较早,这也为东部地区的淘宝村兴起奠定了技术基础。

(五)企业行为示范效应

示范效应,即个体创新行为带来群体模仿行为。在成功的企业或个体经营者等带头人的示范下,网络经营方法、技巧、经验及供求信息发布与获取方法等专业知识会通过农村原有的社会关系网络向外溢出,附近的电商经营农户或模仿或变革,逐步形成产业集聚的现象。

(六)政府理念开放,政策扶持

淘宝村的发展离不开当地政府的支持。首先,当地政府在电子商务领域的理念开放,对电商未来发展趋势乐观判断。其次,当地政府通过一系列措施支持淘宝村的发展和建设。如政策支持,即政策的导向与政策倾斜;加大培训教育力度,开展以当地政府为主导、社会力量为补充的技能培训;完善公共服务体系建设,农村地区的交通、物流、电力、电信等基础设施得到改善等。

四、淘宝村发展的制约因素

(一)同质竞争

大多数淘宝村的形成基于某一种产品品类,所以同质化的竞争对于同一淘宝村的卖家来说不可避免。淘宝村的电商发育模式,在初期是有优势的,可以抱团取暖,在网上形成搜索排名优势,降低物流运输成本,催生电商服务业,更利于产业发展。但随着产业规模的壮大,发展层次较低、品牌意识和创新意识不足都成为制约淘宝村发展的因素。如果不能通过品牌品质保证寻找利润空间,则同质竞争有可能演变为依靠低价的恶性竞争。

一味地打价格战只会损害每一个卖家的利益,最终导致恶性循环。实施品牌化、差异化策略才是淘宝村转型升级、摆脱低端价格竞争的有效路径。建议各地政府加强引导淘宝村卖家提高品牌创新意识、推动产品的差异化发展,为淘宝村注入新的生机。

(二)人才难题

当农村电商发展以后,人才因素的瓶颈就展露无遗。国内整个电商行业都缺人才,农村就更是如此。淘宝村的兴起是带头人带起来的,而淘宝村的进一步发展则需要专业人才。如何吸引高水平的电子商务人才并留住人才,是许多淘宝村面临的巨大挑战。农产品电商销售最好的地方,是上海、深圳、北京和杭州等地,主要是因为这些地方聚集了大量懂电商的人才,拥有电商基础建设和互联网技术应用的大环境。

淘宝村的人才体系建设应该将重点放在"本地人才培训、原籍人才回流"上,并结合互联网的特点,采取远程服务的方式解决难题。政府方面可以定期开展村民电商知识培训,成立县级电子商务培训机构,同时加强基础设施建设,以提高从业者的生活体验,留住人才。

(三)资金薄弱

淘宝村的农民卖家普遍存在资金实力薄弱、现金流紧张、可抵押物价值低的问题。因此其融资贷款的需求在传统金融机构处很难被满足,资金问题已经成为困扰许多淘宝村卖家的问题之一。应加快建设多元化农村金融路径,各地的金融机构加快对农村电商的调研,了解农民网商的实际需求,以灵活的方式满足淘宝村的信贷需求,支持农民的小微企业创业。政府也可以与金融机构合作,为农民提供无抵押贷款,加强信贷扶持。

(四)发展受限

淘宝村的形成基于村庄的低廉创业成本,这对于个体创业无疑是非常适宜的。但当产业发展起来后,村庄的劣势也就暴露出来,像仓储的问题不好办,家家都人货不分,安全隐患较大;配套产业也跟不上,物流需要一个集散中心却很难在村庄找到地方,生产、加工、包装也逐渐专业化,同样需要地方,但村庄一般是提供不了的。于是,淘宝村的生产要素只能向镇域转移并集聚,还有的干脆搬到了条件更好的县城。

第三节　农村淘宝双向物流及其对"三农"的影响

一、双向物流概述

(一)双向物流

农村物流是指为农村居民的生产、生活以及其他经济活动提供运输、储存、装卸、搬运、包装、配送、流通加工和信息处理等相关服务的总称。

对比农业物流,农村物流是一个与城市物流相对应的区域物流概念。农业物流是一个相对于工业物流和商业物流等而言的行业物流概念,它是农村物流的一个重要组成部分。农村物流除了包含农业物流的内容外,还包括农村居民生活需要的各种工业品在农村范围内的物流活动。与农产品物流相比,农村物流的研究客体除了农产品之外,还包括从城市进入农村的农用生产资料和农村居民生活必需的生活资料等工业品。因此,农村物流既包含产自农村的物品的输出过程,也包含从城市买入各类生活生产用品的输入过程,具有双向性的特征。

2016年1月,国务院办公厅印发《关于推进农村一二三产业融合发展的指导意见》。根据该意见,一些省份提出加快推进"新网工程"升级提质,逐步健全以县级配送中心、乡镇物流中转站(基层社)、物流服务点(村级综合服务社)为支撑的农村物流配送体系,实现"农产品进城"和"工业品下乡"的双向流通。

双向物流是指城市与农村互为供给方与消费方所进行的物品流动过程,包括城市作为发达的工业体系一方进行的"工业品下乡"活动,农村作为农业发展的一方进行的"农产品或农副产品进城"活动。

(二)双向物流体系

双向物流体系是指与农产品销售物流、农村生产资料物流及消费品供应物流等相关的各个要素相互作用、相互联系而构成的一个有机整体。构建双向物流体系的目的在于,使农民能方便地购买到需要的日常用品及农资产品,也使农产品能方便快捷地以合理的价格销售出去,并且尽量减少农产品在流通过程中的浪费。农产品销售物流是从农村流向城市,是农产品获得市场价值的过程;而农业生产资料供应物流及消费品供应物流则是从城市流向农村,是农民获得生产资料、实现生产的过程(见图9-9)。二者方向相反,物流渠道和物流主体各具特点。

双向物流体系主要由物流主体、物流通道和物流功能三部分构成。

物流主体就是物流活动的主要参与者和相关事务的实施者,包括供应链两端的农民和农业生产资料提供商以及供应链中间的物流功能服务提供商、各类零售

物流主体

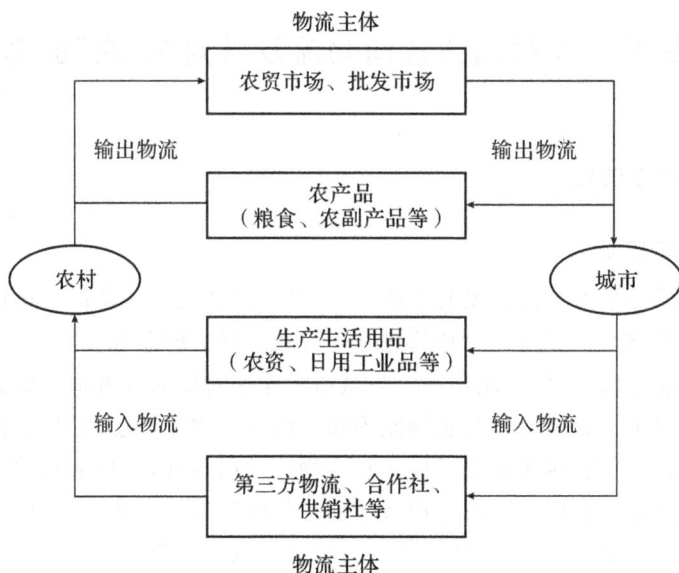

图 9-9 双向物流体系

终端和农村合作经济组织、专业运销户等。在农村和城市这两个不同体系中扮演重要角色的就是各种物流主体，他们根据农产品的特点和农业生产资料的性质以及一些必须考虑的因素，如时效性等，选择不同的通道来完成物资的运输，便形成了具体的物流活动。

物流通道是实施农产品物流过程中物流主体选择的不同路径，它关系到农产品运输的效率、安全等，对于成功实施农产品物流至关重要。

物流功能主要存在于各类物流通道的各个环节。其中，农产品经农贸市场、批发市场等组织配送到城市市场，而农业生产资料及消费品资料经第三方物流、合作社、供销社等组织配送给农户。

这三者形成了整个模型的基本框架，在具体实施的城乡物流系统运作中发挥着重要的作用。

(三)国内双向物流现状

1.城乡物流体系分割，农村物流渠道不畅

长期以来，由于农村与城市经济的分割，广大农村的市场与物流比较落后和封闭。大部分地区农村居民居住分散，人口密度低，家庭分散经营，没有形成规模化的生产模式。从农村向内物流的角度分析，分散的居住环境不利于物流网点的合理设置，会增加城市产品向农村运送的成本；从农村向外物流的角度分析，家庭分散经营缺乏规模性，使得农产品的统一收购以及农产品简单加工点的设立需要投入更多的人力、物力和财力。由此导致农村物流渠道不畅,物流成本过高,农民增收不快,消费市场混乱等问题。

2. 农村物流基础设施、信息技术落后

在农村区域,电子商务的信息流、管理和控制技术没有很好地应用到农村物流的发展中来。在一些边远地区,交通不便仍阻碍着农村发展,通信设施的落后也成为农村物流发展的障碍。由于农村物流基础建设落后,城乡双向流通过程中长期存在商品进不来、出不去的"围城"现象。如物流费用占国内生鲜产品总成本的比重高达 70%,水果、蔬菜等农副产品在运输、储存等流通环节上的损失率高达 25%~30%,而发达国家则控制在 5%以下。物流专业化、市场化、现代化、信息化和社会化水平低。虽然总体上农村物流量大,但农村物流服务个体规模小、工作效率低、仓储设施落后,服务质量满足不了农产品流通的要求。

3. 农村物流配送交通体系不健全,政策不完善

目前,我国农村电子商务物流发展还处于起步阶段,大部分物流公司的配送网络只能覆盖到县级地区,无法触及下面的镇、乡、村。村民通过网络进行贸易往来只能依赖第三方物流公司的配送追踪体系,考虑到成本等因素,很多物流公司都不提供偏远地区配送服务,因此造成了农村的电子商务物流发展落后等一系列问题。

相关的制度和政策还有待进一步健全。融资制度、人事制度、社会保障制度等远远满足不了物流企业发展的需求,有些企业虽然提高了物流效率,但在内部和外部双重压力之下,制度和政策的缺陷制约了物流资源的再分配。

4. 农村消费环境差,信誉低

农民对市场的信任度不高主要由于市场监管力度不够、政府层面不重视及不作为、假冒伪劣产品大量的存在,致使农民的利益受损。同时,农民普遍对电子商务认识不足,对电子商务支付的机制不够了解,认为把钱预支付给第三方不安全。

5. 物流人才匮乏,资源整合效率低

广大农村地区专业物流人才的缺乏导致了物流信息等资源整合的效率极其低下,农民和从业者不能利用信息化的渠道获得第一手市场信息,不会充分利用电商资源外推自家的农产品以扩大销路,难以准确把握农产品营销的最佳时机进而实现利润的最大化。同时,也就不能很好地利用网络资源进行生活和生产物资的采买,只能依赖于当地市场和销售点店铺,逐层的加价导致农民和从业者的生活和生产成本偏高。这也严重阻碍了农村电子商务物流的发展。

二、农村淘宝双向物流

农村淘宝是阿里巴巴集团的战略项目。为了服务农民、创新农业,让农村变

得更美好,阿里巴巴联合各地政府,推出"千县万村计划",期望在未来三至五年内,投资 100 亿元,建立 1000 个县级运营中心和 10 万个村级服务站,普及村民对电子商务的认知和理解,突破信息、物流、金融的瓶颈,解决农村买难卖难问题,加快实现"网货下乡"和"农产品进城"的双向流通功能(见图 9-10)。

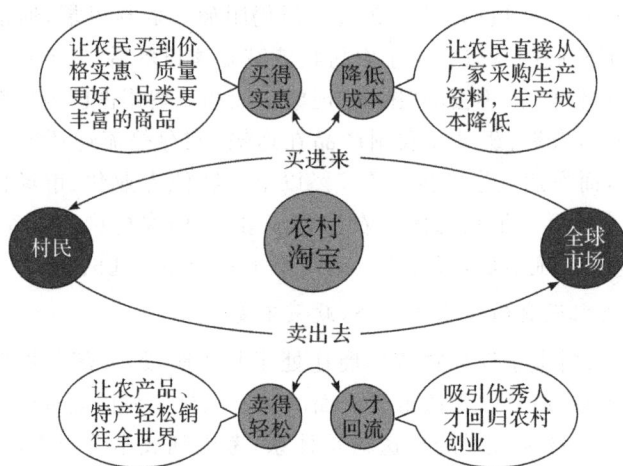

图 9-10　农村淘宝双向物流体系

农村淘宝双向物流体系的建设,目的在于打通到村的物流和信息渠道,让农民在家中零成本就可以享受到和城市居民一样的生活便利性,让农民足不出户通过电子商务平台就可以买到价廉物美的日用品、农资产品等,用互联网的方式推动城乡一体的进程。

2015 年,阿里巴巴已经建设超 200 个县级运营中心,约 10000 个村合作点,引入村淘合作物流企业 30 余家,合作伙伴配送能力覆盖全国 2800 个区县,实现 50 万个村送货进村,使得更多的农村居民可以享受到与城市居民同等的消费权利。

目前,农村电商物流已不仅限于工业品下乡,在农产品上行方面也有新的发展,淘宝村数量已经超过 1000 个,一些淘宝村升级为淘宝镇,农村淘宝双向物流结构初见端倪。

2017 年 6 月 1 日,阿里巴巴农村淘宝再次升级,网站和 APP 与淘宝、天猫实现商品通、系统通、服务通,实施农村淘宝"三通"项目。

"商品通"实行后,村民能够选择的产品数量将增加到近一亿个。农村淘宝和淘宝、天猫统一盘货,三方全面打通商品库,让优质商品更全面地下沉覆盖农村,并通过高度定制服务、大数据算法等手段,精准挖掘村民最喜爱的大小家电、日百(日用百货)快消(快速消费品)等商品,让村民买得放心,用得安心。

此外,农村淘宝 APP 在"系统通"正式实行后,与手机淘宝合二为一。手机淘宝将针对农村市场增设"家乡版"。村民可根据所在地区进行页面切换,在所属地区的商品库中淘到自己心仪的产品。

"服务通"则要让农村同样实现优质商品快速"触达"。农村淘宝将联合菜鸟网络承接商家下农村的物流需求,通过省级、县级物流仓的能力,快速打通县到镇到村的二段物流体系。

三、农村淘宝双向物流对"三农"的影响

(一)激发国内需求潜力

世界经济发展的一般经验表明,完善的城乡双向物流体系是发展中国家成为发达国家的必然要求,因为双向物流体系不仅能够检验商品是否适销,也能将生产、供求的各种信息反馈出来,从而促进经济的良性发展。我国长期以来存在城乡二元经济结构,即体系完整的城市市场体系以及体系欠缺的农村市场体系,社会总需求也被划分为城市需求与农村需求。由于城乡物流体系在衔接上存在着诸多障碍,农村需求总体上呈现出提升空间广阔但提升速度缓慢的态势,这严重地影响了社会的整体需求,也阻碍了经济的良性发展。城乡双向物流体系的构建有助于生产要素的优化配置和城乡市场的对口衔接,从而有效扩大内需。

(二)提高农民收入水平

目前,我国城乡居民在收入上的差异仍然较为显著。据国家统计局 2015 年的数据显示,2015 年农村居民人均可支配收入为 11422 元,城镇居民人均可支配收入为 31195 元。农业生产资料难买以及农产品难卖无疑是最为重要的影响因素。长期的市场分割以及物流体系不通畅一方面使得农民难以及时地更新农业生产资料,制约了其生产能力;另一方面又阻碍了农产品的运输与销售,限制了其收入水平。双向物流体系的构建有助于缓解农产品难卖的问题,确保农产品顺畅流通,从而逐步提升农民的消费水平与生活水平。在全国省级贫困县已经发现 200 余个淘宝村,在这些贫困地区的淘宝村,一批村民通过电商创业就业,增加收入,脱贫致富。

(三)统筹城乡协调发展

城乡一体化建设是缩小城乡差距、统筹城乡发展的必然途径,它需要政府从我国现有的城乡二元经济结构出发,逐步加大公共财政支农力度,并不断完善乡村公共基础设施建设,提供优质高效的公共服务,从而有计划、有步骤地改变"三农"在我国资源配置以及国民收入分配中的不利地位。在城乡一体化建设中,城乡市场一体化是重要内容,而完善的城乡双向物流体系则是衡量城乡市场一体化建设水平的重要标志,构建城乡双向物流体系有助于以工促农、以城带乡,协调发展。

(四)提高农民的生活质量

农村向内物流的发展使得农村的生产资料以及各种生活品的消费变得更加便利,随着科技的进步以及网络等电子商务的普及和推广,农村的网络预订及购物可以为商业的发展提供良好的机遇。同时向内物流的发展打破农村和城市消费的地域,缩小农村城市的消费差距,促进社会公平和经济的合理发展。

(五)增加农村就业机会

截至2016年8月底,全国淘宝村活跃网店直接创造的就业机会就超过84万个。而农村双向物流网点的服务、网点间的运输、物流的联系等也必然给广大农村提供最有利的劳动就业机会和条件。建立和发展农村物流体系,一方面直接为农民开辟新的就业渠道,另一方面,物流产业发展带动的城镇化消费需求的增长所直接和间接促成的其他第三产业的兴起,能够使农村的剩余劳动力分散,就地消化吸收。

(六)加快农村城镇化建设

农村物流业的发展推动农村城镇化的进程。一方面,从经济发展的角度进行推动。物流业的发展不仅使农产品的对外运输提高竞争力和质量,还会吸引更多的城内资金或者村内集体资金投向农产品加工业以及其他服务业。运输业的发展带给投资更多的机会,在农产品生产地进行加工可以减少中途损耗、运输成本等。对于农村内部来说,拓宽农产品的销路,还可以促进农村集资办厂,提升本村经济效益。另一方面,随着物流业以及经济的不断发展,农村的服务业也会不断繁荣,运输的道路服务、餐饮服务、居住服务等都将带动农村的城镇化进程。

(七)促进农村经济整体发展

一方面,农村输出物流的发展能够有效降低农产品的储存成本和流通成本,从而降低农产品生产中的供应及销售成本,起到改善农业外部环境的作用,提高农产品的质量,从而提高竞争力。另一方面,输入物流的发展使得农用生产资料和其他城市物品的运送成本降低,从而降低农产品的生产成本。农村双向物流的发展提高了农产品的竞争力,又通过成本的降低、产品收益的提高带动农村经济的发展。

复习思考题

1.我国农村电子商务的发展具有什么特点?

2.为什么近年来我国农村电子商务发展迅猛?

3.常见的农村电子商务平台有哪些?它们有何特点?

4.农村电商产业集群的治理模式有哪些类型?

5. 什么是淘宝村？如何界定淘宝村？

6. 目前国内淘宝村的发展状况如何？

7. 淘宝村产业集群兴起的主要原因有哪些？

8. 淘宝村的发展存在哪些制约因素？

9. 农村物流与农产品物流、农业物流有何区别？

10. 简述农村双向物流的基本含义。

11. 农村淘宝双向物流的含义是什么？

12. 农村淘宝双向物流的发展对"三农"有何影响？

参考文献

[1] 中国国际电子商务中心研究院. 中国农村电子商务发展报告（2015—2016）[EB/OL]. (2016-10-27). http://www.cn156.com/article-74812-1.html.

[2] 中国电子商务研究中心. 盘点：我国农村电商发展六大模式及启示[EB/OL]. (2015-12-23). http://b2b.toocle.come/detail-6300400.html.

[3] 卢淑静, 管丽丽. 中国农村电子商务的治理模式研究[J]. 经济师, 2017(1): 7-9.

[4] 李成钢. "互联网＋"下的农村电子商务模式分析[J]. 商业经济研究, 2015(32): 77-78.

[5] 2017年农村大事：村网通工程实施, 村村有网站了[EB/OL]. (2017-01-09). http://news.xinhuanet.com/itown/2017-01/09/c_135967171.htm.

[6] 艾瑞咨询. 2016年中国电子商务发展报告[EB/OL]. (2016-12-22). http://www.askci.com/news/hlw/20161222/15030584365.shtml.

[7] 中国互联网络信息中心. 第36次中国互联网络发展状况统计报告[EB/OL]. (2015-07-22). http://www.cnnic.net.cn/hlwfzyj/hlwxzbg/hlwtjbg/201507/t20150722_52624.htm.

[8] 中国互联网络信息中心. 第37次中国互联网络发展状况统计报告[EB/OL]. (2016-01-22). http://www.cnnic.net.cn/hlwfzyj/hlwxzbg/hlwtjbg/201601/t20160122_53271.htm.

[9] 中国互联网络信息中心. 第38次中国互联网络发展状况统计报告[EB/OL]. (2016-08-03). http://www.cnnic.net.cn/hlwfzyj/hlwxzbg/hlwtjbg/201608/t20160803_54392.htm.

[10] 中国互联网络信息中心. 第39次中国互联网络发展状况统计报告[EB/OL]. (2017-01-22). http://www.cnnic.net.cn/hlwfzyj/hlwxzbg/hlwtjbg/201701/t20170122_66437.htm.

[11] 中国互联网络信息中心. 第40次中国互联网络发展状况统计报告[EB/OL].

（2017-08-03）．http：//www．cnnic．net．cn/hlwfzyj/hlwxzbg/hlwtjbg/201708/t20170803_69444．htm．

［12］中国电子商务研究中心．2016年度中国网络零售市场数据监测报告［EB/OL］．（2017-05-07）．http：//b2b．toocle．com/zt/wllsbg/．

［13］中国食品（农产品）安全电子商务研究院．2013—2014年中国农产品电子商务模式发展报告［EB/OL］．（2014-03-02）．www．199it．com/archives/19888．html．

［14］冯晓芳．全国农村电子商务网站逾2000个 涉农网站逾6000［EB/OL］．（2005-04-18）．http：//news．xinhuanet．com/fortune/2005-04/18/content_2845719．htm．

［15］汪向东．农村电商：20年、新变局［EB/OL］．（2015-12-31）．http：//blog.sina．com．cn/s/blog_593adc6c0102w4xy．html．

［16］阿里研究院，阿里新乡村研究中心．中国淘宝村研究报告（2016）［R/OL］．（2017-01-25）．http：//i．aliresearch．com/file/20170125/20170125164026．pdf．

［17］中国电子商务研究中心．分析：淘宝村的形成与演化［EB/OL］．（2016-06-03）．http：//b2b．toocle．com/detail--6336819．html．

［18］魏延安，智敏，贺翔．淘宝村的产生发展与趋势研究［J］．南方农村，2016（4）：24-28．

［19］王新利．中国农村物流［M］．北京：中国农业出版社，2005．

［20］何逢标．农村双向物流体系的构建［J］．安徽农业科学，2011，39（28）：17639-17640，17738．

［21］靳娟利，王宁．城乡双向物流体系构建策略研究［J］．中国商论，2016（22）：80-81．

［22］刘雅楠，索志林，毕洪丽，等．基于"城乡双向流通"的农村E物流模式研究［J］．中国商贸，2014（9）：103-105．

［23］陈红姣．农村双向物流的发展［J］．中国市场，2015（20）：25-26．

【阅读与思考】

中国电子商务第一村——白牛村的村淘发展

白牛村，坐落于浙江省临安市昌化镇西面，地域面积12.4平方千米，位于02省道边上，距昌化镇4千米，交通十分便利，是原昌化白牛乡政府所在村，是杭州市中心村、临安市精品村创建村，也是全国"淘宝村"之一。白牛村土地面积535.14公顷。目前白牛村农户总数为551户，总人口1543人。白牛村是四大"中国淘宝村"之一，自2007年起至今十年的时间内，白牛村电子商务取得了一个又一个辉煌的成就。

发展历程

白牛村的电子商务起步于 2007 年。当时当地一个大学毕业生回到老家,尝试着借助互联网平台,帮村里人销售滞销的核桃,意外成功。次年,他组建团队,核桃销售量猛增至 30 多万千克。从此,开始有人通过自学在网上销售核桃,并取得了一定的成效。这个新事物足不出户就能为店主带来可观的收入,还解决了部分村民的就业问题,由此,一个人带动一批人,改变了一个村。白牛淘宝村的出现,表明电子商务的参与者已经作为一个群体形象亮相了。但电子商务的起步阶段是个体化的,以家族链的形式呈现。

如今,白牛村已成为全国最大的炒货基地,600 多人参与电商运营,年销售额达 2.6 亿元。电子商务已成为白牛村的一项重要产业。全村 10% 的农户家里都开起了网店,白牛村的电子商务还处在一个不断发展的阶段。

2012 年,白牛村的年销售额达 7300 万元,白牛村获评临安市"年度农产品电子商务贡献奖、示范村"。

2013 年,白牛村的年销售额达 1.5 亿元,同年被评为"杭州市电子商务进农村试点村";2013 年,阿里巴巴研究中心、中国社会科学院信息研究中心将白牛村定为中国首批"淘宝村"。

2014 年,白牛村创造了 2 亿元的销售额。2014 年"双十一"(11 月 11 日)当天的销售额达到了 1200 万元。年销售额在 2000 万元以上的网商有 4 家,1000 万元以上 2000 万元以下的有 2 家,大部分的网店销售额都在 100 万元左右。2013 年、2014 年连续两年被授予中国"淘宝村"的荣誉称号。

2015 年,白牛村电商销售计划突破 3 亿元,同年被评为"杭州市城市品牌体验点"。2015 年 1 月 20 日,国务院副总理汪洋和阿里巴巴创始人马云等一行来到白牛村调研电子商务,在了解了白牛村的电商模式及其给老百姓带来的财富,知道年轻人都回到农村投身电子商务后,汪洋对白牛村的电子商务发展给予了很高的评价与肯定。

白牛村网店数累计已达到 68 户,占全村居民户的 12%。2016 年 1—9 月,12 个电商大户网销额达到 1.3 亿元,占全村网销总额的 60% 以上,呈现翻倍增长态势。

经营特征

白牛村依托周边地区丰富的农特产品资源,抓住城乡融合发展、电子商务普及的重大机遇,大力培育农村电子商务。网店的主营产品都是本地土特产山核桃,山核桃销售额占了总销售额的 63% 以上。网店的发展也带动了其他一些坚果炒货食品的销售,拓宽了坚果食品的销售渠道。"网上白牛村"以经营坚果类的炒货为主,一部分是临安本土特产,如山核桃、笋干、茶叶等,占 60% 以上;另一部分是松子、碧根果等炒货,占 35% 左右。

白牛淘宝村的网上经营户,喜欢阿里巴巴提供的平台,有些电商经营户直接依托阿里巴巴旗下的天猫商城平台,参与相关活动,打开网上的销售渠道。比如,参加"临安山核桃'淘时节'"活动,拿到大量订单。

在电子商务红火之前,山核桃的生产销售模式是农民种植山核桃,贩销户收购后,再转卖给加工厂加工,然后批发商将山核桃批发到集市,或送入商超和专卖店。山核桃从从农户那里收来到最终进入市场,当中一般要经过三四个环节。每增加一个环节,就有一部分利润被拿走。而这些利润最终要体现到终端的零售价上,要由消费者来买单。

线上销售模式相比传统线下模式,对处于两头的农户和消费者来说,都有好处。农村电子商务实现了农产品流通体系的扁平化,山核桃等农产品价格变得非常透明,让线上和线下的中间商利润越摊越薄。中间商或渠道商获得暴利的时代,已经一去不复返。这种新模式在促进农户增收的同时,也让流通末端的城市消费者可能获得更实惠的农产品。

经验总结

对于白牛村的电子商务的发展,当地负责人认为,总的来说离不开以下几个因素。

起步早:2007 年,在电子商务尚未被广泛接受认可的时候,白牛村的村民就想到了走电商的道路。

资源好:山核桃树一直都是临安老百姓的发财致富树,虽然白牛村本村的山核桃种植不多,但是周边的山核桃资源丰富。

觉悟高:2007 年的电商几乎是没有任何力量推动的,完全靠农民自发去做。

成效好:网店带动效应。

成本低:白牛村位于 02 省道边,交通便利,虽处农村但是任何快递公司都能配送到,也因为交通便利,快递成本相对于其他偏远山区低很多;农村村民只需一台电脑、网络等简单的基础设施就可以在自己家里开店。

决心大:在电子商务尚未被大众接受的年代,没有做电商的意识和决心就不可能得到如今的发展。

肯学习:即使是一个文化程度不高的农民,只要肯学、肯探索也是会得到相应的回报的。

政策好:白牛村淘宝店刚兴起时,村委会也开始慢慢重视电子商务发展。

村委会成立由村委会主任担任组长的白牛村电子商务领导小组,市农办、市农业局结合农村实用人才、农民素质培训等一系列的项目,进村对农民开展电子商务技能培训,村领导小组还牵头促进网商与物流公司、包装公司统一合作,提升服务质量。政府对农村电商的重视对推动农村的电商发展起到了很重要的作用,政府在硬件方面和软件方面都给予了农村电商很大的帮扶:建网络,解决农村仓储问题,解决农户的资金问题,还成立了白牛村首个集展示、体验与服务为一体的村级电商服务中心。成立了村级的电商协会和农村淘宝服务站,推动农产品的销售,提高电商销量;把白牛村作为电商伙伴计划实习基地,与浙江农林大学合作,引进人才;同时,购买服务,让电商甚至村民们免费获得一些培训机会等。同时,结合昌化镇作为国家中心镇建设示范试点、国家智慧城市试点、城乡统筹区镇协作、市域副中心城市等发展机遇,在规划建设、项目安排、扶持政策等方面做好对接,实现统一谋划、重点布局和扶优扶强,进一步打响"中国农村电子商务第一村"的知名度和美誉度。

白牛村电子商务的发展增加了农民的收入,甚至带动了村民的就业。据统计,2014年白牛村的网店销售山核桃近150万千克,解决了本地300余村民的就业问题,带动村民开启了家门口的创业之路。白牛淘宝村的电子商务极具"魔力",不仅滋生了大腕级的电商人物,也出现了电商精英,并吸引了越来越多的村里人开网店,还吸引了大学生回乡创业,从事农村电子商务活动。白牛村通过发展农村电子商务,有效地促进了农村经济发展转型升级,带动了农业增效、农民增收。

[资料出处:郭红东.中国"互联网+'三农'"模式与案例[M].杭州:浙江大学出版社,2016]

思考:1.白牛村能够发展成为"中国淘宝村"的主要原因是什么?

2.白牛淘宝村兴起后,对当地的"三农"问题带来了什么样的影响?

3.着眼于白牛村的发展前景,未来该淘宝村的发展要注意哪些问题?

第十章　农产品循环物流

重点提示

通过本章的学习,了解发展循环物流的必要性,掌握农产品循环物流的概念、功能,农产品循环物流系统的构建原则及农产品循环物流的实施要求;掌握农产品逆向物流的特点、农产品逆向物流的系统结构和业务类型、农产品逆向物流运作模式及国内农产品逆向物流存在的问题;了解农产品循环物流与农业生态系统的关系和农产品循环物流的建设策略。

教学课件

第一节　循环经济下的物流

一、循环经济及特征

"循环经济"一词,发端于生态经济。1966 年,美国经济学家肯尼思·鲍尔丁发表《一门科学——生态经济学》,开创性地提出生态经济的概念和生态经济协调发展的理论。其后,人们越来越认识到,在生态经济系统中,增长型的经济系统对自然资源需求的无止境性,与稳定型的生态系统的资源供给的局限性之间必然构成一个贯穿始终的矛盾。

鲍尔丁的"宇宙飞船理论"是循环经济的雏形。该理论认为,地球就像在太空中飞行的宇宙飞船,要靠不断消耗自身有限的资源而生存,如果不合理开发资源、破坏环境,就会像宇宙飞船那样走向毁灭。因此,宇宙飞船经济要求一种新的发展观:

(1)改变过去那种"增长型"经济,代之以"储备型"经济;

(2)改变传统的"消耗型经济",代之以休养生息的经济;

(3)实行注重福利量的经济,摒弃只注重生产量的经济;

(4)建立既不会使资源枯竭,又不会造成环境污染和生态破坏,能循环使用各种物资的"循环式"经济,以代替过去的"单程式"经济。

(一)概念

循环经济即物质闭环流动型经济,是指在人、自然资源和科学技术的大系统内,在资源投入、企业生产、产品消费及其被废弃的全过程中,把传统的依赖资源消耗的线形增长的经济,转变为依靠生态型资源循环来发展的经济。

循环经济理论是经济发展和生态保护的"双赢"理论,是经济活动由过去的"资源—产品—污染排放"的物质单向流动,转变为"资源—产品—再生资源"的物质循环利用的新的经济增长模式。在循环经济的世界里,是没有废料垃圾的,所谓的垃圾只是"尚未被利用的资源"。

(二)特征

循环经济是对"大量生产、大量消费、大量废弃"的传统经济模式的根本变革。其特征是在资源开采环节,要大力提高资源综合开发和回收利用率;在资源消耗环节,要大力提高资源利用效率;在废弃物产生环节,要大力开展资源综合利用;在再生资源产生环节,要大力回收和循环利用各种废旧资源;在社会消费环节,要大力提倡绿色消费。

二、发展循环经济的技术路径

从资源利用的技术层面来看,循环经济的发展主要是靠资源的高效利用、循环利用和废弃物的无害化排放三条技术路径来实现的。

(一)资源的高效利用

资源的高效利用指依靠科技进步和制度创新,提高资源的利用水平和单位要素的产出率。它在农业生产领域主要体现在两个方面:一是通过探索高效的生产方式,集约利用土地,节约利用水资源和能源等,提高单位土地、水面的产出水平。通过发展集约化节水型养殖,实现养殖业节水。二是改善土地、水体等资源的品质,提高农业资源的持续力和承载力,保证农作物产品和畜禽产品满足健康标准。

(二)资源的循环利用

通过构筑资源循环利用产业链,建立起生产和生活中可再生利用资源的循环利用通道,达到资源的有效利用,减少向自然资源的索取,在与自然的和谐相处中促进经济社会的发展。

在农业生产领域,农作物的种植和畜禽、水产养殖本身就要符合自然生态规律,通过先进技术实现有机耦合农业循环产业链,遵循自然规律并按照经济规律来组织有效的生产,形成不同特色的产业链:一是种植—饲料—养殖产业链;二是养殖—废弃物—种植产业链;三是养殖—废弃物—养殖产业链;四是生态兼容型种植—养殖产业链;五是废弃物—能源或病虫害防治产业链,如,畜禽粪便经过沼气发酵,产生的沼气可向农户提供清洁的生活用能,用于照明、取暖、烧饭、储粮、保鲜、家禽孵化等方面,还可为农业生产提供二氧化碳气肥、开展灯光诱虫等。

(三)废弃物的无害化排放

通过对废弃物的无害化处理,减少生产和生活活动对生态环境的影响。在农业生产领域,主要通过以下方式来实现废弃物的无害化排放:推广生态养殖方式,实行清洁养殖;控制水产养殖用药,减少水产养殖造成的水体污染;探索生态互补型水产品养殖;加强畜禽饲料的无害化处理、疫情检验与防治;实施农业清洁生产,采取生物、物理等病虫害综合防治方法,减少农药的使用量,降低农作物的农药残留和土壤的农药毒素的积累等。

总体上,由于不同国家的经济发展阶段不同,在循环经济发展模式的选择上也会有所不同,关注的侧重点也不一致。如我国和发达国家在循环经济内涵上有一定的区别(见图10-1)。显然,我国更关注生产和经济的发展模式,而发达国家的关注点在于消费其产出物。

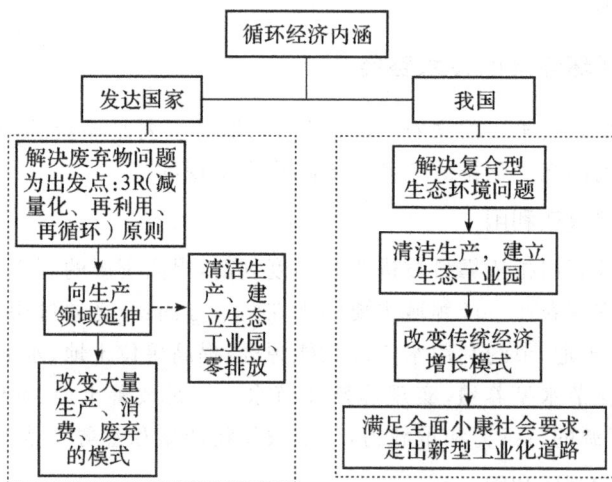

图 10-1　我国和发达国家循环经济内涵的区别

三、循环物流系统

(一)物流对循环经济的影响

1.流动源对环境和资源的影响

物流中的流动源排放主要指海、陆、空机动设备的排放。机动车燃料的燃烧是三大空气污染物一氧化碳、碳氢化合物和氮氢化合物的主要来源,同时也是其他有害排放物的重要来源,如铅、重金属和二氧化碳等。

2.非流动源对环境和资源的影响

这主要指包装、储存、装卸、流通加工以及信息处理对自然生态环境的负面影响和对资源的浪费现象。此外,不合理的物流资源配置,包括不合理运输、仓储、装卸、包装等,也会造成资源的浪费和环境的污染。物流过程中发生的一些事故和灾害也对环境造成了严重损害。

(二)循环物流系统内涵

循环物流就是在物流运行的全过程中实现对环境的无害,在物流的各个运作阶段实现资源的减量化利用、再利用、再循环,发挥物流在资源再利用、再循环中的支撑作用。

循环物流系统是指物流及其物流衍生物发生空间和时间的位置移动的循环系统,是由正向物流与逆向物流相互联系构成的物流系统。循环物流系统具有五大流动要素:流体、载体、流向、流量、流程。

(三)循环物流的目标

传统物流侧重于高效、低成本地将原材料、在制品、产成品等由始发地向消费地进行转移和储存,其核心是建立需求拉动的供应链系统及企业内部的生产物流系统。传统物流的目标强调的是物流的经济效益,而忽视了物流对社会系统及生态系统的作用与影响,这样的目标往往不符合可持续发展原则。

循环物流的目标兼顾经济效益、社会效益和生态效益,在追求高效、低成本地将原材料、在制品、产成品等由始发地向消费地进行转移和储存的同时,还追求最大限度地减少物流系统的物质和能量消耗及废物产生,提高物质、能量的利用效率,使内部相互交流的物质流远远大于出入系统的物质流,从而实现经济、社会、生态的可持续发展。

(四)循环经济下的物流模式

传统经济下的物流模式的基本特征为"三高一低",即高开采、高消耗、高污染、低效率,是一种单向的、开环的、线性的物流模式(见图10-2)。

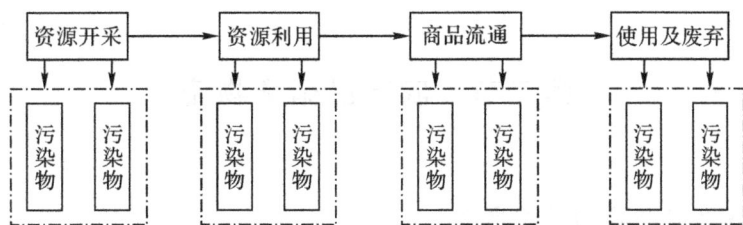

图 10-2　传统经济下的物流模式

循环经济下的物流模式的基本特征为"三低一高",即低开采、低消耗、低污染、高效率,是一种双向的、闭环的、废物及污染物可以反复利用的物流模式。垃圾再次被企业利用,降低了企业的原料成本,拓展了企业的利润空间,代表着现代物流的一个发展方向(见图 10-3)。

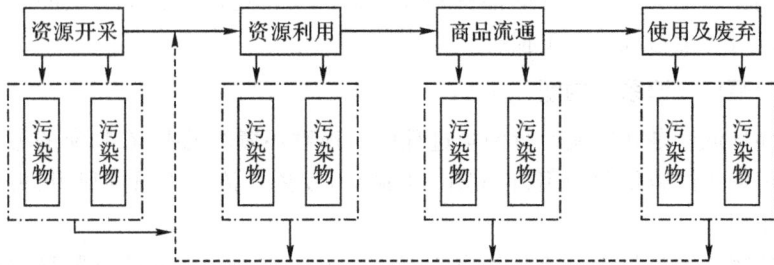

图 10-3　循环经济下的物流模式

循环物流具有以下特征。

1. 整体性

循环物流要求将物流活动的全过程作为一个整体来考虑,注重物流系统的全局利益而不是局部利益。

2. 双向性

物流是物品实现价值的必然手段,也是支撑国民经济运行的基础性产业。不仅提高生产效率,降低生产和销售风险,降低包装、库存、运输等成本要依靠物流,废弃物品的回收再利用等也要靠物流来实现。因而传统的只有正向的单向物流跟不上循环经济的要求,必须建立合理的逆向物流系统,使其与正向物流系统构成完整的物流大系统。

3. 行业标准性

有些废弃物品的再使用需要标准化才能实现循环的效果。同样地,循环物流各要素要实现无缝衔接、资源高效率调配,也需要物流行业标准作为支撑。物流行业标准化包括托盘规格的统一、各种运输方式之间装备标准的统一等。

第二节　农产品循环物流

一、农产品循环物流的含义

(一)农产品循环物流的概念

农产品循环物流是将农产品由供应地运送至需求地的同时,将包装、加工边角料、厨余垃圾等废弃物集中回收进行加工或重复利用,使其重新具有使用价值的物流过程。其中包括了农产品的生产、收购、运输、储存、装卸、搬运、包装、配送、流通加工、分销、回收、分拣、整理(清洗)、再加工等一系列环节。

农产品循环物流是循环物流系统中的一个分支,不同于其他工业品物流的是,农产品物流中的可循环部分不能直接回收进行维修或者再利用,除包装材料外,可循环部分经加工处理也不能再进入该循环中,只能进入其他物流链中,这是由农产品的大部分具有可食性的特点决定的。因此,农产品循环物流的实施相比一般工业制品来说更为困难。

在农产品循环物流中,逆向流动的物资包括:产品加工过程中的边角料和废料、不可食用部分、库存或运输中产生损耗的产品、因过期或者存在质量问题而回收的产品和包装材料。目前,循环物流中物资一般有这几个去向:直接再利用、简单加工后再利用、加工后再利用、作废弃处理。

(二)循环物流与绿色物流、逆向物流的联系

循环物流、绿色物流和逆向物流的根本目的都是强调在物流活动中保护生态环境,实现经济环境、生态环境共同可持续发展。然而,循环物流又区别于绿色物流和逆向物流。

1.循环物流与绿色物流的关系

绿色物流,是从环境保护的角度对现代物流体系进行研究,它以降低对环境的污染、减少资源消耗为目标。绿色物流的实质就是物流的可持续发展。绿色物流是在当前物流供给能力满足经济发展对物流的需求的前提下,以可持续发展观为指导,以降低污染物排放、减少资源消耗为目标,通过先进的物流技术和面向环境管理的理念,进行物流系统的规划、控制、管理和实施的过程。

循环物流系统可以分成内外两大循环,其内循环支持着经济系统内部物质的循环利用,其外循环则支持着经济系统与生态系统的物质与能量的交换。循环物流本质上是与环境共生的绿色物流。但绿色物流的研究对象侧重于物流过程对环境的影响,即物流过程的绿色化,如使用绿色原材料、绿色包装、绿色运输等,要求在物流活动中尽量避免对环境产生负担。

从某种意义上讲,绿色物流带有一定程度的"被动性",是物流系统在环境污染日益严重的条件下的自身调节。而循环物流则更具"主动性",是通过对物流系统结构、模式等进行改革和优化使其具有支撑资源循环、提高资源使用效率、降低废弃物最终处置数量的功能,其目标是整个社会、经济的可持续发展。

2.循环物流与逆向物流的关系

逆向物流从消费者端开始,通过逆向渠道对使用过、损坏或者过期的物品进行回收、加工、搬运、储存的过程。回收物流是指不合格物品的返修、退货以及周转的包装容器从需方到供方所形成的物品实体流动;废弃物物流是指将经济活动中失去原有使用价值的物品,根据实际需要进行收集、分类、加工、包装、搬运,并

分送专门处理场所时所形成的物品实体流动。由此可知,逆向物流过程包含了回收物流和废弃物物流过程(见图 10-4)。

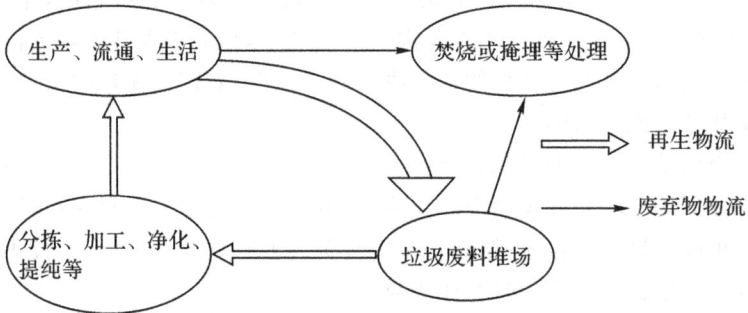

图 10-4　逆向物流

与单纯的正向物流相比,循环物流加入了逆向物流的概念,逆向物流是循环物流的一个部分。正向物流和逆向物流之间是相互依存和相互作用的。循环物流系统强调环保和资源减量化,注重物流过程的"绿色性",在绿色物流的基础上引入了逆向物流的概念,利用逆向物流将可重复利用的资源进行回收、加工、再利用。

但是,循环物流并不是正向物流和逆向物流的简单相加,而是在物料从生产、加工到销售、使用和回收的一系列活动中,都考虑到回收加工和再利用,把它们连接成一个有机的整体。循环物流系统的效率既取决于正向物流系统和逆向物流系统各自的运行效率,也取决于两个子系统协调与衔接的效率。因此,循环物流是正向物流和逆向物流的有机结合体。

二、农产品循环物流系统的功能

(一)回收功能

农产品循环物流系统的回收功能是指将客户所持有的产品通过有偿或无偿的方式返回销售方。这里的销售方可能是产业链上任何一个节点,如来自客户的产品可能返回到上游的供应商、制造商,也可能返回到下游的配送商、零售商。

(二)检测与分类功能

农产品循环物流系统的检测与分类功能是指对回收品的功能进行测试分析,并根据农产品结构特点以及不同类型农产品的性能对其进行分类处理。

(三)再加工功能

农产品循环物流系统的再加工功能是指对回收农产品或再生资源进行加工,恢复其价值。例如,使用过的包装材料一般需要经过再次加工维护后才能重新利用,这种再加工功能一般可以由包装回收商来完成。

(四)报废处理功能

农产品循环物流系统的报废处理功能是指对那些没有经济价值或严重危害环境的回收品或零部件,通过机械处理、地下掩埋或焚烧等方式进行销毁。

三、农产品循环物流系统的构建原则

(一)3R 原则

农产品循环物流系统的 3R 原则是指"减量化、再利用、再循环"原则,每一个原则对循环物流的成功实施都是必不可少的。其中,减量化或减物质化原则(reducing)属于输入端方法,旨在减少进入生产和消费流程的物质量;再利用或反复利用原则(reusing)属于过程性方法,目的是延长产品和服务的使用寿命;再循环或资源化原则(recycling)属于输出端方法,通过把废物再次变成资源减少最终处理量。

1.减量化原则

循环物流系统的第一原则是要减少进入物流过程的物质量,因此又叫减物质化。减量化设计就是在产品的整个生命周期中,用最少的原料和能源投入来达到既定的生产目的或消费目的,通过减少进入生产过程和流通、消费环节的物质量,减少正向和逆向物流量。

2.再利用原则

循环物流系统中的再利用原则就是通过一定的技术过程,对产品进行维护、修复、更换零部件、改制等,恢复产品的使用功能,以使其直接被用户再使用,延长产品使用寿命。再利用设计要求产品和包装容器能够以原始的形态被多次重复使用,防止物品过早成为废物。

3.再循环原则

循环物流中的再循环或资源化设计是指通过再加工处理技术,使废物再次变成资源,以减少最终处理量。它要求产品在完成其使用功能后能重新变成可以利用的资源。再循环设计一般要经过废物回收、分类、再加工等过程。

3R 原则在循环物流中的重要性不是并列的,人们常简单地认为循环物流仅是实现废物资源化(即逆向物流),实际上循环物流的根本目标是在物流中系统地避免和减少废物,而废物再生利用只是减少废物最终处理的方式之一。综合运用3R 原则是实现循环物流经济效益与环境效益统一的最优方式。

(二)无害化原则

循环经济的核心目标是实现经济社会的可持续发展,作为与之对应的循环物流也以此为目标,因此实现整个物流过程对人类生活和健康的"无害化"是循环物流的应有之义。

在物流的"减量化"和"再利用"过程中,需要采用新的技术和方法,而采用新技术方法的前提应该是保证此方法不会产生其他新的污染,即实现减量化和再利用过程中的"无害化"。对于"资源化"原则,必须认识到再生利用存在的某些限度。废物的再生利用相对于末端治理虽然是重大的进步,但是再生利用本质上仍然是事后解决问题的措施,而不是一种预防性的措施。废物再生利用虽然可以减少废物的排放量,但最终还可能或多或少产生当前技术下不能利用的废物,这就需要对这些废物进行"无害化"处置。以目前方式进行的再生利用本身往往是一种非环境友好的处理活动。因为运用再生利用技术处理废物需要耗费矿物能源、水、电及其他许多物质,并可能产生新的污染物,需要对新的污染物进行"无害化"处理。

(三)正向物流与逆向物流协调发展的原则

对于可被生产商循环再利用的产品,很多情况下其是由原产品生产厂商负责回收及资产恢复行动的;销售、使用阶段出现的退货或报废品经过回收中心修复、改制或原料再循环的处理过程后,重新进入产品的供应链;另外,零部件制造、产品组装过程中出现的废次品,也应该直接进入再制造过程。为此,有必要将逆向物流与正向物流进行有机整合,以保证供应链上、中、下游的紧密衔接和高效运作,降低整体成本,增强供应链的竞争优势。逆向物流与正向物流的整合原则要求在构建循环物流系统的过程中,正确识别逆向物流渠道与正向物流渠道之间的交叉点,并选择最有效的衔接方式,使逆向物流过程与正向物流过程之间的冲突降为最小。

四、农产品循环物流的实施要求

(一)资源开采利用阶段

处于该阶段的农产品循环物流主要体现"减量化"原则。这一阶段,农资供应商常常通过提供绿色的化肥、农药、农膜以及农用能源和其他化工类农用资料,或是用新型生产资料和技术来替代常规生产资料和技术的方法来实现"减量化"。在减量化运用资源的同时,更要注重资源的重复利用以及废弃物的加工重新使用。同时要求农户对农作物的秸秆、禽畜的排泄物进行利用,这样既减少了污染、节省能源,还便于就地取材,为乡镇企业的发展提供充足的原料。这一阶段对资源环境的影响比较直接,发展农产品循环物流模式也主要针对如何有效地解决农村各类污染问题。

(二)农产品生产加工、销售、消费阶段

处于该阶段的农产品循环物流应充分考虑对流通加工所产生的废弃物的回收利用。这一阶段是农产品循环物流较为重要的环节,通过对生产工艺的改进,减少原料的浪费,资源利用率得到提高,同时加强对农产品加工、制造及销售、消费环节所产生的废弃物以及废弃包装等物资的回收。并且在农产品消费环节帮助消费者树立资源节约意识,从而使资源得到充分利用,尽量减少生产、销售过程中产生的废弃物,最后将废弃物分类回收。厨余垃圾目前是回收的难点,这项回收的实施有赖于垃圾分类回收政策的普及。这一阶段是资源回收加工再利用的基础。

(三)农产品废弃物再生利用阶段

根据循环物流的要求,该阶段要对加工过程中产生的副产品及边角废料进行回收分拣,并对其进行分析,开发新的产品,延伸供应链,这样回收的废弃物能够延长整个产业链,提供新的经济来源。农产品废弃物本身绝大多数也属于原来农产品的组成部分,仍然含有大量的有机质,这些废弃物通过一定的固定投入,以及生物技术的使用,会得到循环利用,实现农产品循环物流真正意义上的循环。

这一阶段是真正实现循环的主干环节,做好农产品深加工以及废弃资源的再加工、再利用,将会使资源压力大大得到缓解,环境问题将得到明显改善,同时可有效地降低供应链上的整体物流成本,具有明显的经济效益。

(四)最终废弃物处理阶段

经过循环达到零排放是农产品循环物流的最终目标,但是以目前的技术水平还很难达到这一要求,经循环后依然会产生最终废弃物。但最终废弃物的妥善处理,可以使其对环境产生的负面影响程度最低。

第三节 农产品逆向物流

一、逆向物流及其特点

(一)逆向物流的概念

目前,理论界对逆向物流概念表述较专业、准确的是:逆向物流是与传统供应链反向,为价值恢复或处置合理而对原材料、中间库存、最终产品及相关信息从消费地到起始地的有效实际流动所进行的计划、管理和控制过程。

狭义的逆向物流是指由于环境问题或产品已过时而回收产品、零部件或物料

的过程。它是将废弃物中有再利用价值的部分加以分拣、加工、分解,使其成为有用的资源重新进入生产和消费领域。

广义的逆向物流(reverse logistics),除了包含狭义的逆向物流的含义之外,还包括废弃物物流的内容,其最终目标是减少资源使用,并通过减少使用资源达到减少废弃物的目标,同时使正向以及回收的物流更有效率。

(二)逆向物流的特点

(1)分散性。在正向物流中,物流发生的时间和地点基本可以通过订单辅以预测加以确定,按量、准时和指定发货点是正向物流的基本要求。但逆向物流不存在订单,它可以任何时候在任何地点发生,产生多少数量的逆向物流也不确定,也就是说,逆向物流的产生时间、地点以及数量等都不在企业的控制范围之内。消费者不知道他们是否回收物品,企业也不知道他们有多少回收物品以及这些回收物品的品质如何,这些因素造成了逆向物流产生的地点、时间和数量难以预见,具有不确定性,这是由于逆向物流发生的原因通常与产品的质量或数量的异常有关。

(2)缓慢性。开始的时候,逆向物流数量少,种类多,只有在不断汇集的情况下才能形成较大的流动规模。废旧物资的产生也往往不能立即满足人们的某些需要,它需要经过加工、改制等环节,甚至只能作为原料回收使用,这一系列过程是漫长的。同时,废旧物资的收集和整理也是一个较复杂的过程。这一切都决定了逆向物流具有缓慢性这一特点。

(3)混杂性。对于正向物流,可以按照计划对其进行划分和归类,然后有序地进行包装、运输、装卸、储存等,有一定的规律可循。逆向物流所收集的物品种类繁杂,物品的损坏程度和可利用性差别很大,这些物品都杂乱无章地混杂在一起,物品流动难度比正向物流大,而且难以实现规模效应。逆向物流的来源很分散,可能来自终端消费者,可能来自生产领域、流通领域,在社会的每个角落都不停地发生着逆向物流,不能一次集中回收。同时,逆向物流的目的地也很分散,可能发往回收站,可能发往中间商或者零售商,也可能发往供应商或者生产商,因而增加了逆向物流的复杂性,运输路线也非常复杂。

(4)多变性。由于逆向物流的分散性及消费者对退货、产品召回等回收政策的滥用,有的企业很难控制产品的回收时间与空间,这就导致了逆向物流具有多变性,主要表现在以下四个方面:逆向物流具有极大的不确定性;逆向物流的处理系统与方式复杂多样;逆向物流技术具有一定的特殊性;成本相对高昂。

(5)逆向性。正向物流中的实物流动是由于市场需求而产生的,物品经由原材料供应商、生产商、批发商、零售商最终到达消费者,这是一个物品正向流动的过程。逆向物流恰恰相反,它一般经由消费者、中间商流向生产商或者原材料供应商,这个过程具有逆向性。

综上所述,逆向物流比正向物流存在更多的不确定性和复杂性,因而逆向物流的运作非常复杂。尽管逆向物流有树立企业形象、增强竞争力等多方面的优点,但是许多管理者仍然认为逆向物流在成本、资产价值和潜在收益方面没有正向物流那么重要,因此分配给逆向物流的各种资源往往不足。

二、农产品逆向物流与循环经济的关系

物流活动与经济活动紧密联系,二者具有作用和反作用的关系。经济活动的变迁必将推动物流模式的变化乃至变革,物流模式的完善与合理程度又会影响经济活动的效率。

(一)循环经济催生逆向物流模式

循环经济,一方面减轻了经济增长对资源供给的压力,另一方面,减少了经济发展带来的对生态环境的污染,从而达到经济、社会和环境的可持续发展。在具体实践中,循环经济包括企业内部的清洁生产、企业间共生形成的生态工业以及产品消费后的资源再生回收三个层次,由此形成"资源—产品—再生资源"的整体社会循环,完成循环经济的物质闭环运动。产品生命周期的闭环结构恰好满足了人类对资源利用的终极目标,符合循环经济的理念。循环经济下的物流是包括产品生命周期全过程的循环物流。

产品生命周期的每个环节都伴随着物流和资源的消耗与运动。循环经济作为一种新的经济形态,要求变革旧的与传统线性经济相匹配的物流模式,建立能使有限的自然资源得以充分利用的现代循环物流,从而有效保证并推动循环经济的实施和发展。逆向物流要求对产品进行回收处理,产品的回收处理在其生命周期中占有重要的位置。正是各种回收策略使产品的生命周期形成了一个闭合的回路,寿命终了的产品最终通过回收又进入了下一个产品生命周期的循环之中。

(二)逆向物流支撑和推动循环经济的发展

如上所述,逆向物流使整个产品生命周期中资源循环、高效使用的闭合回路得以形成,它的存在取代了传统物流的单向运作模式,有利于减少环境污染和资源浪费,降低企业生产成本,产生巨大的社会效益和经济效益。逆向物流的发展趋势崇尚为分解而设计,回收更多的物资,延长产品生命周期,提高物资效益。因此,逆向物流的实施必将有效支撑和推动循环经济的发展。

三、农产品逆向物流的特点

农产品逆向物流除具有一般的逆向物流的特点外,还有其自身的特点。

(一)数量大

我国是世界上农业废弃物产出量最大的国家,每年大约有 40 多亿吨。根据作物和养殖规模估算,我国每年产生畜禽粪便 26.0 亿吨,农作物秸秆 7.0 亿吨,蔬菜废弃物 1.0 亿吨,乡镇生活垃圾和人粪便 2.5 亿吨,肉类加工厂和农作物加工场废弃物 1.5 亿吨,林业废弃物(不包括薪炭林)0.5 亿吨,其他类有机废弃物约 0.5 亿吨。绝大多数农业废弃物没有作为资源被利用,而是随意被丢弃或者排放到环境中,使一部分"资源"变为"污染源",对生态环境造成了极大的影响。

(二)分散性

我国地域辽阔,与城市工业生产和城市居民生活的集中性不同,农村生产和生活是分散进行的,村落相互之间的距离近的有几百米,远的有几千米;家庭是农村的基本生产单位和生活单位,其分布地域广泛,从而导致农业废弃物逆向物流的分布面广,逆向物流服务对象的数量庞大,逆向物流规模普遍较小。

(三)季节性和周期性

农业生产有着非常强的季节性,这就决定了农产品废弃物逆向物流也具有较强的季节性,表现为在农产品成熟时,短时出现大量废弃物,而季节过后,废弃物迅速减少,畜禽生长出栏也都有一定的周期,这些导致农业废弃物逆向物流呈现季节性和周期性。

(四)差异性

不同地域、自然条件的差异,使得各地农副产品品种多样,生产方式各不相同,即使在同一地区,同种农副产品,其质量等级也不一样。同时,由于各地区经济和物流发展水平的不同,地区间人文经济等各不相同。这些不同导致农产品逆向物流的巨大差异性和多样性。

四、农产品逆向物流的内容

从逆向物流的系统结构、业务类型、商品种类、实施过程、循环途径等不同角度分析,农产品逆向物流包含不同的内容,需要多角度、全方位地对农产品逆向物流的内容进行审视和评价。

(一)农产品逆向物流的系统结构

逆向物流是正向物流的延续和发展,因此在分析农产品逆向物流的系统结构时,必须综合考虑农产品正向物流及逆向物流的全过程。农产品物流的主要流程及农产品逆向物流的系统结构如图 10-5 所示。不同的结构层面、不同环节的组织成员,其主要的农产品逆向物流的内容也有所不同。

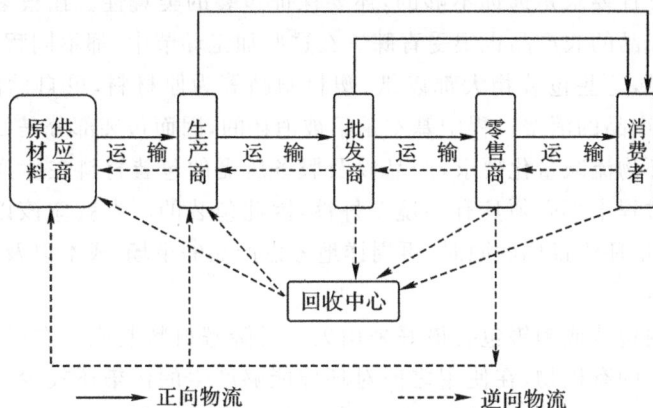

图 10-5　农产品逆向物流的系统结构

(二)农产品逆向物流的业务类型

农产品逆向物流的业务类型主要包括农产品的回收和农产品废弃物处理两大类。

1.农产品的回收

农产品的回收指农产品的过期退回、包装材料的回收循环利用、生产与流通加工中农副产品的再生利用等。

所谓农产品销售前进行有机垃圾的回收主要是推广农产品的半成品销售方式。很多农产品在人们购买后还必须经过一定的处理,比如有些农产品需要去皮,才能烹饪和食用,而如果由每个人自行处理,那么这些有机物垃圾就会和其他垃圾混在一起被丢入垃圾站,从而大大降低了有机垃圾的再利用率和营养成分。

2.农产品废弃物处理

农业废弃物包括植物类废弃物(农、林业生产过程中产生的残余物)、动物类废弃物(牧、渔业生产过程中产生的残余物)、加工类废弃物(农、林、牧、渔业加工过程中产生的残余物)和农村城镇生活垃圾等四大类。通常农产品废弃物主要指不包括农村生活垃圾在内的几类废弃物。我国是世界上农业废弃物产出量最大的国家,农产品废弃物的处理得当对农业可持续发展起着至关重要的作用。

(三)农产品逆向物流的商品种类

1.农产品包装物

农资、农产品在运输过程中对温度、湿度等环境条件要求比较高,这就在某种程度上提高了对包装物的要求。同时由于消费者对农产品质量的要求日益提高,仅满足其可食性要求是远远不够的，还要保证包装的美观性。在很多大型超市，加工成为半成品的农产品也很受青睐。在这些加工环节中，都不同程度地增加了包装物的数量，这些包装物大都以纸、塑料制品等为原材料，可自然降解能力不高，而且在农产品的消费过程中基本是不被消耗的，因而包装部分是回收的重点。

按照循环物流减量化要求，产品以及服务所需的包装材料在生产、加工以及最终的消费过程中都必须具有环境友好性，因此包装的研发就应该以环境、资源为中心，在满足环境目标的同时，再周详地考虑产品的市场、成本以及消费者的可接受性等因素。

产品的内包装或销售包装最好采用无害可降解材料制成。农产品的主体部分一般为可食的有机物，在使用之前对环境能够产生的污染还较少。因此，在这一阶段主要注重包装物的可循环性，在保证其原有性能的基础上，选择对自然环境和社会环境影响小的包装材料，这样不但能达到环保要求，而且可以降低成本以提高经济效益。

各类包装物经过使用后若无破损、未被污染，指标基本符合包装物的标准，则可以被重复利用。如果包装已经破损或不符合重新作为包装的标准，可以按材质的不同进行资源再生：塑料包装物可经过分类回收制成棉絮状纤维，用来制衣等；纸质包装物经溶解漂白可以重新造纸；玻璃包装物经回炉熔化再造；而木质包装物可以经过焚烧等工序制炭，以实现其重复利用。

2. 动物性有机物

动物性有机物包括加工过程中以及消耗剩余的骨、油脂等不适宜食用部分。农产品消费后不可能像工业品一样对各个零部件只造成磨损或损坏，农产品消费是消耗，同时产生一定量的所谓厨余垃圾。虽然这些有机物在自然状态下也能够降解，增加土壤肥力，但是若能够通过加工使其再次具有使用价值，而不是简单的自然降解，就在很大程度上提高了资源的利用率。

3. 植物性有机物

植物性有机物主要包括收割时产生的秸秆、果实的皮核等加工剩余部分，也有一部分来自失去使用价值的生活垃圾。植物性有机物的可循环性很高：秸秆分类加工可以造纸，发酵制酒精、沼气；果皮等也可以用来发酵制酒精；其他有机物可经加工提取蛋白质、磷、钾等营养物质并可将这些营养物质添加到动物饲料和植物饲料中去以达到循环目的。

(四)农产品逆向物流的实施过程

根据农产品循环物流的实施过程，可以将农产品逆向物流分成三个部分来看：售前物流（生产、供应物流）、销售物流（包括加工物流）和售后物流（包括回收物流和废弃物物流）。

1. 售前物流

售前物流主要是农户将农产品出售给供应商之前进行的循环。这段时间内，农资供应商向农户供应充足的农资，农户则对农产品进行生产和简单的初级加工，产生的废弃物主要有植物秸秆、动物排泄物等，这部分物质可在当地进行循环利用，如发酵产生沼气、造纸、转化或肥料等。

2. 销售物流

销售物流指农产品从供应商处经过流通、加工、包装，到消费者之前的过程中的物流活动，这一过程中主要的可循环物是包装以及加工产生的废弃物。除个别包装外，其余需要统一运送至回收加工中心进行重新利用。

3. 售后物流

售后物流指消费者将商品购买使用后，针对其剩余可利用部分进行的物流活动。也称为厨房废弃物回收利用或从消费者手中的循环。

(五)农产品逆向物流的循环途径

根据农产品逆向物流的循环途径，农产品逆向物流可分为不到消费者手中的循环和从消费者手中的循环。

1. 不到消费者手中的循环

由于废弃物产生于加工流通包装过程中，相对比较容易进行循环，因此大批量地从加工地或者分销商处进行循环即可。

2. 从消费者手中的循环

从消费者手中的循环也可以称为厨余垃圾的回收再利用。据统计，我国每年的生活垃圾中，有机垃圾的比例占到 $60\% \sim 70\%$，这一部分物质的分散性高，分拣识别困难，涉及面广，回收难度很大，再利用也需要较高的工艺水平。但是在研究农产品循环物流过程时，这部分却是不可忽略的重要环节，其可循环量也是很大的，做好从消费者手中的循环对于农产品循环物流具有重大意义。

五、农产品逆向物流的运营

(一)农产品逆向物流的参与主体

由于在农产品的产前、产中以及产后的每个阶段，都有逆向物流活动发生，因此参与逆向物流活动的主体是多元的，既包括产前的农资供应商、产中的生产者（农户和农产品加工企业）、产后的销售商和消费者，还包括对农产品逆向物流起着引导和监督作用的政府部门及相关利益集团，如第三方物流、物流技术研发团队等，如图 10-6 所示。

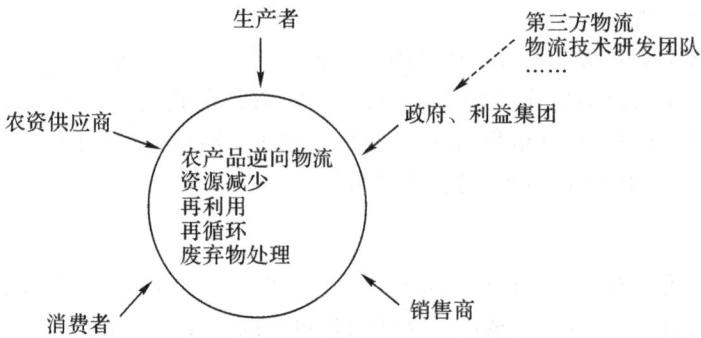

图 10-6　农产品逆向物流的参与主体

其中,农资供应商、生产者、销售商、消费者可直接参与农产品的逆向物流活动。政府作为间接参与者,是农产品逆向物流中必不可少的一个组成部分。它所起的作用主要有制定相关的环境标准,完善法律法规,对农产品逆向物流实施环境补贴和奖惩措施,构筑公共信息平台,建立专业交易市场等,以促进农产品逆向物流活动的开展,提高农产品逆向物流的整体效率。

在实施农产品逆向物流的过程中,可具体选择以村作为运营主体、以乡镇作为运营主体、以企业作为运营主体和以村民个体为运营主体等多种形式。

(二)农产品逆向物流的经营方式

选择合适的逆向物流经营方式,是成功实施逆向物流的前提。一般来说,农产品逆向物流共有三种经营方式。

1.自营方式

逆向物流的自营方式是指农产品生产者自己建立独立的逆向物流体系,承担农产品的逆向物流运作,管理农产品回收逆向物流和废弃逆向物流的经营方式。这是最传统的逆向物流经营方式。在这种经营方式下,生产者负责自己产品的回收和处理再利用等,而且很重视产品废弃后的处理再利用。在实施逆向物流自营方式的过程中,可以及时获得产品的使用状况、质量水平、消费者的使用意见等信息,信息反馈非常及时且准确,便于生产者及时发现问题,及时予以纠正和改进,提升企业的技术和管理水平。但实力还不够强的中小企业一般不采用自营方式。

2.联合经营方式

逆向物流的联合经营方式是指生产相同或者相似产品的同行进行联合,以合作或者合资等形式建立起共同的逆向物流系统,构建共同的逆向物流回收网络和处理中心等,为联盟内生产经营者提供逆向物流服务,在特殊情况下,也可以为其他非联盟内企业提供逆向物流相关服务。一般来说,逆向物流的联合经营方式是在行业内影响力大的领先者或者行业协会甚至政府的引导和支持下，通过各种方式联合起来，共同组建逆向物流系统。

3.外包方式

逆向物流外包是指企业将原本属于自己逆向物流的部分或者全部逆向物流业务以契约的方式委托给专门从事逆向物流服务的第三方物流企业负责实施，与第三方物流企业保持紧密联系，以便保持企业对整个逆向物流系统进行管理和控制。

实施逆向物流外包方式，可以大量减少在逆向物流方面的人力、物力和财力投入，让有限的资源用于核心竞争力的提高。可以将逆向物流中的收集、检测、拆卸、再制造、再生和废弃处理的任何一个或几个环节可以外包给第三方物流企业，也可以将所有业务完全外包出去。一般来说，第三方物流企业的专业化程度较高，因此，提供的服务水平和服务质量也普遍较高。

(三)农产品逆向物流运作模式

农产品逆向物流是正向物流的延续和发展。因此，在分析农产品逆向物流的运作模式时，必须综合考虑农产品正向物流及逆向物流的全程序流程，以实现正向物流和逆向物流的良好对接，充分发挥农产品循环物流系统的最大效益。在分析农产品逆向物流的主体、对象及内容的基础上，提出在农产品物流的主要流程阶段及循环经济模式下农产品逆向物流的运作模式(见图 10-7)。

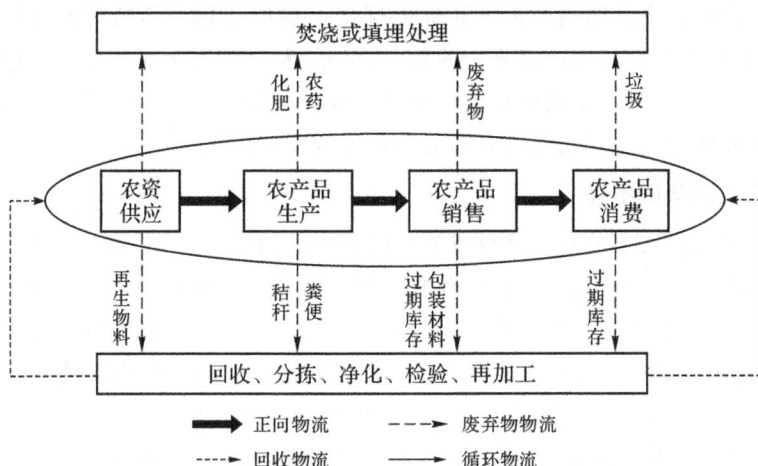

图 10-7 循环经济模式下农产品逆向物流运作模式

1.在各村建立废旧物品回收点，在区域内建立废旧物品回收中心和处理中心

各村建立废旧物品回收点，农民可以把可回收再利用物品卖到废旧物品回收

点,然后回收点将废旧物规模化运往废旧物品处理中心,处理中心对废旧物品进行分类和最优的处理;而对于不可再利用物品,可直接在回收点进行适当处理,防止破坏生态环境;对于一些退换维修物品,也可以通过废旧物品回收点往零售商方向转移。

2.直接在区域内设立废旧物品回收中心,而不设立村废旧物品回收点

在这种情况下,区域废旧物品回收中心定期派专人去往各村落,对可回收物品进行回收并运回回收中心,回收中心进行分类并将回收物品送到处理中心适当处理;对于不可再利用物品,可以由村民自行送到村内各处设置的垃圾点,由专人定期清理;对于日用品的退换维修,直接由村民和零售商联系,物品直接退回到零售商处或维修处,而不经过其他中间环节。

发展农产品逆向物流需要多方面力量的共同努力。政府应立法积极引导,宣传普及农产品逆向物流体系,同时大力引导企业将环境保护、资源再利用作为自己的职责和社会义务,并给予税收、贷款方面的优惠。广大农民应增强环境保护、节能意识,主动参与农产品逆向物流的发展。在农产品逆向物流发展模式的选择上,农村地区应根据本地政府、企业实际状况进行选择。

六、目前国内农产品逆向物流存在的问题

(一)资源总量不清

我国农产品废弃物的产生量和危害仅仅是根据作物和养殖规模进行的粗略估算,关于每年产生的农业废弃物的数量、分布、利用状况和对环境造成的影响没有准确的数据。因而,不能根据各地农业废弃物的数量、特点,以及不同区域特点和经济发展状况等确定农业废弃物逆向物流的发展模式。

(二)利用意识不强

数以亿计的农业废弃物已经成为我国最大的污染库,同时又是一个有巨大潜力的资源库。如果用当前农林废弃物产量的50%作为电站燃料,可发电4000亿千瓦时,占目前我国每年总耗电量的30%左右。2020年的生物质资源量至少可达到15亿吨标准煤,如果将其中的50%用于生产液体燃料,则可为我国石油市场提供2亿吨液体燃料。目前,人们对农业废弃物的双重性认识不清,导致对发展农业废弃物逆向物流的忽视,从而使得对农业废弃物逆向物流投入和建设不足,严重限制了我国农业废弃物逆向物流的发展。

(三)农村物流基础设施薄弱

我国农村物流基础设施建设仍然相当落后,主要表现在道路、运输工具、通信水平、商品储存保管水平上。我国以国土面积计算的高速公路密度只有美国的

27％、日本的 16％、德国的 8％；以国土面积和人口计算的高速公路综合密度只有美国的 13％、日本的 33％、德国的 10％。[①] 农村由机动运输工具完成的货运量仅占总量的 20％左右，其余 80％则由人力或畜力来完成，这些都给农业废弃物逆向物流的发展带来了不便。

(四)农业技术与装备落后

我国对农业废弃物的资源化利用的创新技术少，具有自主知识产权的技术和适应性能好、推广价值高的技术更少。因为不清楚农业废弃物产品开发的主攻方向，我国农业废弃物转化产品品种单一、质量差、利用率低、商品价值低，不能形成产业化，也就不能有效地转化农业废弃物，实现资源化利用。

(五)缺乏政策法规

目前国家没有完整的农业废弃物利用专门法律或法规，多头管理也造成部门间的有关政策法规的矛盾和冲突。我国农业废弃物的管理体制，可操作性差，而且没有针对不同地域和不同类型的农业废弃物的管理办法，缺乏系统的监测、监管、预测和预警体系，农业废弃物逆向物流市场的进入与退出、竞争规则基本上无统一法律法规可循，这会给农业废弃物逆向物流的发展带来很大的风险。

第四节 农产品循环物流与农业生态系统

一、农产品循环物流与农业生态系统的关系

农业生态系统是一个自然与人类社会生产活动交织在一起的复杂的大系统。它是一个自然再生产与经济再生产相结合的生物物质生产过程。农业生产不仅是生物体的自身再生产过程，受自身固有的遗传规律支配，还受自然规律的支配。同时，农业生产是按照人类经济目的进行的，投入和产出受到经济和技术等多种社会条件的影响和制约，即受社会经济规律的支配。人类从事农业生产，运用经济杠杆和科学技术来提高和保护自然生产力，提高经济效益。

发展农业，必须处理好人、生物和环境之间的关系。农业生产是一个能量与物质流通的过程，无论是能量与物质提供者还是生产者，在一定时空条件下，它们的生产能力都是有一定限度的，超过其极限，就会造成生态平衡的破坏，使自然资源衰退、农业生产力下降。要按照生物与环境相统一的基本规律来指导和发展农

---

① 张弛.我国高速公路相比发达国家尚存三大差距［EB/OL］.（2005-01-29）. http://www.chinahighway.com/news/2005/92866.php.

业生产。只有生物与非生物环境之间相互协调、相互适应,农业生产才能获得最优效果。

建立一个合理、高效、稳定的人工生态系统,促进农业现代化建设。农业生态系统就其生产力来说应当比自然生态系统更高,除需要太阳辐射外,还必须加入辅助能,如农机、化肥、农药、排灌、收获、运输、加工等,通过人类的劳动和管理提高农业生产力。只有不断地调整和优化生态系统的结构和功能,才能以较少的投入得到最大的产出,取得良好的经济效益、社会效益和生态效益,建立一个合理、高效、稳定的农业生态系统。

农业生态系统具备任何生态系统都具有的三大基本功能:能量流动、物质循环和信息传递。物流是影响农业生产系统的重要环节,而农产品循环物流又是农业物流的重要组成部分,是构建良好、持续型农业生态系统的重要载体。农产品循环物流与农业生态系统的关系主要体现在以下几个方面。

(一)农产品循环物流是一个完整的双向物质循环过程

单向物流把资源使用看成一个单向流动的过程,产品从供方到需方的流程效率和效益受到重视,但物品在需求端终止效能后如何处置这一点没有受到重视,导致废弃物品污染环境,由此造成社会利益的损失。物流并未被视作整体的物质循环过程,没有体现物质循环的整体优化的功能。农产品循环物流包括两种流向渠道:一种是物流通过"生产—流通—消费"的途径,满足用户的需要,是正向物流;另一种是因合理处置物流衍生物而产生的物流流向渠道,如回收、分拣、净化、提纯、维修退回、包装等再加工、再利用和农产品废弃污染物处理等,是逆向物流。正向物流和逆向物流构成了闭合的循环物流系统。两者相互联系、相互作用和相互制约,形成一个完整的双向物质循环过程。农产品循环物流在重视经济利益的同时,关注环境问题,做到将微观利益建立在社会可持续发展的基础上。

(二)农产品循环物流是资源循环利用型农业的主要组成部分

资源循环利用型农业,简称"循环农业",运用可持续发展思想和循环经济理论与生态工程学的方法,在保护农业生态环境和充分利用高新技术的基础上,调整和优化农业生态系统内部结构和产业结构,提高农业系统物质能量的多级循环利用,严格控制外部有害物质的投入和农业废弃物的产生,最大限度地减轻环境污染,把农业生产经济活动真正纳入农业生态系统循环中,实现生态的良性循环与农业的可持续发展。农产品循环物流将循环经济理论引入物流领域来组织引导并协调农业生产,通过对资源的再使用和再循环利用来实现污染或废弃物减量化,达到生产和环境保护相容的理想状态,是循环农业的重要组成部分。

(三)农产品循环物流是顺应可持续发展的要求、同循环经济相适应的一种物流模式

农产品循环物流在重视正向物流的同时又强调逆向物流,并把二者统一起来,促使资源反复利用,是物质循环通路闭合的绿色物流。其特征是资源的节约与重复利用、对环境的保护和友好,在物质系统运动环路开放基础上的闭合循环,尽可能地减少对自然环境的影响。循环物流不唯利是图,重视环境保护,是追求社会效益和企业效益最佳平衡的双赢和多赢物流机制和概念,因此是一种强调质量又强调效益的物流。从当前社会经济发展趋势和环境形势来看,循环物流代表着现代物流的一个方向。

(四)发达国家的实践证明、发展农产品循环物流具备可操作性和现实意义

鉴于农业生产资料和农产品的特性,有必要从绿色环保的角度出发,建立农业生产、农产品流通和消费的废弃物回收利用系统。发达国家在长期的发展过程中,也曾经经历环境污染严重、先污染后治理的过程,在资源和环境约束下,他们逐渐认识到资源再利用和环境保护的重要性。他们有很多发展循环经济和循环物流的成功经验,为我国现代农业的发展提供了值得借鉴的思路和方向。

总之,循环农业模式要求人们更好地利用现代物流的优势,形成完整的农产品产业链,依靠现代化农业科技走可持续生态农业道路。

二、农产品循环物流建设策略

农产品逆向物流中,回收品的分散性、不确定性及包装的不规范性,令人难以充分利用运输和仓储的规模效益;许多回收品需要人工检测、判断和处理,极大地增加了人工费用,同时效率也很低下。因此,只有实施有效的管理策略,才能充分挖掘逆向物流中潜在的价值。在产品的设计中应充分考虑逆向物流的需要,使其便于将来物资的回收和利用。

(一)发展农产品物流技术,控制废弃物产生,从源头减少逆向物流

农产品含水量高、保鲜期短、极易腐烂变质等生物性能对其运输效率和保鲜条件提出了很高的要求。我国广大农村还缺乏现代的冷链物流技术,农产品物流以常温物流或自然物流形式为主,农产品在物流过程中损失很大。据统计,我国每年有3.7万吨蔬菜、水果在运输路途中腐烂,如此多的农产品足以供养2亿人的生活。源头控制要采用绿色设计策略,以提高产品质量,减少逆向物流的发生,这样有利于逆向物流的实施。要开展绿色正向物流,加强正向物流与逆向物流的协调配合。

(二)加强循环农业的技术研究,挖掘潜在的可回收物资,提高农产品废弃物的处理能力

农产品废弃物的处理一般遵循以下顺序:资源缩减—重复利用—再生循环—废弃处置。首先要强调产品生命周期内的"资源缩减",即通过环境友好的产品设计,使原料消耗和废弃物排放量最小化;其次是"重复利用",应尽量使产品零部件以材料本身的形态被多次重复利用;再次是"再生循环",即经过物理或化学处理

后废弃材料再资源化的过程;最后是"废弃处置",可采用焚烧或填埋方式处置。

但是,不同的农业废弃物其利用和循环的思路和方法是不一样的,要分层次地进行分类处理,充分利用现有的技术,最大限度地提高废弃物的利用程度。在"再生循环"环节,要鼓励和倡导农业废弃物的利用技术,以挖掘潜在的可回收资源。

如新近国内外研发成果表明,农作物及废弃物用途广阔。英国用麦草谷物提取口红,制作玻璃纸、人造丝、油漆、涂料;日本用稻草提取甲醇;意大利将废弃的番茄皮加工成环保型塑料袋;美国用蓖麻制作乳胶涂料,用小麦与麦草生产快餐包装新材料,用大豆和废纸混合制成新型建筑材料;还有很多国家研究用玉米做高尔夫球座和生物递降分解笔,用农作物替代石油、煤等。这些都充分证明农作物及其附产品、废弃物用途多得惊人,商机无限,而其前提是对农业废弃物的开发利用技术的发明和推广。

(三)构建顺畅的逆向物流网络,提高农业废弃物利用和处理效率

农业废弃物逆向物流的顺利运转,需要良好的逆向物流网络支持,需要农村交通设施建设、农资及农产品回收点与回收中心的发展和建设、网络信息平台建设等基础设施建设的支持。设计逆向物流运作流程也有助于提高农产品逆向物流的处理效率。农产品逆向物流的流程不同于工业品的逆向物流,一般路径为:分散产生—集中回收—分类配送—专业处理—分类配送—进入加工企业。即广大农户在农业生产或生活中产生废弃物,通过一定的路径将其送到专门的回收站点,回收站点对废弃物进行初步的整理后,根据不同的情况再将其送到相应的专业回收中心或有回收能力的配送中心进行直接利用,回收中心或配送中心对其进行不同程度的专业处理,经过分门别类、专业化处理后的农业废弃物,被分类配送到需要的加工企业进行再利用。

(四)企业联动,促进农产品逆向物流的产业化、市场化、规模化

农产品逆向物流应走市场化、专业化和规模化发展的道路。应引导农民建立各种专业合作经济组织,有效地改变一家一户分散经营的格局,走上规模化生产发展的道路,为农村逆向物流的专业化和社会化提供重要的组织条件,为企业进入农产品逆向物流相应环节创造各种有利条件。企业是逆向物流的主体,有不可推卸的参与农业废弃物逆向物流业务的社会责任。企业应该重视逆向物流发展,加大逆向物流投入,加快逆向物流人才储备,成为农业废弃物逆向物流主力军。值得一提的是,随着企业间竞争越来越激烈,社会分工专业化程度越来越高,应该注重鼓励发展大型第三方物流企业和企业集团,使之成为我国现代农业废弃物物流产业发展的示范者和中小物流企业资源的整合者。

(五)利用经济手段、财政手段,推动农产品循环物流的实施

一定程度上,一些经济手段或财政手段能对农产品逆向物流的实施和推广更有直接促进作用。如实行废弃物收费和押金返还制度。根据污染物产生的数量来收取废弃物处理费,能促使企业主动减少生产过程中的废弃物排放,主动实施废弃物循环再利用策略。对污染物制造者收取押金是一个较好的手段,因为这样能激励他们寻找更安全的替代物,并且回收和循环使用被收费的原材料。再如,实施回收再利用的税收优惠政策。对使用原生材料的商品征收较高税额,这样就增加了产品成本,提高了产品价格,减少了人们对此类商品的需求,使人们对可循环材料的需求增加,促进循环经济的发展。对回收再利用给予税收优惠,这一点旨在鼓励企业回收产品或产品包装物,并确保回收材料的循环利用。该政策还鼓励在新产品生产中使用再生资源或再生零部件,这将促进逆向物流与循环经济的快速发展,有利于资源节约和环境保护。

(六)营造良好的农业废弃物逆向物流政策环境

从发达国家发展逆向物流的经验来看,发展逆向物流需要法律规章做保障。目前我国新农村建设刚刚步入轨道,新农村逆向物流的发展难度很大,更需要中央和各级地方政府的支持和帮助。

第一,推广农产品逆向物流的相关观念,以增强共识。由于国内农产品逆向物流的观念未成熟,因此在相关逆向物流活动实施、运用之前,首先要重视农产品逆向物流观念的推广。

第二,制定相关政策法令,引导农产品逆向物流发展进入正轨。物流企业实行逆向物流的过程中,会一定程度地涉及环境保护问题。政府如果能制定相关政策法令,引导或协助企业正确地实施逆向物流,将能提升逆向物流活动成功的概率与公共效益。

第三,制定一系列涉及农业废弃物逆向物流的激励机制,为农业废弃物逆向物流发展提供动力支持。如通过税收优惠、财政补贴等方式积极支持从事农业废弃物逆向物流业务的企业的发展;同时加强对从事农业废弃物处理、再利用和环境污染物合理控制技术研发企业的扶持力度,促进再生资源回收利用等。

总之,政府应各方协调,统筹规划,制定新农村农业废弃物逆向物流方面的相关规则,提供各种优惠政策(包括土地、资金和技术扶持等),同时应加强完善农村环境保护和资源利用方面的法律、法规,以法律手段控制环境污染,加强农业废弃物的利用,强化对耕地、水资源、生物资源的开发利用的监控,约束资源利用的短期行为。

复习思考题

1. 为什么要发展循环物流?

2.循环物流具有什么功能？与绿色物流、逆向物流是什么关系？

3.构建农产品循环物流的原则是什么？

4.农产品逆向物流的特点是什么？

5.农产品逆向物流的系统结构和业务类型是什么？

6.目前国内农产品逆向物流存在什么问题？

7.农产品循环物流与农业生态系统是什么关系？

8.如何构建农产品循环物流？

参考文献

[1] 徐信虎.发达国家循环经济之借鉴[J].上海商学院学报,2005,6(1):44-47.

[2] 黄祖潮.逆向物流潜在价值探析[J].现代管理科学,2007(11):105-106.

[3] 严福泉,严双.逆向物流成本分析[J].科技创新导报,2009(38):140.

[4] 王泽彬,张树申,王冠.基于成本分析的企业逆向物流系统研究[J].哈尔滨工业大学学报,2005,37(3):394-396.

[5] 杨志,徐岭.逆向物流:循环经济的必然选择[J].中国流通经济,2008,22(12):16-19.

[6] 杜白.农产品有机垃圾回收体系的构建研究[J].现代商业,2010(5):199.

[7] 欧阳建军.农业废弃物逆向物流现状分析与发展对策研究[J].商场现代化,2009(18):66-67.

[8] 邱燕.循环经济模式下农产品逆向物流研究[J].资源开发与市场,2009(25):824-826.

[9] 马新刚.循环物流的理论方法及运行模式研究[D].济南:山东大学,2007.

[10] 陈绪芳.逆向物流的成本效益分析及运作流程设计[D].合肥:合肥工业大学,2007.

[11] 王琼.基于逆向物流成本收益的政府行为研究[D].成都:西南交通大学,2007.

[12] 朱权,廖秋敏.成本收益与逆向物流系统构建[J].物流工程,2008(4):71-73.

[13] 季永青.运输管理实务[M].北京:高等教育出版社,2000.

[14] 吴清一.物流实务(初级)[M].北京:中国物资出版社,2003.

[15] 钱廷仙.现代物流管理[M].北京:高等教育出版社,2009.

[16] 王琦.农产品循环物流模式及策略研究[D].长春:吉林大学,2008.

【阅读与思考】

把农业废弃物锁进生态循环链

海盐县百合美生态农场在注重农业景观功能之外,还更注重生态全循环立体农业模式，受到了游客的好评。

农场主陆建明以前是生猪养殖大户，2013年拆了猪棚后，从事精品果蔬种植。经过两年多的发展，百合美生态农场走出了农牧结合发展之路，除了果蔬种植之外，还合理养殖鹅、羊等草食动物，田埂两侧种植牧草，用牧草和蔬菜种植中产生的菜茎、菜叶等喂养草食动物，畜禽粪便发酵腐熟直接还田。此外，还把果树修剪后产生的大量枝条粉碎加工成食用菌基质。农场生产环节的废弃物得以全量利用，形成了小生态循环链。

生态循环农业，就是在农业生产系统中，强调各种农业资源高效流动与循环利用，关键词是"循环利用"，把农业上一级产生的废弃物，变成下一级可利用的资源。

海盐县农业技术推广中心常务副主任王金良说："前几年，农业发展中农牧分离了，导致养殖户把畜禽排泄物直排，而种植户苦于没有畜禽有机肥，过量使用化肥造成土壤退化，农作物秸秆焚烧又造成空气污染，三种污染叠加在一起造成了农业污染的现状。所以，现在我们要做的是让农牧重新结合，打通生态链，'治水、治土、治气'三结合。"

因此，海盐结合现代农业园区、粮食生产功能区规划，做好现代高效生态循环农业的顶层设计，优化农业结构与生态布局，构建大、中、小三级生态循环链。

家庭农场、种养大户生产环节建立小循环链。海盐积极引导主体开展清洁生产与资源循环综合利用，重点培育生态全循环立体农业模式家庭农场。在三级生态循环链中，小生态循环链最关键，只有控制住小生态循环链废弃物溢出量，才能让接下来的两级生态循环链有能力消纳废弃物，实现资源再循环利用。

在中生态循环链中，海盐注重各农业产业上下游的沟通，通过农业主体间的合作形成系统循环。海盐县域范围内的农林牧渔各大产业规模合理，且产业间相互匹配、互补互利，从而形成大生态循环链。

如果生产环节还有剩余物溢出该怎么办？由县域范围的大生态循环链中建成的各类市场主体消纳。比如海盐病死动物卫生处理中心可以把所有病死动物进行无害化处理，海盐友邦生物有机肥厂把拆违后的畜禽粪便全部处理，秸秆燃料棒生产厂等处理农作物秸秆。海盐县农业经济局局长金爱明说："海盐建成这三级生态循环链，可以把农业废弃物全部锁进生态循环链的笼里。"

[资料出处：嘉兴市人民政策官网网站编辑部.把农业废弃物锁进生态循环链 [EB/OL].（2015-06-07）.http://www.jiaxing.gov.cn/wzbjb/

zyxx_36070/201506/t20150607_498495.html]

思考:1.实施农产品循环物流的条件和过程是什么?

　　　2.实施农产品循环物流的难点是什么?有何对策?

【补充阅读1】

可循环利用:实现绿色物流包装的重要一环

在商品的流通过程中,物流包装(分为运输包装、托盘包装、集合包装等)可助力货物以最低的破损率安全到达客户手中,提高储运装卸的作业效率。物流包装是影响现代物流业发展的关键因素,在"可持续发展"呼声日益高涨的今天,以可循环利用为重要原则的绿色物流包装开始重新进入人们的视野。

实际上,物流包装标准化可分为三个层次:尺寸、设计、材质和品质。招商路凯(中国)总经理戴正楠认为:"只有在包装设备尺寸、设计、材质和品质方面均达到标准一致时,才会得到上下游企业甚至市场多个企业的认可和共用。"招商路凯倡导并付诸实践的做法是可循环包装租赁模式:通过第三方托盘租赁服务,在整个供应链中对托盘的品质和标准进行严格专业的控制并进行不间断的维护和保养,为使用企业提供可靠、稳定、环保的产品,最终实现节能减排、降低物流成本、提高运作效率。

以循环共用托盘来说,美国富兰克林研究会的研究结果显示,在相同的托盘流转次数下,相比可循环托盘,一次性托盘产生的固体废物要高20倍;如果中国的木托盘全部采用循环共用模式,木材的砍伐量预计可减少1/3。

"托盘共用的优势还体现在业务高低峰时的资源配置上,依托该模式,企业无须再按旺季托盘需求的峰值购置托盘,产品季节周期不同的企业可以共享同一块托盘。"戴正楠表示。

除了循环共用的托盘,为解决生鲜食品包装更换频次高及高损耗的问题,招商路凯同时也在推广可循环使用的周转箱。其能使产品包装在种植基地封装后,避免二次接触和破坏,即便需要倒装,也是在中途更换一次便可。这样既能避免生鲜食品运输途中多次"断链"的问题,也有效保证了食品的安全及新鲜度。

从事物流包装服务的中包精力托盘共用系统有限公司,也是以租赁方式向客户提供标准化的包装容器、物流器具和相关设备的。而且,其还在物流包装上添加了电子标签,使物流包装智能化,让可移动的包装资源能高效地在不同的客户间和区域间流转、共享使用。使用托盘的企业可根据实际需要向中包精力租用托盘,当货物卸载完毕后,在收货地点将空托盘送至就近的服务中心并支付相应的租金即可。托盘的质量控制、维护修理都由专业的服务提供商负责。这种运作模式能够提高供应链的效率和效益,实现资源节约和成本降低。

中集物流公司也采取了类似的做法,专门为发动机及其相关零部件提供以循环包装器具租赁为核心的综合物流解决方案,模式上采用租赁的方式,按照包装使用次数收取租赁费。循环包装器具租赁模式可解决因木箱器具原材料短缺导致供应不及时的问题。另外,客户无须承担固定资产投入的压力,避免承担由淡、旺季引起的备箱量变化风险和包装箱配送、回收等烦琐的工作。

可循环利用物流包装租赁模式在提升资源利用率、降低物流风险、提高物流效率方面具有深层意义。对于物流包装企业而言,或许现在是该从“客户要求什么、我生产什么”这种单一配套服务圈子中跳出来的时候了,以第三方的身份提供可循环物流包装的租赁模式值得借鉴。

[资料出处:蒋一.可循环利用:实现绿色物流包装的重要一环[J].包装财智,
    2013(10):58-60]

【补充阅读2】

我国发展循环经济成效显著

2006年开始,国家在省市、园区、重点行业、重点领域开展了两批国家循环经济示范试点,总结和凝练了60个可复制、可推广的循环经济典型模式。有关部门先后开展了资源综合利用、园区循环化改造、城市矿产示范基地建设、再制造产业化、大宗固废综合利用、再生资源回收体系建设、餐厨废弃物资源化利用、水泥窑协同处置生活垃圾、工业产品生态设计及循环经济示范市县等试点工作。通过示范试点,循环经济理念得到广泛传播,技术装备水平显著提高,政策机制不断完善,商业模式不断创新,引领各行业、各领域、各个层面循环经济向纵深发展,如推进企业间、相关产业间共生耦合,企业循环式生产,园区循环式发展,产业循环式组合,使资源得到循环高效利用,努力实现资源消耗最小化,环境风险最低化,经济效益最大化。

循环经济在清洁生产、矿产资源综合利用、固体废物综合利用、资源再生利用、再制造、垃圾资源化、农林废弃物资源化利用等领域开发了一大批具有自主知识产权的先进技术,有的获国家科技进步奖、国家技术发明奖、国家级工业大奖,一些技术填补了国内空白,并迅速实现产业化。如复杂难处理镍钴资源高效利用关键技术与应用、典型尾矿资源清洁高效利用技术、废弃钴镍材料循环再造技术、有机废物生物强化腐殖化技术等。有些技术达到了国际领先水平,形成了产学研用相结合的资源循环利用技术创新体系。

在资源循环利用产业体系形成方面,矿产资源综合利用、工业固体废物综合利用、热能及废气回收利用、农林废弃物资源化利用与再制造等五大产业,构成了资源循环利用产业体系的主体,技术、装备、管理水平不断提升,服务能力明显增强,产业规模不断扩大。

循环经济还催生出多种新兴产业,如再制造产业,包括汽车发动机、变速箱、起动机、电动机等零部件再制造,机床、煤机、盾构机、医疗器械、手机、复印机和打印机耗材等机电产品再制造,目前我国再制造企业已达 500 多家。生活垃圾、建筑垃圾资源化利用产业化正在逐步形成。商业化模式不断创新,特别是近两年积极探索"互联网+"回收体系,改变了传统的经营模式,实现居民线上交投与回收人员线下回收的深度融合。

循环经济理论研究不断深入,生态设计、全生命周期管理、产业共生、"城市矿产"开发等理念的提出和深化,引领着循环经济发展的实践。国家统计局发布了循环经济指数,开展资源产出率统计试点,研究循环经济统计指标体系,建立和完善相关统计制度。国家先后批复了 30 个循环经济教育示范基地,依托先进典型,发挥宣传引导、教育培训的作用。有关机构研究建立循环经济标准体系,发布相关标准,协会标准试点开始启动。为缓解资源约束,保护生态环境,调整产业结构,促进经济增长,稳定扩大就业,推动绿色转型发展,建设生态文明发挥了重要作用。

[资料出处:赵京燕.我国发展循环经济成效显著——访中国循环经济协会会
　　长赵家荣[EB/OL].(2015-11-04).http://www.mlr.gov.cn/
　　xwdt/jrxw/201511/t20151104_1386871.htm]

第十一章　国际农产品物流管理

重点提示

通过本章的教学,了解国际物流的特点及其业务流程;理解进出口农产品检验检疫的依据和技术标准;熟悉主要农产品的国际运输方式、运输条款;重点了解海洋运输货物保险承保的范围及保险类别的选择;掌握我国进出口农产品的包装及提升我国农产品包装水平的主要对策思路。

教学课件

第一节　国际物流概述

随着经济一体化的快速推进,国际农产品贸易和跨国经营得到蓬勃发展,作为国际农产品贸易实现基础的国际物流,也将会得到极大发展。

一、国际物流概述

(一)国际物流的含义

所谓的国际物流就是组织商品在国家间的合理流动,也就是发生在不同国家之间的物流。其总目标是为国际贸易和跨国经营服务,即选择最佳的方式和路径,以最低的费用和最小的风险,保质保量适时地将商品从某国的供方运送到别的国家的需方。

从广义上理解,国际物流包括各种形式的物资在国与国之间的流入和流出,如进出口商品、暂时进出商品、转运物资、过境物资、邮件、捐赠物资、援助物资、加工装配所需物料与部件以及退货等在国与国之间的流动。

从狭义上理解,国际物流仅指某国与另一国的与进出口贸易相关的物流活动,如货物集运、分拨配送、货物包装、货物运输、申领许可文件、货物仓储、货物装卸、货物流通中的加工、报关、国际货物保险、单据制作等,即出口物流和进口物流活动。

国际物流的实质是按国际分工协作的原则,依照国际惯例,利用国际化的物流网络、物流设施和物流技术,实现货物在国家间的流动与交换,以促进区域经济的发展和世界资源优化配置。

所以国际物流既涉及物流的基本运作和管理方法，又涉及相关的国际贸易经营方式。

(二)国际物流的特点

国际物流虽是国内物流的延伸，理论基础也源于国内物流，但却与国内物流有许多不同之处。美国著名物流学家亨利格彻恰如其分地指出"国际物流就像一条章鱼，它涉及很多方面，也受很多方面的影响和制约"。

1.国际性

国际性指国际物流涉及多个国家，地理范围大。国际物流跨越不同的国家和地区，跨越海洋和大陆，运输距离长，运输方式多样，这就需要合理地选择运输路线和运输方式，尽量缩短运输距离，缩短货物在途时间，加快货物的周转速度，降低物流成本。

2.复杂性

复杂性主要是指国际物流通信设备的复杂性、法规环境和商业现状的差异性等。在国际经济活动中，生产、流通、消费三个环节之间存在着密切的联系，但由于各国社会制度、自然环境、经营管理方法和生产习惯等的不同，一些因素变动较大，因此组织好货物从生产国(地区)到消费国(地区)的流动，是一项复杂的工作，物流渠道长。

3.风险性

国际物流中的风险主要包括政治风险、经济风险、自然风险。政治风险主要是指所经过国家的政局动荡，如罢工、战争等原因可能使货物受到损坏或灭失；经济风险是指汇率和利率的波动可能造成一国进出口规模和国际物流量的涨落；自然风险主要指物流过程中可能因自然因素如海风、暴雨等使货物损坏或灭失。

4.政府管制多

由于国际物流属于对外服务，要体现在一国国际收支平衡表经常项目下，对国际收支平衡有着重要的作用，因此政府对国际物流的干预、管制远比对国内物流多。

5.技术含量高

由于国际物流的物流环境存在差异，没有国际化信息系统的支持，没有统一标准，国际物流难以顺利进行。目前电子数据交换(EDI)、集装箱统一规格、条码技术(bar code)、视频结合数据系统(DAVIDS)等的应用使物流信息处理加快，费用降低。

6.标准化要求较高

目前,美国和欧洲一些国家基本实现了物流工具和设施的统一标准。如托盘尺寸为 1000 毫米×1200 毫米、集装箱采用统一规格、使用条码技术等。

(三)国际物流的种类

1.根据商品在国与国之间的流向分类

国际物流可以分为进口物流和出口物流。

2.根据商品流的关税区域分类

国际物流可以分为不同国家之间的物流和不同经济区域之间的物流。

3.根据跨国运送的商品特性分类

国际物流可以分为国际军火物流、国际商品物流、国际邮品物流、国际捐助物流等。农产品物流是其中一种。

4.根据不同的国际物流服务提供商分类

国际物流可以分为国际货运代理、国际船运代理、无船承运人、报关行、国际物流公司、国际仓储公司和国际配送公司。

(四)国际物流和国际贸易之间的关系

随着国际贸易的发展,国际物流得以不断完善。作为国与国之间经济往来的桥梁,国际物流与国际贸易共同构成了国际经济发展不可或缺的两个方面,并对促进国际贸易发展有着不可忽视的作用,二者之间是相互依存、相互制约的关系。具体表现为:国际贸易是国际物流产生和发展的基础和条件,它促进物流国际化;但是,国际贸易的实现与发展有赖于国际物流的实现与发展,国际物流是国际贸易实现的保障,国际物流的高效运作是国际贸易发展的必要条件。

二、国际物流的发展

随着国际贸易和跨国经营的发展,国际物流的发展经历了以下几个阶段。

第一阶段,20 世纪 50 年代至 80 年代初。这一阶段物流设施和技术得到了极大的发展,建立了配送中心,广泛地运用电子计算机进行管理,出现了立体无人仓库,一些国家建立了本国的物流标准化体系等。物流系统的改善促进了国际贸易的发展,国际物流初露头角,但其国际化趋势还没有得到人们的重视。

第二阶段,20 世纪 80 年代初至 90 年代初。这一阶段国际物流的突出特点是,在物流量不断扩大的情况下出现了"精细物流",物流的机械化、自动化水平有所提高。随着经济技术的发展和国际经济往来的扩大,物流国际化趋势开始成为世界性的研究课题。同时伴随着新时代人们需求观念的变化,国际物流着力于解决"小批量、高频度、多品种"的物流,基本覆盖了大量货物、集装杂货等所有物流对象。

第三阶段,20 世纪 90 年代初至今。这一阶段国际物流得到各国政府和外贸部门的普遍接受。一国的贸易伙伴遍布全球,必然要求物流国际化,即物流设施、物流技术、物流服务、货物运输、包装和流通加工等的国际化。世界各国广泛开展国际物流理论方面和实践方面的研究与探索,人们已经形成共识:只有广泛开展国际物流合作,才能促进世界经济繁荣,物流无国界。

三、国际物流系统的构成与运作

(一)国际物流业务流程

国际物流具有克服时间、空间阻隔以及克服国界阻隔的功能,是国际贸易顺利进行的保障。除了与国内物流相同的运输、仓储、装卸、包装、流通加工等作业外,由于跨越国界的需要,国际贸易物流业务还包括进出口报关、商品检验等特殊作业,以及与运输、保险、报关、结算等相关的合同和单据制作,这些都是国际物流业务所特有的。国际贸易作为各国经济往来的总和,包括国际商流、国际物流和国际信息流这几个过程。国际物流是在国际商流这一商品交易磋商活动过程实现后进行的,信息流则贯穿于商流与物流的全过程中。进出口方为了提高交易的成功率,获得较高的经济效益,在交易磋商前,均做好准备工作,包括市场的调查研究、交易对象的选择、生产可行性研究、进(出)口方案的制定等,经过询盘、发盘、还盘、接受几个过程,就双方的各项交易条件达成一致意见,签订进出口合同。按照合同约定,卖方组织货源,办理出口报关、商品检验等手续,通过国际物流系统网络的节点与连线组织出口,买方做好进口准备,接收货物,进行货款结算,完成国际物流的全过程。国际物流业务活动作为货物物理性移动的国际商务活动,是一个复杂的过程,它能否实现物流功能要素之间、物流系统与外界之间快速的沟通,对于国际贸易的影响是巨大的。因此,必须建立完善的国际物流业务系统网络,促进国际贸易的发展。

(二)国际物流系统

国际物流通过货物和商品的国际移动,实现其自身的时间和空间效益,满足国际贸易活动和跨国经营的要求。国际物流系统包括运输、仓储、商品检验、报关、商品包装、装卸和搬运以及信息等几个子系统。其中,国际物流信息系统是连接国际物流其他子系统的纽带,是国际物流系统的中枢神经。

1.运输子系统

国际货物运输子系统是国际物流系统的核心子系统。国际物流系统通过国际运输作业,克服商品生产地和消费地之间的空间距离,创造了物品的空间效应。

国际货物运输具有路线长、环节多、涉及面广、手续复杂、风险大以及时间性强等特点,而运输费用在国际贸易商品价格中也占很大比重。因此,国际货物运输子系统对于整个国际物流过程是至关重要的。

2.仓储子系统

在国际物流中,正在运送的货物可能需要储存。因为在货物等待装船,货物到达目的港后等待进一步运输,或者货物进行清关时都需要进行储存。国际贸易和跨国经营过程中,商品从生产厂或供应地被集中送到装运港,有时要临时存放一段时间,然后再装船出口,要经历一个集中和分散的过程。这个集中和分散的过程主要是在一个国家的保税区和保税仓库里进行的。商品在保税区和保税仓库里的储存和保管,使得商品在流通过程中处于一种暂时的相对停滞状态,这种停滞是完全必要的。从现代物流理念的角度看,减少储存的时间、储存的数量,加快货物和资金的流转,才能实现国际物流的高效运转。

3.商品检验子系统

商品检验子系统是国际物流系统中一个重要的子系统。进出口商品检验,就是对卖方交付的商品的品质和数量等进行鉴定,以确定交货的品质、数量、包装符合合同的规定,如发现问题可以向有关方面索赔。在国际贸易买卖合同中,一般都会有商品检验条款,主要内容有检验的时间和地点、检验的机构、检验的标准和方法、要求出具的检验证明等。

4.报关子系统

国际物流的一个重要特征就是作业的对象要跨越关境。因此,对于国际物流而言,各国海关的规定不完全相同可能会成为国际物流作业的瓶颈。这就要求,国际物流经营者熟悉各国的通关制度,在适应各国通关制度的前提下,建立安全、迅速的通过系统,实现货畅其流。因此,国际物流报关子系统的存在,增加了国际物流的风险性和复杂性。

5.商品包装子系统

国际运输要比国内运输对所运送商品的包装要求更高。这是因为,国际运输过程中,物品往往要经历多次搬运,如在启运地装车、港口卸车装船、目的港卸船装车和目的地卸车,并且这些装运会经常在不良的环境下进行,如在恶劣的天气条件下等。这些都会导致所承运货物和商品的破损,然而进行索赔或者再订货都将导致成本增加。

6.装卸和搬运子系统

装卸和搬运子系统是国际物流系统中又一个重要的子系统。装卸和搬运是短距离的物品移动,是国际货物运输和仓储子系统的桥梁和纽带。高效率的装卸和搬运作业是促进国际物流发展的关键因素。

7.信息子系统

国际物流信息系统的功能是采集、处理和传递国际物流和商流的信息情报。没有功能完善的信息系统,国际贸易和跨国经营都难以开展。国际物流信息主要包括:进出口单证的作业、支付方式信息、客户资料信息、市场行情信息等。因此,要建立技术先进的国际物流信息系统,为国际贸易和跨国经营的发展服务。

上述国际物流的子系统应该与流通加工子系统和配送子系统有机结合起来,通过统筹规划,建立适应国际竞争要求的国际物流系统。

四、国际物流的发展趋势

随着经济全球化的发展和国际分工的日益细化,国与国之间的交往与合作也日益频繁,加剧了物资在各国之间的交换,国际贸易获得了前所未有的发展。在实现物权转移的同时,还需要把所交易的商品和货物保质、保量地送到买方所在国甚至是其指定的地点,这就必须依赖高效的国际物流系统。随着全球经济和国际贸易的增长,国际物流必将得到更大的发展。

(一)国际物流向环保型物流发展

物流的活动过程对环境会产生很大影响,例如用于运输的汽车所带来的废气污染,用于包装的包装物、衬垫物所带来的环境污染等。当今社会经济发展提倡的是"可持续发展",整个社会的环保意识在不断地加强,物流企业不能只考虑经济效益,还要遵守环保规则,注重社会效益,向"绿色物流"发展。例如,有的国家已经开始考虑限制卡车运输,鼓励铁路运输,以减少噪音和尾气对环境和社会的影响;有的国家规定,旧电视机、电冰箱要由生产企业负责回收和再利用,以减少对环境的影响。总之,现代物流要形成环境共生型物流管理系统,形成能够促进消费生活和经济发展都健康的物流系统,向环保型和循环型物流转变。

(二)国际物流迈向全球化、信息化和智能化

随着全球经济一体化发展,国际物流也正迈向全球化、信息化和智能化。高新信息管理技术在物流中的应用、电子数据交换系统与国际互联网的应用使国际物流的效率得到了很大幅度的提高。全球性的信息网络可以系统、有效、快速地组织和管理好物流系统的各个环节,目前国外许多大型物流企业都建立了全球物流信息网络,并取得了很好的效果。另外,物流的信息化还可以促使许多先进的技术设备应用到物流领域,提升物流的自动化水平。物流的智能化也已经成为物流发展的一个新趋势。目前,除了智能化交通运输外,无人搬运车、机器人堆码、无人叉车、自动分类分拣系统、无纸化办公系统等现代物流技术,都大大提高了物流的机械化、自动化和智能化水平。同时,还出现了虚拟仓库、虚拟银行的供应链

管理,这都必将把国际物流推向一个崭新的发展阶段。

(三)客户服务增值化

现在的物流服务已经超出了传统意义上的货物传送、仓储或者寄存的范围。实际上,从客户接到订单开始,物流公司就已经开始参与产品的全过程。

"对竞争激烈的物流企业而言,单独的物流服务,如运输业务已经无法构成企业牢固的基础。"美国学者迈克·J.琼斯(Mike J. Jone)说,"所以一方面他们必须提供新的附加业务,扩大业务范围;另一方面也必须不断推陈出新,为客户提供独家的或者至少是特别的服务内容——增值服务,以增加企业的核心竞争力。"[①]

物流增值服务起源于竞争激烈的信件和包裹快递业务,现在则在整个物流行业全面展开。不论是海运、陆运还是空运,事实上几乎所有和物流运输业有关的公司都在想方设法地提供增值服务。全球性的大运输公司和快递公司选择为顾客提供一站式服务,他们的服务涵盖了一件产品从采购到制造、仓储入库、外包装、配给、发送和回返、修理以及再循环的全过程。比如传统的物流企业船运公司,现在不仅仅负责运输货物,还提供诸如打制商业发票、为货物投买保险和管理全程的服务,事实上也就是在努力提供完整的供应链管理,使客户可以在第一时间追踪到自己货物的方位、准确进程和实际费用。

第二节 进出口农产品检验检疫

由于农产品,尤其是农产食品(简称食品)的安全卫生直接关系到消费者的人身健康,世界各国对进出口农产品都建立了严格的检验、检疫制度,在我国,农产品也被列为实施法定检验检疫的商品范围。另外,美国、日本、欧盟等发达国家和地区是我国农产品出口的主要市场,这些国家和地区的环境法规和市场准入制度也最为严格,对我国农产品出口造成影响的环境措施主要是高保护水平的检验检疫制度。

一、需进行进出口检验检疫的产品

在我国,需要进行进出口检验检疫的产品主要包括食品和农副产品。其中,需要检验检疫的进出口食品有肉类、家禽类、蛋品类、水产类、罐头类、蔬菜类、乳制品类、酒类、饮料类等。需要检验检疫的进出口农副产品有粮谷类、豆类、油籽类、茶叶类、烟叶类、饲料类等。

---

① 郭成.增值服务:物流企业的新奶酪[J].中国储运,2003(6):7.

二、进出口检验检疫的依据

中华人民共和国国家质量监督检验检疫总局负责进出口农产食品的检验检疫,主要法律依据为《中华人民共和国进出口商品检验法》《中华人民共和国国境卫生检疫法》《中华人民共和国进出境动植物检疫法》《中华人民共和国食品安全法》等;行政法规依据为《中华人民共和国进出口商品检验法实施条例》《中华人民共和国国境卫生检疫法实施细则》《中华人民共和国进出境动植物检疫法实施条例》等;规章依据主要是由国家质量监督检验检疫总局和农业部、卫生部以及原国家商检局根据法律、行政法规制定的调整进出口商品检验、国境卫生检疫、进出境动植物检疫工作的规章,这些规章在出入境检验检疫工作中是运用最广泛的。除此以外,进出口检验检疫依据还有地方性法规、规章依据及国际条约、国际惯例和贸易合同依据。

进口食品按照国家食品监督和检验检疫标准的有关规定进行检验,对无国家技术标准的参照国际上通行技术标准进行检验检疫,对不符合我国技术标准的进口食品,按照《中华人民共和国食品安全法》规定处理。出口商品一般按我国标准检验检疫。但是,对于出口食品、动物产品以及涉及安全、卫生、环保的商品,除按合同、信用证进行检验检疫外,还要根据进口国有关卫生、检疫等法令进行检验检疫。

三、进出口检验检疫技术标准

进出口检验检疫技术标准一般分为国际标准、国家标准和国外先进标准。

(一)国际标准

国际标准是指国际标准化组织(ISO)和国际电工委员会(IEC)所制定的标准,以及国际标准化组织公布的国际标准和其他国际组织规定的某些标准。

(二)国家标准

国家标准具体又分以下四个层次。

1. 国家标准

我国国家标准由中国国家标准化主管部门批准发布,在全国范围内统一执行,具体包括:保障人体健康、财产安全的技术要求;基本原料、燃料、材料的技术要求;通用的技术术语;通用的基础件;通用的试验、检验方法;通用的管理技术及国家需要控制的其他产品的技术要求等。

2. 行业标准

一般来说,没有国家标准时就可以参考行业标准。行业标准由主管部门计划编制,统一审批、编号、发布,并报国家标准化主管部门备案。如农业部制定的标准就属于行业标准。

3.地方标准

在没有国家标准和行业标准而又需要在省、自治区、直辖市范围内统一农产品的安全卫生要求的,可以制定地方标准,地方标准由地方标准化主管部门制定,并报国家标准化主管部门和行政主管部门备案。在公布国家标准和行业标准后,该项地方标准即行废止。

4.企业标准

企业生产的食品没有国家标准和行业标准的,应当制定企业标准,将其作为组织生产的依据。国家鼓励企业制定严于国家标准和行业标准的企业标准。

(三)国外先进标准

国外先进标准指发达国家的国家标准,在国际贸易中被广泛采用。这些标准有:英国 BS,美国 ANSI,法国 NF,德国 DIN,日本 JIS,JAS 等。

四、我国进出口农产品检验工作程序

我国农产品进出口检验主要包括四个环节。

(一)接受报验

报验是指对外贸易关系人向商检机构报请检验。报验时需填写报验申请单,填明申请检验、鉴定工作的项目和要求。同时提供外贸合同、发票、提单、装箱单以及入境货物通知单等单证;实施质量安全许可、卫生检疫注册的应提交有关证明文件复印件,并在报验单上注明文件号。进口商品检验、鉴定的申请手续一般有下述两种情况。

1.列入种类表内的进口农产品

到货后,收货、用货部门或代理接运部门应及时向到达口岸(站)的商检机构报验。商检机构接受报验后,在进口货物报价单上加盖已接受报验单公章,海关据以验放货物。

2.未列入种类表内的进口农产品

到货后,由收货、用货部门向所在地商检机构申报后自行检验,发现到货品质、规格与合同不符,数量、重量短少,以及残、毁、渍、损等情况,需向责任方索赔的,可申请商检机构检验、鉴定后出具证明。

(二)抽样

检验检疫机构接受报验后,须及时派员赴货物堆存地点进行现场检验、鉴定,检验、鉴定的内容包括货物的数量、重量、包装、外观等项目。现场检验一般采取国际贸易中普遍使用的抽样法(个别特殊商品除外)。抽样时,要按照规定的方法和一定的比例,在货物的不同部位抽取一定数量的、能代表全批货物质量的样品(标本)供检验之用。

(三)检验

商检机构接受报验后,认真研究申报的检验项目,确定检验项目、内容,仔细审核合同(信用证)对货物品质、规格、包装的规定,弄清检验的依据,确定检验标准、方法,然后抽样检验。

(四)签发证书

在出口方面,凡列入种类表内的出口商品,经检验合格签发放行单(或在出口货物报关单上加盖放行章,以代替放行单)。凡合同、信用证规定由商检部门检验出证的,或国外要求签检证书的,根据规定签发所需证书;不向国外提供证书的,只发放行单。种类表以外的出口商品,应由商检机构检验的,经检验合格发给证书或放行单后,方可出运。在进口方面,进口商品经检验后,分别签发检验情况通知单和检验证书,供对外结算或索赔用。凡由收、用货单位自行验收的进口商品,如发现问题,应及时向检验检疫局申请复验。如复验不合格,检疫机构即签发商检证书,以供对外索赔。对于验收合格的,收、用货单位应在索赔有效期内把验收报告送商检机构销案。

五、进出口农产品检验种类

(一)包装检验

包装检验是根据外贸合同、标准和其他有关规定,对进出口商品的外包装和内包装以及包装标志进行检验。

包装检验首先核对外包装上的商品包装标志(标记、号码等)是否与进出口贸易合同相符。对进口商品主要检验外包装是否完好无损,包装材料、包装方式和衬垫物等是否符合合同规定。对外包装破损的商品,要另外进行验残,查明货损责任方以及货损程度。对发生残损的商品要检查其是否由包装不良引起。对出口商品的包装检验,除包装材料和包装方法必须符合外贸合同、标准规定外,还应检验商品内外包装是否牢固、完整、干燥、清洁,是否适于长途运输和保护商品质量、数量的习惯要求。

商检机构对进出口商品的包装检验,一般抽样或在当场检验,或在衡器计重时进行。

为有效应对国外农产品绿色壁垒等,确保进出口农产品安全卫生,从 2006 年 8 月 1 日起,我国开始对进出口农产品包装生产企业和包装进口商实施备案管理,由检验检疫机构对备案企业生产的食品包装容器实施定期检测。

(二)品质检验

品质检验亦称质量检验,是运用各种检验手段,包括感官检验、化学检验、仪器分析、物理测试、微生物学检验等,对进出口商品的品质、规格、等级等进行检验,确定其是否符合外贸合同(包括成交样品)、标准等规定。

品质检验的范围很广,大体上包括外观质量检验与内在质量检验两个方面:外观质量检验主要是对农产品的外形、结构、花样、色泽、气味、触感、疵点、表面加工质量、表面缺陷等的检验;内在质量检验一般指对有效成分的种类含量、有害物质的限量、产品的化学成分及使用效果等的检验。同一种农产品根据其不同的外形、尺寸、包装类型等有各种不同的检验规格。

对易腐烂的农产品,必须批批开件检验其品质,应根据不同农产品、不同季节、不同情况对重点项目进行感官检验;如发现变质须进一步检验的,应酌量抽取样品,按规定进行有关检验。易腐烂食品主要有冻肉禽类、鲜蛋及蛋制品类、乳制品类、水产品类、肠衣类、鲜果类、蔬菜类等。主要查验产品软化、冻坏、色泽、气味、变质、霉烂、虫蛀、污染以及运输中的货温、车温、舱温等情况。

(三)安全检验

安全检验主要是处于保障食品安全的目的对进出口食品检验。《中华人民共和国食品安全法》规定:"进口的食品、食品添加剂应当经出入境检验检疫机构依照进出口商品检验相关法律、行政法规的规定检验合格。进口的食品、食品添加剂应当按照国家出入境检验检疫部门的要求随附合格证明材料。""进口尚无食品安全国家标准的食品,由境外出口商、境外生产企业或者其委托的进口商向国务院卫生行政部门提交所执行的相关国家(地区)标准或者国际标准。国务院卫生行政部门对相关标准进行审查,认为符合食品安全要求的,决定暂予适用,并及时制定相应的食品安全国家标准。"还规定"出入境检验检疫机构按照国务院卫生行政部门的要求,对前款规定的食品、食品添加剂、食品相关产品进行检验"。

六、我国进出口农产品检验检疫现状

随着国际农产品贸易的迅速发展,各种疫情、传染病、病虫害的国际传播机会也逐渐增加,由此引发的环境问题也日益引起国际社会的广泛关注,如何维护国际农产品贸易中的食品安全、环境安全问题成为各国关注的焦点。2001年,为保证进口农产品的质量安全,国家认证认可监督管理委员会成立,该委员会按国际通行的管理方法,对生产加工进口农产品的企业进行注册管理,并对其资格进行认证,只有经过主管当局批准的农产品加工企业才能向我国出口农产品。

目前的注册工作有三种:一是由生产企业所在国的检验检疫部门提供合格企

业的名单,经过我国审查并认可后即注册生效;二是我国对出口国提供的企业名单中的部分企业进行抽查,抽查合格后,接受全部注册名单;三是对出口国提供的企业名单按本国标准逐一进行检查,合格后给予注册。

为了帮助我国农产品加工企业的出口贸易,原国家进出口商品检验局从1984年就开始进行出口农产品企业的注册工作,帮助它们达到出口国的国家卫生标准。

我国农产品的主要出口市场是日本、韩国、欧盟和美国。不同国家和地区对进口农产品的管理方式和标准不同。发达国家常常利用非常高的环境标准和农药残留物等技术标准来限制我国部分农产品的出口。对于出口国来说,如果采用上述的第一种注册方法,那是最为便利的。但众多进口国,特别是发达国家都采用派专家对我国推荐企业进行部分抽检且到企业进行实地考察的方法,考查合格后,方可批准注册进口。

由于涉及农产品安全和农产品贸易的竞争,在农产品报关时,各国特别是发达国家的海关也十分严格,只有在该国注册过的食品生产企业的产品才能通关。

第三节　国际农产品货物运输操作

一、国际农产品运输的主要方式

在农产品和食品国际贸易中,农产品和食品涉及的运输方式很多,其中包括海洋运输、铁路运输、航空运输、公路运输、内河运输、邮包运输、集装箱运输、大陆桥运输以及上述运输组合的国际多式联运等。

(一)海洋运输

海洋运输是国际贸易中最主要的运输方式,其运量占国际贸易总运量的三分之二以上,我国绝大部分进出口农产品都是通过海洋运输方式运输的。海洋运输的运量大,运费低,航道四通八达,是其优势所在。但速度慢,航行风险大,航行日期不准确,是其不足之处。

(二)铁路运输

在国际农产品和食品贸易运输中,铁路运输是仅次于海洋运输的主要运输方式。海洋运输的进出口货物,也大多是靠铁路运输进行货物的集中和分散。

铁路运输的主要优点是运载能力大,速度较快,污染少,受天气条件限制小,安全可靠。缺点是灵活性差,对包装的要求较高,货物缺失率高,修建成本高。

(三)航空运输

航空运输是一种现代化的运输方式,它相比于海洋运输和铁路运输,在国际贸易中最大的优点是安全可靠,节省时间,速度快。缺点是成本高,运量小,受气候影响大,运输适用产品种类相对较少。在国际贸易中最适合运送花卉、鲜活农产品和高价食品及急需食品。

(四)公路、内河和邮包运输

1.公路运输

公路运输是一种现代化的运输方式,它不仅可以直接运入或运出对外贸易货物,而且也是车站、港口和机场集散进出口农产品的重要手段。

2.内河运输

内河运输是水上运输的一个组成部分,是内陆腹地和沿海地区的纽带,也是边疆地区与邻国边境河流的连接线,在运输和集散进出口农产品中起着重要的辅助作用。

3.邮包运输

邮包运输是一种较简便的匀速运输方式。各国邮政部门之间都订有协定和合约,通过这些协定和合约,各国的邮件包裹可以相互传递,从而形成国际邮包运输网。国际邮包运输具有国际多式联运和"门到门"运输的性质,手续简便,费用不高,也是食品国际贸易中的一种方式。

(五)集装箱运输、大陆桥运输和国际多式联运

1.集装箱运输

集装箱运输是以集装箱作为运输单位自动化运输货物的一种现代化的先进的运输方式,它可适用于海洋运输、铁路运输及国际多式联运等,在农产品和食品贸易中广泛运用。

2.大陆桥运输

大陆桥运输是以横贯大陆的铁路(公路)运输系统作为中间桥梁,把大陆两端的海洋连接起来的集装箱连贯运输方式。简单地说,就是两边是海运,中间是陆运,大陆把海洋连接起来,形成海—陆联运,而大陆起到了"桥"的作用,所以称之为"大陆桥"。海—陆联运中的大陆运输部分就称为"大陆桥运输"。

3.国际多式联运

国际多式联运是指按照多式联运合同,以至少两种不同的运输方式,由多式联运经营人将货物从一国境内接管货物的地点运至另一国境内指定交付货物的地点。

二、国际农产品运输方式的选择

营销成本和运输费用对农产品和零售食品价格的影响很大。运输成本的增加短期内可以降低农产品生产者的收入,长期则可降低消费者对食品的效用。因此,合理选择运输方式,降低运输成本对农产品经营非常重要。

影响国际农产品运输方式选择的主要因素如下。

(一)运输成本

据统计,在农产品贸易价格中,运输费用占出口货价的 $30\%\sim70\%$ 。一般而言,海运成本低于陆运成本,但如果海运太迂回,那么选用大陆桥运输则在运输成本方面具有一定的优势。

(二)运输速度

国际运输速度也很重要,特别是对于鲜活农产品来说。速度可以影响企业的资金周转,同时也会影响产品的上市机会。

(三)货物特点及性质

货物特点及性质有时对运输方式的选择起决定作用。经常是由于国际运输方式的限制,有些货物无法进入国际运输,从而失去了市场机会。

(四)货物数量

国际运输距离长,使大数量货物运输受到了限制。因为国际运输距离往往超出了汽车等运输工具的经济里程,大批量货物也不可能选择航空运输,除了运力限制外,运输成本也会很高。

(五)物流基础设施条件

由于国家之间发展的不平衡,在一个国家内可以选择的运输方式,到另一个缺乏采用这种方式的必要基础设施的国家便不能采用。因此,在选择运输方式时,应考虑好所经国家的物流信息技术与物流基础设施是否能够满足要求,否则会降低运输效率,增加运输成本。

三、国际农产品运输条款

在国际农产品买卖中,农产品贸易合同的签订仅仅是交易的开始,双方当事人必须按合同约定履行各自的义务。但是,贸易合同的履行,其中最重要的环节之一就是农产品运输。只有及时交货、装运和接货,完成农产品运输,即国际运输为贸易提供优质服务,才可以保证贸易合同的顺利履行,促进贸易的发展。运输涉及许多细节问题,买卖合同不可能对此进行详细的规定,这就需要订立运输合同加以辅助。因此,运输合同对买卖合同的履行起到了重要的作用。

国际农产品运输合同是托运人和承运人之间订立的有关委托运输货物的书面协议。合同内容涉及买卖双方同承运人之间的关系。主要包括承运人责任、免责、赔偿金额限制、改航、换装、改变目的港、甲板货物、危险货物、延迟提货、产品包装、共同海损、法律等条款。在国际农产品运输中，使用的运输方式很多，其中包括海运、陆运、空运等。为了合理地选择运输方式，运输合同的托运方必须考虑买卖合同中所适用的贸易术语，使运输方式与贸易术语相一致，避免造成麻烦。

四、国际农产品运输单据

运输单据是承运人收到承运货物签发给出口商的证明文件，它是交接货物、处理索赔与理赔以及向银行结算货款或进行议付时的重要单据。在国际农产品运输中，运输单据主要包括海运提单、铁路运单、航空运单、邮包收据等。

(一)海运提单

提单是承运人或其代理人收到货物后，签发给托运人的一种单证。提单是承运人或其代理人签发的货物收据，是货物所有权的凭证，是运输契约或其证明。

从性质上讲，海运提单是货物所有权凭证，通常做成正本三份，副本两份，有正反面条款，由船公司根据卖方/货物代理的托运委托制作（有些受益人自制提单后交承运人签署）。单据名称多数情况下为 Ocean/Marine Bill of Landing，各国船公司的提单格式、内容和遵循的规则基本统一，信用证或合同中常见要求为：Full set of clean on board ocean/marine bill of landing made out to order（或 to order of xxx）and blank endorsed marked "freight prepaid/collect", notify applicant。提单内容有：提单编号、托运人、收货人、（被）通知人、装货港、目的地/卸货港、船名和航次、唛头及件号、货名及件数、重量和体积、运费到付/预付、正本提单的份数、船公司/代理人签章、承运人的批注、签发提单的时间和地点等。如是多式联运单据，会有前程运输工具名称、收货地、交付地等项目，集装箱运输时会有箱号、封号、箱型、箱数等内容出现，转让提单时涉及背书，有的提单还需要明确目的港提货代理等。

海运单与海运提单相似，其主要特点在于收货人已明确指定。收货人并不需要提交正本单据，而仅需证明自己是海运单载明的收货人即可提取货物。因此，海运单实质上是不可以转让的，它的应用范围比较窄，主要用于跨国公司成员之间的货物运输。

(二)铁路运单

铁路运单是由铁路运输承运人签发的货运单据。它是收、发货人同铁路之间的运输契约。其正本在签发后与货物同行，副本签发给托运人，用于贸易双方结算货款，在货物发生损失时，还可以用于向铁路进行索赔。铁路运单不是物权凭证。

(三)航空运单

航空运单是由空运承运人或其代理人签发的货运单据。它是承运人收到货物的收据,也是托运人同承运人之间的运输契约,但不具有物权凭证的性质,因此航空运单也是不可以转让的。

(四)邮包收据

邮包收据是邮包运输的主要单据,它既是邮局收到寄件人的邮包后所签发的凭证,也是收件人凭以提取邮件的凭证,当邮包发生损坏或丢失时,它还可以作为索赔和理赔的依据。但邮包收据不是物权凭证。

(五)多式联运单据

多式联运单据是由承运人或其代理人签发的,其作用与海运提单相似,既是货物收据也是运输契约的证明。在单据作成指示抬头或不记名抬头时,可作为物权凭证,经背书可以转让。

多式联运单据表面上和联运提单相仿,但联运提单承运人只对自己执行的一段负责,而多式联运承运人对全程负责;联运提单由船公司签发,包括海洋运输在内的全程运输,多式联运单据由多式联运承运人签发,也包括全程运输,但多种运输方式中可以不包含海洋运输。

(六)装船通知

装船通知是货物离开起运地后,由出口商发送给进口商,通知其一定数量的货物已经起运的通知文件。在 FOB(free on board,船上交货价)或 CFR(cost and freight,成本加运费)条件下,进口商需要根据装船通知来为进口货物办理保险,因此一般要求出口商在货物离开起运地后两个工作日内向进口商发出装船通知。

(七)提货单

进口商(收货人)在货物到达目的地后,凭海运提单等运输单据向承运人的代理人换取提货单,用于办理进口报关、提货等手续。

第四节　国际农产品运输保险

一、运输保险的重要性

货物运输保险作为一种经济补偿制度,在国际贸易的发展中起着重要作用,并与国际贸易的发展密不可分。在贸易中凭侥幸心理或是认为货物在运输中不会出现风险等想法是非常危险的。

当货物在运输途中遭到意外损失时,就会影响某一方按照合同的规定履行其本身的义务,同时也会影响对方的权利。于是,要求由保险人来承担灾害事故造成意外损失的经济赔偿。通过订立合同的形式,投保人交付约定的保险费,根据双方商定的保险责任和保险条件,由保险人来承担赔偿义务。

国际运输保险合同是对运输中的货物进行保险的书面协定。由投保人同保险人共同订立。投保人或为买方,或为卖方,或为他们的代理人。保险条件、保险率等则根据贸易价格的不同,由订约双方议定。

由于贸易术语选择的不同,风险、损失、费用和险别就会因此而不同,其中风险是导致损失和费用的原因,险别具体规定保险人对风险、损失或费用予以保障的责任范围。根据贸易术语选择不同的险别,既能规避风险,也能减少不必要的支出,降低成本。

二、国际农产品运输保险种类

对外运输货物保险是以对外贸易货物运输过程中的各种货物作为保险标的的保险。外贸货物的运送有海运、陆运、空运以及邮政送递等多种途径。对外贸易运输货物保险的种类根据其保险标的运输工具种类相应分为四类:海洋运输货物保险、陆上运输货物保险、航空运输货物保险、邮包保险。在国际贸易货物运输中,有时一批货物的运输全过程使用两种或两种以上的运输工具,这时,往往以货运全过程中主要的运输工具来确定投保何种保险。

(一)海洋运输货物保险

按照国家保险习惯,可将海洋运输货物保险分为主要险别和附加险别。

1. 主要险别

(1)平安险。平安险这一名称在我国保险行业中沿用甚久。其英文原意是指单独海损不负责赔偿。根据国际保险界对单独海损的解释,它是指部分损失。因此,平安险原来只赔全部损失。但在长期实践的过程中,人们对平安险的责任范围进行了补充和修订,当前平安险的责任范围已经超出只赔全损的限制。概括起来,这一险别的责任范围主要包括:①在运输过程中,自然灾害和运输工具发生意外事故,造成被保险货物的实物的实际全损或推定全损;②运输工具遭搁浅、触礁、沉没、互撞,与其他物体碰撞,以及失火、爆炸等意外事故造成被保险货物的部分损失;③只要运输工具曾经发生搁浅、触礁、沉没、焚毁等意外事故,不论这个事故发生之前还是之后在海上遭恶劣天气、雷电、海啸等自然灾害所造成的被保险货物的部分损失;④在装卸转船过程中,被保险货物一件或数件落海所造成的全部损失或部分损失;⑤运输工具遭自然灾害或意外事故,在避难港卸货引起的被保险货物的全部损失或部分损失;⑥运输工具遭自然灾害或意外事故,需要在中途的港口或者在避难港口停靠,因而引起的卸货、装货、存仓以及运送货物所产生的特别费用;⑦发生共同海损所引起的牺牲、公摊费和救助费用;⑧发生了保险责任范围内的危险,被保险人对货物采取抢救、减少或防止损失的各种措施,因而产生合理费用,但是保险公司承担费用的限额不能超过这批被救货物的保险金额,施救费用可以在赔款金额以外的一个保险金额限度内承担。

(2)水渍险。水渍险的责任范围除了包括上列"平安险"的各项责任外,还负责恶劣天气、雷电、海啸、地震、洪水等自然灾害造成的被保险货物的部分损失。

(3)一切险。一切险的责任范围除包括上列"平安险"和"水渍险"的所有责任外,还包括货物在运输过程中,各种外来原因所造成的损失。不论是全损还是部分损失,除对某些运输途耗的货物,经保险公司与被保险人双方约定在保险单上载明的免赔率外,保险公司都给予赔偿。

上述三种险别都有货物运输的基本险别,被保险人可以从中选择一种投保。

此外,保险人可以要求扩展保险期,例如,在某些内陆国家出口货物,如在港口卸货转运内陆,无法在保险条款规定的保险期内到达目的地时,即可申请扩展。经保险公司出立凭证予以延长,每日加收一定保险费。

不过,在上述三种基本险别中,明确规定了除外责任。所谓除外责任是指保险公司明确规定不予承保的损失或费用。

2. 附加险别

一般附加险别包括以下内容。

(1)偷窃提货不着险。保险有效期内,保险货物被偷走或窃走,以及货物运抵目的地以后整件未交的损失,保险公司负责赔偿。

(2)淡水雨淋险。货物在运输中,淡水、雨水以及雪溶所造成的损失,保险公司都应负责赔偿。淡水包括船上淡水舱、水管漏水以及汗等。

(3)短量险。负责赔偿货物数量短少和重量的损失。通常在包装货物短少时,保险公司必须查清外包装是否发生异常现象,如破口、破袋、扯缝等,如属散装货物,往往以装船重量和卸船重量之间的差额作为计算短量的依据。

(4)混杂、沾污险。保险货物在运输过程中,混进了杂质所造成的损失,保险公司负责赔偿,例如矿石等中混进了泥土、草屑等使质量受到影响。此外,负责赔偿货物和其他物质接触而被沾污的损失,例如布匹、纸第、食物、服装等被油类或带色的物质污染而引起的经济损失。

(5)渗漏险。流质、半流质的液体物质和油类物质,在运输过程中因为容器损坏而引起的渗漏损失,保险公司负责赔偿,如以液体装存的湿肠衣,因为液体渗漏而使肠发生腐烂、变质等损失。

(6)碰损、破碎险。碰损主要是对金属、木质等货物来说的,破碎则主要是对易碎性物质来说的。前者是指在运输途中,因为受到震动、颠簸、挤压而造成货物本身的损失,后者是在运输途中由于装卸野蛮、粗鲁和运输工具的颠震造成货物本身的破裂、断碎的损失,这些损失均由保险公司负责赔偿。

(7)串味险。例如,茶叶、香料、药材等在运输途中受到一起堆储的皮张、樟脑等异味的影响使品质受到损失,保险公司负责赔偿。

(8)受热、受潮险。例如,船舶在航行途中,由于气温骤变,或者因为船上通风设备失灵等,舱内水汽凝结、发潮、发热引起的货物的损失,保险公司负责赔偿。

(9)钩损险。保险货物在装卸过程中因为使用手钩、吊钩等工具所造成的损失,例如粮食包装袋被吊钩钩坏而造成粮食外漏所造成的损失,保险公司负责赔偿。

(10)包装破裂险。赔偿包装破裂造成物资的短少、沾污等损失。此外,出于保险货物运输过程中续运安全需要而产生的候补包装、调换包装所支付的费用,保险公司也应负责赔偿。

(11)锈损险。保险公司负责赔偿货物在运输过程中生锈造成的损失。不过这种生锈必须在保险期内发生,如原装时就已生锈,保险公司不负责任。

上述 11 种附加险,不能独立承保,它必须附属于主要险项下。也就是说,只有在投保了主要险别以后,才允许投保人投上述 11 种保附加险。投保"一切险"后,上述 11 种险别均包括在内。

(12)特别附加险。特别附加险也属附加险别,但不在一切险的范围之内。它往往同政治、国家行政管理规章所引起的风险相关联。目前中国人民保险公司承保的特别附加险别有交货不到险、进口关税险、黄曲霉素险和出口货物到香港(包括九龙在内)或澳门存仓火险责任扩展条款。此外,还包括战争险和罢工险等。

(二)陆上运输货物保险

陆上运输货物保险是货物运输保险的一种,分为陆运险和陆运一切险两种。

1.陆运险的责任范围

陆运险的责任范围包括:被保险货物在运输途中遭受暴风、雷电、地震、洪水等自然灾害,或由于陆上运输工具(主要是指火车、汽车)遭受碰撞、倾覆或出轨,如在驳运过程,包括驳运工具搁浅、触礁、沉没或由于遭受隧道坍塌、崖崩或火灾、爆炸等意外事故所造成的全部损失或部分损失。保险公司对陆运险的承保范围大致相当于海运险中的"水渍险"。

2.陆运一切险的责任范围

除包括上述陆运险的责任外,保险公司对被保险货物在运输途中外来原因造成的短少、短量、被偷窃、渗漏、碰损、破碎、钩损、雨淋、生锈、受潮、霉、串味、沾污等全部或部分损失,也负责赔偿。

3.陆上运输货物保险的除外责任

(1)被保险人的故意行为或过失所造成的损失。

(2)属于发货人所负责任或被保险货物的自然消耗所引起的损失。

(3)战争、工人罢工或运输延迟所造成的损失。

保险责任的起讫期限与海洋运输货物保险的仓至仓条款基本相同,从被保险货物运离保险单所载明的启运地——发货人的仓库或储存处所开始运输时生效。

(三)航空运输货物保险

保险公司承保通过航空运输的货物,保险责任是以飞机为主体来加以规定的。航空运输货物保险包括航空运输险和航空运输一切险两种。

1.航空运输险

保险公司对被保险货物在运输途中遭受雷电、火灾、爆炸,或飞机遭遇恶劣天气及其他灾难、事故而被抛弃,或飞机遭受碰撞、倾覆、坠落、失踪等意外事故所造成的全部或部分损失负赔偿责任。

2.航空运输一切险

除包括上述航空运输险的责任外,对被保险货物在运输中外来原因造成的包括被偷窃、短少等全部或部分损失也负赔偿之责。

航空运输货物保险的除外责任与前面所述的海洋运输货物保险的除外责任相同。

航空运输货物保险的责任从被保险货物运离保险单所载明的起运地仓库或储存处所开始运输生效。在正常运输过程中继续有效,直至该项货物抵运保险单所载明的目的地,交到收货人仓库、储存处所或保险人用作分配、分派或非正常运输的其他储存处所为止。

(四)邮包保险

邮包保险承保通过邮政局邮包寄递的货物在邮递过程中发生保险事故所致的损失。以邮包方式将货物发送到目的地可能通过海运,也可能通过陆上或航空运输,或者利用两种或两种以上的运输方式。不论通过何种运输方式,凡是以邮包方式将贸易货物运达目的地,其保险均属邮包保险。邮包保险按其保险责任分为邮包险和邮包一切险两种。前者与海洋运输货物保险水渍险的责任相似,后者与海洋运输货物保险一切险的责任基本相同。

邮包险的责任范围为:第一,被保险邮包在运输途中恶劣天气、雷电、海啸、地震、洪水等自然灾害或运输工具搁浅、触礁、沉没、碰撞、倾覆、出轨、坠落、失踪,或失火、爆炸等意外事故所造成的全部或部分损失;第二,被保险人对遭受危险的承保责任内货物采取抢救等减少或防止货物损失的措施而支付的合理费用,但以不超过该批被救货物的保险金额为限。

邮包一切险除承担上述邮包险的各项责任外,还负责被保险邮包在运输途中外来原因所致的全部或部分损失。

邮包运输货物保险的除外责任和被保险人的义务与海洋运输货物保险相比较,其实质是一致的。其责任自被保险邮包离开保险单所载起运地点——寄件人的处所运往邮局时开始生效,直至该邮包运达本保险单所载的目的地邮局,自邮局签发到货通知书当日午夜起算满十五天终止。但是在此期限间,邮包一经交至收件人的处所,保险责任即刻终止。

三、国际农产品运输保险程序

在国际货物买卖过程中,由哪一方负责办理投保,应根据买卖双方商订的价格条件来确定。例如按 FOB 条件和 CFR 条件成交,保险即应由买方办理;如按CIF(cost,insurance and freight,成本加保险费加运费)条件成交,保险就应由卖方办理。办理国际农产品运输保险的一般程序如下。

(一)确定投保金额

投保金额是计算保险费的依据,又是货物发生损失后计算赔偿的依据。按照国际惯例,投保金额应按发票上的 CIF 的预期利润计算。但是,各国市场情况不尽相同,对进出口贸易的管理办法也不同。向中国人民保险公司办理进出口货物运输保险有两种办法,一种是逐笔投保,另一种是按签订预约保险总合同办理。

(二)填写保险单

保险单是投保人向保险人提出投保的书面申请,其主要内容包括被保险人的姓名,被保险货物的品名、标记、数量及包装,保险金额,运输工具名称,开航日期及起讫地点,投保险别,投保日期,签章等。

(三)支付保险费,取得保险单

保险费按投保险别的保险费率计算。保险费率是根据不同的险别、不同的商品、不同的运输方式、不同的目的地,并参照国际上的费率水平制定的。它分为"一般货物费率"和"指明货物加费费率"两种。前者是一般商品的费率,后者系指特别列明的货物(如某些易碎、易损商品)在一般费率的基础上另行加收的费率。

交付保险费后,投保人即可取得保险单,在发生保险范围内的损失或灭失时,投保人可凭保险单要求赔偿。

(四)提出索赔要求

当被保险的货物发生属于保险责任范围内的损失时,投保人可以向保险人提出赔偿要求。按《1990 年国际贸易术语解释通则》E 组、F 组、C 组包含的 8 种价格条件成交的合同,一般应由买方办理索赔。按 D 组包含的 5 种价格条件成交的合同,则视情况由买方或卖方办理索赔。

被保险货物运抵目的地后,收货人如发现整件短少或有明显残损,应立即向承运人或有关方面索取货损或货差证明,并联系保险公司指定的检验理赔代理人申请检验,提出检验报告,确定损失程度,同时向承运人或有关责任方提出索赔。属于保险责任的,可填写索赔清单,连同提单副本、装箱单、保险单正本、磅码单、修理配置费凭证、第三者责任方的签证或商务记录以及向第三者责任方索赔的来往函件等向保险公司索赔。索赔应当在保险有效期内提出并办理,否则保险公司可以不予办理。

四、农产品运输保险险别的选择

根据农产品的性质和特点,一些主要农产品的运输保险险别选择如表 10-1 所示。

表 10-1　主要农产品保险险别选择表

种　类	常见危险	险别选择
粮谷类	散落,水分蒸发——短量 水湿,水分超标——霉烂 温度,通风不良——发热	一切险 或水渍险＋短量险＋发汗发热险
油脂类	粘连,装卸消耗——短量 容器破——渗漏、沾污	水渍险＋短量险＋渗漏险＋混杂和沾污险 水渍险＋短量险＋混杂和沾污险
食品类	包装破碎——内容受损 包装生锈——降等 随时可食用——被盗	一切险 或平安险＋偷窃提货不着险＋包装破裂险 或一切险＋偷窃提货不着险＋包装破裂险
咖啡豆,可可豆	吸湿受潮——霉变且不易筛选	水渍险＋发汗发热险＋淡水雨淋险
原　糖	溶解短量,吸湿,被盗,可能发生爆炸,可能受油渍等沾污	一切险
冻品类	解冻——霉烂变质	冷藏货物条款(条款细分为冷冻食品和冻肉两类条款)
活牲畜,家禽,活鱼	死亡	海陆空保险条款
酒,饮料	破碎,被盗	一切险 或平安险＋偷窃提货不着险＋破损或破碎险
鱼粉,豆饼	受潮受热,自燃	水渍险/平安险＋发汗发热险＋自燃险
原　棉	水湿,吸潮,沾污,火灾	一切险,在国外还常加保原产地损失险

资料来源:曾佑新,刘海燕.食品物流管理[M].北京:化学工业出版社,2007:214

第五节　进出口农产品包装

世界各国尤其是发达国家对农产品等关系国民身体健康的产品非常重视,不仅对农副产品及食品的品质提出了严格的卫生要求,而且对其包装也制定了很高的标准,不断颁布一系列法律法规对农副产品和食品做出有效的规范。尤其对于进口的食品、农产品的检验检疫更为严格。各国除了遵循国际标准外,还提出了维护本国利益的贸易技术壁垒,由此可以看出各国对食品农产品问题的重视。事实上,经过适当包装的农产品,不仅便于运输、装卸、搬运、储存、保管、清点、陈列和携带,而且不易丢失或被盗,为各方面提供了便利。

一、进出口农产品包装条件的约定

在国际货物买卖中,包装是货物的重要组成部分,包装条件是买卖合同中的一项主要条件。按照某些国家的法律规定,如卖方交付的货物未按规定的条件包装,或者货物的包装与行业习惯不符,买方有权拒收货物;如果货物虽按约定的方式包装,但却与其他货物混杂在一起,买方可以拒收违反约定包装的那部分货物,甚至可以拒收整批货物。由此可见,做好包装工作和按约定的条件包装,具有十分重要的意义。

二、运输包装

(一)运输包装的基本要求

人们将包装中以运输储运为主要目的的包装称为运输包装。运输包装又称外包装,其主要作用在于保护商品,防止在储运过程中发生货损货差,并最大限度地避免运输途中各种外界条件对商品可能产生的影响,方便检验、计数和分拨。

国际贸易商品的运输包装比国内贸易商品的运输包装要求更高,应当体现下列要求:

(1)必须适应商品的特性;

(2)必须适应各种不同的运输方式的要求;

(3)必须考虑有关国家的法律规定和客户的要求;

(4)要便于各环节有关人员进行操作;

(5)在保证包装牢固的前提下节省费用。

(二)运输包装的标志

运输包装的标志,其主要作用是在储运过程中识别货物,合理操作,按其用途可分成运输标志(shipping mark)、指示性标志(indicative mark)、警告性标志(warning mark)、重量体积标志和产地标志。

1.运输标志

运输标志,又称唛头,是一种识别标志。按国际标准化组织(ISO)的建议,其包括四项内容:

(1)收货人名称的英文缩写或简称;

(2)参考号,如订单、发票或运单号码;

(3)目的地;

(4)件号。

运输标志在国际贸易中还有其特殊的作用。《1978年联合国海上货物运输公约》规定,在商品特定化以前,风险不转移给买方承担。而商品特定化最常见的有效方式,是在商品外包装上标明运输标志。此外,国际贸易主要采用的是凭单付款的方式,而主要的出口单据如发票、提单、保险单上,都必须显示出运输标志。商品以集装箱方式运输时,运输标志可被集装箱号码和封口号码取代。

2.指示性标志

指示性标志是一种操作注意标志,以图形和文字表达。如小心轻放、由此起吊、禁止翻滚等。

3.警告性标志

警告性标志又称危险品标志,用以说明商品系易燃、易爆、有毒、腐蚀性或放射性等危险性货物,以图形及文字表达。对危险性货物的包装储运,各国政府制定有专门的法规,应严格遵照执行。

4.重量体积标志

运输包装外通常都标明包装的体积和毛重,以方便储运过程中安排装卸作业和舱位。

5.产地标志

商品产地是海关统计和征税的重要依据,由产地证说明。但一般在内外包装上均注明产地,作为商品说明的一个重要内容。

(三)运输包装的方式

运输包装的方式和造型多种多样,用料和质地各不相同,包装程度也有差异,这就导致运输包装具有多样性。按包装方式不同,运输包装可分为单件运输包装和集合运输包装,在国际贸易中,常见的集合运输包装有集装包和集装袋;按包装造型不同,运输包装可分为箱袋、桶和捆等不同形状的包装。在国际贸易中,买卖双方究竟采用何种运输包装,应在合同中具体说明。

三、销售包装

销售包装又称内包装或小包装,是直接接触商品并随商品进入零售网点和消费者或用户直接见面的包装。

成功的销售包装应具备以下条件:

(1)能保护商品,延长货物寿命;

(2)能方便消费者使用;

(3)有独特的个性和吸引力;

(4)符合销售国的法令;

(5)成本经济合理;

(6)减少或不造成环境污染;

(7)白纸板是销售包装的主要材料。

四、中性包装

中性包装(neutral packing)是指商品和内外包装上均无生产国别和生产厂商名称。这主要是为了适应国外市场的特殊要求,如在转口销售中,有可能此时的买家不是最终的买家,只是一个中间商,所以要使用中性包装,或者是为了打破某些进口国家的关税和非关税壁垒而使用中性包装。这种中性包装的做法是国际贸易中常见的方式,在买方的要求下,可酌情采用。对于我国和其他国家订有出口配额协定的商品,则应从严控制中性包装的使用,因为万一发生进口商将商品转口至有关配额国的现象,将对我国产生不利影响。出口商千万不能因图一己之利而损害国家的声誉和利益。

常见的中性包装有两种:一是无牌中性包装,这种包装既无生产国别、地名、厂名,也无商标牌号;二是有牌中性包装,这种包装不注明商品生产国别、地名、厂名,但要注明买方指定商标或牌号。

因为中性包装外面没有任何信息,对于里面的产品信息的查验就比较麻烦,所以才要严格把关。这里特别要注意的是,因为各国的海关规定不同,有些国家规定在中性包装标注 MADE IN CHINA 才可入关,这样做是要求进口商明示这批货物来自中国,如果不显示,有可能海关会拒绝放行,或者退回货物。

五、我国出口农产品包装的现状

早在 20 世纪 50 年代,美国食品药品管理局(FDA)就对食品、农产品的包装和内容物检测非常重视。最近,美国做出规定,要求进口的食品、农产品必须经过 FDA 的认可,才能获准进入美国市场。从发达国家引进包装技术设备对食品、农产品进行加工和包装,产品可以容易地进入发达国家;而用我国自己的包装机械设备对食品、农产品进行包装,食品、农产品出口则相当困难,国内机械设备加工生产的食品出口也比较困难。我国先进的食品企业引进的食品、农产品生产线一般是前半段进行食品、农产品深加工,后半段进行无菌包装,因为国内的无菌包装技术很难达到出口的要求。

新鲜水果、蔬菜、肉类、花卉是我国出口产品中的大宗产品,尤其对东南亚地区出口量很大。但是包装和产品的保鲜技术不好,包装很粗糙。这些出口产品基本没有经过初级的加工,其出口运输包装多用传统的纸箱,没有广泛使用高密度聚乙烯、透气性好的运输箱、周转箱,不仅导致在运输时不能装载完满,达不到额定载量和体积,从而使运输成本大大增加,而且运输过程中腐烂和损耗率相当惊人。商务部的数据显示,我国每年水果、蔬菜总产量的20%在运输储存过程中被损耗掉,损失达到700亿美元。如果将700亿美元用于改进包装,不但能使出口水果、蔬菜损耗率降到最低,而且经过妥善包装的食品、农产品本身的品质会更高,其新鲜程度、卫生情况、运输仓储寿命、货架寿命将得到改善,商品附加值大大提升,市场竞争力也会大大提高,利润将更加可观。

我国食品、农产品包装简陋,导致其价格较低。一些国家进口我国的食品、农产品后还需要重新换包装,再将它们送入本国市场,其市场价格远比进口时高。尤其是水果、蔬菜、茶叶等农产品的运输包装水平和国外相比,差距很大。

六、完善我国农产品出口包装应考虑的因素

政府有关机构应该在农产品包装方面加强引导、管理和资金投入,从我国食品、农产品包装发展战略出发,促进国内出口食品、农产品包装达到进口国家对食品、农产品包装的要求,符合进口国家的包装技术法规,并且不断加强对广大农民、食品加工企业等的包装意识的培养,使农产品更好地走向国际市场。

(一)加快包装标准化工作进程

包装标准化包括包装材料、包装技术要求、包装标识、包装制造等的标准化,特别是有关食品包装的标准应该是强制性的。目前有的包装技术标准还是空白,有的已经过时,有的需要修订。另外,在标准的执行方面还不够严格。

(二)建立健全食品、农产品包装法规

在完善技术标准的基础上,要建立健全食品、农产品包装法规。我国至今为止还没有一部包装法,政府应该重视起来,争取早日出台一部包装法。

(三)完善包装设计

在我国,食品、农产品出口包装设计中存在生产和应用脱节问题,搞包装的不了解国外情况,搞设计生产的不懂包装的应用情况,包装业和食品、农产品等下游行业之间缺少有效的沟通和联合等。为此,需要包装设计人员在对出口食品、农

产品包装设计时突出针对性,应注意以下几个方面。

1.符合进口国法律的规定

有些国家对商品的销售包装进行了严格的规定,如果不符合其规定,则不准该商品进口或进口后禁止该商品在市场上销售。如美国就禁止使用柳藤、稻草、麻料作商品的包装用料,以防国外病虫害的入境;科威特规定,各种食品包装上都应用阿拉伯文写明生产日期和有效期;日本则对包装材料的铅、砷含量有明文规定。

2.考虑知识产权问题

在国际贸易中,知识产权问题是一个重要问题,也往往是交易双方容易疏忽的问题。如果一方在国际贸易中侵犯了他人的知识产权,就违背了该国的法律规定,就会遭到该国相应的惩罚。销售包装问题往往就包含着知识产权问题。

3.考虑消费国的习俗

不同国家的人民对于图案和色彩有不同的爱好和禁忌。随着我国国际贸易的发展,出口商品销往的国家和地区也越来越多,因而在设计销售包装时应对不同国家和地区的习俗有更多的了解。例如,西欧人视红色为凶兆,日本人视荷花为丧花等。

(四)大力研究开发先进的包装技术设备

我国食品、农产品包装技术设备与国外相比差距很大,应大力研究开发先进的包装技术设备,这是包装能够最终实现其有效功能的技术保障。只有具备先进的包装技术设备,才能够真正让出口食品、农产品达到进口国的要求,实现出口产品量的大幅度增长。

复习思考题

1.国际物流的基本概念是什么?

2.简述国际物流与农产品国际贸易的关系。

3.我国农产品物流的特点是什么?

4.简述国际农产品运输的主要方式及影响运输方式选择的因素。

5.简述国际农产品运输条款的主要内容。

6.以海洋运输为例,简述国际农产品的主要保险种类。

7.以某一农产品为例,设计不同国际运输方式下其保险险别的选择。

8.简述进出口农产品包装的基本要求。

9.简述我国出口农产品包装的现状及完善对策。

本章参考文献

[1] 曾佑新,刘海燕.食品物流管理[M].北京:化学工业出版社,2007.

[2] 王广宇.电子商务与国际物流[J].发展,2004(9):46-47.

[3] 佚名.中国出入境检验检疫技术标准[EB/OL].(2001-09-27).http://www.xici.net/u5246575/d20966667.htm.

[4] 辛巧娟.我国食品和农产品出口包装桶的现状与要求[J].中国包装工业,2006(4):30-33.

[5] 孙建刚.出口食品农产品应如何包装[J].中国检验检疫,2005(3):49-50.

[6] 许丽明.国际出口贸易中货物包装若干问题的探讨[J].对外经贸实务,2010(6):61-63.

[7] 沈超.垂直于进口食品的跨境电商,"鲜 life"宣布已获千万人民币天使投资[EB/OL].(2014-12-18).http://36kr.com/p/217955.html.

【阅读与思考】

鲜 LIFE:专注于跨境食品的电商平台

以前的海淘、代购总体还算是一种轻模式,所以品类覆盖往往非常全面,但当业界竞争由平台转向供应链的时候,一些垂直型的玩家就应运而生,比如基本只卖婴儿纸尿裤的"尿布师",以及专注于海外食品的"鲜 LIFE"。

鲜 LIFE 是一家 2014 年上线的跨境食品电商,主要以精选品限时特卖模式进行销售。该公司于 2014 年年底宣布其获得了一笔千万元人民币级天使融资,投资人包括刁扬(现华兴投资银行负责人,前摩根大通投资银行媒体高科技组负责人)、漆峻泓(磨铁图书创始人兼董事长,曾发行《明朝那些事》《盗墓笔记》等),以及鲜 LIFE 创始人兼 CEO(首席执行官)肖欣。融资主要用于供应链建设以及跨境物流效率提升。

据了解,鲜 LIFE 项目筹备始于 2014 年年初,年底正式上线并推出了"7日必达"的体验承诺。创始人兼 CEO 肖欣毕业于清华大学,曾在香港金融机构工作十余年,为多家大型国内以及跨国消费类企业提供企业融资和兼并收购顾问服务,借此积累了较为深厚的海外供应链资源。

鲜 LIFE 的商业逻辑源于两个前提。

(1)国内中产家庭消费升级,对品质和健康的重视度极大提升,食品安全问题成为父母育儿的首要关切点。这直接带来的是对境外奶粉、辅食的需求增长。商务部数据显示,最近五年我国进口食品数量年均增长率达到 21.2%。

(2)消费者在海外食品的品类和时效性上的需求未得满足。现有电商网站品类匮乏,传统贸易模式周期过长,导致很多高品质进口食品没法在最佳食用期内进入市场,而海淘代购则难以掌控时间,货品物流安全也十分影响体验。

针对以上问题,鲜 LIFE 的解决办法主要是"最短供应链"和"物流系统对接"两项措施。

(1)最短供应链

鲜 LIFE 已与全球超过 500 个休闲食品、营养品、母婴食品(尤其是奶粉)品牌建立合作,所有产品据说均从当地获得品牌授权的最大代理商处直接进货,保证价格优势和数量稳定。比如在日本与红丸商社对接,在欧洲对接了德国、南欧最大的几家食品贸易商,在美国则从三大婴童辅食出口商处获得供货。

(2)物流系统对接

鲜 LIFE 与海关系统实现订单、运单、支付单三单信息的完整对接,利用消费者下单信息自动生成用于海关核查备案的单据,并实时同步物流实施、信用支付系统两方,形成闭环的管理链条,改善流程效率。

据肖欣介绍,用户在网站下单后,海外仓会在当天把包裹交给顺丰,当晚包裹乘专机直飞国内,第二天一早清关后就开始国内配送。通过国际物流和国内顺丰的无缝衔接,可以保证商品 7 天内到达消费者手中。而有意思的是,在这一过程中消费者的购买成本似乎并没有增加。肖欣表示,这主要源于集约采购、集约物流带来的规模经济效益,因此在物流速度和价格之间形成新的平衡。

[资料出处:沈超.垂直于进口食品的跨境电商,"鲜 LIFE"宣布已获千万人民币天使投资[EB/OL].(2014-12-18).http://36kr.com/p/217955.html]

思考:1. 简单总结鲜 LIFE 的商业模式。

2. 结合本章内容,指出鲜 LIFE 做跨境食品电商贸易需要解决哪些主要问题。

第十二章　国内外农产品物流案例

案例 1　雨润集团建设农副产品冷链物流中心项目

雨润控股集团是一家集食品、地产、商业、物流、旅游、金融和建筑等七大产业于一体的民营企业集团,总部位于江苏南京,员工总数近 13 万人,下属子(分)公司 300 多家,遍布全国 30 个省、自治区、直辖市。

2013 年 12 月 20 日至 21 日,由中国冷链物流联盟主办的第六届中国冷链物流行业年会在北京召开,来自全国各地的 600 多位企业家参会。年会公布 2013 年度雨润冷链物流在全国排前三名,雨润农产品集团总裁被评为"中国冷链十大杰出贡献人物"。

国务院于 2009 年制定《物流业调整和振兴规划》,作为物流产业综合性应对措施的行动方案,其主要任务之一是优化物流业发展的区域布局,其中以西安、兰州、乌鲁木齐为中心形成西北物流区域。西安也是国家规定的 21 个全国性物流节点城市之一,具有重要的物流发展战略地位。

雨润集团在西安规划建设农副产品冷链物流中心迎合了这一趋势,将在政策、经济、技术等方面得到政府的支持。同时,雨润农副产品全球采购中心的规划建设也应达到国家对物流产业的更高要求,建立新型信息化、高效率、高水平的物流中心。

项目的主要环节工程方案如下。

一、配送流程方案

雨润西安农副产品全球采购中心终端服务配送对象包括农产品零售门店和消费团体两个层面。其中农产品零售门店指超级市场、大型综合超市、便利店、农贸超市、电子购物网站等零售终端;消费团体指企业、机关、院校、部队、宾馆、饭店等团体消费单位。

配送品种包括本项目的肉类、果品、蔬菜及豆制品、淡水产品及家禽加工等加工品种,以及客户委托配送的其他农副产品。在配送作业时,根据产品特点,按照专业分工原则,配送作业流程体系采用闭环式体系,实行流水式作业、全过程监控。

本项目农副产品配送流程如图 12-1 所示。

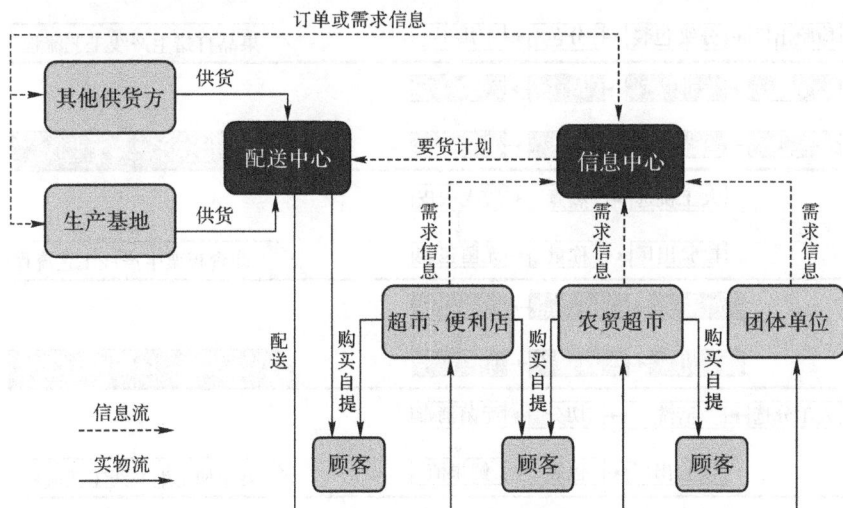

图 12-1　农副产品配送流程

资料来源：雨润西安农副产品全球采购中心项目文件

二、产品加工方案

结合本项目的目标定位，对肉类、果品、蔬菜和水产四类产品的工艺流程规划如下。

(一)肉类加工

本项目的肉类加工线主要指分割肉加工线，工艺流程如图 12-2 所示。

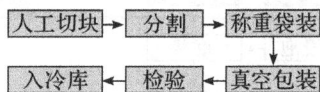

图 12-2　肉类加工工艺流程

资料来源：雨润西安农副产品全球采购中心项目文件

(二)果品加工

本项目的果品加工生产线包括果品打蜡生产线、即食甘蔗生产线、即食板栗生产线、即食玉米生产线、果汁加工生产线，工艺流程如图 12-3 所示。

(三)蔬菜加工

本项目的蔬菜类加工生产线主要包括蔬菜加工生产线和豆制品加工生产线，其中蔬菜加工工艺流程包括净菜加工和切割菜加工。考虑到绿色蔬菜的生产要

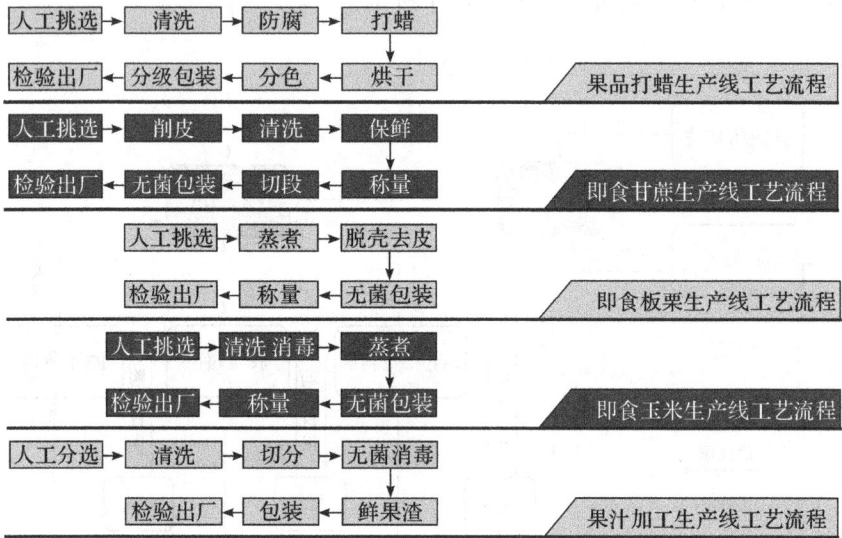

图 12-3　果品加工工艺流程
资料来源:雨润西安农副产品全球采购中心项目文件

求以及当地劳动力的情况,净菜加工拟采用半机械化方式进行。工艺流程如图
12-4 所示。

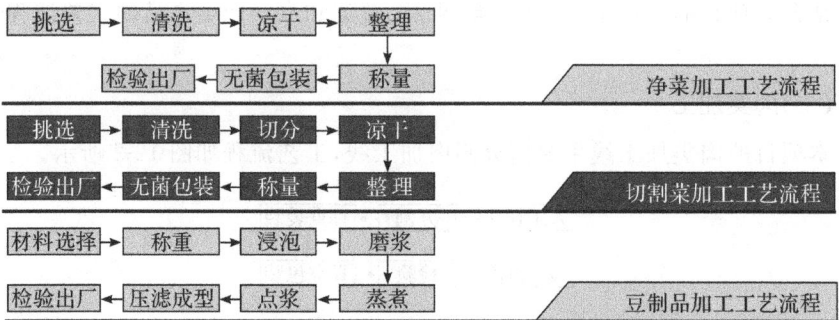

图 12-4　蔬菜加工工艺流程
资料来源:雨润西安农副产品全球采购中心项目文件

(四)水产加工

本项目的水产加工线主要指淡水产品加工线,包括速冻水产品加工、生鲜水
产品加工和鱼糜制品加工三种生产线,工艺流程如图 12-5 所示。

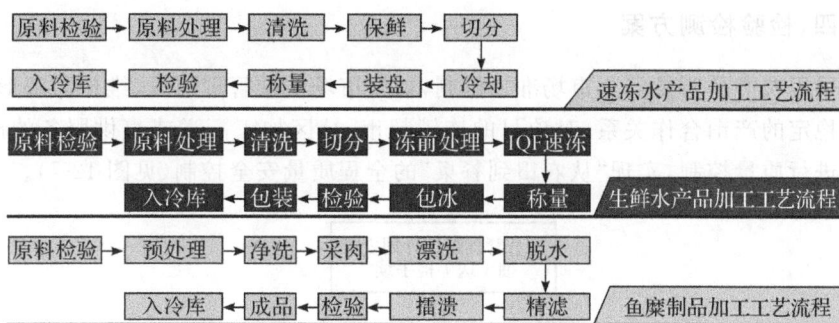

图 12-5　水产加工工艺流程

资料来源：雨润西安农副产品全球采购中心项目文件

三、信息系统方案

现代物流以信息化为重要标志。本项目拟建立农副产品物流配送管理信息系统（见图 12-6），从而实现西安地区乃至整个陕西省、全国、全球区域咨询互通、信息共享，保证农副产品的快速周转，有效降低库存，增强物流控制能力。

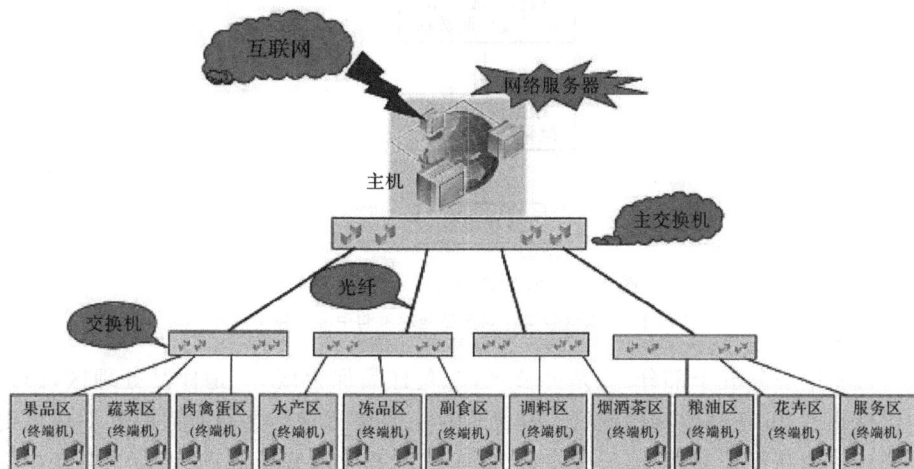

图 12-6　农副产品物流配送管理信息系统

资料来源：雨润西安农副产品全球采购中心项目文件

本项目信息系统即为商务电脑管理系统。数据库服务器管理中心的所有数据均可由各部门客户端进行存取。同时，中心的管理层可实时查看所需数据，各部门间的数据可以共享，以信息系统中心一体化确保中心内部数据的实时性、一致性、完整性。

四、检验检测方案

采用农产品质量安全市场准入机制，加强市场质量管理建设，维护品牌形象，建立稳定的产销合作关系；对项目的连锁超市、社区加工配送或直供服务的产品生产进行质量控制，实现"从农田到餐桌"的全程质量安全控制（见图 12-7）。

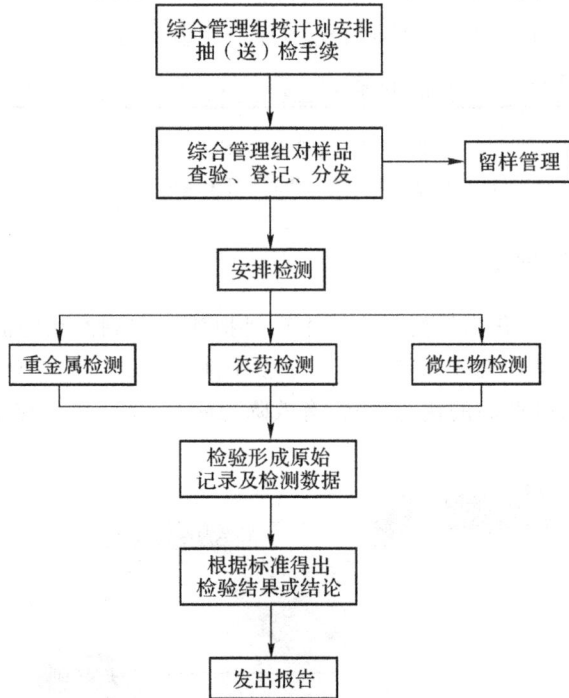

```
        综合管理组按计划安排
          抽（送）检手续
              │
              ▼
        综合管理组对样品
        查验、登记、分发 ──────→ 留样管理
              │
              ▼
           安排检测
              │
      ┌───────┼───────┐
      ▼       ▼       ▼
   重金属检测  农药检测  微生物检测
      └───────┼───────┘
              ▼
         检验形成原始
         记录及检测数据
              │
              ▼
         根据标准得出
         检验结果或结论
              │
              ▼
           发出报告
```

图 12-7　农副产品无公害检测流程

资料来源：雨润西安农副产品全球采购中心项目文件

检验中心分五个部分：一是办公区，二是样品保存区，三是样品处理区，四是理化检测区，五是微生物检测区。样品保存主要考虑保存物品所需的外部环境要符合相关物品保存要求，要配置空调、除湿机以及冰箱等设备；理化检测主要包括常规分析与有害元素、物质分析。

[资料出处：卢尚贤.农副产品冷链物流中心规划设计研究[D].西安：西安建筑科技大学,2015]

案例讨论：1.结合所学物流知识，概括雨润集团农副产品冷链物流中心建设项目有哪些亮点？

2.雨润集团该建设项目可能面临的问题有哪些？

案例2　Webvan之败,亚马逊成功

美国生鲜O2O一直不见起色,做了20年的Webvan失败了,做了不到10年的亚马逊成功了,这两个案例验证了"做农业要做减法"的核心观点,涉水这一领域,要把自己的市场集中在某个城市或者某个片区,甚至是极端的某个社区,集中拿订单才能压低自己的服务成本。

一、20多年前就开始做生鲜O2O的Webvan:把行业带入了深渊

比起生鲜O2O在中国如火如荼的发展,美国的生鲜O2O一直不见起色。其实,美国的生鲜O2O可以追溯到1996年。但是我们都会疑惑,美国20多年前就有生鲜O2O了,可为什么落后于中国? 究其原因,必须从一家名叫Webvan的公司说起。

Webvan创办于1996年,是一家理念非常超前的生鲜果蔬公司,线上交易、线下运输,有自己的仓储、分销系统,配送的是新鲜的杂货。今天看来这没什么特别的,但是在20多年前,这是实现了巨大的突破的。

我们来看一下这家公司的发展。这家公司1996年12月成立,成立2个月之后,风险投资(VC)跟进。1997年,VC投入第一笔钱,经过两年的研发,Webvan的第一个仓储系统全面上线,上线1个月之后,开始接受第一笔订单,第一次真正跟用户亲密接触。

Webvan的仓储系统于1999年建成,位于旧金山,可以覆盖旧金山及其附近100千米半径的范围。仓储系统的建设包含了非常复杂的算法,即使放在现在,某些方面也很先进。我们可以从两个基本数据看到建造这个仓储系统花费了多少心血——投入4000万美元,仅仅是各种线路就花费了500万美元。

同样在1999年,Webvan签订了一份10亿美元的合约,把仓储系统在全美复制。签约之后1个月,1999年8月首次公开募股(IPO),Webvan备受追捧,在最高点时市值达到了80亿美元。但是Webvan最终的命运是在运行了不到2年,也就是在2001年7月,宣告破产。

如果把它的订单数和消耗的资金做一个对比,可以发现,Webvan每接受一笔订单,消耗的资金是130美元。不仅如此,这家公司的破产不仅把自己带入了深渊,更是把整个生鲜O2O行业带入了深渊。

这家公司的惨败,导致很长一段时间所有的VC都不敢踏入这个行业,直到2011年才又有VC开始进入。这就是为什么美国生鲜行业O2O在20多年前就开始了,现在却落后于中国。

我们想一下,在旧金山用 4000 万美元建一个仓库,要让这个仓库实现收支平衡,关键的指标是什么?是订单数。而这家公司没有一个仓库达到了收支平衡点,没有一个仓库吸引的订单数能够接近这个平衡点,每一个仓库的订单数都远远落后于这个平衡点。

这家公司在没有达到收支平衡点之前,就已经覆盖到 33 个城市,这就是公司破产的原因。这个例子引发了美国 VC 界对这种"火箭发射式"创业逻辑的反思。

二、Webvan 带给硅谷的启示:"火箭发射式"创业是不行的

美国硅谷从 20 世纪 70 年代起一直到 2000 年,创业采取的都是"火箭式发射"的创业逻辑。这里必须解释一下什么是"火箭发射式"创业。

这种创业逻辑的起点是以创业者自我为中心。"火箭发射式"创业往往开始于天才人物的天才构思,他们认为创业环境是高度可控的,创业的各种参数是高度确定的,未来是可以被高度准确地预测和分析的。另外,他们认为用户需求基本是已知的,解决方案也是非常确定的。打个比方,就等于起点固定,终点固定,赛道也固定,创业团队要做的就是不断计划、执行和优化。

但是 Webvan 的失败,以及互联网泡沫的毁灭,让硅谷开始反思"火箭发射式"创业逻辑。这个反思就是把创业者从一个高度可控的环境中,推到一个高度不可控的环境中,这就是四五年前硅谷掀起的"精益创业"运动。

"精益创业"模式和"火箭发射式"创业模式最大的区别是,精益创业不是"以创业者自我为中心"开始创业的,而是真正聚焦于"以用户为起点"的创业模式,通过和用户互动来完成创业的过程。

在"火箭发射式"创业方式下,用户的痛点和解决方案可以计划,可以预测。而在"精益创业"方式下,无论经过多么仔细的计划和预测,用户的痛点都是不可知的,真实有效的解决方案是什么也不可知。

如果做一个图解,我们可以看到,创业者自己想象的用户痛点和真实的用户痛点之间有着巨大的鸿沟,无论做多么仔细的计划,用户痛点和解决方案之间总是存在一个鸿沟。而这个鸿沟,可以通过精益创业方式尽量弥补。

三、亚马逊如何在生鲜 O2O 领域精益创业?

我们可以再用一个小例子来表现"精益创业"模式和"火箭发射式"创业模式的本质区别。这个案例和 Webvan 有一些相似之处。

Webvan 破产 6 年之后的 2007 年,有一家公司悄悄进入了生鲜果蔬在线销售行列,这就是亚马逊公司。亚马逊公司成立了一个在线销售生鲜果蔬的部门 Fresh,但是 Fresh 采取的不是"火箭发射式"创业方式,而是"精益创业"方式。

亚马逊分布全球，但是 2007 年亚马逊进入这个行业时只选取了一个城市——西雅图。为什么选择西雅图？因为调查显示，在美国，西雅图对新鲜事物的接受度排名第一位。Fresh 也不是覆盖整个城市，而是选择了西雅图的几个小区，选择的小区也有自己的特点。

中国的生鲜 O2O 从外面学到了很多，例如聚焦收入较高、居住密度比较高的小区。居住密度在中国不是问题，中国一个小区就有上千户居民，但是在美国这是一个很大的问题。当时亚马逊聚焦的小区也有这两个特点：一个是居民收入相对较高，另一个是居住密度较高。

这个模式测试 5 年之后，亚马逊才开始进入第二个城市——洛杉矶。2012年，Fresh 进入洛杉矶，同样不是进入整个城市，而是只覆盖几个小区。几年过去了，他们还在不断测试。2015 年，他们还没有进入第三个城市，还是只在西雅图和洛杉矶。

四、亚马逊的模式是"精益创业"模式

对 Fresh 分析可以发现两个关键信息。第一个关键信息是，使用亚马逊服务的必须是高级会员，而且必须另外付 299 美元，可见精益创业持有做减法的态度，做加法之前先滤掉不相关的用户。299 美元说明这批人有两个重要特征：第一，这批人对解决方案高度苛求，能够容忍初始解决方案的不完美；第二，一旦解决方案对他们有作用，他们便有很强的传播力。

第二个关键信息是，采用同样的商业模式，拥有同样的创业热情，当使用不同的创业方法论时，可能有截然不同的结果。

"精益创业"的五大原则如下：
(1)用户导向：以用户为中心，不是以自我为中心；
(2)行动导向：行动优先于认知；
(3)科学试错：通过科学试错深化认知；
(4)目标可移：在实施的过程中不断调整创业路径；
(5)快速迭代：用最低的成本、最快的速度迭代。

[资料出处：佚名.血淋淋的生鲜电商案例：Webvan 之败，亚马逊成功[EB/OL].
(2015-02-11).http://www.sohu.com/a/2114587_114990]

案例讨论：1.从农产品物流配送和仓储方面对比分析以上两家生鲜农产品电商企业创业要解决的核心问题。

2.在中国冷链物流发展还不健全的时候，如何用精益创业思维来解决农产品配送问题？

案例 3　英国乐购公司(Tesco)食品供应链中第二代托盘的使用

Tesco 创始于 1919 年,是英国最大的零售商,也是全球三大零售企业之一。Tesco 在全球拥有门店数量超过 2800 家,分布在 13 个国家,在《财富》杂志"2008 年全球 500 强企业"排名中名列第 51 位。

中国的乐购最早是由台湾顶新国际集团于 1997 年在上海创立的连锁超市品牌,2004 年 7 月和 2006 年 12 月,英国的零售商 Tesco 先后分两次共计购入乐购 90％的股份,取得对乐购的绝对控股地位,随后将乐购改名为 Tesco 乐购。截至 2008 年 10 月,Tesco 乐购在华东、华北和华南三个区域的 22 个城市拥有 58 家大卖场,卖场面积达 48 万多平方米,员工数达 17600 名。

自取得对乐购的绝对控股权以后,Tesco 中国区建立起与英国总部垂直对应的管理架构,成立由 4 人组成的董事会,成员为中国区总裁兼首席执行官陶尔康、副总裁庄南滨、地产长以及财务官,下设由各个主要部门的十几个负责人组成的执行委员会,统筹相关工作。Tesco 中国区被分为华北、东北、华东、华南等 4 个大区,分别在北京、沈阳、上海、广州设立 4 个分公司,各门店隶属于分公司管理。随后,公司启动了一项被称为 TOM(Tesco Operation Model,中文译为"Tesco 运营模式")的系统。

乐购是处于世界领先地位的食品零售商之一,很多研究人员都对这个领军者进行过分析,其中对其分销模式变革进行的研究尤其多,在此背景下,案例研究得到了进一步发展。如果想要了解更多有关乐购分销系统的信息,可以参考史密斯(Smith D L G)和斯帕克斯(Sparks L)的研究以及他们研究中所涉及的参考文献。

本案例主要探讨 Tesco 如何通过促进物流中包装环节的变化和供应链管理方式的变革来改善物流现状。

一、乐购供应链中第二代托盘的产生背景和开发过程

众所周知,生鲜食品的销售方式已经有了变化。可以明确地说,生鲜食品的销售方面有了巨大的变革。这种变革在欧洲非常明显,且同时发生在食品零售方式和商超内食品摆放与销售的技巧上。在许多国家,销售结构的巨大变革同时也改变了供应系统,销售上通过增加主动权逐渐控制了生产者、加工商和批发商。其中一些物流变化是由法律上对健康安全食品的供应的要求所引起的。另外一些变化则与消费者需求的变化和加工商、销售商开发新产品有关。

与此同时,对于可以通过简化和再造供应链特别是生鲜食品供应链从而获得

更高效率的这种认识,也导致了物流的巨大变化。

尤其是改善包装物流后,更好的及时的、适当的处理和供应解决方案也随之产生。产品的包装、处理和转移已成为被零售商和供应商,包括生产商、制造商、物流服务供应商、处理系统的供应商所关注的重点。

20世纪90年代初,欧盟立法部门制定的关于可回收包装计划的法规即将实施,该法律要求零售商和供应商对其零售商品去除次级包装,违者将处以罚款。在现行包装体系下,次级包装的处理方法一般有两种:被直接扔掉或者以极其繁杂的方式再回收。作为食品零售商的领军者,乐购决定快速做出反应,争取在该项法规正式实施以前在其商店和供应商中普及一种全新的包装方法。

在正式介绍乐购案例前,我们先来了解一下乐购供应链发展的背景。在乐购的商品销售范围中,冷藏生鲜食品的种类很多,占很大比重,且比重日益大幅度上升。供应链物流进程的加速节约了时间,使得生鲜食品可以在消费者的家里储藏更长的时间。而生鲜食品从供应商到零售货物架的快速运转,也使得整条供应链存货数量大为降低,因为在途运输时间是商品货架周期的一部分(现在在途运输时间短了,存货周转速度就快了,存货数量也就降低了)。另外,零售店还需要对货物上架所需劳动力成本进行检测,当时已经研究出新的方法提高检测效率。以上这些趋势和现象正是乐购发展第二代塑料托盘和建立全国回收服务单元(RSU)网络的背景。

乐购供应链变化的各项计划受到严格的时间限制,因为乐购必须在法案正式实施以前完成转变,最终乐购通过"三部曲"完成了转型。第一阶段,1990—1992年,董事会做出决策并着手准备;第二阶段,1992—1994年,全国第二代塑料托盘回收利用网络建立;第三阶段,1995—1997年,不断推进应用塑料托盘的环保型商业经营。

第一阶段:1990—1992年。董事会做出决策并着手开发一种零售店去除次级包装的全新方法,即建立专业化回收服务单元来负责回收塑料、硬纸板和清洗体积越来越庞大的塑料托盘,这样供应商可以重复利用这些托盘。这项战略对欧盟即将实施的关于包装要求的法律进行了重新定位,把威胁转变成了商机。董事会的决策是基于收益—成本分析制定的,成本主要包括为免受欧盟法律惩罚而进行的各种转变的实施成本,而收益则可多方共享并贯穿了整个商业活动,包括零售、商业、物流、供应商和环境收益。对于零售店来说,使用这种塑料托盘来陈列商品,尤其是果蔬产品,可以提高工作效率;对于商业经营者来说,主管部门可以按照使用塑料托盘代替瓦楞纸次级包装得到的成本节约对不同产品进行排序,然后有步骤地推广使用,提高利润;对于物流来说,使用托盘可以加速物料搬运、装卸和减少堆积;对于供应商来说,托盘的循环利用为他们减少了包装成本;而就环境收益来说,使用塑料托盘在改善环境的同时,也提升了乐购公司的"良好公民"形象。

　　第二阶段:1992—1994 年。这是决策后的实施阶段,也是一个与法律实施的"最终期限"赛跑的紧张阶段。回收服务单元的国内网络系统要建立在综合配送中心附近,所有生鲜系列商品都在此进行装卸。不管是以前通过商店垃圾压缩机处理的纸板、塑料包装还是最新应用的塑料托盘,都由综合运货汽车运送至仓库后立即被回收,并载回原厂家。于是产品运送至配送中心后,供应商可以立即回收所需托盘。不过,供应商要是想通过应用最佳实务来分享收益,就必须与乐购公司签订关于可回收服务单元的合同,这也是乐购战略的一部分。合同要求所有回收单位都要符合统一的设计标准。为了尽可能地降低土地和建筑成本,设计时要考虑到回收单位的运作能力和所需空间问题,其中一个影响空间大小的因素是塑料托盘所需闲置空间的配套比例。关于这个比例,第一代托盘是 2∶1,第二代托盘的目标是 4∶1,但这在当时可不是一个简单的任务,不过托盘制造商最后还是实现了这一目标。商业主管部门负责对哪些商品将使用塑料托盘进行规划并向相应的供应商说明合作原则。经过不懈努力,乐购战略的实施终于"击败"了法律实施的最终期限,第一个回收服务单元于 1995 年正式建成并邀请农业与环境部部长约翰·古默(John Gummer)参与落成剪彩仪式,部长称赞这个项目为英联邦环保日程的首创之举,为同行树立了表率。

　　第三阶段,1995—1997 年。这一阶段是应用塑料托盘的产品数量不断上升的时期,年营业额增至 1 亿元。使用塑料托盘的单位成本的大小与使用这种回收服务单元网络的商品总量有关。第一批适用商品是新鲜果蔬,这是因为以前用于果蔬次级包装的高质量瓦楞纸成本太高。第二批商品是生鲜肉类和家禽类,这是因为当时它们已经形成集中化生产体系,加工成形的肉类、禽类可以直接放入塑料托盘,再通过物流供应链快速进入零售店,在综合配送中心根本没有存货剩余,而且生产数量是由预期零售量决定的,在供应链中不留保险储备。在按照材料订单进行搬运和集装配送的过程中,塑料托盘可以充分保护商品。第三批商品比前两批轻,瓦楞纸包装成本也较低,因此在使用塑料托盘时也要求更低的成本,这样才能保证经济效益(否则就得不偿失了)。现在这是可行的了,因为塑料托盘销售总量上升到了更高的水平,这意味着成本的降低。在选择下一批(第三批)商品时,商业、零售、供应链和物流成本的节约收益进行加总,来综合评价得失,最后选出了专业烘焙产品,比如新月形面酥和酥皮糕点。到 2004 年,乐购已将塑料托盘业务发展到 750 亿盘的库存量,年处理能力达到 200 亿盘。包括所有供应商在内的这项计划的一个重要组成部分是在一个回收服务单元举办的"供应商日"。一些供应商和来自商业、技术、供应链、物流、零售的代表相聚在此,探讨托盘应用时的产品最优配置,并总结供应链变化的启示。这项活动得到了参与这项变革的广大供应商的积极参与,而且对他们的生产和包装技术具有重要意义。在此阶段,更多的反馈性评价来自供应商,他们集中讨论了服务于零售者的批发行业。讨论结果达成了这样一个共识——所有零售商从过去使用各自的特殊标准改为使用统一的设计标准,以避免复杂的成本支出。

二、回收服务单元运作和第二代塑料托盘的出现

使用回收服务单元的目的就是通过回收再利用和尽可能多次的重复利用,使将来要被扔进垃圾堆的次级包装的数量最小化。瓦楞纸板和塑料包装材料会被再回收到工业生产中;塑料托盘在供应链中可以被多次重复使用,最后被压碎成制造塑料托盘或货板的工业原料。

对于不同种类的纸板、塑料包装和塑料托盘,它们在回收服务单元经历的处理程序是各不相同的,因此把它们从商店运到回收服务单元各个部门之后就需要立即进行分类,然后将其再回收或者直接清洗。纸板和塑料包装被放进不同的垃圾压实机,然后生成可再回收的垃圾捆,再把它们按照国家合同卖给市场,合同价比以往各个商店分别谈判后的出售价更高。

现在零售供应链里的瓦楞板次级包装仍然占据相当大的比例。零售店里的员工把空的硬纸盒压平,再用翻滚护架运回回收服务单元。在那里,瓦楞纸板被压缩成碾磨机大小的重 600 千克的大包,并按照合同规定运到将其回收再利用的造纸厂。从回收服务单元到造纸厂的运输过程进行着循环运作,空的挂车停在回收服务单元,被装满后就离开,然后另一个空车又紧接着上来装货。乐购商店产生的可回收材料总量大约有 10 万吨,相当于一个中等规模造纸厂的生产量。塑料包装的处理过程与此相似。而空塑料托盘在零售店按大小分类,再被送到回收服务单元进行清洗,最后再被分发给供应商。

回收服务单元的地面面积是设计方案的一个关键部分,因为用在这个商业单元上的土地和建筑成本是严格受限的。最终设计方案是回收服务单元占地 75000 平方英尺(约合 7000 平方米),并被分成各个部分加以利用——瓦楞纸堆、塑料堆、清洗托盘的设备、洁净盘存储以及分发托盘的空间,可以这样做的直接原因就是第二代托盘的配套使用空间被改进成 4∶1。由于第一代塑料托盘所需配套空间的效率是第二代的一半(2∶1),因此若是使用第一代托盘,就会增加物理空间,需要占地面积为 10 万平方英尺(约合 9290 平方米)的回收服务单元——增加的空间用于储存待洗和洗净的托盘。这就激励着第二代托盘的开发,即内部空间大小不变,但是配套占地空间的比例为 4∶1。

使用塑料托盘销售的产品总量是总销售量的 15%。在每个回收服务单元里有 4 个托盘清洗用机器,这不仅保证了 Tesco 自身所需处理能力,甚至拥有了对外服务的能力。回收服务单元的废水会被再回收,技术专家检测水质和托盘的清洁度以确保它们符合卫生标准,这样托盘才能在受到高度重视的食品生产环境下被重复使用。处理完的托盘会被堆码到货板上,堆放高度和数量都符合统一标

准,于是供应商通过计数货板的数量就能确定是否回收了正确数量的托盘。洗净的托盘的存储和发放一直在循环进行,供应商可以通过一个 36 小时营业的窗口(a 36-hour window)来随时收集洁净托盘。另外,供应商还可以选择从离他们的加工设备较近的当地回收服务单元来回收洁净托盘,这样就可以降低运输成本,也为他们提供了将洁净托盘储存在合理营运水平的灵活性。

第二代塑料托盘大小为 600 毫米×400 毫米,同时还有 300 毫米×400 毫米大小的半托盘。它们带有可折叠和可调整的把手,因此可以根据产品类型调节高度,这就提高了空间的利用效率。空间利用效率太低正是第一代托盘相比于瓦楞次级包装的一个缺点,因为瓦楞包装都是根据产品特性而设计的(因此会很好地互相匹配)。为了找到可行的解决方案,既保持塑料托盘系统的显著优势——快速搬运和保护产品,同时又把空间利用的低效率损失降至最低,公司在设计阶段做出了相当大的研发努力。

第二代 600 毫米×400 毫米的塑料托盘被设计成一个模块系统,在从供应商到零售店这一供应链里的搬运和运输过程中,它可以与其他一些设备一起高效工作。托盘既适合欧洲式货板又适合英国式货板,当时这一模块系统的进一步发展就是手推车的诞生。手推车是一个轮子上的塑料基地,可以放 50 个托盘,分 2 排,每排 25 个,顶上有一个弹夹用来固定托盘的位置。手推车的应用提高了零售店搬运、仓库搬运和运输模块的效率。在零售店和仓库里,手推车是很受欢迎的,因为它们移动起来比较方便,不用的时候又可以堆码起来,从而节省了空间。整个第二代托盘和手推车系统设计方案的发展提高了供应链、物流、零售的生产和运用效率。这些都是乐购公司引导的这项变革的重要收益,从最初的静态仓储到现代的动态、快速移动、定制化产品服务的变化实现了供应链"零库存"(除了在供应商、配送商和零售商之间的运输)。

乐购公司中食品供应链中第二代托盘的使用计划不仅给零售端、物流和供应链运作带来了好处,也给消费者和环境带来了益处。这些利益再加上乐购公司日益上升的实力和零售业领军者地位,使得乐购牢牢地抓住了这次新的再回收利用法案带来的挑战和机遇,把它转化成了商业优势。

[周洁红、李亚男根据该文献及网络相关资料改编:Gustafsson K,Jonson G,Smith D,et al. Retailing logistics and fresh food packing:managing change in the supply chain[M]. London:Kogan Page,2006:121-126]

案例讨论:1. 从乐购公司已有的供应链管理技术、零售供应从静态存储到供应链各方快速运转的环境变化、超市供应链整体效率(搬运成本和零售店产品陈列的成本驱动)、与供应商合作等多角度剖析该项目成功的原因和前提条件。

2. 从供应链整体效率角度，分析当前环境下本土超市实施这一战略的可行性。

参考文献：

[1] Smith D L G，Sparks L. The Transformation of physical distribution in retailing：the example of Tesco plc[J]. International Review of Retail，Distribution and Consumer Research，1993(3)：35-64.

[2] Smith D L G，Sparks L. Logistics in Tesco：past，present and future[M]//Fernie J，Sparks L. Logistics and retail management. 2nd. London：Kogan Page，2004：101-120.

[3] Sparks L. The changing structure of distribution in retail companies[J]. Transaction of the Institute of British Geographers，1986(1)：147-154.

[4] 经纬. TESCO 在中国，在稳健中提速[J]. 中国高新区，2011(9)：130-132.

案例 4   永辉超市生鲜产业链的整合

永辉超市股份有限公司创办于 1998 年，是中国大陆第一家将生鲜农产品引进现代超市的流通企业，经过十多年的发展，已成为以零售业为龙头，以现代物流为支撑，以食品工业和现代农业为两翼，以实业开发为基础的大型企业集团，是福建省商业流通及农业产业化的双龙头企业。截至 2009 年，拥有连锁超市门店达 129 家（未含便利店），连锁经营面积超过 60 万平方米，2009 年公司销售总额超过 100 亿元，位列中国连锁百强企业第 45 位。

永辉过去数年间也遭遇过大型超市带来的威胁，但依靠比大型超市更便宜的生鲜价格，永辉超市生鲜业务的毛利率高于行业平均水平，永辉不仅活了下来，而且成为福建最大的连锁超市。

一、经营生鲜的背景

与全国其他省会城市一样，福州超市业态成熟，早在 1999 年，沃尔玛和麦德龙就已经进驻，家乐福也随后跟进，国内实力雄厚的卖场也纷纷开业。资金和规模都非常有限的永辉，在开业之初就深入考察了超市业态的特点和竞争对手的优劣势。永辉决策者发现，在超市零售行业，沃尔玛、家乐福等巨头在资金实力、业态规模、信息化管理等方面都有很大优势，本土超市在较长一段时间内都很难追赶。但"大鳄"虽然"吓人"，却都有一个软肋，那就是在生鲜经营上力不从心。在大型超市中，生鲜通常只占小小一角，种类也有限，即便是在顾客生鲜需求更旺盛的社区超市中,生鲜食品所占的面积也通常不超过 1/4。超市把生鲜视为鸡肋自有其原因:中国的农业产业化程度低,饮食习惯复杂多样,国内没有标准化的农产品,缺乏完整的冷链供应,更没有深加工冷链食品的消费方式和消费市场。所以进货时,超市不能像经营其他产品业务一样,只需和少数几个厂家谈妥,而是需要面对难以计数的农户,超市很难派出足够多、足够可靠的人员前去采购。超市的通行做法是向大的蔬果批发商、大型屠宰厂采买生鲜食品。可是,中间任何一级批发商都有可能违背合约、私调价格,中间任何一级仓储方都有可能以次充好、以少充多。且这类商品不易存储,动辄发蔫腐坏,损耗过大。曾任华堂等超市经理的宗杰向《第一财经周刊》记者表示,通常生鲜类产品的毛利率只有 7% 左右,远低于日用品等产品至少 20% 的毛利率。因此,虽然居民区的消费者总得买菜做饭,生鲜类产品是消费最频繁、最能带动客流量的产品,但超市通常都把它看成鸡肋。

作为初创企业,竞争对手的"软肋"就是自己的机会,永辉要想在超市行业立足,只能挖空心思啃生鲜经营这块"硬骨头"。国内生鲜产品主要由农贸市场零散经营,而农贸市场的"杂、乱、脏"有目共睹,管理不善、秩序不好、质量无保证等问题突出,各地政府都在着力进行整顿。永辉开业不久正好赶上福州市政府全力推行"农改超",永辉的经营模式受到肯定,政府政策对永辉早期成长起到了很大的驱动作用。就这样,永辉以经营生鲜切入超市零售行业。

二、供应链创新

为了求生而接受 7% 的低毛利率显然不是什么好办法,但由于顾客购买生鲜比较频繁,其对产品质量、品种和价格非常敏感。要解决利润低的问题,永辉的对策是抛弃掉层层加价的大小批发商,做费时费力的直接采购,建立自己的供应链网络。

(一)永辉庞大的生鲜采购队伍

永辉组织了一支超过 300 人的采购团队,在全国各地具备价格和质量比较优势的几十个生鲜产品原产地里,寻找货源,向国内 20 多个采购基地派遣采购员,采购员常年蹲点以保证最低的价格和足额供应。这些采购员一直上溯到最源头的农田、果园、养殖场、渔船。永辉给采购部门的支持力度非常大,随着永辉店面数量的增加,这批采购员的手笔也越来越大,在觉得某个果园的水果不错后,他们就会谈全部包销的买卖。另有一批配合前端采购员的员工怀揣现金,一旦生意谈妥,他们立刻付账,如直接去农户家采购东北的大米、绿豆,山东的家禽,广东佛山的水果等。为了运输海鲜等活物,永辉自己买了价格不菲的专业运输车直接接应。

(二)永辉采购的多种合作模式

为了降低采购成本,确保多品类的生鲜产品供应,永辉在 2003 年自建了蔬菜基地、养殖基地和粮食加工厂,逐渐强化自身的产品供应保障能力,确立超市经营生鲜的品种优势,增强在空间及时间上主动调配市场的能力,增加对采购基地的谈判砝码,通过向上整合进一步赢得利润空间。目前,永辉在长三角、珠三角直至黑龙江、山东、云南等地发展了 17000 多亩(1 亩≈666.7 平方米)不同品种的果蔬和养殖基地,通过自建基地、协议基地以及基地合同购销等多种合作模式将自己的供应链终端延伸到田间地头。如采购鲜活商品时,永辉把采购船直接开进海中向渔船采购;在水果采购中,永辉常常把整个果园包下,自己进行水果分级分拣,把低等级的放进卖场做促销。虽然自产产品占永辉总销量的比例不多,但却使得这家公司更清楚生鲜的成本几何,知道如何辨别产品优劣,谈价时更有优势。

"拿到别人拿不到的货,是直采的另一个价值。"宗杰称。这样做除了能吸引顾客外,还能扩大利润空间。在尚有寒意的 4 月初,这家超市已经有本该夏天才有的嫩玉米出售;多数超市没有的鲜竹笋,永辉却有 3 个品种;在它的鱼缸内,游弋着海鳗等 40 多种活海鲜。

通过"产地—超市采购员"的二元渠道进行统一采购的自营模式,永辉可以提供比其他超市更便宜的生鲜产品。在挂着大幅"新鲜你的生活"生鲜产品海报的卜蜂莲花六里桥店中,很多蔬果的价格其实与永辉超市相同,但是永辉超市的部分品种价格更低。永辉超市附近的水果摊大柿果卖 6 元一斤,而永辉超市只卖 4元多。

(三)永辉升级的农超对接

仅靠直接采购,永辉还不足以维持生鲜低价的优势,特别是当国内外超市逐渐开始复制永辉的农超对接的模式时。不过,永辉和农民兄弟建立起了更为紧密的合作关系。当沃尔玛、家乐福等超市通过农业基地只针对优势产品进行大面积运作时,永辉则根据当地人的生活习惯和喜好、特色,合理分散产地规划种植,以强大的灵活性将本土优势充分发挥出来。为了避免采购量过大造成浪费,确保采购量的精确性以及生鲜产品的品质和品类,永辉不仅免费给农民提供种子,确定种植面积、品种、标准,按协议价格收购农产品,还建立了专业的管理咨询团队,为合作基地和农民提供生产加工、包装、物流及市场运作等全方位专业培训与咨询。永辉的这种做法使其在农产品新品、特色品种引进和反季节种植等方面取得了巨大成效,不仅扩充了特色生鲜品种,而且最大程度降低了采购浪费,获得了成本优势。

由于是和农民兄弟打交道,当其他超市和供应商、批发商由于付款摩擦而与农民"面和心不和"时,永辉以其"自主资金链模式"形成了良好的客户口碑。永辉在付款方式上建立了定时结算制度,农副产品大都当天结算。由于生产产品没有账期,在永辉不会出现拖欠货款的现象,有时候为了预订一些产品,永辉还会预付一些货款。

三、向损耗要利润

产品损耗量大这个难题也是在以往菜市场和超市生鲜部的对决中,菜市场通常能够胜出的原因之一。菜市场的小菜贩的货品通常也不是直接采购而来,而是同样经过了新发地这样的蔬菜批发商的。不过由于拿货量少,进货价甚至比超市更高,但他们通常却价格更便宜,菜品更新鲜。究其秘诀,是小菜摊老板的菜品损耗量更低。他们通常会赶早市,直接拿到新鲜货品,而超市可能在仓储时就已经有损耗。对作为自己生计来源的生鲜,小菜贩们在运输途中会留心避免磕碰,超市配送则未必小心。摆放时的手法也会影响损耗量,手稍重一点,苹果之类的东西就可能被磕出疤痕,加上小菜贩每天只需照看眼前的一摊菜,喷水、打理得更为勤快,所以通常菜贩卖的菜看上去更新鲜、品相更好,因此形成良性循环,卖得快、损耗少。而一般超市的生鲜损耗率却高达 20%。

永辉降低损耗的办法,本质上与小菜贩类似。它要求送货者在开店前数小时到达,尽量缩短生鲜躺在货架上等待顾客的时间。像鱼的配送,从捕捞到门店销售,全程供氧,鱼基本不出水面,大大降低了鱼类的损耗。为保证生鲜配送时尽量缩短货架时间,永辉通过规模庞大的保鲜库,将需要保鲜的产品放进保险库储存,同时加强理货员的培训管理。永辉生鲜区的理货人员数量在全国商超中是最多的,在门店扩张过程中,永辉非常注重理货员的培训,采用资深理货员师傅带徒弟的管理方式。如北京永辉开张时,永辉公司专门从福建调来了几名资深理货员来培训北京的新店员,他们教授的主要技能就是怎么处理生鲜,比如规定粗茎芹菜应该每棵都扎一圈胶带,以减少顾客翻捡时的磕碰;铺冰货架上摆的鱼只放一排,随缺随补,以延长保鲜期;陈列不追求数量。在永辉的货架上,像韭菜、菠菜等叶菜,都被扎成很小的捆,并码放得非常整齐,而像洋葱、青椒等,也被两两包装在一起,大大减少顾客的翻捡。猪排骨一次就摆放 5 块左右,根据销售状况,现卖现补。精细的理货,使永辉的生鲜陈列与其他卖场有着明显的不同,永辉的陈列不追求数量,无论是蔬菜还是水果,都是平摊式的薄薄一层,最多两层,而且在这些很少量的蔬菜水果中,几乎找不到次品,让顾客根本用不着左挑右选。需要补充的蔬菜和水果就在货架下面,理货员随时可以补货。据称,永辉的生鲜损耗率仅为3%。低成本加上低损耗,永辉的生鲜毛利率得以超过同行 7%的水准,达到 16%。

案例讨论:1. 从产业链整合的角度,剖析永辉生鲜经营成功的原因与现有模式存在的前提。

2. 随着国家土地流转政策的推出,未来中国生鲜流通企业的发展趋势如何,在这个趋势中永辉的机遇和挑战是什么?

参考文献:

[1] 潘东燕.永辉如何重塑产业链[J].北大商业评论,2009(12):84-90.

[2] 杨轩.永辉超市依靠超低价生鲜产品赢下生存空间[EB/OL].(2010-04-09).http://finance.qq.com/a/20100409/006473.htm.

案例 5　金忠的猪肉供应链管理

一、导　论

金忠食品有限公司(以下简称"金忠")位于四川省成都市下属邛崃市,是我国西南地区猪肉生产加工公司中的龙头企业。

2005 年 6 月一个炎热的早晨,邛崃市畜牧局副局长侯明军赶到金忠董事长刘翔的办公室,说:"老刘你知道吗? 在离我们不远的地方一些流行性疾病正在蔓延,我担心这些病很快会传播到我们市。我们得共同努力才能预防这些疾病,你看我们怎么办?"刘翔回答说:"首先,政府需要鼓励农民接种疫苗,这样他们的农场就不会受到影响。其次,我们可以创建一个组织,把偏远地区的农民组织起来,这样我们就可以更好地了解他们的生猪生产过程,同时我们可以大规模地对他们进行培训,降低未来农场发生疾病的概率。"刘翔接着补充说道:"建立一个这样的组织对我们公司也是有好处的,因为我们可以同农民签订合同,让他们把猪卖给我们。这样我们会获得更稳定、更优质的猪肉供应。""那么,我们要建立一个什么样的组织,怎么去建立呢?"刘翔的话引发了侯明军的思考。

这次会面,侯明军又跟刘翔进行了几轮讨论。侯明军发现水果蔬菜行业有合作社,认为建立由金忠主导的合作社是个好主意。刘翔也觉得这个想法很棒,于是在 2005 年 8 月,在邛崃市政府和当地小农户的支持下,金忠组建了一个名为"金立"的合作社。这是我国猪肉行业的第一个合作社。2005 年至 2015 年的十年间,金立合作社为金忠和当地养猪户带来了好处。金立合作社为小规模的养猪户提供指导和培训,帮助他们提高生产能力。通过与当地农民签约,金忠的生猪来源更稳定,生猪的质量也得到了保障。

然而,在同金立合作社协作的过程中,金忠也遇到了一些问题。由于我国猪肉市场价格波动巨大,合作社里的小规模养猪户违反合作协议的情况时有发生。除此之外,金忠不可能完全控制小规模农户的养猪质量,因为金忠不能监督农民的整个生产过程。这些给公司带来了潜在的质量风险。对于刘翔来说,保障食品质量安全和优质以及稳定的猪肉来源是他的首要任务。本案例将说明金忠如何通过金立合作社管理自身的供应链,并介绍金立合作社成立十几年来的利益和问题,从而引导读者帮助刘翔做出决定:在金忠未来的发展中,是否要将合作社这种运营方式边缘化甚至逐步摆脱合作社这种运营方式?

二、猪肉供应链在中国

猪肉供应链中有许多参与者,其中包括饲料供应商、生猪养殖户、屠宰企业、猪肉加工企业、各种猪肉经销商和猪肉消费者等(见图 12-8)。猪肉供应链中,生猪繁育企业繁育良种,售卖仔猪。为了生产优质的仔猪,它们选择具有最佳繁殖特性和生物特性的品种。国内三大著名优质品种为长白、太湖和荣昌,分别产于我国东北、扬子地区和重庆。在过去的三十年中,我国进口了许多外国品种,如杜洛克和约克夏(大白猪),用于与我国猪种杂交。

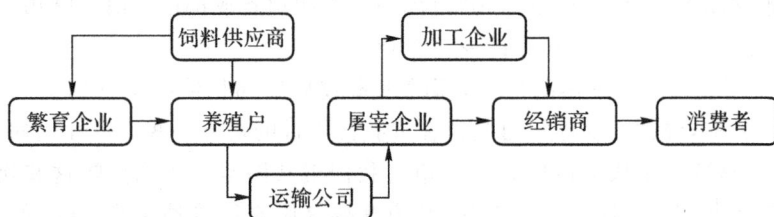

图 12-8　一种典型的猪肉供应链

饲料供应商是为牲畜和(或)水产养殖业生产饲料的公司。由于过度生产情况的存在,我国的饲料行业市场几乎接近饱和状态,因此竞争集中在价格上。生猪养殖户是育肥仔猪,并将其卖给屠宰企业的农民。屠宰企业是屠宰活猪,并将其切割为肉制品的公司。在我国,想要涉足猪肉屠宰业的公司必须拿到很难获得的屠宰许可证。加工企业将肉类转化成最终产品,如香肠和培根。屠宰企业和加工企业是我国猪肉供应链中的中心企业(在供应链中发挥核心作用),一方面它们与供应链上游的养殖户合作,确保生猪的供应和安全,另一方面,它们还要同供应链下游的经销商合作,开展品牌建设和营销活动。我国是世界范围内的猪肉消费大国。

在农村,生猪运输的问题仍然普遍存在,运输条件的不卫生使得健康的猪可能在运输过程中从病猪处染上猪病,这也被认为是猪病传播的一个原因。新鲜猪肉通常由配备专业冷藏车的屠宰、加工企业或物流公司负责运输。

如图 12-9 所示,我国猪肉供应链的中心企业(加工企业和屠宰企业)和农民之间主要的治理结构可以分为五种类型,从左到右为:企业可以从现货市场直接购入生猪,在这样的市场中进行买卖不需要签订合同(例如在牲畜交易市场中进行交易);从那些从散户那里收购生猪的猪贩子(中间商)处购入生猪;与农民签订生产或销售合同;从合作社购买生猪;整合猪农以实现生猪自给。从左到右,治理结构中的垂直协作的程度越来越高,现货市场是最为松散的类型,整合猪农是集成程度最高的类型。中心企业可能同时采用多种治理结构来处理与农户之间的关系。一般来说,由于可追溯性和质量问题,中心企业往往不会从现货市场购买生猪。

图 12-9 我国猪肉屠宰、加工企业与农民之间的治理结构类型

资料来源:作者根据访谈资料整理

三、我国养猪业面临的挑战

我国的养猪业面临诸多挑战,如食品质量安全问题,生猪、猪肉价格波动,环境压力,生猪养殖多为零散经营。食品质量安全问题是首要问题。流行性猪病对于养猪场来说一直是风险,近十年来,几种流行性猪病已经影响到四川地区的养猪业[①],引起了公众的关注并造成养殖户重大的经济损失。与规模较大的养殖户相比,小农户受到资金方面的限制,抵御风险的能力较弱,遭遇风险时损失也更惨重。除此之外,生猪价格波动对四川的养殖户造成了严重危害,2000—2015 年尤为显著。图 12-10 给出了 2000—2015 年间四川省生猪的单价波动。图 12-11 显示了 2014 年生猪的价格波动。进一步来说,2015 年上半年,中等规模农场的平均损失为每头猪 300 元,而其下半年的平均净利润为每头猪 200 元。

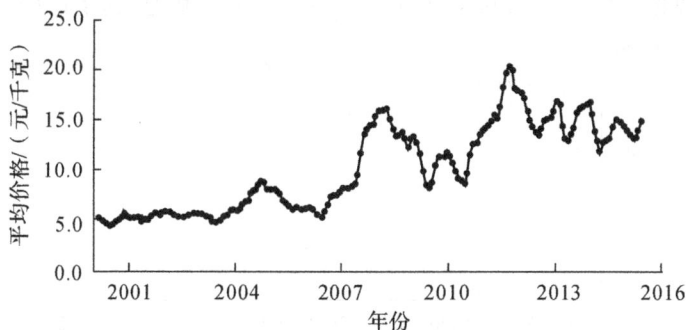

图 12-10 2000—2015 年四川省生猪平均价格

资料来源:中国农业部、中国畜牧业协会

[①] 四川地区频繁发生的流行性猪病为蓝耳病和猪链球菌病。

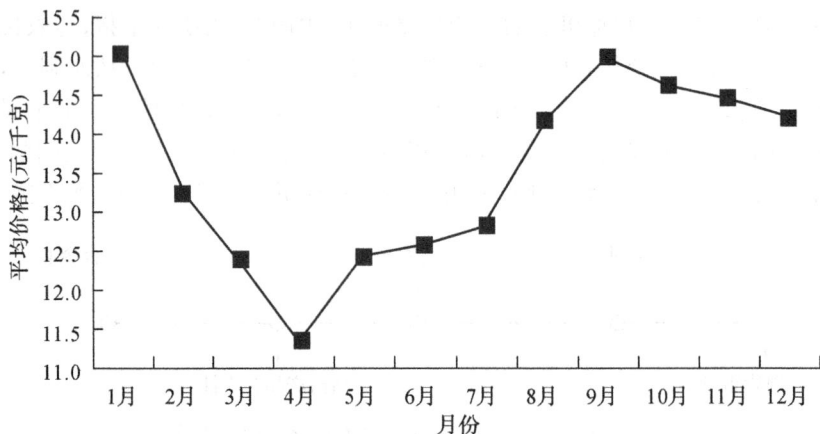

图 12-11　2014 年 1—12 月四川省生猪平均价格

资料来源:四川省农业厅

养猪业造成的环境压力引起了中央和地方政府的关注。传统养猪场将废水直接排入河流,造成严重的水污染。浙江省政府开始关闭靠近河流的农场,然而,长远来看,这种做法并不能真正解决环境问题,同时这会减少生猪的供应量。四川省政府则利用政策杠杆激励大规模养殖户的发展,同时停止了对中小农场的补贴,这为小规模养殖户带来了新的问题——是改而生产其他产品(这意味着养猪将不再是这些农户的主要经济来源)还是成为大规模农场的雇工呢?目前养殖户和政府都没有找到解决水污染问题的有效途径。

四、四川和邛崃的养猪业

四川省位于我国西南部,其生猪出栏量居全国第一,占我国生猪总出栏量的 15％左右(见图 12-12)。邛崃是该省重要的生猪生产基地,其生产的生猪不仅供

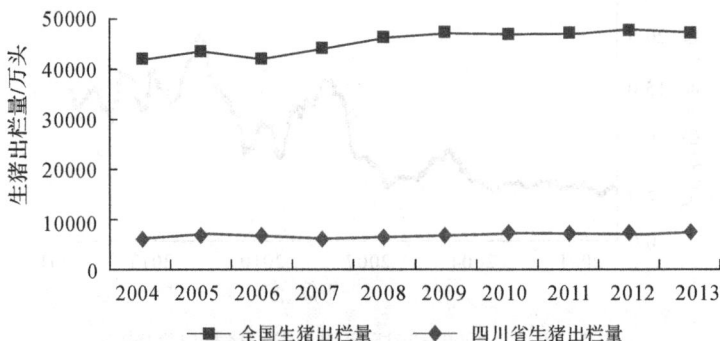

图 12-12　2004—2013 年全国和四川省生猪出栏量

资料来源:中国统计年鉴

应成都也供应其他地区。2004—2014 年,邛崃的生猪出栏量总体上呈上升趋势
(见图 12-13)。邛崃以农业发展而闻名,其主要产业包括养猪业、葡萄酒业和乳制
品行业。

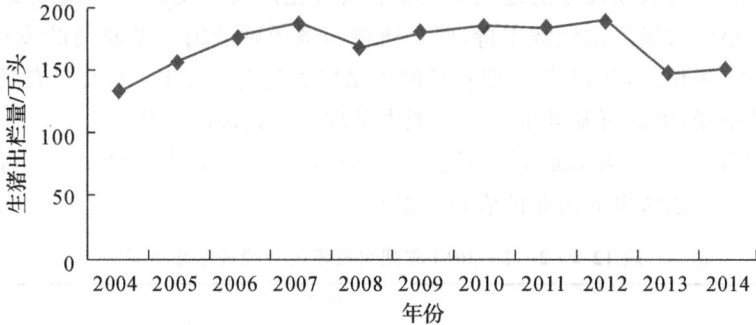

图 12-13　2004—2014 年邛崃生猪出栏量
资料来源:邛崃市畜牧局

　　邛崃的生猪生产状况充分地反映了我国的生猪生产现状,绝大多数的养猪从
业者仍是小规模的养殖户或者散户。在养猪行业中,存栏量小于 50 头育肥猪的
养猪场称为散户,有栏量为 50~99 头的称为小型,有栏量为 100~499 头的称为
中型农场,存栏量大于等于 500 头的则被认为是大型农场。

　　如表 12-1 所示,从 2014 年到 2015 年,邛崃市养猪业散户的生猪出栏量和出
栏量占该市总出栏量的比例都呈上升状态,这主要是因为散户的进入门槛较低。
随着生猪价格在 2014 年下半年的大涨,这些散户也在积极地试图扩大他们的养
殖规模。

表 12-1　邛崃市 2014—2015 年养猪场数量及出栏量

规　模	养猪场的数量/个		生猪出栏量/头		生猪出栏量占比/%	
	2014 年	2015 年	2014 年	2015 年	2014 年	2015 年
散户 (存栏量为 1~49 头)	—	—	354438	416873	47.25	59.55
小型农场 (存栏量为 50~99 头)	2069	393	134973	64062	18.00	9.15
中型农场 (存栏量为 100~499 头)	1038	651	181413	112556	24.19	16.08
大型农场 (存栏量≥500 头)	61	62	79176	106509	10.56	15.22
合　计	—	—	750000	700000	100.00	100.00

资料来源:邛崃市畜牧局

2015年,总体来看,小型农场和中型农场不论是农场数量、生猪出栏量还是出栏量占总量的比例,都比2014年有所减少。那些存栏量为100～499头的、从散户发展起来的农场没办法建立标准化和现代化的农场设施,因为地方政府已经不再向中小型农场提供经济支持,而是通过经济激励鼓励大型农场的发展①。因此,与2014年相比,2015年大型农场的生猪出栏量有所增长,但大型农场的数量基本保持不变,由此可知其平均生产能力呈现大幅提高的态势。

2012年至2014年,四川省不同规模的养猪场数量如表12-2所示,可以看出四川省绝大多数从事养猪业的农户为散户。

表 12-2　2012—2014 年四川省不同规模养猪场数量

年　份	养猪场数量/个								
	存栏量为 1～49 头	存栏量为 50～99 头	存栏量为 100～499 头	存栏量为 500～999 头	存栏量为 1000～2999 头	存栏量为 3000～4999 头	存栏量为 5000～9999 头	存栏量为 10000～49999 头	存栏量为 50000 头以上
2014	7373861	224432	57832	11651	3583	715	371	259	4
2013	7645726	221391	55825	10753	3626	720	370	256	4
2012	9433336	287920	64481	12401	4063	810	357	290	6

资料来源:中国统计年鉴 2015

五、金忠公司背景介绍

金忠成立于1994年,原本是一家小型屠宰加工厂(原名为金立),由陈乃忠先生一手创立并逐渐发展成为一个家族企业,二十多年来一直迅速发展。2005年,陈先生将金立屠宰厂改为一家注册公司,并将公司的名字改为金忠。金忠的现任总裁是陈先生的女婿刘翔。

金忠公司位于邛崃市工业园区,这里聚集了许多品牌食品的加工企业,如伊利集团(中国乳业巨头之一)、金六福有限公司(中国十大白葡萄酒品牌)、文君(四川省最佳茶叶品牌)等。金忠现在拥有一条从MPS集团②进口的屠宰线,每年的屠宰量达到20万头。同时,金忠坐拥超过2万吨的国家储备冷冻猪肉。金忠的产品分为不同的系列(级别),分别通过不同的渠道出售(见附录2)。金忠公司的发展历程如表12-3所示。

---

① 大型农场可以从政府处获得许多好处,如基础设施扩建补贴、引进优良品种补贴、处理粪便补贴、污染防治补贴、低息贷款等。

② MPS集团是一家在国际上生产和销售冷鲜肉(0～4℃鲜肉)等肉类屠宰加工生产线(机械)的荷兰公司。它是该行业的领先公司,通过提供精确的肉类加工技术来确保肉类安全。

表 12-3　金忠公司的发展历程

时　间	公司发展的里程碑
1994 年	凭借屠宰和加工业务起家(时名"金立")
1999—2004 年	金立有限公司扩大生猪生产规模,建立了存栏量为 1000 头(能繁殖的母猪)的农场,将屠宰线产能扩大至 100 万头。主动向成都地区的品牌专卖店(特许经营或自营店)出售冷鲜肉、冷冻猪肉和加工猪肉产品
2005—2009 年	集团改名为金忠。金立合作社成立。其自主生产基地年存栏量为 10 万头。从荷兰引进 MPS 屠宰线,年屠宰量达到 200 万头。扩大对加工环节的投入,开发多品类肉产品,进行多元化生产
2010—2012 年	金莱饲料有限公司成立,其为金忠集团的子公司,该公司具有年产 10 万吨饲料的生产能力。2012 年,金忠在成都的品牌店数量增长到 200 家
2012—2016 年	渗透高端猪肉市场。抓住成都市政府建设"天府(天堂)现代农业区"项目的机遇,通过投资增设新的加工食品生产线,与日本高端零售商伊藤洋华堂合作,纵向整合猪肉供应链

资料来源:金忠公司

金忠的 MPS 屠宰加工生产线被认为是其核心竞争力之一,这种运用现代先进的加工技术进行作业的生产线,能够在整个屠宰过程中严格控制温度[1]。

金忠是我国猪肉行业的龙头企业[2],在就业和扶贫方面对当地经济的可持续发展有着重大影响。其业务包括饲料生产、育种、生猪育肥、屠宰加工、冷链物流(金忠拥有自营物流货运车队)和零售业务。

如图 12-14 所示,2015 年金忠的生猪供应主要来自四个渠道。

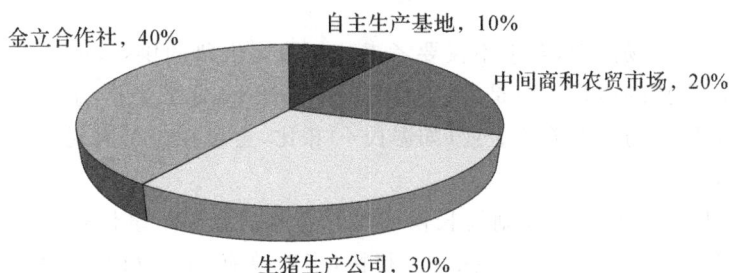

图 12-14　2015 年金忠公司生猪来源

资料来源:金忠公司

2014 年,金忠开始与伊藤洋华堂超市合作,出售其旗下高端猪肉产品。同

---

[1]　温度控制对肉类安全至关重要。当猪被屠宰时,其在屠宰线上的最高温度可达 40℃,如果没有有效的冷却系统,微生物可能会快速繁殖,这会对肉类的安全和品质产生不利影响。

[2]　金忠被列入中国农业产业龙头企业榜单。

时,继续利用集团自有的分销渠道(金忠自营品牌店)分销高端猪肉产品。金忠计划利用从2015年开始的五年进一步将供应链整合延伸到下游。

六、金立合作社

(一)创立由公司主导的合作社的动机和资源

2005年以前,金忠主要的供应商是散户,农民按照市场价把生猪卖给金忠。那时候,金忠不得不从所有可能的来源采购生猪,这些来源包括散户、中间商(这些中间商手中的生猪也是从散户处收购而来的)、中小型农场和大型农场(见表12-4)。2005年,四川省资阳、简阳、乐至等地区大量生猪感染了传染性猪链球菌[1],引起了政府、行业和广大公众对食品质量安全的关注。在这种情况下,甚至连农村地区的消费者也不再从农贸市场购买猪肉,而转向了超市销售的品牌猪肉产品,以确保所购买产品的安全和质量。超市会对其销售的产品进行质量监控,同时,店内销售的猪肉产品被保存在冷柜中,而在农贸市场,猪肉产品没有固定的质量标准,也不是所有的卖家都有冷柜。

表12-4 2005年和2015年金立合作社生猪不同来源占比

年 份	大型农场 (存栏量大于等于500头)	中小型农场 (存栏量为50～499头)	散户 (存栏量低于50头)
2005	10%	30%	60%
2015	20%	50%	30%

数据来源:金立合作社公关经理田碧山女士

为了应对市场波动,金忠不仅要考虑如何稳定生猪的供应,还要考虑如何确保收购到的生猪的质量。但是,由于自己原本是屠宰、加工企业,金忠没有什么生猪养殖的经验。与专业养猪企业(如温氏[2])相比,金忠在进行大规模生猪养殖方面没有优势。

2005年,邛崃市畜牧局副局长侯明军与当时的金忠董事长就关于建立由公司主导的合作社的想法进行了探讨。很快,当地政府、金忠和农户决定共同投资100万元建立合作社。根据各自的生产规模,邛崃市政府投资40万元,金立集团投资40万元,农户共投资20万元(小股东每人1元),这些钱被用来开办一种保

---

[1] 猪链球菌感染是由一种细菌引起的,它可能影响猪脑膜和呼吸道从而导致猪患上败血病和快速死亡。

[2] 温氏食品有限公司是深圳交易所上市公司。其业务包括家禽养殖、养猪、养鸭、养牛以及饲料和兽药生产。它在中国的23个省份以与当地农民合作的模式养猪。利用技术和服务帮助当地农民建立养猪设施,培养养猪技能,收购农民养成的猪,卖给像金忠这样的屠宰、加工企业或者其他中间商。其优势在于养殖的专业性。

险基金,以补偿流行性猪病造成的农民的损失。金忠负责承担合作社的经营费用。由于当时没有关于成立合作社的相关法律法规(2006 年我国才颁布《农民专业合作社法》),金立合作社被登记为民间会社。

包括兼任金忠总经理的金立合作社的主任在内,金立合作社一共有 6 名工作人员,负责管理合作社成员,收集养猪业信息,提供和组织养猪培训课程,提供金融服务,协调物流和活猪的运输。金立合作社与金忠公司不同部门进行合作,包括金莱饲料、金忠加工公司和金忠物流企业。金立合作社购买金莱饲料厂生产的饲料,向金忠加工公司出售生猪,运输由金忠物流负责(见附录 1)。金立合作社的运营费用是一种交易费用,通常体现为员工所付出的时间和精力,包括选择供应商所需的成本,以金忠的名义同农民签约的成本,为农民提供培训的成本,解决合同履行中产生的纠纷的成本,协调农户和其他部门之间关系的成本。

(二)金立合作社的治理结构及其与成员的关系

金立合作社成员人数已由 2007 年的 6000 人降至 2012 年的 4000 人,再到 2015 年的 2000 人。一开始,金立合作社与不同规模的农户合作,主要合作对象是散户。后来发现许多散户具有机会主义行为倾向(不按要求养猪,不愿意按照约定将育肥猪卖给金立合作社),所以金立合作社转而寻求同中等规模或者大规模的养猪户合作。合作社的农场主要分布在邛崃市及周边地区的五个镇。2005 年和 2015 年金立合作社不同规模成员占比如表 12-4 所示,与 2005 年相比,2015 年为金立合作社提供生猪的大型农场数量占比从 10% 增加到 20%,而散户占比从 60% 减少到 30%,中小型农场数量占比则由 30% 上升到 50%。

为了更好地进行管理,金立合作社成立了委员会、董事会和监事会。决策不采取"一人一票"的原则,而是集中由金忠的高级管理层决策。[①] 农户成员没有真正的民主决策权。但在提前通知合作社的情况下,他们有权随时退出金立合作社。但是,如果在合作中出现了不良信誉记录,金立合作社也有权终止同农户的合作关系。

金立合作社与养猪户的关系具有两面性。一方面,公司和农民实现了预期效益;另一方面,存在违约等问题。虽然合作社已经减少了同散户的合作,但是仍然维持着同小规模农户成员的合作关系,只是密切监督他们的行为,并帮助这些小规模农户不断发展以满足金忠公司的需求。金忠不断地与他们沟通,每到年底检查这些农户生产的猪的质量,并对生猪数量的变化进行监测。

当小规模养猪户发展到中等规模甚至更大规模时,金立将使用能够实现长期合作的交易方式。在这种模式下,比起订单农业,与金立合作社合作意味着公司

---

① 根据国际合作社联盟的定义,金立合作社并不是一个真正的合作社,因为它不遵循"一人一票"原则。

和农民都不必太担心违约问题,双方的交易成本(监督成本)也会降低。

金立合作社的会员可以预支饲料。农民在购买金莱公司的饲料时,可以等到出售生猪的时候,再从金忠公司支付的生猪款项中将饲料的钱支付给金立合作社而不必当场当时以现金支付。这也意味着,如果金忠不履行合同(在市场不景气的情况下拒绝购买农户的猪),农民将不必偿还饲料成本,而金忠公司将承担这些损失。

另外,农民需要为每头猪支付人民币4.0元作为担保。如果他们最终按照合同规定向金忠出售生猪,这笔款项将会返还给他们,否则将被作为罚金被没收。

(三)金立合作社的角色

金忠公关部经理郭宏祥对于金立合作社作用的观点是:“金忠将优质、安全作为其品牌价值,这也是客户忠于品牌的原因。金立合作社是确保产品安全和质量的手段之一。”

金立合作社公关经理田碧山女士提出了类似的观点:“金立合作社是公司与农民之间的桥梁,帮助邛崃地区的农民从养猪业中获得更多的收益,同时,也教会了农民如何以安全、科学的方式养猪。”

金立合作社的目的不是从与农民的交易中获利,金立从农民那里购买生猪的价格比市场价格高。它是连接金忠和养猪户的桥梁。同时,金立合作社也帮助协调金忠各部门同农户之间的关系(见附录1)。

总之,金立合作社在为金忠公司和成员农户创造收益的过程中扮演着多重角色。

(1)向农民提供信息和培训,包括生猪养殖的经验,如疾病预防和治疗。教农民如何使用相关信息技术实现现代化生猪养殖(例如利用耳标记录生猪的生产信息)。

(2)作为金忠公司和农民之间的信息渠道。例如,通过金立,农民的问题和要求可以有效地传递给金忠。

(3)在帮助金忠和农民建立长期关系的过程中发挥重要作用,使双方共同致力于实现互利共赢。

(4)提供低价疫苗接种和兽医服务。金立合作社有一个兽医站,为成员农民提供免费的专业兽医咨询服务,只收取农民使用的药物或疫苗的费用。

(5)金忠物流为农民提供免费交通服务。

(6)以优惠的价格提供金莱猪饲料,该饲料配方较好,价格比市场上同等品质的饲料便宜。当然,农民可以选择使用其他品牌饲料。为了鼓励养猪户使用金莱饲料,金立合作社最近允许没有会员资格(非正式农户会员)的中型养殖户(存栏量为100~499头)联合正式会员,享受金莱饲料的优惠(见图12-15)。

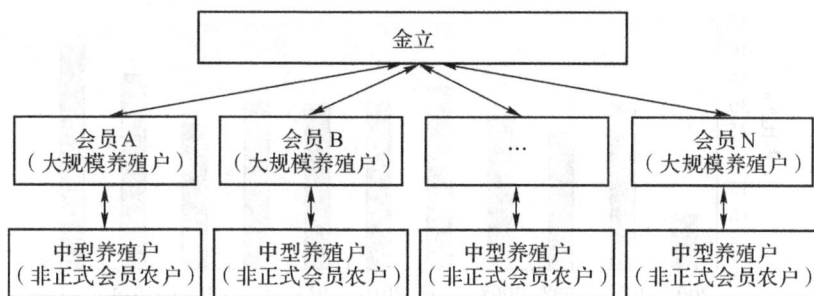

图 12-15　金立合作社联合模式

资料来源:对金立合作社会员农户的访谈

(7)金立有权代表会员同金忠公司协商达成协议收购价,为会员谋求更多利益。基于市场价格,成员农户与金立合作社签订了固定的保护价。当市场价格① 低于合约价格时,以合约价收购,否则以市场价收购。在这种情况下,金立以每千克高于市场价 0.1~0.5 元的价格从农民那里收购生猪。这保障了农民的收益,他们也不会选择将猪卖到农贸市场。金立合作社有两种为成员农户提供回报的方式:一是以保护价收购农民的猪;二是对向合作社出售生猪的农民给予每头 5 元的奖金。年出栏量超过 1000 头的农户将获得额外的 0.5 元/头的奖金,年出栏量超过 2000 头的农户将获得额外的 1 元/头的奖金。金忠通过金立合作社向农民支付应得的全部回报。

(四)金立合作社为金忠公司带来的收益

如图 12-16 所示,从 2005 年到 2015 年,金忠公司生猪来源中金立合作社供给所占的比例从 10% 上升到 42%。十年中,金立合作社与会员建立了稳定的关系,会员习惯于与金立合作,向金忠出售生猪,这确保了金忠的生猪供应。与 2005 年相比,金忠通过市场购买的生猪数量减少了,这意味着金忠受不确定性和供应商机会主义行为的影响降低。同时,金忠扩张了自己的生猪生产基地规模(从 2004 年的 1 万头到 2014 年的 10 万头),同时进行了更好的质量控制以保证食品安全,这又有助于生猪供应链的稳定。

除此之外,凭借自身生产基地的经验和合作生产量的上升,金忠更加了解生猪生产过程,能够更好地控制食品安全。金忠猪肉供应链从未发生重大食品安全事件。金忠一贯以来的质量控制和不断进步的品牌管理使其品牌成功地同高品质和安全的产品联系在一起,从而提高了客户忠诚度。

---

① 市场价格指农民与合作社交易时间点邛崃市的活猪平均价格。合作社每天向农民通报畜牧局发布的市场平均价格。

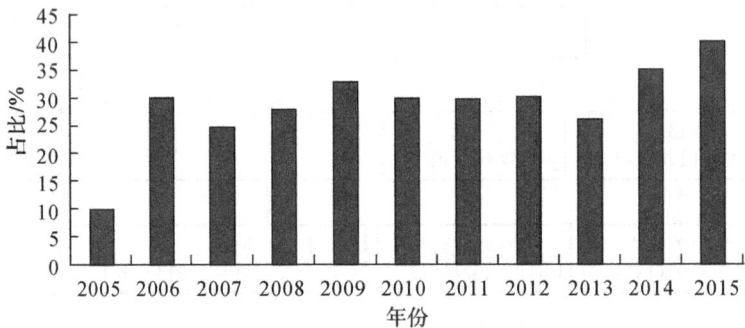

12-16　金忠公司生猪来源中金立合作社供给所占的比例(2005—2015 年)

资料来源:金忠公司文件

七、金忠的未来展望

正如金立合作社公关经理田碧山女士所言:"虽然金立合作社有助于稳定生猪来源,但农民没有向金忠出售育肥猪的义务。生猪收购价非常不稳定。当生猪市场行情好(例如 2015 年下半年)时,农民倾向于向中间商出售生猪,因为其收购价格可能比金忠高。目前,对于金忠来说,从温氏这样的企业采购生猪更容易,因为交易是简单而轻松的。所以我们不知道我们是否应该制定一个新的机制来应对金立合作社的成员,还是说,转而寻求其他的渠道来保障生猪供给。"

金忠的管理层面临一个关键性的决策:是继续维持同合作社的合作还是转向其他的供应模式呢?

附录 1 金立合作社的职能及其同金忠集团其他部门之间的关系

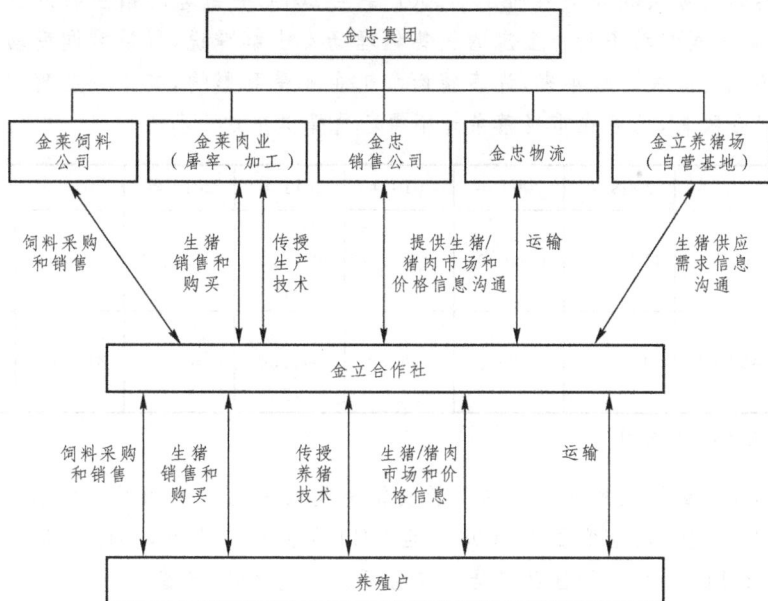

资料来源:作者根据访谈数据整理

附录 2 金忠产品种类、范例和分销渠道

品 类	品牌名称	范例产品	分销渠道
冷鲜肉	金忠	五花肉、猪腿肉和猪颈肉等	金忠品牌店
冷鲜肉(来自自营牧场的优质产品)	金忠;伊藤洋华堂	五花肉、猪腿肉和猪颈肉等	伊藤洋华堂超市、欧尚超市
骨类(冷冻产品)	金忠	各种部位的带骨肉	金忠品牌店
腌腊制品(中式风味)	市井人家	香肠、猪尾、猪嘴等	金忠品牌店、超市
烟熏制品(西式风味)	魔法妈妈	培根、香肠、肉饼等	金忠品牌店、超市
冻品	金忠	脂肪含量较高的肉	金忠品牌店
气调精装类	金忠	切好的盒装肉	金忠品牌店、超市
副产品	金忠	内脏和猪脚等	金忠品牌店

资料来源:金忠公司

附录3 金忠的财务状况

金忠的财务状况如下表所示。2007年至2014年金忠的销售收入呈上涨趋势，但税后利润波动不断。金忠的销售经理杨女士解释说，税后利润变动与猪肉市场的不稳定有关。近年来，许多猪肉加工企业受到影响，其中一些猪肉加工企业受到资金限制，已经在市场萧条时不得已选择退出这个行业。

指　标	2007年	2008年	2009年	2010年	2011年	2012年	2013年	2014年
销售收入/万元	31025.00	41209.00	38640.00	41383.00	50853.00	50538.00	63480.00	57178.37
税后利润/万元	432.00	440.00	832.00	136.50	342.30	5.80	3149.00	2357.00

资料来源：金忠公司

金忠在成都地区的品牌店铺数量及销售收入变化情况如下表所示。在冷冻肉市场中，金忠品牌店数量在2008年至2011年间稳步上升，2012年以后稳定在200家。2014年，成都地区品牌店的销售额大约比2008年翻了一番。

项　目	2008年	2009年	2010年	2011年	2012年	2013年	2014年
成都地区品牌店数量/个	110	130	160	180	200	200	200
成都地区销售额/万元	1.03	1.19	1.05	1.80	1.84	2.46	2.16

资料来源：金忠公司

如下表所示，金忠在成都地区的市场份额从2008年的3.00%上升至2014年的5.00%，说明金忠无法垄断成都地区市场。

项　目	2008年	2009年	2010年	2011年	2012年	2013年	2014年
市场份额/%	3.00	3.00	3.00	4.00	4.00	5.00	5.00

资料来源：金忠公司

[资料出处：Ji C，Jia F，Trienekens J. Managing the pork supply chain through a cooperative：the case of Jinzhong Food Co. Ltd. [J]. International Food and Agribusiness Management Review，2017，20(3)：415-426]

案例讨论：1. 金忠公司和中国养猪业最初面临的挑战是什么？

2. 金立合作社建立的动机是什么？金立合作社的管理方式是怎样的？

3. 金忠的生猪供应商有哪些？2005—2015年，生猪的供应结构发生了怎样的变化？

4. 金立合作社扮演了怎样的角色？合作社为金忠和养殖户带来了哪些好处？

5. 你如何看待金立合作社？如果你是金忠公司的负责人，你会继续同金立合作社合作吗？为什么？

案例 6　沃尔玛的农产品"新食物链"

种植面积世界第一、产量排名全球第三的江西赣南脐橙，有望无障碍地进入沃尔玛在中国的 200 多家超市采购系统。记者近日获悉，赣州市委常委、农工部部长曾新方与沃尔玛（中国）高级采购总监黄志平、合作方深圳市鑫荣懋实业发展有限公司总经理廖懋华，日前为江西 2000 亩精选脐橙基地举行揭牌仪式。

记者从沃尔玛获悉，到目前为止，沃尔玛在中国 13 个省、直辖市建立了 27 个直接采购基地，面积接近 30 万亩。

一、30％流通成本如何挤出来？

到目前为止，或许为"消费者节省开支"是"农超对接"给外界最直接的感受。

"公司与江西省商务厅签署了《关于共建生态农场实现农超对接备忘录》，双方将在江西进一步选择具备一定条件的农民专业合作社，建立若干农产品直接采购基地。在市场需求允许的前提下，公司将扩大直接在采购基地和其他农民专业合作社处的采购品类和采购量，将'农超对接'推广到更多区县市。"沃尔玛在采访中表示。这些发展举措都是帮助公司实现"为顾客节省开支，使他们生活得更好"的美好愿景。

在过去 10 年里，苹果或梨被农民从树上采摘下来后，首先要经过那些游荡在田间收购果品的小贩之手，而后小贩将其转卖给有规模的批发商，这些批发商将它们分拣后送入批发市场，在批发市场，被固定与超市合作的供应商选中的苹果、梨，才有进入超市货架的资格。4 个以上的中间商使得采购成本上升了 20％至 30％，在物流和存储环节上至少要浪费 4 天。而这期间，水果、蔬菜可能因为磕碰和气温变化而变质。

而现在"农超对接"可实现向农民直供采购，农民直接将水果、蔬菜配送至超市，离农民较近的超市前一天采摘的水果蔬菜第二天就可直接售卖。中间环节取消后，为供应链压缩了 20％～30％的成本。据悉，沃尔玛在山东沾化直采的冬枣零售价格比市场平均价格低了 15％。11 月，宏观经济数据即将于近期披露，居民消费价格指数（CPI）转正预期也预示着通胀预期渐行渐近。在这种情况下，"农超对接"带来的农产品价格下调将在很大程度上刺激消费需求。

二、"农零关系"提高农民收入

此外,沃尔玛从农民手中直接采购的冬枣收购价,每千克提高了 1 元;山东家家悦集团的玉米直采基地,平均每亩为农民增收 750 元。沃尔玛(中国)首席运营官罗世诚透露,中国约有 35% 的新鲜食品因腐烂变质而失去价值,通过"农超对接",果蔬的损耗大幅下降,超市、农民和消费者都能从中获益。据悉,沃尔玛在安远等郊县的脐橙基地,预计可直接和间接使超过 30000 户当地农户受益。

据农业部农村经济体制与经营管理司有关人士透露,目前全国已有 200 多家农村专业合作社与超市展开合作,使农产品直接进入超市销售。这一举措使农产品的流通成本下降了 20%～30%,农民收入提高了 10%～20%。商务部副部长姜增伟认为,发展"农超对接"有助于农民在农产品生产、农业专业合作社、农产品运输仓储等环节的就业,并提高收入。

三、"每棵菜都可以追溯到原产地"

基于上述原因,引导大型连锁超市与农产品专业合作社对接的项目被商务部列入扶持重点。2009 年,商务部、财政部、农业部安排了 4 亿元资金,在全国选择了 15 个条件相对成熟的省份开展"农超对接"试点。家乐福、华润万家、沃尔玛等 9 家内外资企业成为首批试点企业,首批参与试点的企业在全国建立农产品直采基地 1000 多个。

目前,"超市+专业合作社+农户"是商务部支持的基本模式。此外,市场有企业自发与农户对接的"公司+农户"模式,还有通过基地中介组织对接的"公司+中介组织+农户"模式。沃尔玛此次与赣南脐橙基地对接,是联合深圳市鑫荣懋实业发展有限公司在江西建立脐橙直接采购基地,采用的是第三种模式。

"'农超对接'与传统农产品流通模式的最大区别在于超市直接参与了农产品生产过程的监控和管理。超市按照食品卫生和质量安全标准提出要求,农民按照超市要求进行生产,超市和专业合作社给农民以技术指导,并提供统一的种子、农药、化肥等生产资料,确保了农产品质量。"广州楚睿商业公司董事长黄文杰表示,"这使每棵菜都可以追溯到原产地,在直接和间接的经济收益之外,'农超对接'还发挥了社会效益,建立起农产品从生产到销售的一条身份明确的可追溯体系,它看似简单,但却是中国频现食品危机的情况下,政府和企业都试图建立的农产品流通渠道的新模式。"

四、初期销售直采农产品可能略亏

为了推动"农超对接",政府部门相继出台了一系列优惠政策,包括税收优惠、财政支持、融资支持等。但对零售业来说,"农超对接"的意义还远不止于此。

在现阶段,国内超市直采农产品的销售价格,通常是在采购价格的基础上,加价 10%~12%。农产品的损耗相对较大,其直接采购规模尚未达到一定的比例,实际利润较为微薄。另外,由于超市普遍对直采基地免收"进场费"和促销费,结款周期也从其他商品的 40 天以上大幅缩短至 7~15 天,短期来看,超市在销售直采农产品时可能略微亏损。

但分析人士认为,"进场费"一直是零售企业的主要利润来源之一,今年 5 月,国务院要求商务部采取切实措施,解决水产品等鲜活农产品进超市收费过高问题。"农超对接"使供应链得到优化,取消了"进场费",这很可能让超市的盈利模式变为以自主经营为主,以商品周转和销售毛利为主导。另外,直采农产品以较大优惠吸引到更多客流,从而带动商场其他商品销售,从而整体提升商场的销售额和利润率。

基于此,为在新的市场环境下争取更多的资源,除了沃尔玛、家乐福外,Tesco(乐购)、麦德龙等大型外资超市亦开始在"农超对接"中争夺优质资源。记者了解到,继今年 7 月在京签订首个"农超对接"协议从平谷直采大桃后,Tesco 又与湖北昭君果业签订了纽荷尔橙直采协议。分析人士认为,根据计划,到 2012 年,试点企业鲜活农产品产地直接采购比例将达到 50%。

随着产地直接采购比例的增高,"农超对接"使双方形成长期的合作伙伴关系,这不仅降低了农产品进超市的收费,而且改善了零售商、供货商双方的利益关系,这将促使中国零售业恢复到以销售为基础的健康、可持续发展的盈利模式。

五、沃尔玛三招应对"农超对接"

据悉,今年 10 月在北京召开的"农超对接"论坛上,沃尔玛对"农超对接"接下来的工作制订了三项计划。

(1)建设鲜食配送中心,以保障生鲜食品的新鲜与美味。

(2)建设食品质量安全快速检测中心,以保障食品安全。在鲜食配送中心设立设备齐全、现代化的食品安全检测中心,首个食品质量安全快速检测中心年内在深圳投入运行。

(3)启动"农超对接"培训师计划,以保障项目的可持续性。用培训师去培训更多农民,不断提高整个"农超对接"项目的水平,今明两年计划培训 200 名培训师。

沃尔玛(中国)的"农超对接"项目始于 2007 年,是沃尔玛农产品直接采购的尝试,以帮助农民提高市场适应能力,鼓励和引导标准化和规模化生产,指导农民在生产中推进环境保护;促进产业链优化,提高食品安全水平,既可增加农民的收入,又保证了"从田间到餐桌"的食品安全,最终实现农民、超市企业、消费者和地方经济的多赢。

六、"农超对接"的"五赢"

"农超对接"产生了有利于消费者、农民、环境、地方经济、沃尔玛的"五赢"效应。

(一)"一赢":消费者尝到新鲜安全的食品

"农超对接"项目有效地帮助沃尔玛为消费者提供新鲜、安全、可口和实惠的农产品,将沃尔玛"从农场到餐桌"的食品安全概念落实到产品上。沃尔玛称:"这是帮助沃尔玛提高产品质量和安全水平的一个重要因素。"

(二)"二赢":农民直接受惠,收入提高

"农超对接"项目使农民受益。沃尔玛直接从农户处采购农产品,让农户有更大的获利空间。农民的收入通过先进的技术和有保障的销售渠道得到有效的提高。仅在 2009 年内,就有 17.5 万农民受益于"农超对接"项目。沃尔玛的目标是到 2011 年,100 万农民受益于此项目。

(三)"三赢":对环境有益

沃尔玛通过指导农民在生产过程中注重对环境和湖泊等周边资源的保护,包括设备、土壤、种子储备和加工处理等环节和要素,降低企业以及消费者所购买的每件商品的综合碳排放量。

(四)"四赢":有利于地方经济发展

沃尔玛借助供应链规模的优势进行本地和全球采购,对中国经济带来积极的影响,同时也对政府加快发展地方经济提供了支持。

由于在大力推广"农超对接"项目,开展"农超对接"培训,加强农产品质量安全监控,培育农产品品牌,摸索促进农产品流通国际交流与合作,及带动地方经济发展等方面所做出的突出贡献,沃尔玛获得"新中国成立六十周年带动地方产业经济发展特殊贡献奖"。

(五)"五赢":沃尔玛降低采购成本

当然,最大的赢家还是沃尔玛,沃尔玛通过监控"从农场到餐桌"的过程,减少中间流通环节,直接连接农民和市场,减少运输过程中食物腐烂造成的经济损失。最终,沃尔玛降低了采购成本,直接获利。

七、"新食物链"中的新问题

自进入中国后,沃尔玛一直在尝试绕过经销商进行产销对接的统一采购。随着"农超对接"项目的深入和规模化,新的农产品体系的建立有望帮助沃尔玛在某种程度上实现统一采购。但是,"各区域农田土地模式多样,不少沿海农民已将土地零散出租,想找能够规模化生产的农田耕种很难。"一家大型农产品企业的负责

人表示,"而食品运输损耗大,受保质期限制,各家企业的'农超对接'项目又是独立运作的,所以能否集中采购也受到一定限制。"

目前中国食品销售仍然依靠各个省级市场分级代理制,沃尔玛进入各个区域市场后不得不设立区域采购部,并依靠各级市场的代理商。分析人士认为,食品采购对区域的依赖使沃尔玛无法发挥规模优势,降低了对产品溯源性及商品质量的控制。有拒绝透露姓名的业内人士表示,在中国复杂的批零渠道面前,沃尔玛很难复制其统一采购的"魔力","做得很辛苦"。

2008年年初,沃尔玛撤掉验货部门,改由第三方的质量与安全服务机构进行"验厂"。上网搜索可以发现,网上自称"沃尔玛FCCA验厂辅导公司"的信息量相当大。一家名为"玖玖泰丰"的公司甚至声称,"只要交上18000元,就能保证产品顺利进入沃尔玛超市"。

由于今年内两次抽查被发现有出售转基因大米,绿色和平组织近日准备向沃尔玛"开火"。中国目前尚不允许转基因大米商业化生产,依据相关法律,目前在中国的转基因大米商业化生产和销售都属违法。转基因大米在流通市场的出现已成为行业性问题,零售企业自身采购体系的漏洞正遭遇严峻的挑战。

[资料出处:金小茜.沃尔玛在中国实施"农超对接"让20万农民受惠[EB/OL].
　　(2009-10-29). http://news. sohu. com/20091029/n267835104. shtml;林
　　波.沃尔玛:"农超对接"的"五赢"效应[EB/OL]. (2010-05-11).
　　http://business. sohu. com/20100511/n272055085. shtml;田爱丽,黄
　　韵芝.沃尔玛农产品食物链显形 直采基地大揽农户资源[EB/OL].
　　(2009-12-11). http://finance. ifeng. com/roll/20091211/1571646.
　　shtml;田爱丽.沃尔玛中国化策略生效 开店超家乐福2倍多[EB/OL].
　　(2010-03-19). http://news. winshang. com/html/006/8696. html]

案例讨论:1.结合案例资料,从农产品物流管理的角度谈谈为什么"农超对接"能节约流通成本,提高双方的收益。

　　　　2.根据沃尔玛的实践,谈谈农产品物流管理中如何确保产品的质量安全。

　　　　3.结合国内农业生产经营的实际情况,分析如何解决生产规模制约与采购规模效益的矛盾。

案例 7　日本 HUTECH NORIN 株式会社的冷冻食品配送

日本 HUTECH NORIN 株式会社成立于 1953 年 3 月 14 日,截至 2002 年 6 月,其资本金达 12.2 亿日元,拥有冷藏仓库 44.9 万立方米,普通仓库 8706.0 平方米,车辆 587 台,员工人数 803 人,是以冷冻、冷藏食品运输、配送为中心业务的物流企业。其特点是以不特定的多家货主为客户,共同配送冷冻食品。除日本最大的食品厂家加卜吉外,在关东圈内的其他食品厂家均委托 HUTECH NORIN 株式会社负责冷冻食品的保管和向各零售店配送的业务。

一、关东中央分社冷冻食品配送中心系统

(一)关东中央分社冷冻食品配送中心系统的建立和要求

随着业务不断扩展的需求,HUTECH NORIN 株式会社也着手建设位于关东圈内的分社(仓库)。关东中央分社是营业仓库,也有配送站点。所谓营业仓库,是指从厂家或批发商处取得货物,以货物配送为主,通过收取保管费、分装费、运输费、配送费等取得利润。为此,仓库对货物的保管量以及装运方面的货物拣选、分装能力、出入库作业效率十分重视。另外,因其经营的货物为冷冻、冷藏食品,其保管场所及作业场所处于超低温,对于操作人员来说是十分严酷的作业环境。为此,关东中央分社致力于谋求保管设备的自动化及出入库作业的简化。因此,项目建设的基本方针是:在仓库的建设方面要求在一定的空间内追求最大的冷冻食品保管量;并且,鉴于冷冻食品的特殊性,需要确保保管和输送设备的稳定运转;同时为配合配送业务的需求,应具备快速分辨配送地址的能力及高效率的出入库作业能力。

不同于其他的自动立体仓库项目,冷冻食品仓库有其特殊的环境,所有的设备都能在 −5℃ 到 −30℃ 的严峻环境中正常运转,并在此条件下实现冷冻食品保管的自动化及简便的出入库作业方式。为了满足冷冻食品自动立体仓库的特殊要求,达到理想的建设效果,HUTECH NORIN 株式会社请来日本著名的物流设备制造企业 KITO 株式会社进行整个物流系统及设备的设计、制造及库房一体式仓库的整体施工和设备安装。

(二)关东中央分社冷冻食品配送中心系统介绍

1. 关东中央分社设备概要

关东中央分社分两层:第一层为办公区、货物接收及作业区,第二层为立体仓库。

2.操作作业区域

第一层货物接收作业区设置有卡车泊位、接收及检验区域、入库站口、温度设置为－30℃的冷冻移动货架区域（货位数为 651 个）、拣选区及集货区（见图12-17）。

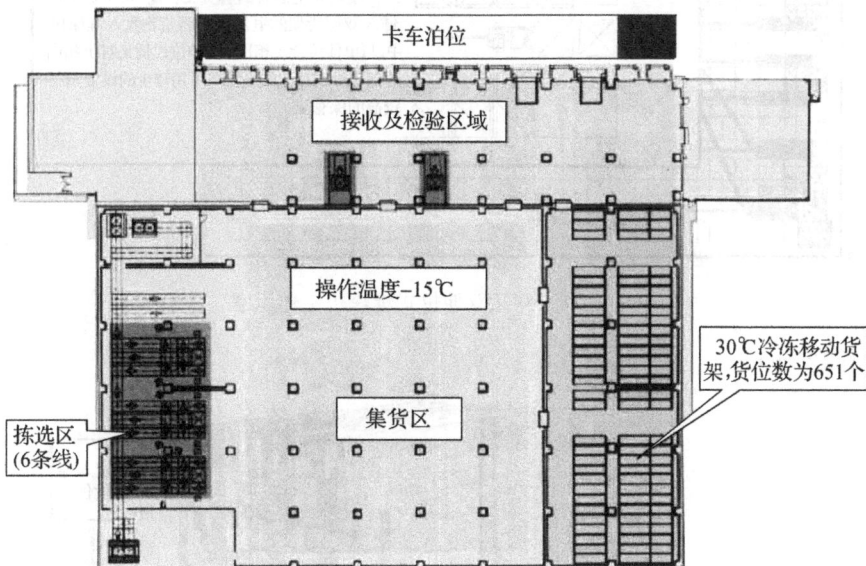

图 12-17　操作作业区域布置示意

下面就根据 HUTECH NORIN 株式会社对其关东中央分社的要求，以及KITO 公司对该系统的设计理念进行说明。

（1）高保管量的实现（－30℃冷冻立体仓库）

第二层为保管温度为－30℃的立体仓库，配置有双叉双伸位式堆垛机 4 台（货位数为 7888 个），单叉式堆垛机 4 台（货位数为 5852 个），共 13740 个货位，满足了为营业仓库高度重视的高保管量的要求（见图12-18）。

双伸位与单伸位货叉的组合，最大限度地达到了最高保管量。另外，为提高保管效率，为单伸位的货架配置了不同货高的货位，经拣选后，将小包货物放入小货位，尽可能地减少库内空间的浪费。

（2）物流系统——新产品入库

在第二层的搬运线上读取条形码，进行巷道指示。这里仅由搬运设备对托盘编号进行读取，在堆垛机入库站口将再度提供入库指示。在堆垛机发生阻塞时，通过将其分配的地址数据修正到其他堆垛机，很容易地就可以把堆垛机转换到其他巷道；在搬运线发生阻塞时，不需停止入库，可将堆垛机分至其他线路进行搬运

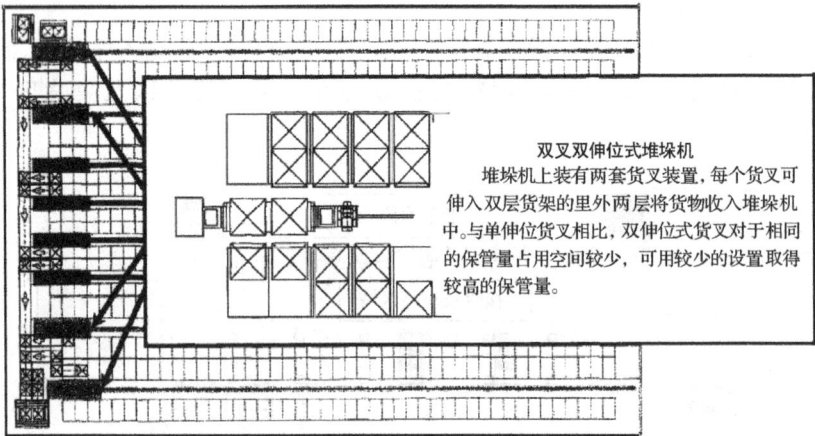

双叉双伸位式堆垛机

堆垛机上装有两套货叉装置,每个货叉可伸入双层货架的里外两层将货物收入堆垛机中。与单伸位货叉相比,双伸位式货叉对于相同的保管量占用空间较少,可用较少的设置取得较高的保管量。

图 12-18　双叉双伸位式堆垛机工作示意

(见图 12-19)。

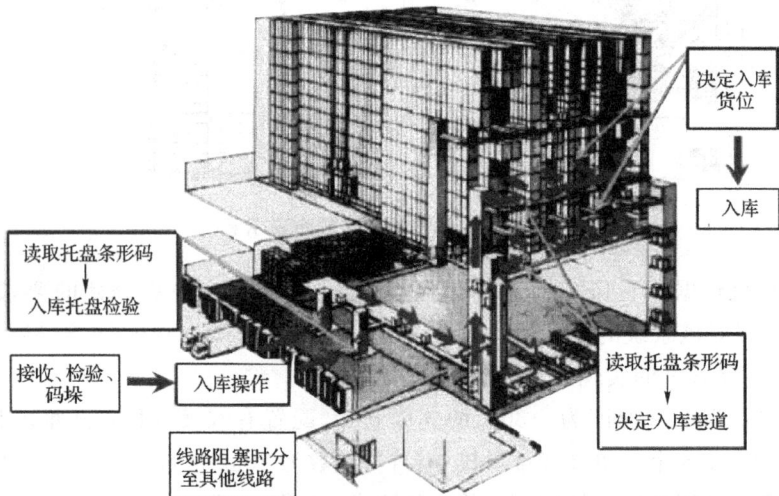

决定入库货位

入库

读取托盘条形码

入库托盘检验

接收、检验、码垛

入库操作

读取托盘条形码

决定入库巷道

线路阻塞时分至其他线路

图 12-19　新品入库

　　冷冻食品主要以冷冻集装箱工厂或批发商的卡车运输为主,所以,在接到货物之后,必须将其码入货位。KITO 公司考虑到卡车到位后,在装盘之前进行检验可减轻下一工序的作业负担,因而设计了手持式终端检验系统。首先,仓库内使用的托盘全部设有编码号,并用编码标签标注编码号;然后,通过入库接收处理打印入库作业清单,并在上面打印每种货物的条形码;在装盘的同时处理托盘号码与码垛信息,通过输入数量进行检验;在装盘后,通过无线终端将检验完毕的信号向系统进行传输,以决定托盘的入库地址;检验完毕,再通过读取条码,在叉车车载终端显示入库信息;操作者按照显示的入库地址搬运托盘,确定入库(见图12-20)。以上操作实现了正确、高效、良好的检验及入库作业。

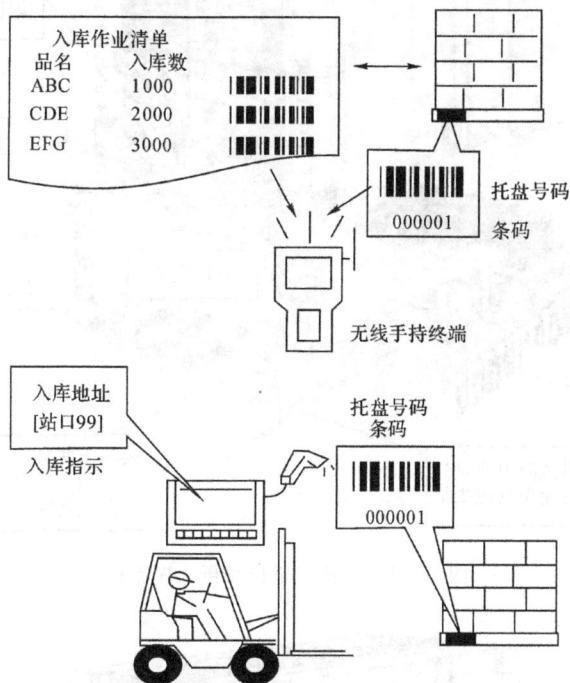

图 12-20　冷冻食品入库

(3)物流系统——分拣站出库

为满足冷冻食品高频出入库的要求,设计出库能力为 250 个托盘/小时,以缩短从订单下达到货物出库的时间。同时,采用双叉式堆垛机、双托盘搬运垂直输送机,并在第一层设有 6 个拣选站口且随时提供拣选用空托盘以提高出库效率。出库作业采用总量拣选方式(同一品种的货物拣选总量,再共同配送)。拣选托盘到达出库站时,拣选信息通过终端画面显示,并打印出库报表。

(4)物流系统——其他出入库方式

另外,HUTECH NORIN 株式会社中央分社冷冻食品配送中心系统的出入库方式,还有分拣完毕托盘再入库方式和用于主要线路故障或设备检修、在库确认时的备选出库方式两种(见图 12-21、图 12-22)。

(5)双叉双伸位式堆垛机的采用

在关东中央分社冷冻食品配送中心系统项目中,KITO 公司采用了双叉双伸位式堆垛机以提高保管量。用单叉式堆垛机选取货物时,必须行驶到唯一的货叉对准货位的位置,而双叉式堆垛机只需行驶到其中最近的货叉对准货位即可,且

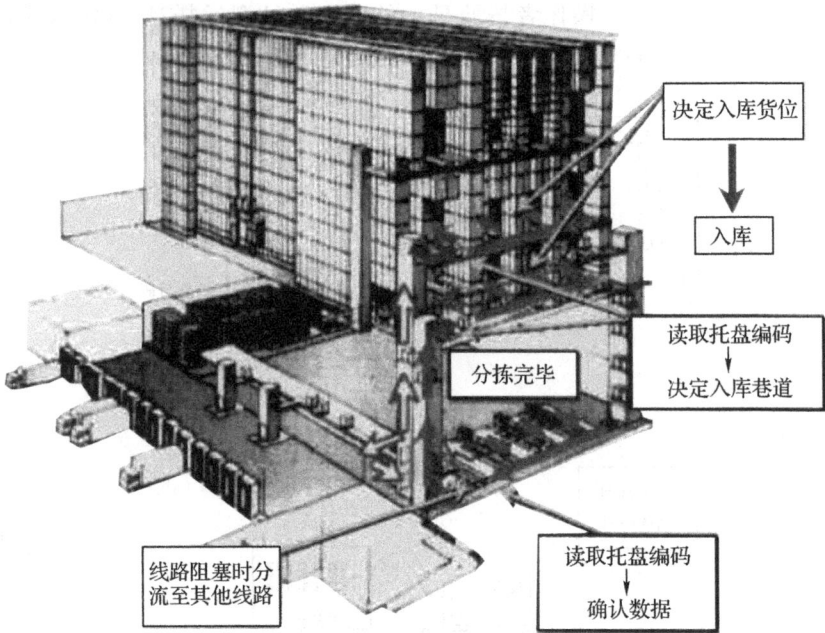

决定入库货位

入库

读取托盘编码
决定入库巷道

分拣完毕

读取托盘编码
确认数据

线路阻塞时分
流至其他线路

图 12-21　分拣完毕托盘再入库流程

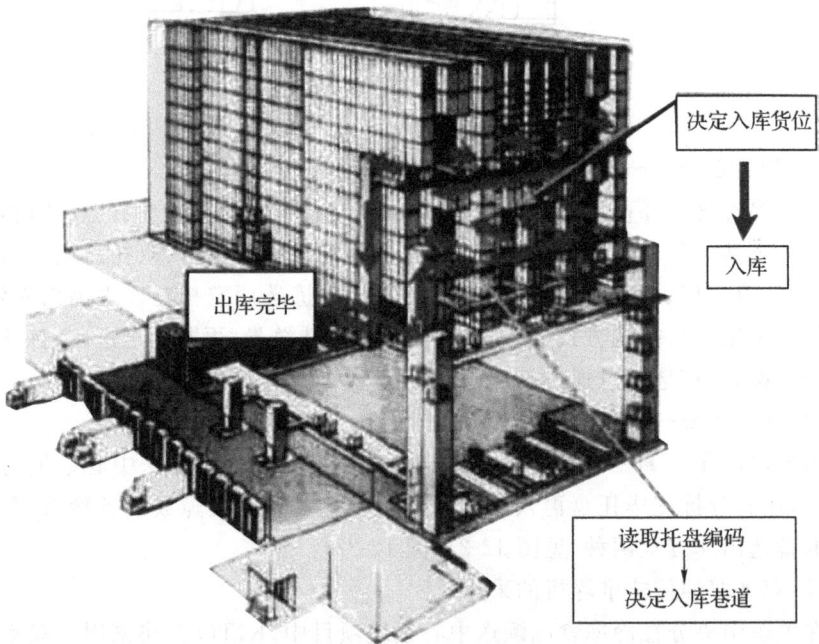

决定入库货位

入库

出库完毕

读取托盘编码
决定入库巷道

图 12-22　备选出库流程

双叉可交替使用,因而缩短了出库时间,使得高保管量与高频度出库都得以实现。同时在货物拣选入库时,将双伸位货架的里外两层都放置同种货物,这样出库时不需要替换动作,这种货位的分配方式也提高了出库效率。

(6)信息系统

关东中央分社的信息系统大致可分为三大系统(见图12-23),三个系统之间相互联系、支持,以实现正确、高效的运营。

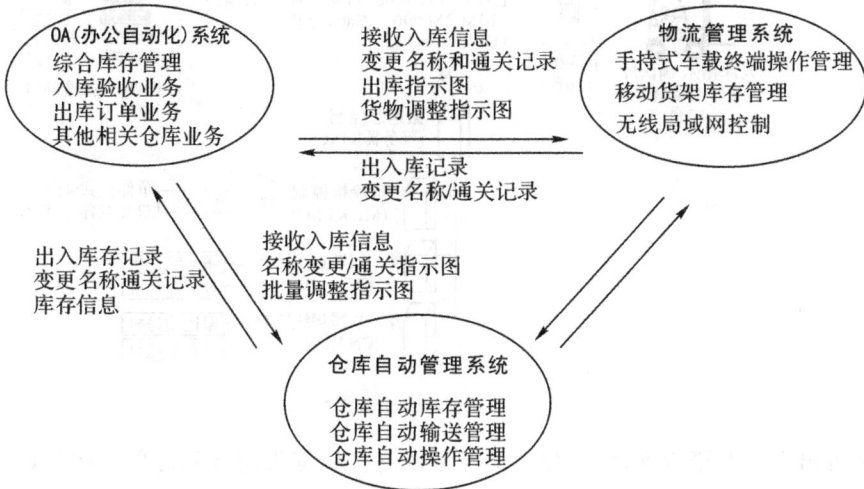

图12-23　信息系统构成

整个信息系统由各个分散的作业单位系统构成,每个系统均有硬盘备份,并与远程维护系统相对应,以支持系统稳定运转(见图12-24)。

3.关东中央分社冷冻食品配送中心系统实际运转情况

总体来说,关东中央分社冷冻食品配送中心系统满足了其作为冷冻食品营业仓库、配送中心的要求,实现了高保管量及高频出库,出入库的作业也实现了高效化和简单化,在严酷工作环境下设备正常运转。同时,可靠的信息管理系统也确保了整个物流系统的平稳运行。

项目承建商 KITO 株式会社是日本最早开始生产自动立体仓库的专业物流系统及设备生产厂家,拥有丰富的自动立体仓库系统和配送中心及特殊环境下的物流系统(如冷冻/冷藏库、危险品保管库、无尘仓库等)的设计、生产、建设的经验。他们在认真地现场考察、分析工艺流程之后,针对关东中央分社的具体情况进行冷冻仓库和配送中心的设计,克服了低温环境和对食品物流的特殊要求引起的种种困难,历时一年多,成功建造了整个物流配送系统。

自 1999 年关东中央分社开始运营后,整个仓库配送系统一直运行良好,每天

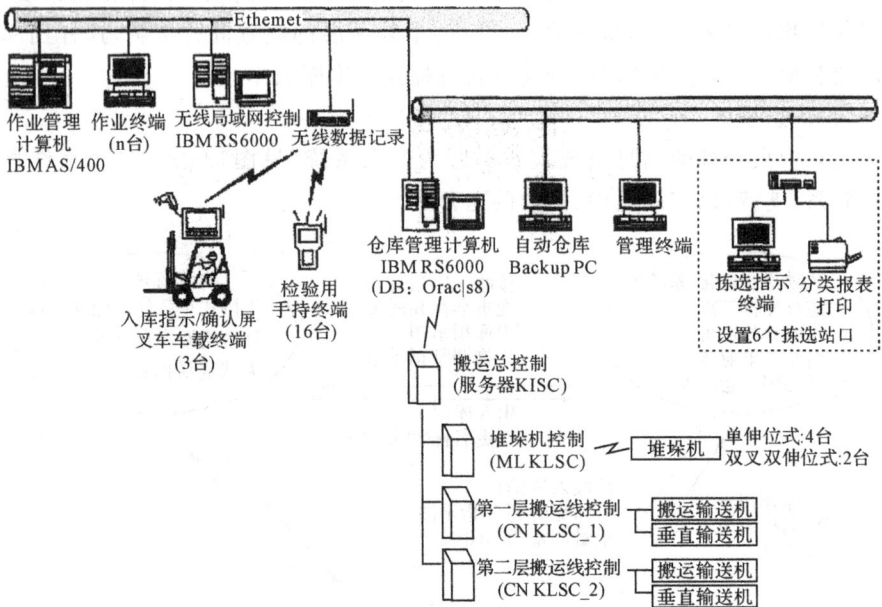

图 12-24　信息系统构成

最多可出库 8 万箱冷冻食品,分送至各零售商。从零售商接到订单至次日(24 小时内),冷冻食品即可配送到。

2001 年,HUTECH NORIN 株式会社在关东中央分社旁边开设了第二分社,第二分社共有自动货架货位 8512 个,移动货架货位 2300 个,配置单载货台双伸位堆垛机 4 台,单载货台单伸位堆垛机 1 台,仍由 KITO 公司承建。这样,2 个冷冻食品仓储、配送中心每日出库量合计最多可达 12 万箱,形成了完善的配送体制,确保了 HUTECH NORIN 株式会社在关东圈内业务的顺利开展。

二、关东第二支店低温物流中心

冷冻冷藏食品配送业务在日本有着广阔的市场。2006 年 4 月,日本 COOPNET 事业联合公司开始与 HUTECII NORIN 株式会社开展合作。 COOPNET 事业联合公司是一家食品销售商。其本部位于埼玉县,其销货网络覆盖东京、埼玉、千叶、茨城、栃木、群马、长野等一都六县。受 COOPNET 委托, HUTECH NORIN 株式会社承担了日配食品(冷藏及冷冻品)的中转(通过型 TC)物流业务。在承担此项业务后,HUTECH NORIN 株式会社在埼玉县越谷市投资 70 亿日元建设了集 TC、DC、PC 功能于一体的复合型低温物流中心"关东第二支店"。关东第二支店占地面积为 13480 平方米,建筑面积为 8318 平方米。

TC 为快速分拨中心,DC 为冷冻品储存中心,PC 为流通加工中心,集此三种功能于一体,大大丰富了该物流中心的业务空间。新的物流中心为三层楼结构。各楼层的功能相对独立,一楼为 COOPNET 的日配食品 TC 楼层,二楼为日本生活协同组合联合会(以下简称"日生协")的冷冻品 DC 楼层,三楼为 PC 楼层,进行冷冻品的拆零包装作业等(见图 12-25)。

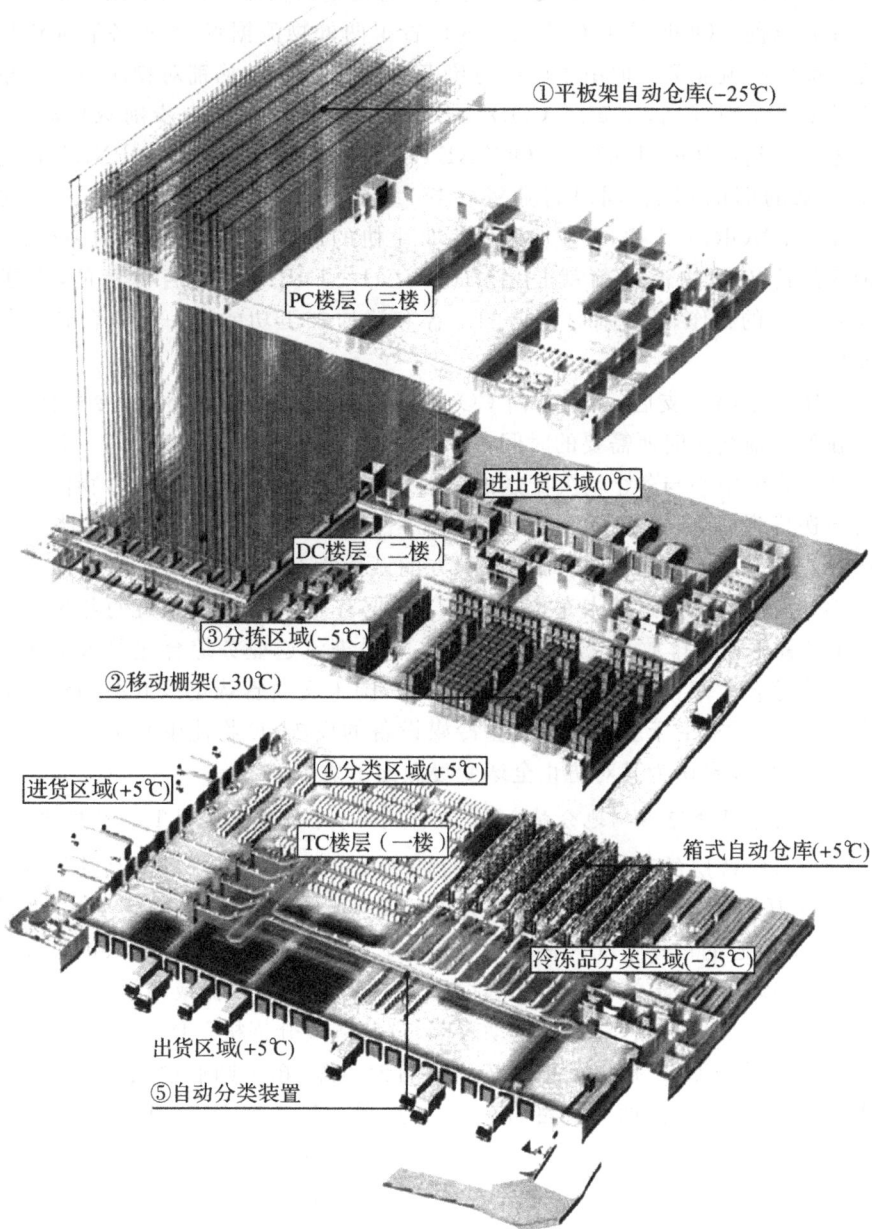

①平板架自动仓库(−25℃)

PC楼层(三楼)

进出货区域(0℃)

DC楼层(二楼)

③分拣区域(−5℃)

②移动棚架(−30℃)

④分类区域(+5℃)

进货区域(+5℃)

TC楼层(一楼)

箱式自动仓库(+5℃)

冷冻品分类区域(−25℃)

出货区域(+5℃)

⑤自动分类装置

图 12-25 TC、DC、PC 功能合一的立体化仓库

该复合型低温物流中心整合了以前在 HUTECH NORIN 其他支店处理的日生协的冷冻品储存（DC）以及流通加工（PC）功能。通过向 COOPNET 各店铺混装配送，减少了卡车运输并缩短了交接商品的时间，进而降低了物流费用。而且减少配车数量可大幅削减二氧化碳的排放，因此作为环保型物流中心，该公司的设施首次被日本国土交通省认定为"特定流通设施的物流综合效率化事业"。

在此以前 COOPNET 在埼玉县内设置了两处物流据点，负责各店铺销售的日配食品的物流业务。但由于店铺与超市间的竞争激烈，店铺对物流服务质量和能力的要求不断提高，决定了 COOPNET 不可避免地要进一步削减物流成本。怎样才能达到这样的目标呢？COOPNET 想到了物流外包。COOPNET 首先关闭了原来的旧的据点，同时将业务转交、统合到 HUTECH NORIN。而对于 HUTECH NORIN 来说，企业原来就是日生协的进货点，即日生协的关东、甲信越地区的冷冻品物流以前就是由 HUTECH NORIN 的支店负责的，有了与 COOPNET 的合作，原先对日生协的库存和流通加工功能也一起整合到了新的物流中心。

启用关东第二支店，实现了向 COOPNET 店铺混装配送冷冻、冷藏食品，缩短了在各店铺交接时所需要的时间，提高了包括店方在内的业务效率。关东第二支店低温物流中心与各个需要配送的店铺形成了非常好的合作关系，物流中心根据订单送货到商店，省却了店铺的验收程序。当然，这种重要环节的节省以双方业已形成的牢固的关系为支撑，是以双方的诚信为基础的。另外，从其他支店向旧中心补充冷冻品的运输卡车也不需要了。据有关部门测算，仅此每年便可减少615吨二氧化碳的排放量。因此，基于《关于促进流通业务综合化及效率化的法律》（物流综合效率化法，2005年10月实施），国土交通省认定该低温物流中心为模范企业。另外，由于引进了节能型冷媒设备的设施，该物流中心也得到了环境省的表彰，环境省认为其对防止全球变暖做出了贡献。

1.TC：每月快速准确地分拣1800万件商品，并将其配送到187家店铺

一楼 TC 楼层的商品处理数量每月约为1800万件，其中冷冻品约有340万件（约20万箱），配送到除长野县之外的187家店铺（此为2006年12月底的情况）。物流中心的运作情况大概是这样的：每天的13点到20点是从供应商处进货的时间；冷藏品物流流程因商品、件数的不同，其专用容器或箱子也有差异，专用容器从入库区域开始，经高速自动分拣装置"滑块分拣机"（JSUS）分类后，被临时保管在自动仓库，根据出货指示按不同店铺出库，箱子则通过无线便携式中枢（RFT）按店铺分类，这两类商品都是在22点至次日凌晨5点之间被装上物流台车出货的。

2.储存1万个托盘的托盘式自动仓库和移动式货架

二楼 DC 楼层的处理数量每月约为120万箱。入库作业时间为每天的8点

到 14 点,出货作业时间为每天的 8 点至 22 点。从厂商那里以箱子为单位进货的商品堆积在托盘上,根据特性这些商品分别被收纳到托盘自动仓库"小型自动仓库"(CS)以及"移动式货架"(IDR)上。出库时,从托盘上分拣出被指示个数的商品后,商品被转移到其他托盘上。配送到 COOPNET 的商品移至一楼的专用分类区域,与箱子商品一样使用 RFT 进行处理。配送到日生协的商品则被搬运到二楼的出货区域,重新倒装到卡车上后进行配送。

未来的发展空间新中心 TC 楼层的处理能力为 230 家店铺,DC 楼层的处理能力最多为 60 万箱。TC、DC 楼层每年的销售额共计 24 亿日元,待 PC 楼层启用后预计能达到 36 亿日元左右。分拣误差率在 3/100000 以下。

[资料出处:本刊编辑部.凯拓兰剑:让客户了解我们——访北京凯拓兰剑物流系统集成有限公司总经理李颖超[J].物流技术与应用,2003(5):32-34;沙丁.大福案例:TC·DC·PC 功能合一的立体化仓库——日本株式会社 HUTECH NORIN 关东第二支店低温物流中心[J].中国储运,2008(5):60-63]

案例讨论:1.从案例资料可以看出,冷链物流与其他普通农产品物流有什么区别?
　　　　　2.先进的食品冷链物流具有什么样的社会效益?
　　　　　3.总结日本 HUTECH NORIN 株式会社的物流中心和配送中心的建设思路,思考国内农产品冷链建设的难点和障碍有哪些。

案例 8　顺丰优选:从普通快递到生鲜食品冷链物流

2008 年,顺丰首次携手阳澄湖蟹农蟹商,尝试大闸蟹寄递。经过 8 年的成长,顺丰大闸蟹已成为产值数百亿元的产业。从 2011 年到 2015 年,全国通过顺丰寄递的大闸蟹件量达到 1300 万件,约有 1 亿只大闸蟹通过顺丰被送到全国消费者手中。一直以来,顺丰作为助力大闸蟹市场繁荣的践行者,始终专注于提升、完善大闸蟹寄递专业能力,致力于配合大闸蟹协会及广大蟹农、蟹商打造"蟹产业"。顺丰将继续打造自身成为"基于大闸蟹物流的商业合作伙伴",不仅投入内外部众多渠道资源,大力推广宣传大闸蟹品牌,同时,顺丰的金融部门等多部门也将为广大蟹农、蟹商提供商业渠道拓展、运维资金支持,从而达到顺丰与客户合作共赢的目的。

一、从无到有:大闸蟹专递

罗超(顺丰速运从业 5 年的员工)说:"我是罗超,2011 年进入顺丰,在苏州相城分部工作。苏州的阳澄湖大闸蟹现在家喻户晓,但是在1998年的时候,这些小螃蟹却只能被卖到阳澄湖附近的菜市场。"

蔡燕清(苏州市金玉水产有限责任公司经理)说:"我父母作为阳澄湖的第一代蟹农,他们养出来的大闸蟹,销售渠道很单一,要么是在批发市场里卖掉,要么是被市区的本地人买走。"

阳澄湖蟹农说:"以前我们这里螃蟹产量很高,但基本上都是卖给苏州本地的这些人,卖不掉就只能看着它们死掉。养了这么多年,养出来这么好的螃蟹卖不掉,心里总觉得这是一件很可惜的事情。"

1998年,虽然苏州已经有了顺丰速运,但顺丰还没有真正运送活体生鲜的业务。2012年,顺丰速运正式开通了生鲜运输服务专线,成立了大闸蟹专项小组。

二、不仅是快:服务升级

罗超说:"那个时候哪像现在,没有专业的包装,只是简单地往泡沫箱子里放几个冰袋,而且冰袋特别容易被蟹钳戳破,流出来的水特别容易造成螃蟹死亡,而且运输都是混合运输,不像现在这样专业,以前是特别容易把螃蟹压死的。"

2016年,顺丰大闸蟹专递开始使用塑料膜包装,单票包装耗时从135秒缩短至72秒,包装速度提升了46.7%。

罗超说:"现在方便多了,经过这几年的寄蟹经验积累,我们尽可能地从寄蟹人的角度去考虑如何操作。以前寄蟹的点不多,寄蟹人有些时候需要亲自将蟹送到我们的收件点,现在一个电话就搞定,寄蟹人不用再来回跑了,在养殖场里面等着我们就行,我们专门派人过去收。公司还在阳澄湖设立了专属的站点,针对寄件量大的客户,我们还派专人驻扎在他们的蟹厂,为其打包、收件,提供更优质的服务。"

顾敏杰,1985年出生,是苏州市阳澄湖苏渔水产有限公司经理。他是阳澄湖大闸蟹电商第一人,2009—2014年,顾敏杰的大闸蟹网销额从300万元增长到了4000万元。

顾敏杰说:"这么多年下来,从2008年开始到2015年、2016年,顺丰也从在这边只有一个小的点部发展到现在的中转场——专门针对大闸蟹的中转场也放到这边来……"

陈斌(顺丰集团速运事业群苏州区相城分部经理)说:"阳澄湖大闸蟹从最初的江浙沪北上可送达发展到现在能够覆盖全国318个城市。"

苏州区相城分部是大闸蟹主要分部之一,市场上基本一半以上的蟹都是从相城分部发出的。

蔡燕清说:"顺丰在这边做得最好的地方就是它的时效性可以保证,目前来说顺丰肯定是最快的,也是最好的。"

陈斌说:"在运输过程中,今年我们使用专门的冷藏车辆,车内有车载视频、GPS,一旦车厢内温度出现异常,会有信号传输到我们的中控台,司机会立刻收到通知,对车厢内温度进行调整。同时,大家都知道目前顺丰有43架全货机,今年在大闸蟹的运输过程中,飞机和冷藏车都做了相应数量的配备。"

蔡燕清说:"总的来说,顺丰现在已经成长得很好很快了,跟我们的对接越来越顺利。"

陈斌说:"对售后服务我们也进行了进一步升级,除了传统的'95338'理赔渠道,我们还增加了驻厂客服、微信、QQ等理赔渠道,对重点客户我们还提供逐票追踪服务,特别是大闸蟹保价,能够最大化地保障我们蟹商的利益。"

"鲜"和"成就客户"是2016年大闸蟹寄递的两个关键词。

顾敏杰说:"找到了顺丰,找到了这个稳定的渠道之后,我网上的生意也越做越好,越做越大。"

2012年入驻顺丰商业,至2015年,顾敏杰在顺丰商业的大闸蟹销售额已突破3000万元。

对于罗超来说,每一次的运输都直接影响到顺丰这个品牌在客户心中的影响力。

罗超说:"我拉的是活螃蟹,为了将蟹趁鲜送达客户手中,不能够多停顿一秒,做好最后一环,这是我们顺丰速运人最重要的使命。"

三、背靠大树好乘凉:顺丰优选的"全程冷链"

1993年,顺丰诞生于广东顺德。自成立以来,顺丰始终专注于服务质量的提升,持续加强基础建设,积极研发和引进具有高科技含量的信息技术与设备以提升作业自动化水平,在国内外建立了庞大的信息采集、市场开发、物流配送、快件收派等速运业务机构及服务网络。在持续强化速运业务的基础上,顺丰坚持以客户需求为核心,积极拓展多元化业务,针对电商、食品、医药、汽配、电子等不同行业客户开发出一站式供应链解决方案,并提供支付、融资、理财、保价等综合性的金融服务。如今,顺丰速运已经是快递行业的翘楚,顺丰优选也正是依托顺丰速运的物流基础建立和发展起来的。

顺丰速运对生鲜产品实行"全程冷链",其运作模式分为以下两种。

第一种模式,通过温控设施对入库的生鲜产品进行保鲜,在低温环境下完成分拣和包装,之后生鲜产品被放入温控箱运输,收派员将其装入保温袋,上门派件。所使用的温控设施设备包括冷库、冷藏箱、冷冻箱、冰盒、冰袋、保温袋等,可有效保证商品在运输途中的质量,减少损耗。全品类生鲜(如水果、蔬菜、肉类、水产等冷藏、冷冻品等)的配送范围是105个城市。由此,顺丰优选成为国内第一家能够走出北上广深,将生鲜配送拓展至二线城市的垂直食品电商。

第二种模式,产地直供生鲜(如地方特色水果、C2B 预售生鲜食品等)的配送,配送范围是全国。顺丰优选的产地直供水果从原产地发货时,会采取在包裹中加入冰袋等温控措施。产地直供商品通过顺丰航空等快速物流体系,可以在 24 小时内直达消费者手中。如果碰到天气不好等情况,为了保证新鲜度,则会对生鲜商品推迟采摘,避免物流过程的延误。

以特产水果配送北京为例,北京顾客当日在网上提交订单给顺丰优选,产地水果供应商收到订单信息后,于当日下午完成水果采摘,当晚由顺丰速运接货承运至顺丰速运航空转运中心,再由顺丰航空夜航航班空运至北京转运中心,顺丰速运再将水果配送到顺丰优选北京分拨中心库房,次日完成出库、"到门"配送服务,而物流全程都是在冷链环境中按标准进行的。

此外,顺丰优选拥有整套保障食品品质的措施。顺丰优选现有北京、嘉兴、广州 3 个仓库,每个仓库分为 5 个温控区,包括常温区(0～30℃)、冷藏区(0～8℃)、冷藏区(8～10℃)、冷冻区(-18℃)、恒温恒湿区(15～18℃),并配有-60℃冷冻柜。这些先进的仓库拥有跨度达 90℃的温控区间,可以满足全品类食品的存储要求。在设计运输、配送在途所使用的温控设备,如冷藏箱、冷冻箱、冰盒、冰袋、保温袋时,就充分考虑到食品的保温需求及可能产生的挤压碰撞等损耗问题。这些装备和设计,为顺丰优选生鲜冷冻食品的全程冷链解决方案奠定了基础。

以一箱从新西兰空运来的奇异果入库为例。卸货之前首先要进行检疫检查和温度抽样检查,然后进行入库质量挑拣,工作人员会通过品样检查、软硬度评估,筛选掉因运输损坏的个样,将其余果品存放进智能升温调节的冷藏库。库存状态中,工作人员要根据本箱奇异果的入库信息,监控与其对应的存放时间,并实时查看保鲜情况。另外,顺丰优选还成立了质量与食品安全部,该部门通过制定一系列标准、流程,像"监察大队"一样负责食品质量的监察与控制。

[资料出处:佚名.蟹闯天下　顺丰领鲜[EB/OL].[2017-11-02].http://www.sf-express.com/cn/sc/case_share/detail/Freshest-Crabs-SF-Taking-the-Lead/;张大伟.顺丰优选的生鲜电商之道[J].物流技术与应用,2014(14):34-36]

案例讨论:1.结合案例中的内容,谈谈发展农产品冷链物流的必要性和重要性。

2.总结顺丰在冷链物流建设中的成功经验,并谈谈其发展之路对我国其他物流企业涉足冷链物流领域是否有所启发。